東南亞史研究 8

東南亞政治變遷下的華人社群

陳鴻瑜　著

蘭臺出版社

序

　　西元第 1 世紀中國勢力進入越南中部，會安、歸仁和峴港逐漸成為中國和東南亞、印度航路上的中間停靠港，以後增加泰南的宋卡、北大年，馬來半島的吉蘭丹、登嘉樓、馬六甲，印尼的萬丹、舊港、蘇門答剌等港口，中國人在該航線上的港口經商和旅遊，有些人成為當地的長住民。第 16 世紀後，西方人到東南亞開闢殖民地，需要商人和勞工，以繁榮其經濟，中國人遂大量移入東南亞，主要分佈在印尼群島、馬來半島和泰國，菲律賓、越南和柬埔寨亦有不少華人移居。

　　早期華人到東南亞者以商人為主，第 17 世紀以後則多為勞工，從事山林和礦場之開發。其中有少數略通文墨者，充當暹羅、爪哇、滿剌加等國到中國的貢使或通事。在越南和暹羅甚至出任國王者或高官，至第 20 世紀，菲律賓、柬埔寨、泰國和緬甸的統治者或高官很多均有華人血統。華人因擅長經商，亦控制東南亞諸國的經濟。可以說：沒有華商，東南亞各國即無經濟發展可言。

　　由於華人自成一個華人社群團體，有其自己的文化和商業圈子，引起當地土著的嫉妒和排斥，以致於從 1603 年西班牙控制下的菲律賓首度爆發排華事件，以後爪哇、泰國、越南、柬埔寨和緬甸亦都曾發生排華事件。1938 年暹羅的排華政策，成為以後東南亞各國排華的範本，以暹羅為師。在各國排華運動中，又以印尼的排華最為暴力血腥，從 1965 年到 1998 年的歷次排華風潮除了殺害華人外，亦燒毀華人店屋。越南和柬埔寨的共黨政權則將華人驅趕到鄉下從事勞動改造和再教育，被害華人不計其數。

　　除了新加坡外，華人在其他東南亞國家都是少數族群，他們在二戰後出現的民族國家氛圍下，成為被納入國家統治之對象，

入籍成為判別華人是否對當地國效忠的標準，不入籍者，將被剝奪政治和經濟權利，例如 1959 年後的印尼、1962 年的緬甸；嚴重者被驅逐出境，例如 1975 年的越南；或者已入籍，但成分不良而被下放勞改，如 1975-1978 年的柬埔寨。值得注意的是，二戰後東南亞各國的排華運動，都是與北京政權有邦交之情況下爆發的，顯然邦交並不能起到保護海外華人的作用。清末欲在東南亞設立領事館，是以保僑為名，於今觀之，豈有進步乎。

本書從政治參與的角度，逐一就東南亞各國對華人之政策及華人參政作一分析，發現唯有各國採取民主體制、保障人權，則華人才能安居樂業、生命、財產和人權受到保障。凡是獨裁專制統治的政權，華人就會受到迫害。最重要者，為了保障自身的權益，華人僅從事工商業是不夠的，必須投身當地政治，挺身為自己的權益發聲。

民主化是當今世界思潮，東南亞有些國家正朝民主化發展，例如馬來西亞和印尼，特別是印尼在後蘇哈托時期，鬆綁了許多拘限華人的法令，使得華人與土著立於平等的國民地位。印尼的融合政策，成為華人邁向平等地位之新里程碑。柬埔寨的華人則受到憲法保障的平等地位。越南仍拘限華人的社經地位。馬來西亞還沒有取消馬來土著擁有優先權之政策。泰國和菲律賓都採取各族群平等的政策，沒有對華人有特別的法令規定。新加坡為了保障馬來族和印度族，立法給予特別保障。

本書有部分章節曾刊登在傳記文學、其他刊物或者研討會論文，今予以整理出版，如有疏漏之處，敬請博雅讀者諸君賜教。

臺灣花蓮

陳鴻瑜謹誌

2023 年 8 月 3 日

東南亞政治變遷下的華人社群

目次

圖目次

表目次

第一章　導論

第一節　對華人、華僑之稱呼源起

一、對中國人的稱呼

自古以來，外國人對中國人之稱呼，有不同的稱呼。依順序為：

（一）支那：第一世紀印度人對中國的稱呼，當時稱呼為「秦人」，印度人發音轉為支那。在唐朝時，即稱呼中國為支那。根據約在西元80年，一名住在埃及亞歷山卓（Alexandria）的希臘商人希帕勒斯（Hippalus）所著的厄立特里亞海航海記（*Periplus of Eritrean Sea*）（厄立特里亞海，指紅海(Red Sea)），司朝福（Wilfred H. Schoff）對該書的英文譯本，該書記載了有關對中國人的稱呼是「支那」：「在走到恆河最北端的這個區域之後，在海洋盡頭的地方叫做『Thinae』（支那，即中國），那裡有一個非常偉大的內陸城市，從那裡將生絲、絹絲和絲布通過雙足步行經由巴克特里亞（Bactria）運到巴里嘎沙（Barygaza）（位在西印度的阿默達巴德(Ahmedabad)），並且還通過恒河出海口到達米里卡（Damirica）（即南印度的馬拉巴海岸(Malabar Coast)），但是這片土地並不好走；幾乎很少有人從那裡來。該國位於小熊（Lesser Bear）（Ursa Minor）星座之下，據說與龐特斯（Pontus）和裏海（Caspian Sea）最遠的邊界接壤，旁邊是馬克提斯（Maeotis）湖；所有這些河流都流入大海。」[1]

（二）漢人：是漢朝人的稱呼用語，以其源自漢水。

---

[1] Wilfred H. Schoff, *The Periplus of the Erythraean Sea: Travel and Trade in the Indian Ocean by a Merchant of the First Century,* Longmans, Green, and Co., New York, 1912. "The Voyage around the Erythraean Sea," https://depts.washington.edu/silkroad/texts/periplus/periplus.html　2022年12月26日瀏覽。

（三）唐人：宋朝朱彧的萍州可談，卷二：「北人(中國人)過海外，是歲不還者，謂之住蕃，諸(蕃)國人至廣州，是歲不歸者，謂之住唐。」

萍州可談，卷一：「漢威令行於西北，故西北呼中國為漢。唐威令行於東南，故蠻夷呼中國為唐。崇寧間（1102-1106）臣僚上言，邊俗指中國為漢唐，形於文書，乞並改為宋。......詔從之。」

元朝周達觀所寫的真臘風土記一書即記載：「國人交易皆婦人能之，所以唐人到彼，必先納一婦者，兼亦利其能買賣故也。」

（四）華人：

華人一詞是從宋國開始使用，趙汝适的諸蕃志一書闍婆條曾記載：「地不產茶酒，出於椰子及蝦猱丹樹之中，此樹華人未曾見。」[2]

在明史卷 324 亦記載，真臘國條云：「唐人者，諸蕃呼華人之稱也，凡海外諸國盡然。」

「明太祖洪武 30 年(1397 年)，禮官以諸蕃久缺貢，奏聞......時爪哇已破三佛齊，據其國，改其名曰舊港，三佛齊遂亡。國中大亂，爪哇亦不能盡有其地，華人流寓者，往往起而據之。有梁道明者，廣州南海縣人，久居其國，閩粵軍民泛海從之者數千家，推道明為首，雄視一方，會指揮孫鉉使海外，遇其子，挾與俱來。」[3]

「永樂 2 年(1404 年)，真臘國王參烈婆毘牙遣使來朝，貢方物。初中官使真臘，有部卒三人潛遁，索之不得。王以其國三人代之，至是引見，帝曰：『華人自逃於彼，何預而責償，且語言

---

[2] 趙汝适撰，馮承鈞校註，諸蕃志校註，闍婆條，臺灣商務印書館，臺北市，1986 年，頁 25。

[3] [清]張廷玉等撰，明史，卷三百二十四，外國五，三佛齊條，中華書局，北京市，1974 年，頁 8407-8408。

不通，風土不習。吾焉用之。』命賜衣服及道里費遣還。」[4]

「永樂 3 年(1405 年)9 月，合貓里遣使附爪哇使臣朝貢，其國又名貓里務，近呂宋，商舶往來漸成富壤。華人入其國，不敢欺凌。市法最平，故華人為之語曰：『若要富，須往貓里務。』…..貓里務後遭寇掠，人多死傷，地亦貧困，商人慮為礁老所劫，鮮有赴者。」[5]

「永樂 3 年(1405 年)10 月，麻葉甕在西海中。永樂 3 年 10 月遣使齎璽書，賜物，招諭其國，迄不朝貢。自占城靈山放舟，順風十晝夜至交欄山，其西南即麻葉甕。山峻地平，田膏腴，收穫倍他國，煮海為鹽，釀蔗為酒。男女椎髻，衣長衫，圍之以布。……元史弼、高興伐爪哇，遭風至此山下，舟多壞，乃登山，伐木重造，遂破爪哇。其病卒百餘留養不歸，後益蕃衍，故其地多華人。又有葛卜、速兒米囊二國，亦永樂 3 年(1405)遣使賜璽書賜物招諭，竟不至。」[6]

（五）華民：清國軍機處檔案之用語，是對君王之相對稱呼。

（六）華僑：光緒 10 年(1884 年)鄭觀應之奏摺用語。鄭觀應在致彭玉麟的信中說：「查華人在暹羅納身稅者約 60 萬，不納身稅者約有 120 萬，其本國民亦不過 200 萬。我華民如此其多，按照公法當設領事保護。況各國商民雖百數十人，無不設立領事，獨我國未有，華僑之受苛虐無處可伸，亦大憾事。祈我宮保奏請朝廷，仿照朝鮮，即與暹羅立約通商，速立領事，不但於國體有關，即華僑在暹感垂不朽矣！」[7]

---

[4] [清]張廷玉等撰，明史，卷三百二十四，外國五，真臘條，頁 8395。
[5] [清]張廷玉等撰，明史，卷三百二十三，外國四，合貓里條，頁 8374。
[6] [清]張廷玉等撰，明史，卷三二三，麻葉甕傳，頁 8378-8379。
[7] [清]鄭觀應，「稟報督辦粵防大臣彭宮保在西貢金邊暹羅等處查探法人情形」，載於鄭觀應，盛世危言後編（二），卷五，軍務，大通書局印行，台北，民國 58 年，頁 13a。

二、以國籍分辨

西方國家自第 16 世紀起即有國籍觀念，屬於某國的人即為其人民或公民。而如何將其境內的人民視為本國公民，大體上有三種學說：

（一）屬地主義（jus soil）：以出生地為取得國籍之依據。這種主張是 16 世紀以後，西方殖民主義者對其發現及占領的新土地上的人民，視同其人民，凡是其控制土地上的人民，即屬其本國人民。

（二）屬人主義（jus sanguinis）：以父母的國籍或是父或母的國籍為子女出生時的國籍。

中國是採屬人主義，源自清末時，開始保僑，而且也認識到在東南亞華人經濟力量強盛，對中國之經濟有幫助。同時為了對抗荷蘭準備於 1910 年在東印度（後來的印尼）頒佈屬地主義的臣民法，規定凡在荷屬東印度出生的外國人皆為荷蘭的臣民（該法在 1910 年 2 月 10 日頒佈），因此在 1908 年 3 月 28 日頒布「大清國籍條例」，即採屬人主義，把東南亞的華人視同本國公民。該條例第一條規定，「凡在列人等不論是否生於中國地方均屬中國國籍：生而父為中國人者；生於父死後而父死時為中國人者；母為中國人而父無可考或無國籍者。」中國採雙系的屬人主義。

但在 1893 年以前，中國根本不承認華人出洋及國籍，視之為外蕃。中國在這一年同意中國人自由出國及給予護照。

（三）混合制：如泰國採屬人主義，且採雙系制，即父或母之一為泰人者，其子女亦為泰人，在泰國出生者亦為泰人。

根據以上的定義，凡擁有中國國籍者，包括北京和台北者，均為各自之國民。凡具有上述國籍，而在國外居住者，稱之為華僑。如華僑已入當地國國籍者，稱為華人或華裔，統稱之為海外華人。

通常而言，華人指具有漢人血統者。至於非漢人血統，則稱其為各自種族之名稱，例如原住民、藏人等。

三、華人、華裔、華僑

華人泛指具有中國血統的人與其他民族相區別者，稱為「華族」。從中國眼光來看華僑，指居住在中國本土之外，拿中國護照的中國人，他們仍保留中國籍。

華裔─指中國人在海外出生的後代，可能跟其父親一樣拿中國護照，保留中國籍，或跟其父親一樣入當地籍，或因在當地出生，基於屬地主義而取得當地國籍。

以簡圖示之：

海外華人(華族)↗華僑：保留中國國籍→政治意義

　　　　　　　↘華裔：血統意義，指具有中國人血統

就人類學而言，華人或華族一詞可含蓋所有海外的中國人。

就政治學而言，可區分保留中國籍的華僑，和不保留中國籍的華人或華裔。

就移民而言，依移民時間先後可分為二類，1949 年以前稱老僑，以後稱新僑，由台灣移出者稱為台僑。

就法律上言，華僑在中華民國仍有參政權，已入他國國籍者在中華民國則沒有參政權。

東南亞籍華人─ 無論出生地是否在東南亞，凡是加入東南亞國籍的華人，都被稱為東南亞籍華人。

東南亞籍華裔─ 指在東南亞出生，稱為土生華人（peranakan），並具有東南亞國籍的華族後代。

但有幾個問題是「海外華人」一詞無法解決者，即蒙古人，原住民在海外，仍可稱之為華人或華僑嗎？使用華人一詞稱呼他們，會有問題，因為華人特別指漢民族。

在中國和臺灣之外的華人，統稱為海外華人，英文名稱是Overseas Chinese 或 Chinese Overseas，或 ethnic Chinese。印尼華人稱之為 Chinese Indonesian 或 ethnic Chinese in Indonesia。其他國家之華人之英語用語，依此類推。

四、「華僑」一詞之歷史發展

1884 年，鄭觀應在盛世危言一書中提及，他致送兵部尚書彭玉麟提出華僑一詞，應是最早的記載。

光緒 10 年(1884)，中、法戰爭時，鄭觀應受兵部尚書彭玉麟之委託，秘密前往安南、新加坡等地刺探法國軍情。他在新加坡經暹羅駐新加坡領事陳金鐘之介紹，在曼谷會見暹羅五世皇的弟弟利雲王沙親王以及外交大臣。對於暹羅擬派陳金鐘訪清廷，並定商約一事，他呈奏主張：「顧其情而曲導之，自易措置，若拘泥成案，弗拒與通，彼更依附他邦，協以要我，則既損國體，又失遠人，似更非計。」又說：「查暹羅國都孟角地方，華民寓居者約 6、70 萬，西則，...。統計已盈百萬。吾民流寓，每被侵陵，莫敢切齒痛心，思設領事，以資保護。」[8]

鄭觀應在致彭玉麟的信中說：「查華人在暹羅納身稅者約60 萬，不納身稅者約有 120 萬，其本國民亦不過 200 萬。我華民如此其多，按照公法當設領事保護。況各國商民雖百數十人，無不設立領事，獨我國未有，華僑之受苛虐無處可伸，亦大憾事。祈我宮保奏請朝廷，仿照朝鮮，即與暹羅立約通商，速立領事，不但於國體有關，即華僑在暹感垂不朽矣！」[9]

從上述鄭觀應的奏摺和書信中所示，他同時使用「華人」、

---

8 [清]鄭觀應，「稟醇親王為擬收服南洋藩屬各島華僑以固邊圉事」，載鄭觀應，前引書，頁 4b。

9 [清]鄭觀應，「稟報督辦粵防大臣彭宮保在西貢金邊暹羅等處查探法人情形」，載於鄭觀應，前引書，頁 13a。

「華民」和「華僑」三個名詞。此時清國還沒有頒佈國籍條例，故這三個名詞沒有政治意涵，完全是他的習慣用語。

1901 年，呂海寰的奏摺亦提及「華僑」，「清德宗光緒 27 年(1901 年)12 月丁巳，前出使德國大臣呂海寰奏：『和蘭屬地南洋噶羅巴島（按指爪哇島）等處僑寓華民，常受苛虐，亟宜設法保護，添派領事，以安生計。』又奏：『購得歐美各國條約，咨送外務部，以備抵制。』均下部議。朝廷一視同仁，必不忍和屬僑氓獨抱向隅之憾。原奏所稱現在重訂商約，正可及時聲明，凡各國通商口岸及華僑萃集之處，由中國察看情形，隨時均可商設領事。現呂海寰經奉旨留滬會辦商約，自可與盛宣懷相機籌議，其和外部經議有端緒，應責成接任使臣廕昌切實磋商，內外堅持，務期得當。依議行。」[10]

儘管清史稿‧德宗本紀一光緒 19 年(1893 年) 8 月辛亥條有記載「華僑」一詞，該文說：「除華僑海禁，自今商民在外洋，無問欠暫，概許回國治生置業，其經商出洋亦聽之。」12 月戊午，除內地人民出海禁令。

但清史稿是 1914 年至 1927 年所撰，可能撰稿人採用當時民國初年使用的「華僑」一詞來描述在海外的中國人。無論如何，1893 年清國政府豁除人民海禁，給予護照出洋，在法律上承認華僑的合法權利。

1898 年，旅日橫濱華商創辦了一所子弟學校名為「華僑學校」，華僑一詞始為後人沿用。而且「華僑」最早被梁啟超等人在日本旅居時作為研究對象。梁啟超在 1904 年在日本橫濱的新民叢報發表「中國殖民八大偉人傳」，[11]讚揚在東南亞經商成功的

---

[10] [清]覺羅勒德洪等撰，大清德宗景（光緒）皇帝實錄（七），卷四百九十二，華聯出版社，台北市，1964 年，頁 13。

[11]梁啟超，飲冰室合集，專集第三冊飲冰室專集之八，上海中華書局，1936 年印行。

華人。1907 年，胡漢民在其主編的新加坡中央日報上也使用「華僑」一詞。易本羲（筆名羲皇正胤）在 1910 年 2 月 1 日在東京出版的民報第 25-26 期上發表「南洋華僑史略」一文。

五、東南亞對華人之稱呼

在海外的中國人大都自稱為「唐人」，如有唐人街。台灣人稱大陸人為唐山人、阿山人、「支那人」。

在新加坡、馬六甲和檳城，華人男性被稱為峇峇（Baba），女的被稱為娘惹（Njonya）。「峇峇」，意即爸爸。娘惹，語出閩南話對媽媽的稱呼。「峇峇」和「娘惹」，都是指土生華人。在二戰前，「峇峇」是對華人的一種敬稱。如稱為峇峇陳佳雄，就是指陳佳雄先生的意思。二戰後，隨著敬稱的通俗化，西化的「先生」普遍被使用，所以「峇峇」的稱呼也就比較少被使用。[12] 大多數的「峇峇」都加入英國籍，英語流利，但他們發展出一種他們特有的「峇峇語」，是一種混合閩南語、馬來語和英語的膠合語言。雖經過了好幾代，「峇峇」卻仍然保持他們的習慣與傳統，例如他們家中祭祀祖先，布置中國式家具，老年人在家先備好棺木，女兒在家中生活，不外出露臉。

「峇峇」可分為兩類，一是純血統，二是混合血統。前者就是父母親都是華人。後者則大多數是父為華人、母為當地土著，主要是暹羅人和印尼峇里島人（信仰佛教者），少數娶馬來人，因為馬來人信仰伊斯蘭教，不輕易改宗。

在印尼對土生華人稱為土生華人（Cina peranakan），由於他們很早即到印尼，大都娶當地婦女，不會說中國話（除了略懂閩南或廣東的母語方言），對中國沒有認同感，已被同化入印尼社

---

[12] 竹井十郎，三十年代南洋華僑經營策略之剖析，中華學術院南洋研究所，台北市，1984 年，頁 3。

會，他們把自己當成印尼人，把印尼當成自己的祖國，他們常被稱為「土生華人」。印尼人對新來的華人稱為「新客」(totoks)，即是剛從中國移入印尼的新客華人，他們會講中國話，以華語交談，態度上較傾向中國的華人，且對中國還有祖國的想法。[13]

馬來西亞是由馬來人、華人和印度人三大族群構成，民主行動黨秘書長林吉祥在 1998 年 3 月 1 日在星洲日報發表一篇「全馬人民都是新土著」的文章，[14]以打破土著和非土著之區別，有助於族群和諧。

馬國文化、藝術及旅遊部長沙巴魯丁（Datuk Sabbaruddin）認為在馬國出生的華人應稱為「華裔馬來西亞人」（Chinese Malaysian）。而非「馬來西亞華裔」（Malaysian Chinese）。[15]馬來西亞華人公會總會長吳德芳表示，將「馬來西亞華裔」改為「華裔馬來西亞人」的建議有待商榷，以避免隨意更改而影響到今後應有的地位。馬華總秘書陳祖排、馬青總團長陳廣才則表示同意沙巴魯丁的建議。[16]

在 1966 年蘇哈托執政後，對於華人本稱為「華人」（Orang Tionghoa），後改稱為「支那」（Cina），語含侮辱。[17]

在菲律賓，早期菲人稱華人為生意人（Sangley、seng-lí）（閩南音）。後來對中國人、日本人、韓國人以及其他有相似外貌特徵的東亞民族稱為 Tsinito，有中國血統的菲律賓人則稱為菲律賓

---

[13] 竹井十郎，前引書，頁 4-8。

[14] 「林吉祥建議政府承認全馬人民都是新土著」，南洋星洲聯合早報（新加坡），1998 年 3 月 2 日，版 10。

[15] "Say Chinese Malaysian, not Malaysian Chinese," *The Straits Times*, February 23, 1998, p.23.

[16] 「改變華裔身份稱呼影響大，吳德芳郭全強認須深入探討」，南洋星洲聯合早報（新加坡），1998 年 2 月 23 日，版 10。

[17] 吳金帆、林洛川，「印尼排華運動的前因後果」（四之三），南洋星洲聯合早報（新加坡），1998 年 10 月 22 日，版 15。

華人（Tsinoy），或混血兒（Mestizo）。[18] 或者稱呼中國人為「華裔菲人」（Chinese Filipinos），或「福佬菲人」（Hoklo Filipinos）。[19]

圖 1-1：大明國時期在菲律賓的中國生意人

資料來源：「常來人」，維基百科，

https://zh.wikipedia.org/wiki/%E5%B8%B8%E4%BE%86%E4%BA%BA　2022 年 10 月 7 日瀏覽。

說明：1590 年代左右的謨區查抄本描繪穿著大明國服飾的中國商旅，頁首標注為「生意」（Sangley）。

在泰國，對華人稱為「僑生」（Luk-Chin），意思是中國人的孩子。泰國人輕蔑中國人，稱之為「澤」，猶如中國人稱呼「蠻夷」之意。[20]

---

[18] 「常來人」，維基百科，
https://zh.wikipedia.org/wiki/%E5%B8%B8%E4%BE%86%E4%BA%BA　2022 年 10 月 7 日瀏覽。該文稱華人為「常來人」，這是錯誤的，Sangley 是閩南音，指生意人。

[19] "Chinese Filipino," *Wikipedia*, https://en.wikipedia.org/wiki/Chinese_Filipino 2022 年 2 月 3 日瀏覽。

[20] 20國史館藏，「暹羅（泰國）排華（四）」，暹羅華僑抗戰建國聯合總會代表鄭國華，「暹羅屠殺華僑經過報告書」，1945 年 9 月 29 日。外交部，數位典藏號：020-010408-0095。

在越南，對華人稱為 người Trung Quốc（中國人）或 người Bắc（北人/北方人），偶爾會稱為 người Tàu（船人/乘船過來的人）。[21]

在柬埔寨，對華人和高棉人混血者稱呼為混血華裔高棉人（*Khmer Kat Chen*，ខ្មែរកាត់ចិន）。若祖籍是中國，而在柬埔寨出生者，則稱為華裔高棉人（Chen Khmer，ចិនខ្មែរ）。[22]

在緬甸，華人被稱為「突佑」（Tayoke），指在緬甸出生長大的華人。該詞緣起於第 13 世紀蒲甘王朝時大理國人對中國人的稱呼「突厥」的轉音，直到 19 世紀，才採用 Tayoke 作為漢族的外來語名稱。1940 年代後，使用「胞波」（paukphaw）稱呼華人，以示親如同胞之意。在孟族（Mon）語，對華人稱呼「克勞克」（Krawk）或 krɜk。撣族則稱呼華人為「克」（Khe）。在雲南和撣邦邊境的瓦族（Wa）稱呼華人為「華」（Hox/Hawx）。[23]

上緬甸的華人主要是雲南人，約佔全緬華人的 30-40%；下緬甸的華人主要是福建人和廣東人，約佔全緬華人的 45%。其餘為華緬混血兒，他們被稱為「突佑卡比亞」（tayoke kabya）。[24]

第二節　中國人外移之原因

從歷史上來看，中國人移動有一個方向，就是從西向東以及從北向南。此跟早期中國的王朝發源於陝西和山西有關，當這些王朝勢力擴張後，向週邊地帶延伸，當時週邊地帶人口稀少，很

---

[21] 越佳美。「越南人對中國人的稱呼變化」，知乎，https://zhuanlan.zhihu.com/p/384732832　2021 年 10 月 3 日瀏覽。

[22] "Chinese Cambodians," *Wikipedia*, https://en.wikipedia.org/wiki/Chinese_Cambodians　2022 年 11 月 16 日瀏覽。

[23] "Chinese people in Myanmar," *Wikipedia*, https://en.wikipedia.org/wiki/Chinese_people_in_Myanmar　2022 年 7 月 16 日瀏覽。

[24] "Chinese people in Myanmar," *op.cit.*

容易成為中原王朝滲透擴張的對象。自漢朝開通了海外到印度的航線後，中國人就隨著航線而移動。因此，從中國到印度一路上的港口，開始有中國商人的足跡。而該條航線中間會經過南洋，逐漸地東南亞靠海港口也來了眾多的中國商人。中國教育和文化中有安土重遷的觀念，故儘管有海外貿易，最後還是落葉歸根，所以早期華人流寓東南亞者並不多。直至 19 世紀，西方殖民者控制下的東南亞需要勞動力，華人才大量外移，也隨著民風的改變，華人也逐漸變成「落地生根」，東南亞華人才日益增加。

關於中國人人口外移，有各種的說法，茲加以歸納分析，有如下的原因：

(1)福建及廣東土地貧瘠，人口眾多，生活困難。18 世紀後，中國東南部遭逢天災，糧食生產出問題，清國為了解決糧食問題，特允許人民出洋到暹羅等國購買食米，且運米 2 千餘石回國者給予九品職銜。「乾隆 28 年(1763 年)5 月，戶部等部議：『准兩廣總督楊應琚疏稱，南海縣民蔡陳江琛、監生黃錫璉由咖喇叭、暹羅等國運米二千餘石回粵，糶濟民食，請給從九品職銜、吏目頂戴，以示鼓勵。』從之。」[25]

1727 年 3 月，開閩省海禁。福建總督高其倬上奏開放海禁。「雍正 5 年(1727 年)3 月，兵部議覆。福建總督高其倬疏言：『福、興、漳、泉、汀五府，地狹人稠，自平定台灣以來，生齒日繁，本地所產，不敷食用。惟開洋一途，藉貿易之贏餘，佐耕耘之不足，貧富均有裨益。從前暫議禁止，或慮盜米出洋。查外國皆產米之地，不藉資於中國，且洋盜多在沿海直洋，而商船皆在橫洋。道路並不相同。又慮有逗漏消息之處。現今外國之船，許至中國，廣東之船許至外國，彼來此往，歷年守法安靜。又慮有私販船料

---

[25] [清]慶桂等撰，大清高宗純（乾隆）皇帝實錄（十四），卷六百八十七，華文書局，台北市，1964 年，頁 20。咖喇叭，即噶喇叭、噶剌巴、噶羅巴，今之雅加達。

之事，外國船大，中國船小，所有板片桅柁，不足資彼處之用，應請復開洋禁，以惠商民。並令出洋之船，酌量帶米回閩，實為便益，應如所請。令該督詳立規條，嚴加防範。從之。」²⁶

(2)地理位置臨海，海外消息熟稔，跟外國人有接觸，出洋謀生並不陌生。

(3)父祖輩移民蔚為風尚，到南洋謀生有人照料。

(4)南洋一地土地肥沃，物產豐富，加上土人蓄財觀念淡薄，華人節省、勤勞，很快就可以致富。

(5)早期中國的客頭、西洋的洋行，甚至政府招雇勞動力的需求，都誘使華人前往南洋當苦力、經商或墾荒。

(6)渡航機關、設備、酬勞等甚具誘惑力。西方殖民者在東南亞大力開闢錫礦、橡膠園和其他熱帶經濟作物，需要大量勞動力，給予較多的工資及其他權利，例如內河航行權、土地所有權、居住權和各種稅收的承包權等，遂吸引許多華人前往。

(7)中國政治動亂、戰爭、改朝換代等，造成大規模人口移動。朝代更迭導致人口移往東南亞者有宋國、明國和中華民國之崩潰。政治動亂而引發人口移動到東南亞者，有太平天國之亂、文化大革命。因戰爭而導致人口流向東南亞者有元國攻打安南、爪哇、緬甸和八百媳婦國；明國攻打安南；因為前往東南亞打戰而未能回到中國者。中國抗日戰爭時，也有許多沿海的中國人避免被日本統治和屠殺而逃亡到東南亞。第 15 世紀，安南出兵滅占城，有些華人穆斯林逃難到爪哇島北部和東北部的港口，據稱印尼總統瓦希德（Abdurrahman Wahid）的祖先陳金漢就是當時逃難到東爪哇的穆斯林。²⁷另外據新加坡南洋星洲聯合早報的報

26 [清]鄂爾泰、福敏、張廷玉、徐本、三泰等撰，大清世宗憲（雍正）皇帝實錄（二），卷五十四，華文書局，台北市，1964 年，頁 20。

27 瓦希德曾說他的祖先是陳金漢(Tan Kim Ham)，或 Putri Campa(lady of Campa)是其祖母那一系的祖先。他的兩種解釋很含混。他最近解釋說，Putri Campa 嫁給

導,瓦希德自稱他有一半華人血統,一半阿拉伯人血統,他的祖先 500 年前名叫陳金漢。[28]但該文沒有說明瓦希德的祖先是如何遷徙到爪哇島的經過。這種因為政治動亂和戰爭導致的人口移動,是在很短的時間內造成人口大規模的移動,跟透過貿易的細水長流的人口移動不同。

(8)教會移民。查理士‧布魯克(Charles Brooke)為了開發砂拉越的新領地,積極鼓勵移民,尤其是歡迎華人移入開發。福州人黃乃裳在其女婿新加坡華僑林文慶之資助以及華民裁判廳廳長泉州人王長水介紹下,於 1900 年覲見查理士‧布魯克,商准貸款撥地,訂約章 31 款,從事墾荒。黃乃裳向查理士‧布魯克貸款 3 萬元,為招募華工 3 千人之川資,新墾地選擇在詩巫。該年 11 月帶領第一批移民 72 人抵詩巫。12 月,率美以美教會移民 500 多人到詩巫。1902 年秋又招募 540 人到詩巫,種植甘蔗、甘薯、蔬菜、胡椒。1906 年,黃乃裳因為招墾移民及開發未如預

滿者伯夷的國王 Brawijaya,生了兩個小孩,一個叫 Tan Enghwa (別名 Raden Patah,是建立第一個回教王國淡目(Demak)的人),另一個叫 Tan Alok (她嫁給 Tan Kim Ham)。2000 年,一位印華作家 Zhang Yonghe,寫了一本華文的 Abdurrahman Wahid 傳記,他曾探查瓦希德的祖墳,發現是 15 世紀的華人穆斯林的墳墓。但未能查出陳金漢的身份。2005 年 5 月,他又針對陳家族譜進行調查,仍無所獲。2003 年 3 月,Zhang Yonghe 邀請了一名中國官員一起到瓦希德家拜訪,瓦希德簽了一份授權書,授權中國地方政府調查其中國人的背景。很奇怪地而且很快地,一名新加坡的華人在 2003 年 5 月交給調查委員會一份陳氏家譜,該份家譜記載陳金漢曾參加鄭和的航行,但沒有回中國。由於該項新發現,調查委員會就計畫興建一所瓦希德博物館,並邀請瓦希德前往剪綵。但至本書出版為止,並未聽到興建該博物館的訊息。我們很難判斷該故事的真偽。但瓦希德公開站出來說他具有華人血統,顯示一位穆斯林領袖具有自由思想,想解開華人和印尼人的結。CHIOU Syuan-yuan (邱炫元) , "In Search of New Social and Spiritual Space: Heritage, Conversion, and Identity of Chinese-Indonesian Muslims," p.73. file:///C:/Users/Tan/Downloads/chiou.pdf 2021 年 10 月 2 日瀏覽。

關於新加坡華人所給的陳氏族譜,太令人起疑,不太可靠。他們說陳金漢是隨鄭和下西洋到印尼,結果中國的網站大肆報導此事,意圖製造此事為真。由於他們都沒有拿出證據,故此應是編造的故事。

28 李卓輝,「500 年前祖先名叫陳金漢,瓦希德讚揚華人對印尼卓越貢獻」,南洋星洲聯合早報(新加坡),1999 年 10 月 25 日,版 2。

期,而離開詩巫,返回中國。以後福州人仍源源前往詩巫拓墾,人數達 2 萬多人,而有「新福州」之稱號。1911 年 4 月,福建興化基督教美以美教會亦有移民 107 人、1912 年 6 月有 40 人抵新福州開荒,成立興化墾場。[29]

(9)婚姻。早期華人到南洋,都是單身,即使在中國已娶妻,其妻也都留在家鄉。所以有許多男性娶南洋婦女,繁衍子孫。十九世紀後,有許多留在中國的妻子才飄洋過海到南洋與先生團聚。1960-80 年代,有許多東南亞學生到臺灣留學,與臺灣女子戀愛,將他們娶回僑居地,其中馬來西亞有最多的臺灣妻子。

(10)辦教育。外移的華人主要是商人、軍人和勞工,很少知識份子。此乃因為知識份子在中國擁有特定的社會地位,透過科舉考試可以進入官場,退休後返回故里成為鄉紳。知識份子無須遠走外國謀生,而且事實上,外國也無他們容身之地,因為他們無一技之長,外國亦無儒學教育和科舉考試,他們無用武之地。所以可以確定的說,在很長的華人外移歷史中,知識份子並非外移者,除非他們遭到政治迫害。早期華人移至東南亞者大都沒有受過教育,所以在東南亞沒有私塾和華文學校。

一直到 20 世紀初期,因為中國發生革命派和保皇派(維新派)的鬥爭,各派為了宣傳他們的主張和理念,乃在東南亞地區的新加坡、馬來亞、泰國和印尼設立學校,作為鼓吹思想主張的基地,為此,才有知識份子前往新、馬、泰等地任教。這應是第一波知識份子外移。今天東南亞的許多現代華文學校,大都是此一政治運動下的產物。

當國民黨政府在 1949 年垮台後,有許多知識份子為了逃避共黨統治,而遷移到東南亞各地,尋求安身立命之地。這一波外

---

[29] 關於華人在砂拉越之開墾,請參見宋哲美編纂,北婆羅洲、婆羅乃、砂拉越華僑志,華僑志編纂委員會編印,台北市,民國 52 年,頁 207-216。

移的知識份子程度較高,對於東南亞華校的高中或初中教育起了促進作用。許多華校開辦了初中教育或高中教育。新加坡在1956年還開辦南洋大學,有些師資是來自從中國避難的知識份子,有些師資來自台灣。

(11)從事海盜活動。從15世紀以來,東南亞海域就出現許多海盜,其中海盜有許多是華人,他們分佈在中國東南沿海、臺灣北部、澎湖、越南、蘇門答臘、馬來半島東部海域一帶,因受中國政府之追剿而未敢回中國,所以大都流落東南亞地區。

(12)被誘拐到南洋者。有許多沒有讀過書的中國鄉下人,在不明就 裡的情況下,被誘騙到南洋作苦力。也有一些女子被騙至南洋當妓女或婢女。

(13)台籍日本兵是一個特例,除了原住民組成的「高砂義勇隊」有實際參戰外,其他被日本徵兵的臺灣兵,則從事翻譯、火伕或後勤雜役,他們在二戰結束後大部分都被遣回臺灣,有少數人則留在東南亞娶妻生子。

(14)具有冒險犯難精神者。並非居住在沿海地區的人都會有出洋謀生的念頭,唯有具有冒險犯難精神者才會出洋尋找致富的機會。尤其早期船隻性能不足,從中國搭船前往南洋都要一兩個月,客死海上或異鄉者,不在少數。馬來西亞馬六甲的馬六甲河,河上有一條奈何橋,是失意落魄的華人的魂斷處。

第三節　渡航的港口和方式

早期中國政府港口開放的時間不同,港口起航的目的國也不同,例如唐國時開放寧波港,寧波港渡航的目的國是日本和朝鮮,廣州則是渡航東南亞和南亞國家,明國的泉州港是渡航菲律賓和其他東南亞國家,廈門也是渡航菲律賓和其他東南亞國家。清國

康熙朝澄海縣樟林港就已是渡航港口，1727 年因為中國東南部天災頻繁，缺米嚴重，故允許人民前往暹羅運米回國，樟林港成為渡航暹羅的重要港口。在該年亦限制外國船舶進出中國之港口，限於廈門和虎門，別處口岸概行嚴禁。1757 年，清國關閉廈門港，停止對外開放，更多人從樟林港進出。至 1858 年重開汕頭港，汕頭取代了樟林港，成為渡航暹羅的主要港口。在這一段時間從樟林港移出前往暹羅者有數十萬人。此成為日後泰國的潮州人數眾多的原因。金門是渡航到新加坡、呂宋島、爪哇島和汶萊的港口。

隨著葡萄牙控制澳門、英國控制香港，從這兩個港口渡航到東南亞的人也不少。

1860 年，中國分別與英國和法國簽訂續增條約（**中英北京條約和中法北京條約**），規定中國允許人民以契約方式出洋謀生，這是中國首次允許人民合法出國，但須以契約方式進行，尚不准私人自由進出國門。清國直至 1893 年才允許人民自由進出國門，由政府發給護照。因此，在 1860 年以前出國者，均屬於偷渡性質，是非法的。清國的**大清律例**規定，禁止私自出洋，查獲者處以死刑。乾隆時期有一個有名的案例，「乾隆 14 年(1749 年)8 月乙酉，諭軍機大臣等：『據潘思榘所稱："陳怡老私往噶喇叭（指雅加達），潛住二十餘年，充當甲必丹（指華人頭目），攜帶番婦，並所生子女銀兩貨物，歸龍溪縣原籍，現經緝獲究審等語。" 內地匪徒私往番邦，即干例禁，況潛住多年，供其役使，又娶婦生女，安知其不藉端恐嚇番夷，虛張聲勢。更或漏洩內地情形，別滋事釁，不惟國體有關，抑且洋禁宜密，自應將該犯嚴加懲治。即使不挾重資，其罪亦無可貸。至於銀兩貨物入官，原有成例，更不待言。今觀潘思榘所奏，措詞之間，似轉以此為重，而視洋

禁為輕，未免失宜。著傳諭喀爾吉善、潘思榘，一面徹底清查，按律辦理，一面詳悉具摺奏聞。』」[30]

「乾隆 15 年(1750 年)5 月，刑部議准：『閩浙總督喀爾吉善奏稱："龍溪縣民陳怡老於乾隆元年潛往外番噶喇叭（指雅加達）貿易，並買番女為妾，生有子女，復謀充甲必丹，管漢番貨物及房稅等項，於乾隆十四年辭退甲必丹，攜番妾子女，並番銀番貨，搭謝冬發船回籍，行至廈門盤獲。" 陳怡老應照交結外國，互相買賣借貸，誆騙財物，引惹邊釁例，發邊遠充軍，番妾子女僉遣，銀貨追入官，謝冬發照例枷杖，船隻入官。』從之。」[31]

乾隆並沒有依照清律處以死刑，而是流放邊疆，其印尼妻子和子女遣回印尼，財產被沒收充公，可見其處罰亦極重。

儘管法律嚴苛禁止人民出洋，但為了謀生，很多人還是想盡各種辦法出洋。依照清國開放人民出洋的時間前後，出洋方式可分為三類：自行出洋、客頭招募和洋行經紀。

（一）自行出洋。此類人以前曾去過南洋或者是隨親友一同渡航者，通常自己有相當的積蓄或有親友的支助，因為本身財力足夠，所以這類渡航者前往東南亞較少從事體力勞動，而以經商者較多，他們大多前往大城市，例如巴達維亞（雅加達）、檳榔嶼、馬六甲、舊港（巴鄰旁）、泗水、三寶壟、馬尼拉等。

（二）客頭招募。是由當地客頭招募當地人渡航南洋謀生，一般而言，這類渡航者經濟條件較差，他們有些向親友借貸，有些則由客頭暫為支付川資，甚至安家費。客頭以當地的客棧為聯絡地點，想渡航者前往該類客棧聯繫。由客頭招募者大都為同鄉人，如此才能確認渡航者的親友關係，找妥保證人或充當其保證人，必要時還為渡航者代墊費用，引導渡航者到新加坡或馬尼拉

---

[30] [清]慶桂等撰，大清高宗純（乾隆）皇帝實錄（八），卷三百四十六，頁 14-15。
[31] [清]慶桂等撰，大清高宗純（乾隆）皇帝實錄（八），卷三百六十四，頁 3-4。

等地。假如渡航者在抵達的港口沒有親友,則由客頭與當地的苦力頭聯絡,協助其找到工作。客頭預先代墊的費用先由雇主或代辦者支付,或者等渡航者工作一段時間有收入後才償還客頭。渡航者償還給客頭代墊之金額,債務增加極高,一般為原先代墊款的兩倍左右,依地方而異,亦有高至二倍半者。[32]

通常渡航者到達目的地後四個月內,就需償還,不能者則每四個月增加 10-15%的利息,年利約 30-43%左右。[33]

因為受到季節風之影響,渡航者移民出發時間大都在每年冬季吹東北風時揚帆到東南亞。而回家鄉者以春節前和 7 月 15 日前為最多。

(三)洋行招募。

洋行原本在從事國際貿易,惟有些外商洋行從事移工事業。1860 年,清國允許契約工人出國,因此就有許多外商在中國設立洋行專門招募工人前往世界各地做工。例如,福州魏池洋行,專門代辦馬達加斯加島修建鐵路和農墾勞動,在留尼旺島從事農墾,廈門大元移民公司專門代辦泗水移民等。

在汕頭有德國商人設立的興盛洋行、元興洋行專門代辦渡航者前往德屬薩摩亞(盛產煙草)、英屬納魯(諾魯)、荷屬蘇門答臘、貝多林等地做工。在 1913 年,移民風氣最盛時,一次可招募到 3 千人前往薩摩亞。其招募方式是透過客頭、苦力頭在潮州和嘉應州招募,或先代墊費用或以欺騙方式誘拐者也不在少數。[34]

為避免渡航工人受騙,在渡航工人登船前,由清國官員和德國領事一起詢問渡航工人是否出於自願渡航。此外,為免渡航工

32中華學術院南洋研究所編,趙順文譯,**僑匯流通之研究**,文史哲出版社,台北市,1983,頁 9-10。

33中華學術院南洋研究所編,趙順文譯,前引書,頁 10。

34中華學術院南洋研究所編,趙順文譯,**前引書**,頁 11。

人缺乏金錢治療疾病以致於在工作地病死,故清國政府要求這些洋行設立渡航工人病傷還鄉基金辦法,規定渡航工人每人需繳納一筆錢,由汕頭銀行分行代辦此一基金。[35]

閩清縣內舉人黃乃裳和一英商訂定契約招收前往「蘇門答臘」開墾之移民,因為屬於移民性質,所以渡航者大多攜帶妻兒前往開墾。該英商出資 3 萬元,在 1904 年在該縣招募 800 人左右移民,為移民代墊旅費及渡航費。當墾民各自開墾之土地地價增長到百元時,就需開始償還債務,按開墾地地價之 20% 做為黃乃裳之報酬,而各土地從此歸開墾者所有。[36]

此外,大元移民公司亦於 1906 年委託方包參於福清縣招募 2,000 人前往新加坡及泗水的移民,其招募契約規定,旅費由公司代付,佣金一人 10 元,而移民酬勞為一年 10 元,並且規定開墾地經過一定的年限,其土地之一半歸開墾者所有。這類契約屬於移民性質,帶有永居性質。由於有很多移民批評該公司未能履約,因此或遷移他地,或歸國者眾多。[37]

由法國商人魏池(Vautche)(或譯為魏地)在 1901 年在福州設立下北順洋行(或稱魏池洋行),主要在長樂、羅源、永福、福清各縣招募 1,500 名華工,其中 1,000 名前往馬達加斯加島修建鐵路和從事墾殖勞動,500 名在留尼旺島從事農墾工作。這批契約華工與洋行訂有合同 10 條,規定以 3 年為期,每月工銀 10 元,每天工作 8 小時等。1906 年冬,魏池未經清政府批准,違約私自在福州永福會館設立招工所,誘騙福州、長樂、連江、古田、羅源、福安、寧德、福鼎、屏南和浙江省溫州等地華工 1,825 人,

---

[35]中華學術院南洋研究所編,趙順文譯,前引書,頁 11。
[36]中華學術院南洋研究所編,趙順文譯,前引書,頁 11-12。
[37]中華學術院南洋研究所編,趙順文譯,前引書,頁 12。

經清政府洋務總局、閩省總督及當地仕紳反對,這批華人最後沒有出洋。[38]

為防止人民受騙出國,福州編定有所謂的**華僑機關新聞**,詳載著海外移民狀況,使有志移民者注意參考。因此後來透過洋行渡航之事業漸衰,而自由渡航者反而增加。

第四節 東南亞各國華人人口數

在二戰前的估計,東南亞華人的人口數約有 5 百萬人,由國別來看的話,大致如下表所示:

表 1-1:二戰前東南亞華人人口數概估

國別	人口數
英屬馬來亞(含保護領地)	1,500,000
泰國	1,400,000
荷屬東印度（印尼）	1,200,000
法屬越南	450,000
緬甸	250,000
菲律賓群島	65,000
英屬北婆羅洲	50,000
砂勝越	70,000
汶萊	1,000
合計	4,987,000

資料來源:竹井十郎,前引書,頁 8-9。

二戰前東南亞各國並沒有做人口普查,所以上表中的華人人口數是概估數字,所謂的華人可能包括純種的華人以及混血的華

---

[38] 黨史學司教育專欄,「第一節 中華人民共和國成立前」,中共福建省外事工作委員會辦公室、福建省人民政府外事辦公室、福建省人民對外友好協會,http://wb.fujian.gov.cn/ztzl/wsz/clswsj/201511/t20151119_730319.htm　2020 年 10 月 10 日瀏覽。

人。而這些華人主要集中在英屬馬來亞、泰國及荷屬東印度（印尼）等三國，此跟這些地區經濟發展條件較好及工作機會較多有關。

二戰結束後，隨著各殖民地的獨立和經濟發展，各國華人人口數增加快速。各國也實施人口普查，有較為精確的人口數。惟一般實施人口普查的時間是 10 年一次，因此對於每年華人人口增長數會根據其總人口增長率來估算。僑委會出版的**各國華人人口專輯**一書，即是採用該一辦法估算出各國華人之人口數。

茲分述東南亞各國華人人口數之概估如下。

(1)越南。根據 1999 年越南人口普查，華人人口比例為 1.3%，因此估計 2008 年華人人口數為 112 萬 2 千人。[39]2020 年，越南人口概估為 97,338,579 人，[40]華人比率以 1.3%計算，則華人人口約 126.54 萬人。

(2)緬甸。按照聯合國公布之緬甸人口數及增長率，再以網站所獲得的華人佔緬甸總人口的 2.18%來推估華人人口數，2008 年緬甸華人約 107 萬 3 千人。[41]

這是比較保守的推估，根據「World meter」網站之資料，緬甸在 2020 年之概估總人口為 54,409,800 人，華人佔 3%，故其人數約 163.2 萬人。[42]

(3)泰國。由於泰國政府從 1950 年限定華人移入名額，每年只有 200 人，假定華人與泰國總人口之比率不變，而以史金納（William Skinner）所著書泰國之華人社會（*Chinese society in*

---

[39] 中華民國僑務委員會編，各國華人人口專輯，第三輯，中華民國僑務委員會出版，台北市，2009 年，頁 29。

[40] "Vietnam Population," *World meter*, https://www.worldometers.info/　2021 年 10 月 1 日瀏覽。

[41]中華民國僑務委員會編，前引書，頁 35。

[42] " Myanmar Population." *World meter*, https://www.worldometers.info/world-population/myanmar-population/　2021 年 9 月 27 日瀏覽。

Thailand）中所統計的 1955 年泰國華人佔總人口之比率 113%作為計算之基礎，則 2008 年泰國總人口 63,389,730 人，華人佔 11.3%，故應為 7,163,039。[43]

2020 年，泰國人口概估為 69,799,978 人，[44]華人人口以 11.3%計算，則應為 788.740 萬人。

(4)馬來西亞。2008 年，華人人口數有 639 萬 9 千人，佔總人口比率為 24.6%。[45]馬國在 2020 年人口普查，華人人口比例下降為 22.4%。[46]2023 年 1 月，馬國總人口概估為 33,445,319 人，[47]華人人口以 22.4%計算，則應為 749 萬人。

(5)新加坡。截至 2022 年 6 月，在總人口 407.2 萬人口中，華人有 301.8 萬人，佔總人口 74.1% ，馬來人有 55.4 萬人，佔總人口 13.6% ，印度人有 36.6 萬人，佔總人口 9% ，其他人 13.4 萬人，佔總人口 3.3% 。[48]

(6)印尼。印尼曾在 2000 進行人口普查，總人口數為 2.06 億，華人佔比採中間數的 3.3%（從 3%到 3.6%不等），故約有 686 萬人。[49]2020 年印尼總人口概估為 273,523,615 人，[50]華人人口以 3.3%計算，則應為 902.63 萬人。

---

[43]中華民國僑務委員會編，前引書，頁 39-40。

[44] "Thailand Population," *World meter*, https://www.worldometers.info/world-population/thailand-population/ 2021 年 10 月 1 日瀏覽。

[45]中華民國僑務委員會編，前引書，頁 43。

[46] 「馬來西亞華人」，維基百科，
https://zh.wikipedia.org/wiki/%E9%A6%AC%E4%BE%86%E8%A5%BF%E4%BA%9E%E8%8F%AF%E4%BA%BA 2021 年 10 月 4 日瀏覽。

[47] "Malaysia Population," *World meter*, https://www.worldometers.info/world-population/malaysia-population/ 2023 年 1 月 12 日瀏覽。

[48] "Resident population in Singapore as of June 2022, by ethnic group," *statista*, https://www.statista.com/statistics/622748/singapore-resident-population-by-ethnic-group/ 2023 年 1 月 1 日瀏覽。

[49]中華民國僑務委員會編，前引書，頁 53。

[50] "Indonesia Population," *World meter*, https://www.worldometers.info/world-population/indonesia-population/ 2021 年 10 月 1 日瀏覽。

(7)菲律賓。根據菲律賓國家統計局、菲律賓全國統計協會、美國普查局和僑委會統計室之推估，2008 年菲國華人人口數約1,411,414 人，佔比總人口數約 1.56%。[51]2020 年菲律賓總人口概估為 109,581,078 人，[52]華人人口以 1.56%計算，則應為 170.95 萬人。

(8)柬埔寨。2020 年柬埔寨總人口概估為 16,718,965 人，[53]華人人口以 1%計算，[54]則應為 167.19 萬人。

(9)寮國。2020 年寮國總人口概估為 7,275,560 人，[55]華人人口以 2%計算，[56]則應為 145.51 萬人。

(10)汶萊。2020 年汶萊總人口概估為 437,479 人，[57]華人人口以 10.1%計算，[58]則應為 44,185 人。

(11)東帝汶。2020 年東帝汶總人口概估為 1,318,445 人，[59]估計華人約 3,000 人。[60]

---

[51] 中華民國僑務委員會編，前引書，頁 64 。

[52] "Philippines Population," *World meter*, https://www.worldometers.info/world-population/philippines-population/ 2021 年 10 月 1 日瀏覽。

[53] "Cambodia Population," *World meter*, https://www.worldometers.info/world-population/cambodia-population/ 2021 年 10 月 1 日瀏覽。

[54] "Ethnic groups in Cambodia," *Wikipedia*, https://en.wikipedia.org/wiki/Ethnic_groups_in_Cambodia 2021 年 7 月 29 日瀏覽。

[55] "Laos Population," *World meter*, https://www.worldometers.info/world-population/laos-population/ 2021 年 10 月 1 日瀏覽。

[56] "Laotian Chinese," *Wikipedia*, https://en.wikipedia.org/wiki/Laotian_Chinese 2021 年 10 月 1 日瀏覽。

[57] "Brunei Population," *World meter*, https://www.worldometers.info/world-population/brunei-darussalam-population/ 2021 年 10 月 1 日瀏覽。

[58] "Ethnic Chinese in Brunei," *Wikipedia*, https://en.wikipedia.org/wiki/Ethnic_Chinese_in_Brunei 2021 年 10 月 1 日瀏覽。

[59] "East Timor Population," *World meter*, https://www.worldometers.info/world-population/timor-leste-population/ 2021 年 10 月 1 日瀏覽。

[60] "Chinese people in East Timor," *World meter*, https://en.wikipedia.org/wiki/Chinese_people_in_East_Timor 2021 年 10 月 1 日瀏覽。

表 1-2：2020 年東南亞各國總人口數及華人人口數

國別	總人口	華人人口數	比率(%)
越南	97,338,579	126.54 萬	1.3
緬甸	54,409,800	163.2 萬	3
泰國	69,799,978	788.74 萬	11.3
馬來西亞	32,365,999	796.2 萬	24.6
新加坡	3,990,000	304 萬	76.2
印尼	273,523,615	902.63 萬	3.3
菲律賓	109,581,078	170.95 萬	1.56
柬埔寨	16,718,965	167.19 萬	1
寮國	7,275,560	14.551 萬	2
汶萊	437,479	44,185	10.1
東帝汶	1,318,445	3,000	0.002
合計	666.759.498	3438.711 萬	

資料來源：筆者整理。

第二章　關於華僑史的幾個問題

第一節　關於清國開放海禁的時間

　　明清時代有所謂的「海禁」政策，大明國和清國實施海禁的原因大同而小異。日本斯波義信歸納明、清時代實施海禁之背景為：(1)大明國統一之初，朱清、張瑄海上反亂勢力強大，擔心海上治安惡化。(2)明初實施寶鈔（紙幣）貨幣政策，擔心銅錢流出海外。(3)元國後期，政策失敗、疫病流行，重回農本主義、中華主義、重視內陸。(4)為使中國沿海的許多島嶼富裕，擬定有效的海防政策，以因應海上商業的興隆期。(5)明、清之際，回復宋代的文化中心主義、內向閉塞的傾向。[1]

　　但清國海禁政策主要原因為：防堵鄭成功反清勢力在沿海的擴張；防止米糧流出外國；防止沿海人民在海外聚集為盜或者與海盜相互勾結。清國初期為了對抗明末反清勢力，實施海禁政策，禁止中國沿海居民從事海上活動，甚至寸板不能下海。直至鄭克塽勢力瓦解後，才逐步解除海禁。在一般的歷史著作中，大都寫為1683年清國統治台灣為解除海禁的開始。關於此一年代，是很值得商榷的。此可從逐步解除海禁的時間序列加以瞭解。

　　（一）首先看王之春所寫的國朝柔遠記的記載：「康熙22年(1683年)，時沿海居民雖復業，尚禁商舶出洋互市。施琅等屢以為言。又荷蘭以曾助勦鄭氏，首請通市，許之。而大西洋諸國，因荷蘭得請於是，凡明以前未通中國勤貿易而操海舶為生涯者，

---

[1] 可兒弘明、斯波義信、游仲勳編，華僑華人事典，弘文堂，東京，2002年，頁92。

皆爭趨疆臣。因請開海禁，設粵海、閩海、浙海、江海榷關四於廣州之澳門、福建之漳州、浙江之寧波府、江南之雲臺山，署吏以蒞之。」[2]

從上述的記載說明了下述四點：

(1) 1683 年時沿海居民雖復業、展界，但「尚禁商舶出洋互市」。

(2) 「施琅等屢以為言」，表示當時尚未開放。

(3) 荷蘭因為助剿鄭氏有功，所以允許其通市貿易。

(4) 「設粵海、閩海、浙海、江海榷關四於廣州之澳門、福建之漳州、浙江之寧波府、江南之雲臺山，署吏以蒞之。」即先在澳門、漳州、寧波、雲臺山派遣海關官員。

（二）到了康熙 55 年(1716 年)10 月辛亥，鑑於南洋地方海賊眾多，清廷唯恐海賊與中國沿海人民勾結為患，繼續禁止南洋貿易，東洋則沒有限制。荷蘭船則沒有限制，許其自由來往。「....出海貿易，海路或七八更，遠亦不過二十更，所帶之米，適用而止，不應令其多帶。再東洋，可使貿易。若南洋，商船不可令往。第當如紅毛等船聽其自來耳，且出南洋，必從海壇經過，此處截留不放，豈能飛渡乎？又沿海砲台足資防守。明代即有之，應令各地方設立。往年由福建運米廣東，所雇民船三、四百隻，每隻約用三、四十人，通計即數千人聚集海上，不可不加意防範。台灣之人，時與呂宋地方人互相往來，亦須豫為措置。凡福建廣東及江南浙江等沿海地方之人，在京師者，爾等可加細詢。」[3]

（三）至於台海之間的貿易往來，則限制須集中 20-30 艘，

[2] 王之春，國朝柔遠記，卷二，學生書局，台北市，1985 年，頁 117。

[3] [清]馬齊、張廷玉、蔣廷錫撰，大清聖祖仁（康熙）皇帝實錄（六），卷二百七十，華文書局總發行，台北市，1964 年，頁 14~16。

一起行動，防止中途為海盜劫掠。「康熙 55 年(1716 年)10 月，兵部議覆，福建巡撫陳璸疏言：『往台灣彭湖貿易之船，不宜零星放出，必至二、三十隻，方許一同出洋。台廈兩汛亦酌量船隻多寡，撥哨船三、四隻護送。應如所請』從之。」[4]

（四）1717 年更記載說禁止南洋貿易，只允東洋貿易。如此做的原因是因為擔心漢人前往南洋，聚眾為海盜以及販運米糧出洋。『康熙 56 年定例，入洋貿易人民，3 年之內准其回籍，其 56 年以後私去者，不得徇縱入口。」

「康熙 56 年(1717 年)正月庚辰，兵部等衙門遵旨，會同陛見來京之廣東將軍管源忠、福建、浙江總督覺羅滿保、廣東廣西總督楊琳議覆，『凡商船照舊東洋貿易外，其南洋呂宋、噶喇吧等處不許商船前往貿易。於南澳等地方截住，令廣東福建沿海一帶水師各營巡查，違禁者嚴拏治罪。其外國夾板船照舊准來貿易。令地方文武官嚴加防範。嗣後洋船初造時，報明海關監督，地方官親驗印烙，取船戶甘結，並將船隻丈尺、客商姓名貨物往某處貿易，填給船單。令沿海口岸文武官照單嚴查。按月冊報督撫存案。每日各人准帶食米一升，並餘米一升，以防風阻。如有越額之米，查出入官。船戶、商人一并治罪。至於小船偷載米糧，剝運大船者，嚴拏治罪。如將船賣與外國者，造船與賣船之人，皆立斬。所去之人，留在外國，將知情同去之人，枷號三月。該督行文外國，將留下之人，令其解回立斬。沿海文武官，如遇私賣船隻、多帶米糧、偷越禁地等事，隱匿不報，從重治罪。並行文山東、江南、浙江將軍督撫提鎮，各嚴行禁止。從之。』」[5]

---

[4] [清]馬齊、張廷玉、蔣廷錫撰，**大清聖祖仁（康熙）皇帝實錄（六）**，卷二百七十，頁 11。

[5] [清]馬齊、張廷玉、蔣廷錫撰，**大清聖祖仁（康熙）皇帝實錄（六）**，卷二百七十一，頁 6~7。

「康熙 56 年(1717 年)，呂宋等國口岸多聚漢人，聖祖仁皇帝諭令商船禁止南洋貿易。」[6]

「康熙 56 年(1717 年)，以噶剌巴口岸多聚漢人，恐寖長海盜，禁止南洋往來，其在外人民不得復歸故土。嗣奉恩旨，凡 56 年以前出洋民人，限三年回籍。然亦尚有留者。」[7]

（五）到了 1718 年，才允許中國商船前往安南貿易。

「康熙 57 年(1718 年)2 月甲申，至於台灣廈門，各省本省往來之船，雖新例各用兵船護送，其貪時之迅速者，俱從各處直走外洋，不由廈門出入，應飭行本省，並咨明各省，凡往台灣之船，必令到廈門盤驗，一體護送。由澎而台，其從台灣回者，亦令盤驗護送。由澎到廈，凡往來台灣之人，必令地方官給照方許渡載。單身遊民無照者，不許偷渡。如有犯者，官兵民人，分別嚴加治罪，船隻入官。如有哨船私載者，將該管官一體參奏處分。應如所請』從之。戊戌，兵部議覆，廣東廣西總督楊琳疏言：『澳門彝船往南洋貿易，及內地商船往安南貿易，臣面奏請旨，不在禁例。』應如所請。」[8]

（六）直至 1727 年 3 月，才開閩省海禁。福建總督高其倬上奏才開海禁。「雍正 5 年(1727 年)3 月，兵部議覆。福建總督高其倬疏言：『福、興、漳、泉、汀五府，地狹人稠，自平定台灣以來，生齒日繁，本地所產，不敷食用。惟開洋一途，藉貿易之贏餘，佐耕耘之不足，貧富均有裨益。從前暫議禁止，或慮盜米出

---

[6] 清高宗敕撰，**清朝文獻通考**，卷二百九十七，四裔考五，呂宋條，新興書局，台北市，民國 52 年重印，頁考 7464。

[7] 清高宗敕撰，前引書，卷二百九十七，四裔考五，噶剌巴條，頁考 7465。

[8] [清]馬齊、張廷玉、蔣廷錫撰，**大清聖祖仁（康熙）皇帝實錄（六）**，卷二百七十七，頁 19、28。

洋。查外國皆產米之地，不藉資於中國，且洋盜多在沿海直洋，而商船皆在橫洋。道路並不相同。又慮有逗漏消息之處。現今外國之船，許至中國，廣東之船許至外國，彼來此往，歷年守法安靜。又慮有私販船料之事，外國船大，中國船小，所有板片桅柁，不足資彼處之用，應請復開洋禁，以惠商民。並令出洋之船，酌量帶米回閩，實為便益，應如所請。令該督詳立規條，嚴加防範。從之。」[9]

1727 年 6 月，重申以前出洋未回者，可以搭乘外國船舶回國。外國船舶進出中國的港口只准在廈門、虎門，其他港口禁止。「嗣後，應定限期，若逾限不回，是其人甘心流移外方，無可憫惜，朕意不許令其復回內地。」

「雍正 5 年(1727 年)6 月，又諭，昔年曾奉聖祖仁皇帝諭旨：『海外噶喇吧乃紅毛國泊船之所，呂宋乃西洋泊船之所，彼處藏匿賊盜甚多，內地之民希圖獲利往往留在彼處。不可不預為措置。隨經廷臣與閩廣督撫議令，內地之人留在外洋者，准附洋船帶回內地。奉旨准行在案。此乃聖祖仁皇帝綏靖海疆，且不忍令內地之民，轉徙異地，實仁育義正之盛心也。但數年以來附洋船而回者甚少，朕思此輩多係不安本分之人，若聽其去來任意，不論年月之久遠，伊等益無顧忌，輕去其鄉，而飄流外國者愈眾矣。嗣後，應定限期，若逾限不回，是其人甘心流移外方，無可憫惜，朕意不許令其復回內地。如此，則貿易欲歸之人，不敢稽遲在外矣。』將此交與高其倬、楊文乾、常賚悉心酌議，並如何定限年月之處，一併評議具奏。尋福建總督高其倬遵旨議奏：『康熙五十六年定例，入洋貿易人民，三年之內准其回籍，其五十六年以後私去者，不得徇縱入口，久已遵行在案。又現住外洋之船，或

9 [清]鄂爾泰、福敏、張廷玉、徐本、三泰等撰，**大清世宗憲（雍正）皇帝實錄（二）**，卷五十四，華文書局，台北市，1964 年，頁20。

去來人數不符，或年貌互異者，即係頂替私回，應嚴飭守口官，於洋船回時，點對照票，細加稽查。如有情弊，將船戶及汛口官員分別治罪。至閩粵洋船出入，總在廈門、虎門守泊，嗣後別處口岸概行嚴禁。』得旨。康熙五十六年定例之時，隨據福建等省奏報，回籍者幾及二千餘人，是出洋之人，皆已陸續返棹，而存留彼地者，皆甘心異域及五十六年以後違禁私越者也。方今洋禁新開，禁約不可不嚴，以免內地民人貪冒飄流之漸。其從前逗留外洋之人，不准回籍。餘依議。」[10]

在 1727 年 6 月，又禁內地人民久留外洋。「雍正 5 年(1727年)6 月，禁內地民久留外洋。先是，康熙末以噶羅巴及呂宋皆紅毛西洋泊船之所，藏匿盜賊甚多，內地民希圖獲利往往留在彼處。有旨交廷臣議准其附洋船帶回內地。至是奉諭云：『聖祖仁皇帝綏靖海疆，且不忍內地之民轉徙異地，實仁育義教之盛心，但數年來附洋船回者甚少，朕思此等貿易外洋多係不安本分之人，若聽其去來任意，不論年月久遠，伊等益無顧忌輕去其鄉，而飄流外國者益眾矣。嗣後，應定限期，若逾限不回，是其人甘心流移外方，無可憫惜，朕意不許令其復回內地。如此，則貿易之人，不敢稽遲在外矣。』」[11]

（七）1747 年 1 月，又重申中國人在海外羈留超過 3 年者，必須強制命其回原籍，且以後永遠不許復出外洋。

「乾隆 12 年(1747 年)正月，諭軍機大臣等，據陳大受奏，蘇祿國遣番官齎表謝恩，摺內稱馬燦、陳榮均係內地船戶水手，於乾隆五年前往蘇祿。即於乾隆七年，馬燦更名馬光明，充為貢使；陳榮更名陳朝盛，充為通事入貢。而此次馬光明復齎表謝恩，

---

[10] [清]鄂爾泰、福敏、張廷玉、徐本、三泰等撰，大清世宗憲（雍正）皇帝實錄（二），卷五十八，頁 32~33。

[11] 王之春輯，國朝柔遠記，卷三，頁 181。

若輩影射滋事之處，內地似宜量為裁制等語，定例商人往外洋諸番貿易，遲至三年以外始歸者，將商人舵水人等勒還原籍，永遠不許復出外洋，例禁甚嚴。今馬燦等，乃潛住蘇祿，往來內地，不但如陳大受所稱影射滋事等弊，且以內地民人為外番充作貢使，尤有關於國體，可傳諭陳大受令其知情事之輕重，留心籌辦，仍將辦理之處，具摺奏聞。尋覆奏，蘇祿國原咨搬搶銀貨一案，查明馬光明向在呂宋，逋欠番債，曾累番目黃佔代賠，遂在蘇祿夤充貢使，圖至內地避債，兼得乘機索詐。至乾隆 9 年內，蘇祿貢船回國，阻風呂宋地方。黃佔回明該國王，將船中貨物扣留抵欠，並訪聞馬光明在呂宋、蘇祿生事之處甚多，應逐細根究。至該犯稔知定例不許在洋逗留，二三年內，必絡繹來往，尤宜杜其根株，現密飭廈門地方官，遴選熟習番語之人，作為通事，伴送該番回國，並令布政使高山咨明該國王，告以馬光明、陳朝盛，近因在內地犯事留審，與該國無涉，似為妥便。得旨。如此辦理，甚妥。馬光明當重處以示警。」[12]

（八）1754 年，允許超過 3 年未回中國者，准許回籍。但此後仍以 3 年為期，3 年不歸者，仍不准回籍。意思就是針對以前不回國者，給予一次自新機會。

「乾隆 19 年(1754 年)4 月戊寅，軍機大臣議覆，福建巡撫陳宏謀奏稱：『福州、漳泉等府，地狹民稠，半藉海船為生計，查康熙 56 年定例，出洋之人，勒限 3 年准回原籍，逾限不准復回。至雍正 5 年以後，洋禁已開，似不應仍拘舊例，況出洋之人或因貨物未清，守候愆期，不能依限回籍，情有可原，且此等人稽留外洋，保無滋事生釁，今請久稽番地人等，果因貨物拖欠等

---

[12] [清]慶桂等撰，大清高宗純（乾隆）皇帝實錄（六），卷二百八十二，頁 9~10。

事，以致逾限不歸，及本身已故，遺留妻妾子女，願歸本籍者。無論例前例後，均准回籍等語。』臣等酌量，似此辦理，於洋面既無妨礙，而貿易良民不致屏之番地，事屬可行。至所奏向後販洋之人，仍定以 3 年為限。3 年後不聽再歸等語。竊思海洋風信不常，帳目守候非易，此番定例之後，或仍有逾限之人，既不忍悉行擯棄，勢必又須籌辦，轉滋煩瑣，請交該督撫妥定章程，俾此等出洋之人，得以物歸故土，並請飭下廣東督撫一體遵行。從之。」[13]

（九）1860 年 9 月，清國與英國簽訂中英續增中、英條約，同意讓契約工人出國工作。根據該約第五款之規定：「戊午年定約互換以後，大清大皇帝允於即日降諭各省督撫大吏，以凡有華民情甘出口或在英國所屬各處或在外洋別地承工，俱准與英民立約為憑，無論單身或願攜帶家屬一併赴通商各口下英國船隻，毫無禁阻。該省大吏亦宜時與大英欽差大臣查照各口地方情形，會定章程，為保全前項華工之意。」[14]同樣地，同一年中法續增條約第九款亦有與上款相同之規定。[15]

（十）清國要到 1893 年 8 月才完全開放海禁，無論出洋時間久暫、結婚生子等，一律允許自由進出，而且發給護照。

「清德宗光緒 19 年(1893 年)8 月癸丑，總理各國事務衙門奏，遵議出使大臣薛福成奏，申明新章，豁除海禁舊例，請嗣後良善商民無論在洋久暫，婚娶生息，概准由使臣或領事官給與護照，

---

[13] [清]慶桂等撰，大清高宗純（乾隆）皇帝實錄（十），卷四百六十三，頁 17~18。

[14] 田濤主編，清朝條約全集，黑龍江人民出版社，黑龍江，1999 年，頁 256。

[15] 田濤主編，前引書，頁 261。

任其回國治生置業,並聽隨時經商出洋,毋得仍前藉端訛索,如所請行。」[16]

第二節　關於出洋華人男女性比例顯示的意義

在一般的華僑史著作中,大都描述出洋華人男性人數遠多於女性,而且男性大都娶土著女性為妻。但這樣的看法是否有各地的差別?還是普遍的現象?觀察南洋各地的華人人口統計,可以發現各地華人男女比例差異情況很大,不可一概而論。

現在舉述東南亞一些地區的人口數字作比較說明。

首先,看英國在海峽殖民地的人口統計資料顯示:

表 2-1:海峽殖民地華人男女性別人口數目

年代	華人男性人口	華人女性人口
1824	2,956	361
1830	6,021	534
1834	9,944	823
1849	25,749	2,239

資料來源:李長傳,中國殖民史,台灣商務印書館,台北市,民國 79 年,頁 213-214。

從表 2-1 可知,在海峽殖民地,包括新加坡、馬六甲和檳榔嶼三個地方,華人男性人數遠多於女性,1824 年男性比女性多 8

---

[16] [清]覺羅勒德洪等撰,大清德宗景(光緒)皇帝實錄(五),卷三百二十七,頁 1。

倍，到 1849 年卻高達 10 倍。此一數字可能反映了，該三地的華人男性娶土著女性的比例會很高。

　　然而，愈往近代，上述男女人口差距愈來愈小，至 1947 年 9 月，新加坡華人男性有 387,327 人，華人女性有 340,536 人。[17]男女人口數相近。

　　另外據達特福德（G. P. Dartford）的說法，即使在 1911 年，華人男性在馬來亞比馬來人多，但華人婦女卻比馬來婦女少得多。原因是華人移民無力攜眷同行。以及當時中國政府也不許婦女出國。[18]關於中國政府不許婦女出國的說法是有疑問的，並不正確。中國政府從沒有對於女性出國以法令加以特別規定。

　　1947 年，馬來聯邦（包括雪蘭莪、森美蘭、彭亨、霹靂）華人男性有 559,768 人，女性有 456,905 人。[19]女性比男性少了約 10 萬人。

　　1948 年，吉打邦華人男性有 64,646 人，女性有 50,421 人。玻璃市華人男性有 6,790 人，女性有 4,901 人。[20]

　　1947 年，登加奴華人男性有 9,104 人，女性有 6,499 人。吉蘭丹華人男性有 12,910 人，女性有 9,821 人。[21]

　　1947 年，檳榔嶼華人男性有 91,242 人，女性有 87,026 人。威利士省華人男性有 37,105 人，女性有 32,342 人。[22]

---

[17] 何鳳嬌編，東南亞華僑資料彙編（二），國史館印行，台北縣，民國 92 年，頁 286。

[18] G. P. Dartford 原著，馬來亞史略，星加坡聯營出版公司，新加坡，1959 年，頁 150。

[19] 何鳳嬌編，東南亞華僑資料彙編（二），國史館印行，台北縣，民國 92 年，頁 262。

[20] 何鳳嬌編，前引書，頁 268。

[21] 何鳳嬌編，前引書，頁 297-298。

[22] 何鳳嬌編，前引書，頁 432。

　　若將上述 1947 年馬來半島各地的華人人數相加，則男性有 761,865，女性有 633,193 人，男性比女性多 128,672 人。

　　第二，英國在 1815 年對爪哇和馬都拉島進行人口調查，發現當時華人男性有 51,332 人，女性有 43,109 人。[23]從該數字可知，當時華人男女性比例相近。而且最重要者，當時華人前往印尼為何女性相當多，是否與清國在 1727 年開放海禁有關係？但這又如何解釋在「海峽殖民地」的情況呢？同樣是開放海禁後，為何印尼的華裔女性比例會高於「海峽殖民地」？

　　1948 年，印尼松巴島華人男性有 420 人，華人女性有 348 人。馬都拉島華人男性有 2,766 人，華人女性有 3,000 人。峇里島華人男性有 5,927 人，華人女性有 5,625 人。龍目島男性有 3,264 人，華人女性有 3,037 人。松巴哇島男性有 540 人，華人女性有 524 人。[24]楠榜華人男性有 6,897 人，華人女性有 5,621 人。明古連華人男性有 2,348 人，華人女性有 1,832 人。占碑華人男性有 7,210 人，華人女性有 5,118 人。[25]泗水華人男性有 23,471 人，華人女性有 21,657 人。[26]巨港華人男性有 35,299 人，華人女性有 26,766 人。[27]從上述印尼各地的華人男女人口結構來看，呈現相近的現象。

　　第三，英國在 1947 年對砂拉越之人口調查，華人男性有 81,394 人，華人女性有 63,725 人，差距不大。1960 年的統計為，華人男性有 120,369 人，華人女性有 108,785 人。[28]差距也不大。

---

[23] Thomas Stamford Raffles, *The History of Java*, Kuala Lumpur, Oxford University Press, Vol.1, 1978, p.63.

[24] 何鳳嬌編，前引書，頁 386。

[25] 何鳳嬌編，前引書，頁 398。

[26] 何鳳嬌編，前引書，頁 406。

[27] 何鳳嬌編，前引書，頁 409。

[28] 巴素原著，郭湘章譯，東南亞之華僑，國立編譯館出版，民國 63 年，頁 613。

　　第四，1931 年對北婆羅洲（沙巴）的人口統計，華人男性有 30,844 人，華人女性有 17,128 人。[29]差距 1.8 倍。

　　第五，1931 年對汶萊華人的人口統計，華人男性有 2060 人，華人女性有 623 人。[30]差距有 3.3 倍。

　　第六，菲律賓 1918 年男性比女性多 13.1 倍。1933 年下降為 4.7 倍。1939 年更下降為 3.3 倍。

表 2-2：菲律賓華人男女性比例

年代	華人男性人口	華人女性人口
1918	40704	3098
1933	59054	12584
1939	90007	27480

資料來源：巴素原著，郭湘章譯，東南亞之華僑，國立編譯館出版，台北市，民國 63 年，頁 863-869。

　　另外據駐馬尼拉總領事館報回外交部的資料，1939 年菲政府的調查，華人男性有 89,986 人，華人女性有 27,475 人。[31]男女比例有 3.3 倍。

　　第七，在泰國，從入境華人人數來觀察，1919 年，男性有 205,194 人，女性有 54,724 人，男性比女性大 3.7 倍。1929 年，男性有 313,764 人，女性有 131,764 人，男性比女性大 2.4 倍。1937 年，男性有 336,000 人，女性有 189,000 人，男性比女性大

---

[29] 同上註，頁 618。
[30] 同上註，頁 627。
[31] 何鳳嬌編，前引書，頁 426。

1.8倍。[32]也就是愈往近代,華人女性移往泰國的人數日增,縮小男女人數差距。

第八,在印支三邦(安南除外),1921年華人男性有184,320人,女性有101,390人。男性約比女性大1.8倍。[33]

第九,1986年6月,汶萊的華人男性有22,400人,女性有19,000人。[34]男性比女性大1.2倍。

第十,1939年緬甸政府調查華人數,華人男性有127,049人,女性有66,545人。[35]男性比女性大1.9倍。

從以上的海外華人男女比例分佈來看,可得出一些研究發現。第一,在戰前,東南亞地區,華人男女比例差距從小到大者,依次為印尼、砂拉越、北婆羅洲(沙巴)、印支三邦、泰國、緬甸、菲律賓、新加坡、馬六甲和檳榔嶼。第二,愈近近代,男女比例愈來愈縮小。反應女性出國人數日漸增加。第三,印尼和砂拉越的華人男女比例最小,是否反應這兩個地方較適合女性移民?是否與這兩個地方的社會生活、移民形態或就業機會有關?華人移入印尼,所從事的工作可能屬於小型商販或簡易體力勞動,對女性移民並無多大困難,有就業機會。再加上當地人信奉回教,華人男性與土著女性通婚有較大困難,故華人女性移入相對較多。在砂拉越,則屬於早期教會或社區集體移民性質,是較有組織的移民,因此男女比例較為平均。在暹羅,當地人信奉佛教,飲食習慣華人相近,華人男性與當地泰女通婚不難,所以華人娶泰女多。

---

[32] 陳碧笙,世界華僑華人簡史,廈門大學出版社,廈門,1991年,頁233。

[33] 陳碧笙,前引書,頁248。

[34] 國史館藏,外交部檔案,檔名:汶萊政情報告,目錄號:172-3,案卷號:4227,駐汶萊遠東貿易文化中心民國77年5月份政情報告。

[35] 何鳳嬌編,前引書,頁488。

　　第四，華人在菲律賓的男女比例較大，華人男性娶土著女性的比例也較高，主要原因是西班牙和美國統治時期，限制華人移入，尤其是美國統治時，只允許與土著女性通婚者，於回中國後重新回到菲律賓。另外，菲女與外國人通婚沒有禁忌，華人男性娶菲女容易，故無須從中國移入華人女性，女性移入者就會減少。

　　至於海峽殖民地的情況，較為特別，可能早期移入者是從事開礦和種植園工作，需要大量體力勞動，不適合女性。因此，這些地區的華人娶當地土著女性的人數也相對較多。第五，從上述的分析可知，華人男女比例懸殊的地方，華人男性娶土著女性為妻的比例就會愈高。

第三節　華人被殺被逐人數問題

　　關於海外華人被殺害和被驅逐人數，在許多華僑史的著作中，每每提及，而且所提出的被害和被逐人數差異頗大，使人感到困惑。

　　試舉一些例子來說明：

　　大明國張燮的東西洋考，1603 年，在菲律賓，被殺華人有 2 萬 5 千人。

　　劉繼宣、束世澂的中華民族拓殖南洋史的說法：在菲律賓，1603 年被殺害華人有 25,000 人；1639 年逾 2 萬人；1662 年被殺者無確實數目；1762 年 6 千餘人。在爪哇，1740 年被殺害華人有 1 萬餘人。[36]

---

[36] 劉繼宣、束世澂，中華民族拓殖南洋史，台灣商務印書館，台北市，民國 60 年，頁 138-139。

陳碧笙的世界華僑華人簡史的說法：引述陳台民著的中菲關係與菲律賓華僑的說法，在菲律賓，1603 年被殺害華人不止 23,000 人；1639 年 2 萬 2 千至 4 千人；1662 年 2-4 千人；1762 年 6 千人。在爪哇，1740 年時住在雅加達城市內外約有華人 14,962 人，被殺害華人有 4,389 人。[37]

華僑協會總會編的華僑大辭典的記載：1740 年在爪哇被殺華人有 1 萬多人。[38]

新加坡潘翎主編的海外華人百科全書的記載，1740 年在爪哇雅加達有華人 1 萬 5 千多人，被殺華人有三分之二。[39]1603 年和 1639 年，菲律賓殺害華人有 2 萬多人。[40]1978 年，越南約有 20 萬被逐的華人進入中、越邊境。1978-1989 年間，約有 100 萬人逃離越南，其中有 60-70%是華人。[41]1975-78 年間，柬埔寨華人從 40 萬減至 20 萬人。[42]

周南京主編的世界華僑華人辭典的記載，1603 年 10-11 月，菲律賓華人被殺 2.5 萬人。1639 年 11 月至 1640 年 3 月，約 2.4 萬人被殺。1662 年 6-12 月，約數千人至 2.4 萬人被殺。1762 年 12 月，6 千人被殺。1820 年 10 月，85 人被殺。[43]1740 年印尼紅溪慘案被害華人近萬人。[44]至 1980 年，被驅趕的越南華人約達 100 多萬人。[45]

這些數字差異頗大，造成研究上很大的困擾。

---

[37] 陳碧笙，前引書，頁 97、102。

[38] 華僑協會總會編，華僑大辭典，紅河之役，台北市，民國 89 年，頁 112。

[39] 潘翎主編，海外華人百科全書，三聯書店，香港，1998 年，頁 153。

[40] 潘翎主編，前引書，頁 188。

[41] 潘翎主編，前引書，頁 233。

[42] 潘翎主編，前引書，頁 148。

[43] 周南京主編，世界華僑華人辭典，北京大學，北京，1993，西班牙屠殺華僑事件，頁 237。

[44] 周南京主編，前引書，紅溪事件，頁 340。

[45] 周南京主編，前引書，越南排華運動，頁 782。

第四節　外交與保僑問題

在清初，禁海令的頒佈，顯示清國禁止人民往海外發展，海外華人自然也不能得到清國政府的保護。直至清末，為了保僑，才開始在東南亞各地設立領事館。但即使有領事館，亦不見得能保護僑民，東南亞華人仍受到不公的待遇，主要原因是中國的國籍法採取屬人主義，以及與東南亞各地的殖民國家仍存在著不平等條約，以至於東南亞地區華人並未能獲得平等地位。

在民國建立後，保僑和訂約成為政府的兩大目標，對於排華事件，都能採取主動交涉，只是效果不大，例如越南在 1927 年發生海防排華事件，中國政府進行交涉，卻遭到法國當局的拒絕。1945-49 年印尼發生抗荷戰爭，華人遭到池魚之殃，生命和財產之損失無數，中國提出賠償交涉，未獲結果。

從 1945-50 年，中華民國與泰國、菲國、緬甸有邦交，該一段時間只有泰國還有排華事件，透過外交交涉緩和了泰國排華事件的擴大。中共在 1950 年後先後與北越、緬甸、印尼、寮國、柬埔寨建交。但緬甸在 1962 年、印尼在 1965 年、越南在 1975 年、柬埔寨在 1975-1978 年發生排華事件，被殺華人數以萬計，不僅流離失所，損失財產亦無法估計。

從上述的事例來觀察，中國政府原先為了保僑，才開始在東南亞地方建立領事館，戰後亦建立外交關係，但似乎建立邦交與保僑的關連性不大，有邦交不見得能保僑。就歷史來看，反而在中國與東南亞國家有邦交的情況下，東南亞國家照樣排華，而且較諸歷史上的排華有過之而無不及，華人被殺害人數遠超過歷史上的記錄，這是很值得注意的問題。之所以造成此一結果的原因是，中國一直反對西方的人權觀念，在單一國籍下，也不支持東南亞華人，導致東南亞國家排華時，毫無反對抗議的著力點。

　　最後，過去中國以天朝上國自居，對人民外移到外國，常以天朝棄民視之，不然就是以貿易實利為考慮，對於排華屠殺華人視若無睹。如今中國與東南亞各國均有邦交，仍任令排華事件發生，而不以人權問題視之，應是觀點的錯誤所致。中國應順應時代潮流，朝人權保障觀點邁進。

（2004年4月24日在中華民國海外華人研究學會會員大會上演講）

第三章　泰國的同化華人及排斥華僑運動

第一節　前言

　　泰國位居印度支那半島的中央，古代航路不發達時代，泰國不是中國和印度之間航運要道。因此，中國人很少到泰國。第12世紀有羅斛國到中國進行貿易，第13世紀有暹國和中國往來的紀錄，以後雙邊往來日益密切。在第15-16世紀，大城（阿瑜陀耶）（Ayudhaya）開發成一個重要的港口城市，華人前往經商者日多，且成為泰國和中國貿易關係中的貢使、港埠官員和稅務官員。至第18世紀，清國因為糧荒，需要從泰國進口米糧，新一波移民定居在大城，而且人數愈來愈多。因為大城王朝在1767年被緬甸滅亡，具有華人血統的鄭信在吞武里（Thonburi）重建暹羅王國，更吸引大量華人到吞武里發展工商業，在耀華力路形成唐人街的聚落。

　　泰國是東南亞國家中最早接觸西方文化及遣使往來的國家，它在1680年12月遣使到法國，因沈船而未抵達。1684年1月第二度遣使到法國，建立國交關係。法國和暹羅在1685年12月19日簽署條約，法國使節團獲得宗教和商業租界地。法屬東印度公司在暹羅擁有商務自由權；該公司亦擁有治外法權；暹羅割讓宋卡給法國，法國有權在該地建造堡壘；允許法國人在暹羅自由傳教、修建教堂、創辦學校；教徒之訴訟由教會裁決；豁免法國人進出口稅。法、暹之間且有秘密諒解，就是法國將協助暹羅對抗荷蘭。泰國對於西方國家的國際條約關係相當熟悉，而且也試圖以此跟中國發展關係，無奈中國有其自古以來奉行的朝貢關係，當泰國在1869年向中國提議「互派使節、平等往來」，不為中國所接受，以後雙方就中斷了外交關係。

　　從此以後，中國試圖透過各種途徑和泰國恢復外交關係，均不為泰國所接受，其間涉及的問題不僅有朝貢和條約觀點的差異，而且涉及對暹羅境內數十萬的華人的管轄問題。[1]做為一個接受現代化洗禮的泰國如何消化其境內數十多萬的華人，成為其國族建立（nation-building）的一大考驗。

　　泰國在 1913 年公布其國籍法，採用屬人主義和屬地主義二元論，試圖將華僑納入成為其公民，以後的各種華人政策，都是朝同化華人的方向推進，是「納入」（inclusive）政策，而非「排除」（exclusive）政策，它的「排華」是針對沒有入籍的華僑，這一點跟印尼的排華運動不同。本文將從同化和國家整合（national integration）的視角探討該一問題，說明泰國先後頒佈各種政策將華人和華僑整合、同化入泰國社會。

　　在 1939 年 6 月以前，泰國國名為暹羅，1939-1945 年 9 月改為泰國，1945-1949 年又改為暹羅，1949 年 5 月改稱泰國。本文按其不同歷史階段而稱呼其國名。

第二節　早期華人的社會地位

　　暹羅政府鼓勵對外貿易，尤其是對中國的貿易，因此，有許多華人陸續移入暹羅，在 1820 年代每年移入暹羅的華人有 7 千人，至 1870 年代每年約增加到 14,000 人。大約有半數的華人在暹羅工作數年即返回中國，留下來的在 1850 年代有 30 萬人。有些華人開始是從事勞力工作，後來有些華人在市郊種植蔬菜以供應城內的需求。1810 年，在曼谷地區有華人開始種植甘蔗，以後蔗糖成為暹羅的主要出口物之一。其他華人則從事製磚、造船、

---

[1] 參見陳鴻瑜，「中華民國與東南亞國家建立使領館關係之比較」，載於陳鴻瑜，東南亞史論集，第二冊，新文豐出版公司，臺北市，2020 年，頁 63-124, 83-112。

煙草、鋸木、鐵匠。在泰南地區，華人則從事種植橡膠、胡椒和錫礦。華人推動了暹羅的市場經濟。暹羅政府免除華人的強迫勞役，改課徵 3 年一次的人頭稅，此有助於增加政府的稅收。

　　剛開始時，暹羅政府想將華人納入管轄，將其領袖納入官僚系統，由其負責華人的管理。但由於華人分散居住，流動性很大，有些人住在港口、碾米廠、製糖廠、錫礦區，並不是完全集中住在曼谷，管理上會有諸多困難。有時華人還爆發動亂，例如，1848年，在曼谷以西的猜西市（Nakhon Chaisi）和沙康武里（Sakhonburi）之間的地區因華人與當地區長之間的糾紛受到不公平的對待而爆發華人的暴動，暹羅派遣大軍鎮壓，殺了 300-400 名華人，有數百人被捕。隨之在曼谷以東的查州恩格紹（Chachoengsao）的省城亦爆發華人動亂，他們佔領當地的堡壘，暹羅派遣數千軍隊鎮壓，殺害約 1 千多名華人，華人的甘蔗園亦遭破壞。兩起事件緣起於國王拉瑪三世（Rama III）為了增加稅收，對甘蔗工廠和蔗糖提高稅率，引起種植的華人不滿。該兩起事件亦引發華人和泰人之間的種族矛盾。[2]1870 年代，南部的拉隆（Ranong）爆發錫礦礦工的暴動，暴民燒毀和掠奪了普吉島。1889 年，曼谷華人幫派進行了三天的械鬥。

　　在 19 世紀初期，有許多華人商界領袖（jao sua）獲得國王恩惠，他們代表國王及高官從事貿易。從 1830 年代後，他們獲得燕窩、酒、鴉片、捕魚和賭場的承包稅的權利。國王給他們官職和封號。最顯赫的華人領袖成為「頭目」（choduek）。少數這些家族在阿瑜陀耶時期來到暹羅謀生。克萊李克斯（Krairiksh）家庭[3]的祖先在 18 世紀中葉乘中國帆船抵達暹羅，擔任鄭信的朝貢

---

[2] B. J. Terwiel, *Thailand's Political History from the Fall of Ayutthaya in 1767 to Recent Times*, River Books Co.,Ltd., Bangkok, 2005, pp.126-127.

[3]克萊李克斯，為林姓福建人，在大城王朝時期移民大城，林加後代在鄭信擔任國王時期曾出任港務官員。克萊李克斯姓氏是拉瑪六世（Rama VI）瓦七拉兀（King Vajiravudh）國王在 1913 所賜姓。其後代子孫多從事官員、金融、專業和學術工

使，前往中國，在 19 世紀成為王室的貿易官員。此時前往暹羅的華人中較有名望的華人主要是福建人，其他人則是潮洲人或客家人。[4]

泰王封給華人的爵號可傳給其兒子，例如依賴帆船貿易興盛的周帝卡普卡納（Chotikapukkana）家族的領袖在 1850 年代成為「頭目」。以後其爵號就傳給其兩個兒子。周帝卡普卡納除了進口陶器供王室使用外，亦充當華人社區的法官，排難解紛。有些華人在政府機關任職，例如卡良那米特（Kalyanamit）家族的家長就出任強制勞役登記的部長，1850 年代還升到「昭披耶」，該一頭銜後來傳給其兩個兒子。周帝卡沙新（Thian Chotikasathian）也是王室帆船貿易官員和「頭目」，曾協助拉瑪五世朱拉隆功國王建立現代的財政部，其子在 1872 年陪同國王前往印度訪問。華商領袖亦與王室建立通婚關係，若干華商領袖的女兒成為拉瑪三世（Nangklao）的妻妾。菲梭耶布特（Phisolyabut）家族的女兒嫁給拉瑪五世為妃（妾）。以後數年國王的兩位親屬亦娶了菲梭耶布特家族的女兒。

這些華商非常富有，周帝卡普卡納的住房有 100 萊（1 萊等於 2.4 畝）範圍，他們捐錢給國王，以裝飾建設曼谷，其他華商也捐錢建設曼谷、興建寺廟、修建運河、醫院和學校。拉瑪三世建造的佛廟使用中國的設計、工匠和材料，例如在屋脊以龍取代泰式的蛇（naga）作為裝飾。中國的鶴、菊的圖案取代了暹羅的圖案。他甚至在湄南河畔建造一座樣子像中國帆船的寺廟。蒙庫

作。" Krairiksh family," *Wikipedia*, https://en.wikipedia.org/wiki/Krairiksh_family 2022 年 8 月 12 日瀏覽。

[4] Chris Baker and Pasuk Phongpaichit, *A History of Thailand*, Cambridge University Press, Cambridge, 2005, p.34.另外根據黎道綱的研究，在大城王朝末期至拉瑪四世簽訂鮑林條約（1855 年）期間，泰國華人是以福建人為主，而不是潮州人為主。參見黎道綱，「1782-1855 年間鮑林條約簽訂前的泰國華僑」，載於[泰國]洪林、黎道綱主編，泰國華僑華人研究，香港社會科學出版社有限公司，香港，2006 年，頁 22-37。

特王（Mongkut）模仿穿著中國皇帝的黃袍，在上面畫上自己的肖像。他也在挽巴茵（Bang Pa-in）王家隱退所蓋了一座中國式庭園。

　　許多華商領袖因為娶了暹羅女子而接受了暹羅文化，他們捐款建佛寺，或身居暹羅高層官職。阿派瓦尼特（Luang Aphaiwanit）因承包燕窩稅而致富，他出資成立了一個暹羅戲班，市井流傳他擁有一個戲班的妻子。[5] 華人由於長期居住在暹羅、與暹羅女子通婚、獲得王室承認、接受暹羅文化，其後代子孫（lukjin）（泰人稱華人兒女）很容易融入暹羅社會。

圖 3-1：曼谷的唐人街

資料來源："Chinatown, Bangkok," *Wikipedia*, https://en.wikipedia.org/wiki/Chinatown,_Bangkok　2022 年 8 月 16 日瀏覽。

5　Chris Baker and Pasuk Phongpaichit, *op.cit.*, pp.35-36.

第三節　由國王發動排華

　　華僑移入暹羅的時間相當早，而且人數日益增加，1825 年，華僑人數有 23 萬人，1850 年有 30 多萬人，1910 年增加到 79 萬 2 千人，華僑人口占全暹羅人口從 5%增加到 9.5%。當時全暹羅總人口約 830.4 萬人。[6]華僑人數眾多以及經濟力量強大，對王權逐漸形成一股壓力。拉瑪四世（蒙庫特王(Mongkut)）在 1855 年與英國簽訂暹英友好與通商條約（Treaty of Friendship and Commerce Between Siam and UK）（或稱鮑林條約(Sir John Bowring Treaty)），規定要廢除華商的承包稅制，開放暹羅和外國商人自由貿易，降低關稅。另亦規定由暹羅政府進口鴉片，並由政府專賣，目的即在抑制華人的商業力量。然而以華人為主力的承包稅制，並非一紙命令可立即廢除，拉瑪五世（朱拉隆功(Chulakongkorn)）至 1892 年才廢掉承包稅制。他對於過多的華人並不以為憂，他希望在暹羅的中國人和暹羅人一樣能同享就業和牟利的機會，把他們當作王國組成之一部分，分享著王國的繁榮和進步。[7]

　　1909 年 3 月，公布新法令，對華僑徵收人頭稅從 3 年徵收一次 4.25 銖改為每年徵收。1910 年 6 月，暹羅通過新法律，規定不論任何種族，凡居住在暹羅境內者均一律徵收人頭稅，華僑跟泰人一樣每年徵收 7 銖（以前只收 1.5 銖），[8]歐洲人和亞洲人也適用，唯一例外者是僧侶和祭司。6 月 1 日，華華僑反對該一辦法，發動大罷工、罷市，進行罷市 3 天，癱瘓市場。在罷市中

---

[6] David K. Wyatt, *Thailand: A Short History*, Yale University Press, Thai Watana Panich Co., Ltd., 1984, p.217.

[7]G. William Skinner, 「泰國華僑社會，史的分析（續），第四章：不穩定的類型：第三到第五世王統治時期的暹羅中國人社會」，南洋問題資料譯叢，頁 64-142。

[8] : Kenneth Perry Landon, "The Problem of the Chinese in Thailand," *Pacific Affairs*, Vol. 13, No. 2, Jun., 1940, pp.149-161.

還爆發警民衝突，經鎮壓後才恢復行市。此次事件，引發暹羅民族主義份子對華僑不滿，惟拉瑪五世對華僑仍持寬容政策，希望他們融入暹羅社會。拉瑪五世在 1910 年 10 月 23 日因尿毒症去世，由拉瑪六世（Rama VI）繼位。

圖 3-2：拉瑪五世

資料來源："Traditional Thai clothing," *Wikipedia*,
　https://en.wikipedia.org/wiki/Traditional_Thai_clothing　　2022 年
8 月 16 日瀏覽。

圖 3-3：穿戴清國皇帝服裝的拉瑪四世

資料來源：Siripoj Laomanacharoen, "Siripoj Laomanacharoen：Chinese New Year, Phra Plai and the clan of the King of Siam," *Matichon Weekly*,
　https://www.matichonweekly.com/culture/article_22493　　2022年
8 月 28 日瀏覽。

圖 3-4：穿戴清國皇帝服裝的拉瑪五世
資料來源：Siripoj Laomanacharoen, "Siripoj Laomanacharoen：Chinese New Year, Phra Plai and the clan of the King of Siam," *Matichon Weekly*,
 https://www.matichonweekly.com/culture/article_22493 　2022年8月28日瀏覽。

　　1912 年，中國共和革命成功後，3 月 1 日引起暹羅華裔軍官發動政變，他們可能嚮往像中國一樣的共和政體，此舉引發拉瑪六世對於華人勢力的警覺。他企圖將華僑納入暹羅社會的第一步是下令華僑更改為泰式姓氏。1913 年 3 月 22 日，拉瑪六世頒令，從 7 月 1 日起家長有半年的考慮期，以選擇和登記其姓氏。國王並提出聲音好聽的姓氏表，讓人民選擇採用。華人亦需改換泰國人的姓氏。

　　接著，拉瑪六世透過寫文章說明為何華僑必須效忠暹羅。他在 1913 年以筆名 Asavabahu 在泰文報紙刊登一系列文章，後來在 1914 年結集成東方的猶太人（*The Jews of the East*）小冊子，批評華人是東方的猶太人。他說華人拒絕同化入暹羅社會、政治上不忠於暹羅、期望不正當的特權、視錢如神、控制經濟、像吸血鬼一樣吸乾不幸的犧牲者的血。[9]他批評華人比猶太人更可怕，

---

[9] Chris Baker and Pasuk Phongpaichit, *op.cit.*, p.115.

猶太人沒有祖國，其所賺的錢還留在居住國，而華人則將其賺的錢匯回其祖國。

暹羅為了同化華僑，將之納入暹羅人民中，進一步在 1913 年 4 月頒佈第一部國籍法，採屬人主義和屬地主義混合制度，將父母之一為泰籍者以及在其境內出生的人全納入暹羅籍。又暹羅國籍法規定，凡外國人生長於暹羅國境內者，及外國人居住暹羅境內 10 年以上而有土地權者，均得申請入暹籍。[10]

此時暹羅境內華人勢力強大，控制暹羅的經濟。暹羅是東南亞各國中對於華人之政策最為不同者，暹羅歡迎華人加入其國籍，而非排拒，此應為以後華人被同化入泰國最重要的因素。

圖 3-5：1909 年曼谷華人居住的鬧區的三聘街（Sampeng）

資料來源：No author, " Why can't Thai people trade with Chinese people if they are "diligent-thrifty-patience" equally?," *Sipla-Mag.com*, November 21, 2018, https://www.silpa-mag.com/history/article_23159　2022 年 8 月 20 日瀏覽。

---

[10]國史館藏，「泰國雜訊及研究資料」，「少壯軍人控制下之暹羅」，國際問題研究資料之十，軍事委員會軍令部第二廳第二處編印，第 52 號，1939 年 5 月 3 日發送。外交部，數位典藏號：020-010499-0067。

圖3-6：泰國華人米商
資料來源：Pornphan Chantaronanon, "Where did the Chinese in Thailand come from? Open the history of early immigration to cultural assimilation," *Arts and Culture* , December 2007 issue, https://www.silpa-mag.com/history/article_26173 2022年8月20日瀏覽。

　　1918 年，頒佈民立學校條例，基本上泰國不承認有華校存在，視之為民立學校，規定所有華校必須向教育部民立局登記立案，並受其管理。校長、校主需為泰籍人。泰文、公民及泰國史地需列入必修科。但暹羅政府並未嚴格執行，仍有通融之處。1922年，暹羅頒佈強迫教育條例，年 7-14 歲之兒童需強迫入學，受泰文初級教育 4 年。

　　1927 年初，憲改之議又起，拉瑪七世（Rama VII）任命一個委員會，由昭發・波里帕特擔任主席，研究設立一個顧問機構的可能性，該機構較最高委員會更具代表性，比樞密院更能處理事情。樞密院是從朱拉隆功執政初期設立，以後沒有發揮行政功能，出任該職者皆為榮譽職，至 1927 年，其成員人數已超過 200 人。拉瑪七世不主張實施代議政府，理由之一是暹羅尚未發展到可實施此制之階段；其次，一旦實施該制，則暹羅政治將為華人控制。由於華人人口數愈來愈多，所以暹羅政府在 1927 年 11 月頒佈一

個限制華人入境條件的法令。旅暹潮汕同安公會客行聯合會華僑電請國民政府向暹羅政府抗議及交涉。[11]由於中國和暹羅沒有外交關係，所以中國外交部訓令駐法公使向暹羅駐法公使進行交涉，要求雙方簽訂保僑條約。[12]這樣的交涉是沒有結果的，暹羅不可能接受此項建議。中國的角度認為是在保僑，暹羅則認為是在干涉其內政。

　　泰皇巴差帝帕（Prachathipok）在 1927 年寫了「暹羅的民主政治」（Democracy in Siam）一文，仍然表示懷疑西方政治制度適用於暹羅。他說：「我認為真正的民主在暹羅不易成功，它甚至有害於人民之利益。我們可以想像得到，若在暹羅實施議會民主制政府，則毋庸深論，我只須提出一項事實來說明，即國會將完全由華人控制，我們可以排除所有華人的政治權利，但他們仍將跟過去一樣控制情勢，因為他們掌握了經濟。任何政黨不依賴華人資金就不能成功，所以暹羅的政治將由華商支配控制。這是可能的結果。」[13]他已經意識到一旦暹羅實施民主選舉制，則為數眾多的華人以及其經濟力量，將控制暹羅的政局，所以此時不宜實施民主選舉制。

第四節　二戰前發動排華

　　1932 年 6 月，由一群少壯派軍人和文官發動政變，將泰國從絕對君王制改為君主立憲制，國王變成虛位，大權轉移到民選

---

[11] 國史館藏，「泰國排華」，國民政府，數位典藏號：001-067132-00005-003；〈泰國排華〉，《國民政府》，國史館藏，數位典藏號：001-067132-00005-004。

[12] 國史館藏，「泰國排華」，外交部長伍朝樞函國民政府秘書處，摘由：函覆汕頭同安公會客行聯合會等電為暹羅政府頒佈移民新律苛刻華僑請交涉一案，已由部令駐法代表鄭毓秀就近向駐法暹使磋商中暹互訂保僑條約矣，外字第 85 號，民國 16 年 12 月 27 日。國民政府，數位典藏號：001-067132-00005-005。

[13] B. J. Terwiel, *op. cit.*, pp. 303~304.

國會選出的首相。主導政變的領導人普里迪（Pridi Banomyong）
為廣東澄海人，華文名字為陳嘉祥。披汶（Luang Phibun
Songkhram）於1897年7月14日生於曼谷附近的基塔山哈（Plack
Khittasangkha），父為中國潮州人，務農，母為泰人。帕洪（Colonel
Phraya Phahon Phonphayuhasena ，或寫為 Phraya Phahol
Pholphayuhasena）之父為中國潮州人，母為泰人，生於1887年，
父為軍人，偉契特・瓦塔康（Wichit Wathakan）亦為華人，華文
名字為金良。

　　政變後，這些少壯派軍人忙於內部權力分配，以及重新調整
建國的方向，他們不喜歡普里迪的社會主義經濟建設計畫，首相
曼諾（Phraya Manopakorn Nithithada）派他至歐洲任職。政局擾
攘不安，泰王拉瑪七世巴差帝帕以醫治眼疾為藉口，在1934年
1月前往英國，1935年3月2日，巴差帝帕在英國宣布退位。
1935年3月7日，暹羅國會宣布由巴差帝帕的侄子阿南達・馬
喜道（Ananda Mahidol）繼任為國王，是為拉瑪八世（Rama VIII）。
暹羅之民族主義發展，跟其外交政策轉向有關。日本的崛起，多
少影響了暹羅統治菁英的觀感。中國和日本為了山東問題在「國
際聯盟」（League of Nations）進行外交戰，暹羅都沒有表態。當
「國際聯盟」在1933年對日本入侵中國滿州而通過一項譴責動
議時，暹羅是唯一投棄權票的國家。暹羅跟中國沒有邦交，也不
怕得罪中國，而開始支持日本，也開啟了暹羅走向激進民族主義
之路。

　　軍事政變後，暹羅嚴格執行強迫教育條例，華校學生每週上
泰文25小時，如非執有泰文初小四年級及格證書者，均不准執
教。從1934年1月到1935年1月，受封閉處分之華校有71所，
有些家長只好把小孩送至中國或馬來西亞讀書。

　　1934 年初，披汶出任國防部長，他設立軍中廣播電台，宣傳他的理念：「你的國家是你的家，軍隊是你家的圍籬。」[14]他在該年與日本進行貿易談判，當時謠言兩國正在起草軍事同盟密約，以及日本提議開鑿克拉運河。1935 年，成立日本和暹羅協會（Japan-Siam Association），披汶集團有數人參加。在該年暹羅派遣一隊軍官到日本接受軍事訓練。披汶對於日本的效率以及人民追求國家目標的積極印象深刻，他在 1935 年推行童子軍（Yuwachon）運動，男孩穿著整齊的制服，每週受 2-3 小時的訓練。至 1938 年 9 月時，參加該一運動的人數已有 6 千人，且計畫組織女學生的童子軍。[15]

　　曼谷市政府有感於許多行業多是被華人操控，故想辦法讓暹羅人也能取代華人。曼谷市政府在 1935 年設立製造粄條訓練班，專門訓練暹人學習製造粄條及授以小販買賣之方法，讓暹人可以從事肩挑小販之職業。暹人想取代華人從事該一行業，不是很成功。[16]從該案例即可知道，當時曼谷市政府已感受到暹羅人無法在市場上和華人競爭生意，以後衍生出從職業上限制華僑的政策。

　　茲分述二戰前暹羅排除華僑和整合華人的各項政策如下：

（一）先建構民族主義

　　泰國民族主義之主要推手，是華裔衛契特（Wichit Wathakan）。他從文化和歷史尋求泰民族的光榮面。他於 1938 年 7 月 15 日在朱拉隆功大學文學院演講「德國併奧問題」，重提拉瑪六世瓦七拉兀（King Vajiravudh）有關華人和猶太人的比較，他補充說：

---

[14] Chris Baker and Pasuk Phongpaichit, *op.cit.*, p.125.

[15] B. J. Terwiel, *op, cit.*, p.269.

[16]國史館藏，「暹羅（泰）排華（四）」，旅暹華僑救國後援會總會主任陳寄虛呈國民政府蔣主席，事由：暹羅親日政府放縱軍警殘殺華僑並劫奪華僑財產撕毀中國國旗情勢重大迄未停止，懇即施以有效之援救及有效之制裁以解數百萬華僑之痛苦由，暹救字第 0036 號，1945 年 10 月 12 日。外交部，數位典藏號：020-010408-0095。

「猶太人沒有祖國，但華人與猶太人不可相比，華人在此工作，但將錢匯回其母國；因此我們可說華人比猶太人更壞。」根據暹羅財政顧問多爾（W. A. M. Doll）在 1937 年所寫的報告稱，每年泰國華僑匯回中國的錢約有 5 千萬元，合泰幣 3,700 萬銖，暹羅的對外貿易掌握在外國人手裡。[17]

1938 年 12 月，披汶出任首相，任命衛契特為藝術部（Fine Arts Department）部長。衛契特自 1934 年起就成為披汶的盟友，他成立新的國家劇團，並為該劇團寫劇本，在暹羅傳統戲劇中加上西方色彩。衛契特透過歌曲、戲劇、音樂、電台和教育頌揚暹羅族人的偉大，暹羅是黃金半島的核心，暹羅族和高棉族是出於同源，但暹羅族是大哥。[18]他在 1939 年寫了一個劇本南昭（Nanchao），描述中國人驅迫暹羅族人離開其早先的故鄉。[19]他企圖利用是中國人壓迫暹羅人離開其原居地的歷史觀，現在華僑在暹羅又壓榨暹羅經濟，作為其引發暹羅人民族主義的啟動機。

披汶根據前述衛契特的論述採取激進的民族主義政策，如排華、建立國營企業，以及國有化某些西方資產，他在 1941 年將英、美煙草公司改為國營煙草專賣公司。[20]最重要的，為了彰顯泰族之重要性，在 1939 年將國名暹羅改為泰國（Thailand），建構大泰民族主義的國家。

至 1938 年，暹羅華僑約 2 百萬人，約佔泰國人口 15%，在政治上擁有潛在的勢力，如不將之整合入暹羅社會，將會造成社會衝突的潛在導火索。暹羅從 1910 年代初就開始進行整合華僑入暹羅社會的工作，至披汶執政時才更大規模的全面地進行，披汶前後兩次執政，第一段任期是從 1938 年 12 至 1944 年 8 月，

[17] Kenneth Perry Landon, *op.cit.*, p.154.
[18] Chris Baker and Pasuk Phongpaichit, *op.cit.*, pp.126-129.
[19] Chris Baker and Pasuk Phongpaichit, *op.cit.*, p.130.
[20] Malcolm Caldwell, *Thailand：Towards the Revolution*, The Institute of Race Relations, London, 1976, p. 11.

第二段任期是從 1948 年 3 月到 1957 年 9 月，總共在他執政的 15 年期間，泰國的華僑和華人被徹底的同化入泰國社會內。

（二）限制華僑入境

1927 年，暹羅頒佈第一次移民律規定華人入境稅為泰幣 5 銖，連手續費共 6 銖 50 士丁，並限制患痧眼者不得入境。1931 年，頒佈第二個移民律，入境稅增加為 10 銖，連手續費共 13 銖 50 士丁，並徵居留稅 30 銖，華僑離開暹羅者應繳回暹羅護照費 5 銖，限 2 年內回暹，逾期作新客論。

1933 年，第二次修改移民律，將居留費增至 100 銖，回暹護照亦增至 20 銖，期限改為 1 年。[21] 1933 年之移民律，規定凡暹政府認為不宜入境者，得隨時驅逐出境。違者，罰金 1,000 銖。華僑無職業者或有犯罪嫌疑者，將被遣送回國。

按暹羅之兵役制度，凡年滿 21 歲之男子須服 2 年兵役，故華人多不願入籍，而成為外僑。1936 年，暹羅政府通過外僑登記法（Registration of Aliens Act），規定所有外僑必須登記，取得證件無須付錢。這樣暹羅政府就可以查到非法移民。

1938 年 2-3 月，暹羅軍警逮捕華僑 40 餘人。9 月 11 日，暹羅政府藉口取締莠民和煙客（抽鴉片煙），逮捕 5,223 人，[22] 其中華僑 4,700 多人，並強令出境。據中國駐暹羅商務委員陳守明之報告，因為吸鴉片煙而被遞解出境者有 2,700 人，因參加私派（指沒有正當職業及隨身證者，從事不法活動者）而被遞解出境者有

---

21 國史館藏，「泰國雜訊及研究資料」，「少壯軍人控制下之暹羅」，國際問題研究資料之十，軍事委員會軍令部第二廳第二處編印，第 52 號，1939 年 5 月 3 日發送。外交部，數位典藏號：020-010499-0067。

22 國史館藏，「泰國排華」，中國青年新聞記者學會南昌分會代電外交部，事由：為暹羅政府 9 月 11 日非法拘捕我僑胞 7 千餘人迄未釋放，請嚴重交涉，1938 年 11 月 5 日。國民政府，數位典藏號：001-067132-00005-007；國史館藏，「泰國排華」，駐暹羅商務委員辦事處委員陳守明呈外交部，暹字第 322 號，1938 年 9 月 18 日。外交部，數位典藏號：020-010408-0047。

200 人，總計 2,900 多人。暹羅政府將這些遞解出境者強制以輪船載運至中國汕頭。[23]中國外交部除電達中國駐暹羅商務委員陳守明盡力搶救外，亦電請出席國聯代表就近商請暹羅代表轉電該國政府迅將被捕華僑釋放外，一面商請僑務委員會另電在暹中華商會協助營救。

為使華僑儘快變成暹羅人，暹羅政府在 1939 年 4 月放寬入籍的條件，規定宣佈放棄效忠中國而改效忠暹羅、能說暹羅語、改換暹羅姓、將孩子送至暹羅文學校就讀，即可取得暹羅國籍。第一年有 104 人取得暹羅國籍，他們都是當時重要的華人，例如有錢的商人、礦主、工廠主。有些人被暹羅政府網羅擔任國營企業的主管，例如，馬布拉坤（Ma Bulakun）負責國營的米糧貿易公司，中國國民黨領袖蕭佛成（Siew Hut Seng）的女婿偉拉特（Wilat Osathanon）以及最大米商家族之一的朱林（Julin Lamsam）協助政府經營批發和零售網絡。[24]

1939 年 6 月 9 日，暹羅政府修改外僑登記法，規定外僑每年要繳交 4 銖登記費，暹羅政府提高入境移民費兩倍，以阻遏華僑移入暹羅的人數。禁止華僑將錢匯回中國，將違規的兩家銀行關閉；將從事杯葛的華商和政治活動者逮捕並驅逐出境。

披汶為了向日本顯示其反對中國的決心，在太平洋戰爭爆發後發表演說呼籲蔣中正向日本投降；在內部採取排華措施，1941 年 12 月 25 日，頒佈新移民條例，限制華僑入境。

（三）限制華僑工商業

---

[23]國史館藏，「泰國排華」，駐暹羅商務委員辦事處呈外交部，事由：呈報暹政府遞解第二幫吸煙華僑與私派情形請鑒核由，1938 年 11 月 4 日。外交部，數位典藏號：020-010408-0047；國史館藏，「泰國排華」，外交部函中央宣傳部和海外部，歐 27 字第 13158 號，1938 年 11 月 7 日。外交部，數位典藏號：020-010408-0047。

[24] Chris Baker and Pasuk Phongpaichit, *op.cit.*, pp.130-131.

暹羅政府頒佈商業條例，對於華僑匯兌業、當押業、舊貨業、手車業，或限制經營，或徵收重稅。1932 年政變後，限制愈嚴，計畫將全國碾米業收歸國營（暹羅碾米業有 90%由華僑經營）。並頒佈漁業條例，規定漁船由暹人主辦，暹籍漁民需佔 75%。又頒佈公益事業取締令，規定華僑商業改用暹文簿記，並需聘用暹人為書記；華僑米廠每年盈餘之米需撥充暹羅軍費。1937 年，頒佈銀行管理條例，華僑銀行 3 家即被停閉。[25]煙草條例，種菸之華僑無法工作，華僑菸廠亦無法繼續營業。食鹽統制條例，則使華僑鹽場無形中變為國有。油類統制條例，則迫使華僑小煉油廠停業。[26]

1941 年 1 月 19 日，中國駐檳榔嶼領事館葉德明電外交部稱，1940 年 12 月 27 日，曼谷三井洋行突被軍警搜查，獲重要文件，機關槍百餘挺，嚴禁外間發布消息。政府權要現分親日、穩健兩派，前者以警察總監鑾亞倫、軍訓廳長乃巴允、經濟部長柏毋實潘為領袖，後者以財長鑾巴立（普里迪）、司法部長鑾貪隆、國防次長鑾萌裕提為領袖，雙方暗鬥甚烈，國務院長披汶左右為難。華僑所營米廠一部份已被強制租用，並由國營之泰米公司操縱米市，近具籌備增設國營銀行及保險公司，企圖壟斷華僑金融、運貨土車及出租汽車，為數頗多，向由華工駕駛自 4 月 1 日起一律改換泰人。酒商向係華僑，以後亦非泰人不能經營，[27]

[25]國史館藏，「泰國排華」，駐暹羅商務委員辦事處呈外交部，事由：呈報暹政府遞解第二幫吸煙華僑與私派情形請鑒核由，1938 年 11 月 4 日。外交部，數位典藏號：020-010408-0047；國史館藏，「泰國排華」，外交部函中央宣傳部和海外部，歐 27 字第 13158 號，1938 年 11 月 7 日。外交部，數位典藏號：020-010408-0047。

[26]國史館藏，「泰國雜訊及研究資料」，「暹羅近訊」，國際問題研究資料之二十九，軍事委員會軍令部第二廳第二處編印，第 53 號，1939 年 8 月 15 日發送。外交部，數位典藏號：020-010499-0067。

[27]國史館藏，「泰國雜訊及研究資料」，中國駐檳榔嶼葉德明電外交部，95 號，1941 年 1 月 19 日。外交部，數位典藏號：020-010499-0067。

　　1941 年 5 月，泰政府頒佈對職業及技術職業條例，限制區域，先將全國最重要之國民經濟事業，如米穀、樹膠、礦產禁區，勒令外僑 90 日內離境，只能攜帶少數紙幣離開。軍警攔路搜查，超過數量者加以沒收。自 5 月間劃定華富里、南邦、清邁等三處為禁區（指禁止華僑居住）後，泰內政部迭經否認再劃禁區。聞泰南亦將劃禁區，並擬頒佈條例禁止外僑佔有土地主權。[28]後泰政府又劃定東北的烏汶、柯叻、萬磅、合艾等府為禁區，受影響之華僑約一、二十萬人。

　　1942 年 4 月 1 日，中國駐檳榔嶼領事館葉德明電外交部稱，泰政府已將邊境通滇要地清萊、清邁及通緬要地夜豐頌（Machonson）到塔克（Tak）及通越要地廊開（Nongkai）到羅艾（Loei）等府禁華人前往。其已入境者，如認為必要時，令得迅即遷移。該電報又引述泰人之說法稱：「世界各文明國家均改稱我國為泰國，而重慶電台及報紙仍呼泰族為番人，意即野蠻民族等語，顯係捏詞誹謗，俾作排華口實。」「泰京中華總商會未見加以聲明解釋，反於 3 日代電呈蔣委員長要求此後相當尊重泰國國格，中止發出有傷邦誼言論文字等語。」[29]

　　從上述電文可知，泰國排華還隱含著對中國人稱呼泰人為野蠻民族之不滿。其實當時泰國外交倒向日本，跟中國係敵對國家，中國電台對泰國之批評，乃係正常的。泰國將不願入泰籍，而仍保留中國籍的華僑限制其職業或加以迫害驅離，多是其族國建構的主要目標。

　　歸納言之，至 1942 年，暹羅政府禁止華僑從事 27 種行業，包括：(1)售賣佛像業；(2)採取柴火業；(3)售賣柴火業；(4)燒製

---

[28]國史館藏，「泰國雜訊及研究資料」，中國駐檳榔嶼葉德明電外交部，139 號，1941 年 9 月 25 日。外交部，數位典藏號：020-010499-0067。

[29]國史館藏，「泰國雜訊及研究資料」，中國駐檳榔嶼葉德明電外交部，108 號，1942 年 4 月 1 日。外交部，數位典藏號：020-010499-0067。

木炭業；(5)售賣木炭及雇用；(6)製造水盂（即泰人日常用以洗面及飲食者）； (7) 售賣水盂業；(8)煉製植物油業；(9)售賣植物油業；(10)製造植物油燭業； (11)售賣植物油燭業；(12)製磚及售賣磚業；(13)製造女式帽業；(14)裁縫女服裝業；(15)染布房業；(16)編織造家庭學校竹用具（蓆類例外）；(17)雕刊泰式花紋業；(18)製煙火業；(19)排印泰文業；(20)製造兒童玩具業；(21)製造傘業；(22)電髮業；(23)理髮業；(24)刊刻及鑄造佛像業；(25)製造漆器業；(26)製造黑鑲嵌物業；(27)執律師業。1944，披汶下台，取消前面的 23 種行業之限制令，最後 4 種則尚保留。[30]

（四）對華僑實施同化政策

　　一般國家在推行同化政策的首要手段，就是先消除少數民族的語言和文字，讓其完全融化入大民族，暹羅政府的做法也是如此。1918 年，暹羅政府頒佈民立學校條例，限制華僑設立學校，除向暹羅教育部立案外，校長需有初中畢業以上之資格，教員需受暹文考試及格始能執教。當時暹羅還在推行現代化教育初期，只有國王設立的少數王立學校，大多數是由寺院辦理教育的學校，[31]民辦學校很少，或者正在起步階段，故對於華校並不排斥，只是對於校長和教員的資格有所要求。192 2 年，頒佈強迫教育條例，規定 7 歲至 14 歲之兒童應入義務學校。華校需照例每週教授暹文 25 小時。1933 年，又規定，應受強迫教育之學生一律應

---

[30] 中國國民黨黨史館典藏，泰國情報卷，中央海外部越南辦事處兼泰國黨務特派員辦事處編呈，民國三十三年下半年泰國情報彙報，特 015.4310。

[31] 1884 年，首先在馬漢帕蠻（Mahan Param）寺院設立王立學校，招收平民。接著也在曼谷及各省寺院設立王立學校。至 1886 年，暹羅有 5 所王立學校、35 所公立寺院學校（曼谷有 21 所、其他地方有 14 所）。1898 年 11 月，暹羅教育體系分為兩個範疇，各省學校由和尚負責，屬於寺院教育。曼谷的學校則模仿英國教育制度，成立公立學校。參見蔡文星譯，「拉瑪五世皇政治革新的豐功偉績」，世界日報（泰國），1991 年 10 月 24 日，頁 9。Chris Baker and Pasuk Phongpaichit, *op.cit.*, p.68; B. J. Terwiel, *op, cit.*, p.216.

改入暹校，不得再入華校。對於華僑教員取締益嚴，1年之間，華校被關閉者達71所。因此華文學校為求生存，登記的名義校長或校主是暹羅籍人，而實際主理校政的校長是一名華人教師。此種變通辦法後來被南越、印尼和菲律賓的華人所學習，稱之為「阿里巴巴」，「阿里」指當地土著，「巴巴」，指華人（印尼和新、馬一帶稱土生華人為「峇峇」），即由印尼人或菲人出任名義上的店主，實際仍由華人負責店務。

1935年4月，頒佈命令禁止華校所附設之強迫班。1936年5月，規定華文教師需有初中畢業證書，經暹文考試及格者，始能執教。如無證書，則需經暹羅政府之檢定考試及格。

至1939年5月，華文學校只剩下2家，其餘285所華校均被關閉。除少數人轉入泰國學校就讀外，約有2萬多名華人小孩失學。至1940年6月，全泰國已無一所華校存在。

1932年暹羅軍人政變後，有人將三民主義譯為泰文刊登在報紙上，暹羅政府以民生主義類似共產主義，禁止繼續刊登。並禁止華校教授國民黨黨義教材，對於進口之華文書刊嚴審其內容。

1939年7月，暹羅政府嚴禁旅暹僑胞購買中國公債，故旅暹僑胞改購藏幣[32]，總數已達3千萬餘元。當時有日本「乾隆丸」載有偽法幣2百萬元至暹賤售，該項偽法幣之票面均印有北平或漢口等字樣，英、荷所屬各地亦發現有該項偽法幣代售。國民政府財政部要求駐暹商務專員勸告僑胞勿購買此一偽法幣。[33]

暹羅政府對於華文報紙一再宣揚中國認同和精神亦感到不滿，故在1939年7-8月下令關閉11家華文報，只剩中原報可以

---

[32] 藏幣，指由歷代西藏政府鑄造或印製，流通於西藏及周邊藏區的貨幣，包括金幣、銀幣、銅幣和紙幣。參見「藏幣」，維基百科，https://zh.wikipedia.org/zh-tw/%E8%97%8F%E5%B8%81 2022年8月10日瀏覽。

[33] 國史館藏，「泰國雜訊及研究資料」，財政部函外交部，渝錢字第11316號，1939年8月14日。外交部，數位典藏號：020-010499-0067。

出報,讓華僑還可以透過該報之報導瞭解暹羅政府的政策法令。
這種作法以後被印尼和越南學習,印尼在 1965 年關閉所有華文
報紙,只留下一家華文印製的印度尼西亞日報;越南在 1975 年
關閉所有華文報紙,只留下一份華文印製的西貢解放日報。

　　泰國對於其境內華僑之管制,在二戰爆發後更為嚴格,例如,
汪精衛為了與日本和談,前往越南河內,1939 年 3 月 20 日遭國
民黨派人刺殺未遂。日本為此事而唆使暹羅政府針對中國國民黨
份子進行逮捕和驅逐出境。暹羅政府逮捕和中國國民黨關係密切
的廣東銀行和華僑銀行之正副經理及重要職員,致無法營業。中
國國民黨駐暹總部被暹羅警察破獲,搜得黨員名冊,暹羅警察逮
捕國民黨黨員 2 千餘人。1940 年 9 月 28 日,中國駐新加坡高凌
白電外交部稱,謠傳泰國受日本嗾使,凡反汪精衛者即認為不妥
份子,時機一到,將予逮捕。因此泰國僑領廖公圃、陳景川、余
子亮、陳鐄鏘已避難到檳榔嶼。[34]

　　重慶的中央廣播電台有泰語廣播,1940 年 2 月底,有三次
泰語廣播,泰國認為其中措辭挑撥其國民,表示不滿,故泰國警
方在 3 月 6、7 日搜捕華僑,其中搜捕中華總商會職員 1 人。3 月
8 日,中國駐泰國人員陳立彬電外交部,建議中央廣播管理處審
慎使用泰語措辭,現因情勢惡劣,請太虛法師暫停至泰國,
以免再有影響。[35]

　　據中國駐仰光總領事館於 3 月 8 日電外交部稱,據曼谷來客
稱,泰國政府在 3 月 1 日逮捕華僑 5、60 人,其中有前中華總商
會駐番爾哩及瓊島公所主席勞友鷥等。[36]泰國政府對於中國寄泰

---

[34] 國史館藏,「泰國雜訊及研究資料」,中國駐新加坡高凌白電外交部,427 號,1940
　　年 9 月 24 日。外交部,數位典藏號:020-010499-0067。
[35] 國史館藏,「泰國雜訊及研究資料」,盤谷陳立彬電重慶外交部,62 號,1940 年
　　3 月 8 日。外交部,數位典藏號:020-010499-0067。
[36] 國史館藏,「泰國雜訊及研究資料」,中國駐仰光總領事館電外交部,來電第 12159
　　號,1940 年 3 月 8 日。外交部,數位典藏號:020-010499-0067。

國之郵件，特別是海外部和僑委會之郵件檢查甚嚴，有不妥之內容者均予沒收。[37]

截至 9 月 15 日止，泰國已逮捕華僑 250 人左右，其中有中華總商會秘書兼國貨陳列所長莫樹三、及家庭教師數十人。[38]後經審訊後，陸續被釋放。

第五節　二戰結束後之排華措施

（一）限制及驅逐華僑

有不少華人在二戰前離開泰國前往中國，因為戰爭因素無法返泰，致滯留中國。戰爭結束後，仍難以返泰，故泰國移民局於 1947 年 9 月 9 日宣布規定：「凡太平洋戰前離泰，於 1948 年 5 月 1 日以前返泰，以及於其他時間內離泰，於離泰後 2 年內返泰之外人，持有居留證，入口證（返泰許可證）者，准免列入限額，唯仍須繳納入境居留等費。」1949 年 9 月，泰國政府廢止上述規定。[39]

泰國政府同時將原有限制華僑移民入口數量每年 1 萬人減至 200 人。1948 年 8 月 10 日宣布華僑小販售賣物品超過其統制限價，即予驅逐出境。8 月 29 日，泰國政府強令華僑 5 千多人離境。[40]9 月，暹羅警察搜查泰人和外商、華人店鋪數十家，每

---

[37]國史館藏，「泰國雜訊及研究資料」，盤谷陳守明電外交部，來電第 13203 號，1940 年 4 月 27 日。外交部，數位典藏號：020-010499-0067。

[38]國史館藏，「泰國雜訊及研究資料」，中國駐檳榔嶼領事館電外交部，70 號，1940 年 9 月 18 日。外交部，數位典藏號：020-010499-0067。

[39]國史館藏，「亞東司第三科每週工作摘要及重要案件簡報表」，亞東司第三科本週工作報告，民國 38 年 9 月 19 日起至 23 日之亞東司處理重要案件簡報表，外交部，數位典藏號：020-019903-0048。

[40]國史館藏，「事略稿本—民國三十七年八月」，題名摘要：蔣中正召見陳儀面令嚴屬執行取締浙江大學共匪學生以維護校風，泰國排華將華僑五千餘驅逐出境，1948 年 8 月 29 日。蔣中正總統文物，數位典藏號：002-060100-00242-029。

家只好賄賂警察 3 萬銖不等。又搜查火礱（碾米）公會會員商店 22 家。[41]15 日，又搜查 17 家華人商店，因其涉嫌違反國稅法及偽造帳簿。[42]

　　泰國在此時之所以發出排華呼聲，可從暹羅陸軍副總司令鑾角頌堪在 1948 年 10 月 1 日發表「國家經濟」之演講廣播，看出其中端倪。鑾角頌堪同時也是國家經濟委員會委員，他在演講中指外僑（華人）吸暹人血，他說：「惟因受大量外僑之流入，並從中搶去各項物品，存心抬高價格，而將厚利納入其衣袋中，致使國內物價高漲，國家幣值亦因而低落，至言入口貨物，所有外僑則自任中間人，並從中訂定價格轉售於暹人，且無任何限制。……．領有屋主資格之暹人，反而變成經濟方面之外僑奴隸矣。…．．此等外僑充斥全國，吮吸暹人之血，至暹人領有皮包骨之現時情況，彼等對於具有屋主資格之暹人，全無憐憫心。」[43]

　　自 1949 年 1 月 1 日起，華人赴泰國，均需持有泰國簽發之護照，駐泰大使館與泰國外交部交涉，認為泰國尚未在中國設領，簽證不便，擬照美、泰互免簽證成例，交涉中、泰互免簽證。泰國自 2 月 23 日宣布進入非常時期，逮捕 10 多名華人，沒有問題者已釋放。[44]泰國想減少華人入泰人數，不可能與中國簽署互免簽證協議。

---

[41] 國史館藏，「〈暹羅（泰國）排華（一）〉，駐曼谷大使謝保樵電外交部，第 653 號，1948 年 9 月 2 日。外交部，數位典藏號：020-010408-0092。

[42] 「十七家中印大商號昨日突遭警察搜查，各該號負責人均曾被傳往問話，因有違國稅法及偽造帳簿嫌疑」，中原報（泰國），1948 年 9 月 16 日。

[43] 「鑾角中將經濟演想，指外僑吸暹人血，政府決採取有效步驟以清除吸血之中間人」，中原報（泰國），1948 年 10 月 2 日；國史館藏，「暹羅（泰國）排華（一）」，中華民國駐清邁總領事館呈外交部，事由：呈送鑾角經濟演講剪報請鑒核由，邁 37 字第 863 號，1948 年 10 月 5 日。外交部，數位典藏號：020-010408-0092。

[44] 國史館藏，「亞東司第三科每週工作摘要及重要案件簡報表」，亞東司第三科每週工作報告，民國 38 年 10 月 5 日至 10 月 8 日，外交部，數位典藏號：020-019903-0048。

（二）殺害華人

二戰結束後，泰國社會動盪不安，殺害華人事件層出不窮，1945 年 8 月 16 日，泰國中華總商會主席陳守明在曼谷英哥泰碼頭遭 7 至 8 名暴徒開槍擊斃。當時適值日本投降次日，泰國政情不穩，對於緝兇亦無行動，引起華僑不滿。此時泰國社會之動亂，有三種因素造成，一是戰時親日派和反日派之間的衝突，戰後親日派遭到報復性攻擊；二是中國國民黨份子和中國共黨份子之間的鬥爭，所引發的衝突；三是華人和泰國人之間的不和引發的衝突，此種不和不是種族間的問題，而是涉及政治理念的問題，主要是華人懸掛中國國旗引發的問題。

1945 年 8 月 16 日，在吞武里達叻蒲地方，有暹羅軍人侮辱聯合國旗幟，華僑前往解釋，雙方發生口角，該軍人於次日率軍警數十人攜帶武器，當場殺死店員方阿海一人、重傷數人，附近華僑商店亦遭搗毀搶掠。

潮州會館、客屬會所、廣肇會館、瓊島公會、福建會館、江浙會館各派代表 3 人於 8 月 27 日組成「暹羅華僑六屬會館臨時聯合辦事處」，熊均靈出任主席。該會召集全暹華僑社團及同業公會 140 餘單位籌組歡迎盟軍代表團蒞暹及慶祝勝利和平大會、收容在暹流離失所之華籍戰俘及組設救濟祖國糧荒籌備會等。9 月 20 日是中秋節，曼谷地方又有暹人車伕將中國國旗擲於地上，華僑見狀，前往阻止，雙爆發衝突，泰國軍警開槍，華僑數人死傷，被捕十餘人。[45]9 月 21 日中午，暹羅軍警因禁止華僑懸掛中國國旗慶祝盟國勝利，剛好為暹羅之萬壽節，華僑不願依例慶祝，引起暹人之憤慨，晚上 7 時在唐人街區耀華力路一帶，有暹人歹徒滋事，與華人發生衝突，暹羅軍警以機關槍和步槍射擊

---

[45] 謝培屏，「1945 年泰國軍警槍殺華僑事件」，國史館學術集刊，第 16 期，2008 年 6 月，頁 135-178。

屠殺華僑，並搜查附近華人商店，時稱「921 事件」。22、23 日
曼谷宣佈戒嚴。25 日晚 7 時，大批軍警包圍新城門一帶華僑商
店，唆使暹羅浪人洗劫 13 家華人金店，逮捕及毆打華僑。10 月
19-20 日，有暹羅歹徒在城內華人住區縱火，後又有華僑遭暹人
以毒物毒死。[46]

圖 3-7：1950-60 年代曼谷耀華力街
資料來源：Pornphan Chantaronanon, "Where did the Chinese in
Thailand come from? Open the history of early immigration to
cultural assimilation," *Arts and Culture* , December 2007 issue,
https://www.silpa-mag.com/history/article_26173 　2022 年 8 月 20
日瀏覽。

　　熊均靈認為該「921」事件之爆發除了上述原因外，亦有暹
羅內部之鬥爭，首相社尼•巴莫（Seni Pramoj）是獲得美國支持而
出任首相，披汶辭職下台後，其黨羽攝政主席普里迪（鑾巴立）、
警察總監鑾亞侖等不得已支持社尼•巴莫，以應付日本投降後之
國際環境，但其在國內之勢力尚小，故排華血案之發生，有人認

---

[46]國史館藏，「暹羅（泰國）排華（四）」，中國國民黨中央執行委員會秘書處函外
　　交部，「關於暹羅排華政策之檢討及其對策」，1946 年 1 月 17 日。外交部，數位
　　典藏號：020-010408-0095；國史館藏，「暹羅（泰國）排華（六）」，中國外交部
　　照會暹羅大使館，事由：為中華民國 34 年 9 月 21 日前後期內，暹人慘殺華僑
　　案，照請查照轉知，迅予解決由，東(36)字第 19987 號，1947 年 9 月 21 日。外
　　交部，數位典藏號：020-010408-0097。

為係普里迪、鑾亞侖等打擊社尼‧巴莫之一種陰謀,使其不安於位。[47]

血案發生後,9 月 23 日華僑發動全面罷市,以示抗議。暹羅政府與六屬辦事處接洽善後辦法,至 9 月 28 日達成五點協議,包括:撤退武裝軍警,除非有必要,不得再進入市區;釋放被捕華僑;透過廣播勸請暹人與華僑親善相處;由內政部訓令各行政專員及公務員應促進中、暹親善,兩民族應如兄弟;組織中、暹混合委員會調查血案真相及華僑損失,作公平之處置。[48]9 月 30 日早上 10 點,華僑復市。為了維護社會治安,暹羅政府邀請華僑組織中、暹混合憲兵保安隊,10 月 31 日,華僑派 16 名委員參加,隊員 300-500 人,經費由華僑負擔。

在暹羅之台籍人數約數千餘人,1945 年 9 月英軍授命暹羅當局,將這些台籍日本人關入集中營,封閉其財產,暹人趁機盜用其財務。[49]

對於暹羅爆發屠殺華僑事件,其他東南亞國家的華社反應激烈,有主張中國派軍進入泰國平亂。中國國民黨駐菲總支部岷里拉(馬尼拉)中華商會等於 10 月 5 日電促中國政府迅派兵入暹羅平息風潮。菲律賓華僑匯兌信局同業公會亦有類似之建議。[50] 因此國民政府交行政院軍事委員會研議,軍事委員會軍令部部長徐永昌在 10 月 20 日致蔣中正委員長之簽呈說:「查同盟國軍隊在受降區之任務為:一、解除日軍武裝;二、救濟盟國戰俘

---

[47]國史館藏,「暹羅(泰國)排華(四)」,熊均靈,「關於暹羅之報告、關於暹羅之建議」,外交部,數位典藏號:020-010408-0095。

[48]國史館藏,「暹羅(泰國)排華(四)」,熊均靈,「關於暹羅之報告、關於暹羅之建議」,1945 年 11 月 24 日。外交部,數位典藏號:020-010408-0095。

[49]國史館藏,「暹羅(泰國)排華(四)」,熊均靈,「關於暹羅之報告、關於暹羅之建議」,1945 年 11 月 24 日。外交部,數位典藏號:020-010408-0095。

[50]國史館藏,「泰國排華」,中國國民黨駐菲總支部岷里拉中華商會等電重慶國民政府蔣中正主席,事由:暹羅排華情勢嚴重,懇迅派兵入暹平息風潮,1945 年 10 月 5 日。國民政府,數位典藏號:001-067132-00005-023。

及平民；三、逮捕戰爭罪犯；四、維持及恢復當地秩序。今旅暹華僑被暹軍警慘遭殺戮一案，發生於英軍受降區內，且在英軍入暹以後，又據9月27日新德里英方廣播稱，『英軍在暹羅僅負解除日軍武裝之任務，不負維持當地治安責任』，則英軍入暹以後，顯未完成盟軍最高統帥部委派其進入暹羅前所託付之二、四兩項任務。且英方竟有不願努力確負其應行擔負之任務之表示，而暹政府復仍為一向受日寇唆教之軍警份子所把持，政府毫無力量，為保護我暹境僑胞之生命財產不再受暹人騷擾殺害及安定南洋華僑之心理計，似應一面派代表團入暹，一面請麥克阿瑟上將轉知英軍注意履行三、四兩項任務，不使暹、日合作時事態重演。否則我國似應派遣武裝部隊入暹護僑。」[51]國民政府文官長吳鼎昌在11月27日簽註意見說：（一）關於英軍在暹未履行同盟國在受降區任務之二、四兩項，可否提請麥帥加以制止之處，祈核示。（二）所擬派代表團赴暹一節，似屬可行。擬先交外交部核議具復。（三）所擬派兵入暹，此時似宜緩議。[52]

　　1945年9月17日上台的暹羅政府新任首相社尼•巴莫為消除暹羅人與華僑之異見，並促進兩國人民之善意，於10月6日宣稱，暹羅國會已通過及修正前任政府所訂之一切對華僑有欠公正之法律前遭封閉之一切華僑學校及報紙，現將可重新開辦；同時中國僑民將獲從事任何事業之自由，惟不得製造佛像及其他宗教用具。前首相執政時期數千華僑家庭被迫撤出的「禁區」，今後開放，華僑可遷回居住。[53]

---

[51] 國史館藏，「泰國排華」，徐永昌簽呈蔣中正委員長，事由：為保護暹境僑胞，擬派代表團入暹，並向麥克阿瑟上將交涉，請轉知英軍注意，簽請核示由，1945年10月20日。國民政府，數位典藏號：001-067132-00005-030。

[52] 國史館藏，「泰國排華」，徐永昌簽呈蔣中正委員長，事由：為保護暹境僑胞，擬派代表團入暹，並向麥克阿瑟上將交涉，請轉知英軍注意，簽請核示由，1945年10月20日。國民政府，數位典藏號：001-067132-00005-030。

[53] 國史館主編，中華民國史事紀要（初稿）-民國34年7至12月份，10月6日，頁83。

外長王世杰於 12 月 24 日簽呈蔣委員長稱：「惟我方派往暹羅之代表，最迅即將啟程赴暹。職部現正商請英軍對該代表等一行予以協助及保護，目前如經由盟軍最高統帥麥克阿瑟將軍促其履行任務，似難免有傷感情，深恐增加赴暹代表之困難。職意似不妨授權赴暹代表李大使鐵錚於抵暹之後相機與英軍洽商，喚起英軍當局注意。倘無結果，再行向麥克阿瑟將軍提出交涉。是否有當？理合呈請鑒核示遵。」[54]

最後中國政府決定「為保護暹境僑胞，派遣代表團入暹，並向麥克阿瑟上將交涉，請其轉知英軍注意。」[55]

暹羅華僑六屬會館臨時聯合辦事處主席熊均靈於 1945 年 11 月 24 日呈函國民政府稱，中、暹裂痕恐日久愈深，前途堪虞，建議政府趁機派員入暹、宣慰領導、商訂中、暹友好條約、設領保僑、籌設銀行、吸收僑匯、辦理戰俘返國、釋放台籍僑胞、並派遣國軍赴暹、提高威權等。[56]

1946 年 1 月 23 日，李鐵錚與暹羅國務首相兼外長社尼•巴莫）簽署「中、暹友好條約」。主要內容是：兩國人民永敦和好，歷久不渝；兩國互派外交代表及領事，互享外交特權；兩國國民互享依照彼方法律規定的各種權利及最惠國待遇；兩國間其他關係應以國際公法原則為基礎；兩國同意儘速另訂通商航海條約。

---

[54]國史館藏，「泰國排華」，外長王世杰簽呈蔣中正委員長，摘由：為軍令部徐部長永昌簽呈請麥克阿瑟將軍轉知暹羅英軍注意履行任務以護僑益一案，理合簽具意見，當否，乞核示由，1945 年 12 月 24 日。《國民政府》，數位典藏號：001-067132-00005-032。

[55]國史館藏，「暹羅（泰國）排華（五）」，蔣中正快郵代電外交部王世杰部長，1945 年 12 月 8 日。外交部，數位典藏號：020-010408-0096。

[56]國史館藏，「泰國排華」，暹羅華僑六屬會館臨時聯合辦事處主席熊均靈呈函國民政府，事由：為誠恐中暹裂痕日久愈深，前途堪虞，爰間關返渝謹呈報告及建議，以備參考選擇，是否有當，敬祈鑒，1945 年 11 月 24 日。國民政府，數位典藏號：001-067132-00005-061。

　　中國和暹羅在 1946 年 6 月 17 日建交，李鐵錚為首任大使。以後中國三次向暹羅要求解決「921 事件」之懲兇及賠償損失問題均沒有獲得暹羅政府正面回應。暹羅報紙更認為是中國駐暹羅大使在無事找事，以及當年暹羅軍警是因為華僑亂事，而執行命令將滋事華僑槍殺，故無罪。[57]京華日報在 1947 年 9 月 26 日的社評「休要舊事重提」中說，「921 事件原為華僑兩政黨之衝突，現華方提出賠償要求，實令人不解。此事吾人除體認為表現強大者之姿態而外，又模糊間看見張牙舞爪之痕跡，此吾人並無所親，中、暹關係至屬親切，我人和平相處，實比惡感為佳，故盼中國大使能對此再做一番考慮為佳。」[58]此事經過兩年，中國向暹羅交涉多次，最後一次照會暹羅國務院長兼外長鑾貪隆·那哇沙越（Rear Admiral Thawal Thamrong Navaswadhi）是在 1947 年 9 月 21 日，均未獲正面回應。10 月 8 日，鑾貪隆·那哇沙越在一次記者會上說，此事已延擱兩年，事過境遷，不必重提，並以事件發生未知為何方所為，是非曲直難於確定。10 月 15 日，鑾貪隆·那哇沙越又在記者會上表示，去年暹羅元老普里迪（乃比里）訪華時，蔣主席曾對渠表示，以「921 事件」不應追究，華方突再提出照會，深以為異。中國駐暹大使李鐵錚向鑾貪隆·那哇沙越表示蔣主席並無此言論。中國駐暹大使館向外交部的報告稱，暹羅報紙對此一事件多所歪曲和杜撰，不願懲兇和賠償。[59]

---

[57]國史館藏，「暹羅（泰國）排華（六）」，「往事之鬼魅」，雅士報（曼谷），1947 年 9 月 25 日；「要求賠償」，星期六週刊（曼谷），1947 年 9 月 27 日。外交部，數位典藏號：020-010408-0097。

[58]國史館藏，「暹羅（泰國）排華（六）」，「休要舊事重提」，京華日報（曼谷），1947 年 9 月 26 日。外交部，數位典藏號：020-010408-0097。

[59]國史館藏，「暹羅（泰國）排華（六）」，中華民國駐暹羅國大使館代電外交部，事由：九二一案近來暹方之反響，1947 年 11 月 3 日。外交部，數位典藏號：020-010408-0097。

　　國民政府文官處政務局認為普里迪訪華，會見蔣中正主席，並沒有談到「921事件」，「今該國國務院長竟將促進中、暹邦交之德意予以曲解利用，且在記者會上公然為歪曲引證，主席聞之甚為詫異，囑由貴部（外交部）嚴予駁斥，各項懸案仍應繼續交涉。一面通知暹駐我國大使注意此事，以免妨礙中、暹邦交。」[60] 1948年4月，披汶政變重掌政權，以後此事不了了之。

（三）限制華僑之行業

　　1949年，泰內務部與國務院間致力於研究增加保留執業項目，限制外僑經營的行業，計有森林業、載客汽車業、冰廠業、汽水業、糖水業、印刷泰文業、製造樹膠及木材製造業等8類。此外尚有限制商店招牌用外國文字及增修移民條例等議案。[61]2月15日，披汶正式公布保留10種職業給泰人，有人民代表向披汶建議繼續保留19種職業，現正待國務會議審查者有6種。春武里府市自治會不許華僑經營屠業，此並非中央法令，而係地方規定，駐泰大使館交涉未果。[62]

　　同年8月，暹羅政府下令，除位於曼谷華南峰河港兩岸之全數冬粉及豆腐廠，需即著令停業外，對於曼谷市區內其他地方之冬粉及豆腐廠，則限期至9月底止，逾期不准繼續開辦。[63]

---

[60]國史館藏，「暹羅（泰國）排華（六）」，國民政府文官處政務局函外交部，摘由：關於暹國務院長在招待會答記者問一節，字第34512號，1947年12月2日。外交部，數位典藏號：020-010408-0097。

[61]國史館藏，「亞東司第三科每週工作摘要及重要案件簡報表」，亞東司第三科每週工作報告，民國38年10月5日至10月8日，外交部，數位典藏號：020-019903-0048。

[62]國史館藏，「亞東司第三科每週工作摘要及重要案件簡報表」，亞東司第三科本週工作報告，民國38年7月4日至7月9日之亞東司處理重要案件簡報表，外交部，數位典藏號：020-019903-0048。

[63]國史館藏，「亞東司第三科每週工作摘要及重要案件簡報表」，亞東司第三科每週工作報告，民國38年10月16日至10月22日，外交部，數位典藏號：020-019903-0048。

（四）華校懸旗事件

1939 年，暹羅教育部下令所有學校（包括華校）每晨升懸暹國旗，並需由學生合唱暹國歌，倘不遵辦，即予查封。後來大多數華校都被關閉，並未發生懸旗糾紛。二戰結束後，華校復辦，多數華校只懸掛中國國旗，引起暹羅政府下令停止懸掛中國國旗。當時中國和暹羅沒有邦交，因此中國外交部透過駐美大使館和暹羅駐美大使館交涉。關於懸旗事件之起因，暹羅駐美大使館曾在 1945 年 10 月回覆中國駐美大使館函稱：「暹羅懸旗係規定外人懸旗須於暹旗並列，華僑堅持單懸中國國旗，引起干涉，致生衝突。」又稱：「該案詳情尚在研究，已邀請華僑參加調查委員會。」[64]

1947 年 8 月 12 日，暹羅政府再申前令。11 月 13 日，那空素旺府教育廳長乃汪前往曼谷，向教育部請示，於 20 日返回百攬坡，21 日召中華小學司理（按指華校實際負責任的校長）及暹籍校長談話，告以教育部指示：「中暹條約並無華校可升中國國旗之規定，如續升，即依法封閉，並逮捕校主司理、暹籍校長處辦。書面通知，即可發交。」中華小學馬校長前往曼谷，經李大使指示，往晤中華總商會長張蘭臣，由其私人友誼關係引見國務院長乃寬（Major Khuang Abhaiwongse），渠謂民立學校應在慶典之日升旗，外僑方面則應依旗幟條例辦理。當令教育部長通令各府將華校平日應懸掛暹羅國旗之規定取消。馬校長繼謁見教育部長披耶沙提派，同意照乃寬旨意辦理。即平日可不升旗。[65]11 月

---

[64]國史館藏，「暹羅（泰國）排華（五）」，外交部函僑務委員會、海外部，事由：為暹羅軍警槍殺華僑案，將辦理經過情形函請查照由，東(34)字第 9934 號，1945 年 10 月 20 日。外交部，數位典藏號：020-010408-0096。

[65]國史館藏，「泰國僑校懸旗問題與交涉」，中華民國駐百攬坡領事館快郵代電外交部，第 860518 號，1947 年 12 月 8 日。外交部，數位典藏號：020-010408-0051。

24 日，泰國中原報亦刊載，華僑託人向乃寬提出，乃寬同意不復限令僑校每日懸掛暹旗，有節日時，兩國國旗並懸。[66]

1948 年 1 月 10 日，百攬坡縣長召中華小學司理人，表示教育部通令謂民立之華校常有違法之措施，教育部認為應嚴厲採取措施，華校除依據旗幟條例第 17 條辦理外，不准懸升中國國旗，並應遵照教育部令，懸升暹國國旗，違者先將司理執照取消，繼吊銷校主執照及下令封閉等。[67]

　　按照國際慣例，外國學校或外僑學校，通常都是懸掛地主國國旗和本國國旗，不知為何當時中華民國政府要求僑校單只懸掛中國國旗而引發兩國的外交風波？暹羅完全不顧中國的反對，堅持不懸掛暹羅國旗及停止懸掛中國國旗之華校即予以關閉。直至 1948 年 3 月 13 日，中國外交部態度才軟化，電駐暹大使館稱，該管應密勸僑校應以學校為重，在懸旗問題交涉期間，勿因拒懸掛暹旗，致學校被封。其次，暹方如能以書面保證在一定時期內修改懸旗規則，則可由該館勸導華校暫遵現行規則。[68]至此時曼谷有 14 所華校被封閉。[69]駐暹大使館在 3 月 27 日與暹方商定初步解決辦法，即在懸旗法規未修改前，華校暫懸掛暹旗及校旗。[70]至 1948 年 6 月，只有曼谷有 4 所華校因為懸旗問

---

[66] 「內地華校懸旗問題，乃寬院長已作公平處置，下令全國勿強迫華校單懸暹國旗」，中原報（曼谷），1947 年 11 月 24 日。

[67] 國史館藏，「泰國僑校懸旗問題與交涉」，中華民國駐百攬坡領事館快郵代電外交部，第 370086 號，1948 年 1 月 28 日。外交部，數位典藏號：020-010408-0051。

[68] 國史館藏，「泰國僑校懸旗問題與交涉」，外交部電駐暹大使館，事由：對於懸旗案之指示，1948 年 3 月 18 日。外交部，數位典藏號：020-010408-0051。

[69] 國史館藏，「泰國僑校懸旗問題與交涉」，國民政府主席廣州行轅快郵代電外交部王部長，禮安字第 539 號，1948 年 3 月 27 日。外交部，數位典藏號：020-010408-0051。

[70] 國史館藏，「泰國僑校懸旗問題與交涉」，外交部代電駐清邁總領事館，事由：懸旗事可照大使館與暹方所商定之辦法辦理，外(37)東三字第 08560 號，1948 年 4 月 10 日。外交部，數位典藏號：020-010408-0051。

題而遭關閉者，包括宏華、育僑、陶英、益群。[71]

　　然而，廊昇育倫小學向中國駐泰國大使館報告稱，當地教育局對於該校同升校旗和暹旗表示不滿，5 月 28 日，該局行文該校禁止校旗和暹旗並升，為顧全學校前途，於 29 日單懸暹旗。[72]中華民國外交部回覆稱，除「電請駐暹大使併案交涉具報外，仍希隨時注意並查報為要。」[73]

　　1949 年 1 月 20 日，國務院長披汶又下令僑校每日必須懸掛暹羅國旗。[74]

　　從懸旗案之交涉過程可知，一開始中國堅持基於中、暹友好條約，在暹羅可設立華校，同時可懸掛中國國旗。暹羅政府反對，認為中、暹友好條約並無此規定。中國外交部遂改為同時懸掛兩國國旗，暹羅政府又反對，堅持將懸掛中國國旗的華校予以關閉。中國外交部乃改為同時懸掛校旗和暹旗。暹羅政府又反對，最後只有一條路就是單懸暹旗，否則就是關閉學校。此事反應當時中國政府以為是華校擁有治外之權利，暹羅則採取國際通例，華校不過是向泰國政府申請立案的外僑學校，仍須遵守泰國法令，包括教師、課程內容和懸旗等。該案中國外交交涉節節敗退，乃因其國際觀限制所致，泰國接受西方國際法早於中國，自不願對中國讓步。當中最重要之因素，就是泰國政府堅定地要將華人同化入其社會。

---

[71]國史館藏，「泰國僑校懸旗問題與交涉」，外交部亞東司三科簽呈司長，1948 年 6 月 1 日。外交部，數位典藏號：020-010408-0051。

[72]國史館藏，「泰國僑校懸旗問題與交涉」，中華民國駐柯叻領事館快郵代電外交部，柯(37)字第 644 號，1948 年 6 月 9 日。外交部，數位典藏號：020-010408-0051。

[73]國史館藏，「泰國僑校懸旗問題與交涉」，外交部代電駐柯叻領事館，外(37)東三字第 17343 號，1948 年 7 月 24 日。外交部，數位典藏號：020-010408-0051。

[74]國史館藏，「亞東司第三科每週工作摘要及重要案件簡報表」，亞東司第三科每週工作報告，民國 38 年 1 月 17 日至 4 月 2 日，外交部，數位典藏號：020-019903-0048。

（五）限制華校之發展

　　根據中、暹友好條約第六條第二節規定，「此締約國人民得依彼締約國之法律章程，享有設立學校教育其子女之自由。」但此條文不能促使解除其禁令而使華僑確有教育自由之權利。李鐵錚大使曾與暹方談判，暹方僅允以宣言，許華僑小學校以較多之華文鐘點，並於1946年1月23日由暹外交部發表聲明，予華僑小學以適當機會及必須之課程鐘點，俾便教授外國文。[75]基此條約，中國人民在暹享有設立學校教育其子女之自由。因此有許多華校恢復設立。

　　泰教育部為了管理華校，在1948年頒發一項有關華校校數的命令，規定曼谷可設8所華校，吞武里府5府及其他重要府每府3所，小府2所。全泰最多不得超過218所。但該項規定難以執行，所以至1948年11月曼谷仍有47所，全泰約有445所，超過泰政府規定的218所，所以有許多華校勢必關閉。

　　1948年4月，披汶發動政變重新出任首相。披汶首相於1949年2月23日頒佈緊急狀態令，逮捕數名陰謀暗殺首相和政府部長的陰謀份子，包括華人共黨份子和若干陸軍軍官（包括前任國防部長）。暹羅政局緊張，中國和暹羅無法進行談判，暹羅片面決定今年度中國移民額仍為1萬人。暹羅強迫華校需於一定時期內立案，否則加以封閉。

　　其次，由於暹羅學制採小學4年、中學6年、大學預科2年、本科4年，與中國的學制不同，因此，暹羅教育部不許華校高級小學開辦華僑中學。另嚴限各華校於6月1日起開學上課，如時逾7日仍未能開課者，決予查封。華校如遵命上課，亦只能收強迫年齡以外之學生，一律授以初小程度之暹文與每週5小時半之

---

[75] 國史館藏，外交部檔案，檔名：暹羅訪華代表團，目錄號：172-1，案卷號：0695，民國35年3月28日，李捷才簽呈；民國35年3月30日，李捷才簽呈。

華文。至師資問題，規定凡華校教員未持有中國立案學校初中畢業文憑以上之學歷證件者，均需受暹政府中、暹文師資考試及格，始得執教。但暹羅華校教師大都沒有上述證件，故必須應考。其由中國至暹者，因不諳暹文，難望錄取。因此即使華校獲得暹羅教育部立案，缺乏師資亦難以開學上課。[76]曼谷華文教師擁有中國立案之初中畢業文憑或證明書者有 60 多人向教育部登記，另有 388 人登記參加暹文考試。[77]暹羅教育部長秘書乃廣認為查封華校並不違背中、暹友好條約，暹校將增授華文課，以收容華校學生。[78]

高小以上學校每週僅准授中文 5 小時半。經交涉後，1948 年 11 月，駐暹羅大使館電呈外交部稱：中文教授時數業經雙方協議每週各級教授中文 10 小時，另有算術鐘點、其他各點迄未獲得解決。[79]

第三，非暹文教員亦需考試暹文。

第四，華僑中學等不允恢復等。

第五，華校禁止懸掛中國國旗，只能懸掛暹羅國旗。

第六，1949 年 8 月 9 日，泰教育部通令全國規定自明年 3 月起民立學校不得收容滿 14 歲以上之學童。

1953 年，泰警廳在曼谷華校派駐監督人員，以防止華校從事非法活動以及共黨活動。這些監督人員大都是退休警官。

[76] 國史館藏，「泰國僑校懸旗問題與交涉」，中華民國駐曼谷總領事館快郵代電外交部，37 字第 0694 號，1948 年 6 月 1 日。外交部，數位典藏號：020-010408-0051。

[77] 「民校局長乃堅訓示華校當局將嚴屬執行條例措理華校，對華校當前困難竟毫無通融表示」，中原報（泰國），1948 年 5 月 30 日。

[78] 「暹教長秘書乃廣認查封華校並不違背中暹友好條約，暹校將增授華文，以收容華校學生」，中原報（泰國），1948 年 5 月 31 日。

[79] 國史館藏，「亞東司第三科每週工作摘要及重要案件簡報表」，亞東司第三科每週工作報告，民國 38 年 1 月 16 日至 3 月 27 日，外交部，數位典藏號：020-019903-0048。

　　至 1955 年，泰國政府進一步削減華小華文課時數。1955 年，華小華文課每週 10 小時，泰國政府擬減為 6 小時。華僑中學亦遭停閉。3 月 26 日，中華民國駐泰大使館照會泰國外交部，希望能維持每週 10 小時華文課。7 月 1 日，泰國教育部下令全泰民校初小一年級每週上課 5 天，授課 25 小時，而外文僅 5 小時。[80]也就是華文課將改為每週 5 小時。中華民國外交部於 7 月 7 日訓令駐泰大使館向泰方交涉，「中、泰前所議定華文鐘點原係免除泰國法律之限制，且泰外長前於簽訂中、暹條約時曾發表『特予華校以適當機會與必要之鐘點以教授中文』之宣言」，向泰方進行交涉。[81]

　　中華總商會主席張蘭臣拜訪教育部長鑾蓬裕，陳述為免除華校中文程度下降，不應減少華文授課時間，獲鑾蓬裕口頭表示可予通融辦理，其辦法為每日之上課時間延長 45 分鐘，即上午提早 15 分鐘上課，下午延長半小時放學，而以此延長之時間專授中文。[82]

　　駐泰大使館亦於 7 月 7 日致函泰國務院長、7 月 9 日致函泰外長，呼籲維持原有華文課每週 10 小時。9 月 13 日，泰教長發佈命令華小華文課每週維持 10 小時。每週上課 5 天或 6 天，可依照各地方需要決定。

　　泰國教長鑾蓬裕對記者表示，不贊同恢復辦華文中學，因為現在泰校越三振中學已有華文班，但上該班就讀的學生不多，僅

---

[80]國史館藏，「中暹（泰國）友好締約後之華僑教育（十）」，駐泰大使館電外交部，第 788 號，1955 年 7 月 2 日。外交部，數位典藏號：020-010408-0010。

[81]國史館藏，「中暹（泰國）友好締約後之華僑教育（十）」，外交部代電駐泰大使館，外(44)東三字第 006694 號，1955 年 7 月 8 日。外交部，數位典藏號：020-010408-0010。

[82]國史館藏，「中暹（泰國）友好締約後之華僑教育（十）」，「一、泰教長同意華校中文授課恢復 10 小時」，僑情週報，1955 年 7 月 26 日。外交部，數位典藏號：020-010408-0010。

有 29 名學生就讀。[83]

（六）其他限制措施。

1949 年 8 月 18 日，泰國會通過兩項法案：一為禁止外僑享有購地權；二為不准用外國語播音。前者讓華僑無立足之地，只能租地營業，不然就是申請入籍。後者就是在公開場合統一語言，在電台和電視只能使用泰語廣播。

第六節　結論

自第 18 世紀後，華人因為到暹羅經商運輸米糧回中國以解中國缺糧問題，以致於潮汕地區有大量人口流入暹羅。1767 年，暹羅遭到緬甸滅國，因為戰爭及數 10 萬人被擄往緬甸，人口遂大量減少。隨後上臺的鄭信具有華人血統，引入許多華人從事工商業，亦有少數華人充當政府官員。直至第 20 世紀初期，華人進入暹羅都是沒有多大限制的，而且受到歡迎，因為華人帶動了當地的經濟繁榮。

當華人從事朝貢使、政府官員、稅務官員、海關官員，情況還好，華人不會對暹羅王權構成威脅，一旦華人從軍出任軍官，若參與政治活動，必然會影響王權。以 1912 年為例，當中國爆發共和革命成立共和政權後，在暹羅的華裔軍官亦企圖建立共和體制，而發動政變。自此後暹羅國王就感受到華人政治勢力的威脅，拉瑪六世在報章上發表文章批評華人對暹羅政治及社會威脅的警告。因此，遲未敢實施民主體制，擔心政權為華人操控。拉

---

[83] 國史館藏，「中暹（泰國）友好締約後之華僑教育（十）」，「三、泰教長表示不同意復辦華文中學」，僑情週報，1955 年 7 月 26 日。外交部，數位典藏號：020-010408-0010。

瑪六世只要求華人更改為暹羅姓氏，並沒有採取進一步的同化措施。然而，1929年爆發世界經濟大蕭條，暹羅遭受波及，保守的絕對王權最後抵擋不住隨之而起的民主化潮流，1932 年再度爆發軍事政變，還是由華裔領導，將絕對君主制改為君主立憲制。

披汶為了建構泰國的民族國家，必須將廣大數量的華人納入泰國社會，因此，將不想申請加入泰國國籍者同時也沒有工作者驅逐出境，對於華文學校改為泰化學校，限制華僑不得從事 27種行業，關閉華文報紙，只留下一家華文報紙作為政令宣導的傳聲筒。他也關閉華文學校，讓華人失去中華文化的根；也禁掛中國國旗；華僑無購地權。以後緬甸、印尼和越南之排華政策措施，多係學習暹羅的作法，暹羅的排華政策堪稱是東南亞排華運動的先驅。

泰國經過這一段同化華人為泰籍華人、同時排除華僑的過程，成功地將華人納入泰國社會，華人不僅擁有強大的經濟實力，而且亦控制泰國政治，泰國從 1932 年設立首相至今，總共有 42 人次做過首相，扣除重任者，總共有 32 人做過首相，其中有 24 位首相具有華人血統，泰族人首相僅有 8 人。無論如何，同化華人、排除華僑之政策推動者是華裔的政府領導人。泰國之各項同化和排斥華僑的措施，成為日後東南亞各國制訂華人政策之參考典範。

第四章　泰國華人與政治關係之歷史分析

摘要

　　華人移入東南亞已有數百年的歷史，脫離中國母體的泰國華人，卻呈現一個很特殊的面貌，除了早期是因為經商漂洋過海到泰國尋求商業機會外，他們參加了泰國的政治，成為泰國的使節和官員，甚至國王。自 1932 年軍事政變以來，泰國改行君主立憲制，至今總共有 32 人做過首相，其中有 24 位首相具有華人血統，泰族人首相僅有 9 人。華人擔任部長、國會議員和其他官員者更不計其數。泰國華人參政程度之高，在東南亞國家中僅次於新加坡，成為其政治之特點。

關鍵詞：　泰國　　華人　泰國政治　　國王　　貢使

第一節　前言

　　華人移入東南亞已有數百年的歷史，確實的時間不可考。誠如一般論著，華人外移跟貿易往來有很大的關係，因此，海外華人經商致富，就成為華人外移史重要的研究和書寫的主角和內容。

　　然而，脫離中國母體的泰國華人，卻呈現一個很特殊的面貌，除了早期是因為經商漂洋過海到泰國尋求商業機會外，他們參加了泰國的政治，成為泰國的使節和官員，甚至國王。

　　依據中華民國僑委會之推估，泰國華人占總人口的 11.3%，[1]另有文獻估計，泰國華人約有 8 百萬人，占泰國總人口的 15%。

---

[1] 依據中華民國僑委會之推估，2008 年泰國總人口為 63,389,730 人，華裔人口為 7,163,039 人，約佔總人口的 11.3%。參見中華民國僑委會編，各國華人人口專輯，第三輯，中華民國僑委會編印，台北市，民國 98 年 12 月，頁 40。

[2]泰國華人主要居住在曼谷。華人大都從商，且與泰人同化程度高。本文擬從歷史角度探討東南亞的一個特殊案例泰國華人從政的個案。

第二節　華人何時移入泰國

　　華人移入泰國之時間，應該是隨著中國和印度開展海洋交通而同時進行的，因為古代船隻小，必須沿著海岸航行，所以航行中國和印度的船隻必然會經過今天泰國的領土，漢書地理志曾記載西元前第 1 世紀漢朝曾遣人前往黃支國，沿途經過幾個國家，其中位在今天泰國境內的有邑盧沒國、諶離國和夫甘都盧國。邑盧沒國之地點，可能在今泰國南部暹羅灣沿岸克拉地峽最窄處的尖噴（Chumpon）一帶。諶離國地點可能在萬崙灣（Bandon Bay）的蘇叻他尼（Surathani）一帶。夫甘都盧國應該是位在馬來半島西岸泰南的一個大港口高吧（或譯為大瓜巴）（Takua Pa 或 Takola）。黃支國位在緬甸卑謬（Prome）。[3]第 5 世紀在泰國南部的盤盤（今之蘇叻他尼），是當時重要的越過馬來半島的重要港口，應該也有華人航行及居住於此。惟文獻都沒有記載。

　　中國文獻缺乏記載華人前往泰國活動，主要原因是除了馬來半島外，泰國並非位在主要的貿易航線上；其次泰國沿海一帶，古代人煙稀少，幾乎很少人居住，從湄公河下游一帶到泰國南部的蘇叻他尼，僅有在第 6 世紀出現的在今天泰國南部的佛統有墮

---

[2] "Down Sampeng Lane, The story of Bangkok's Chinatown," *Features of Asian Art, Culture, History & Travel*,
　　http://www.cpamedia.com/article.php?pg=archive&acid=120510162540&aiid=120510163614　2019 年 6 月 9 日瀏覽。

[3] 陳鴻瑜，「西元初期至第七世紀環馬來半島港市國家、文明和航線之發展」，政大歷史學報，第 28 期，2007 年 11 月，頁 131-188。

羅鉢底國，此外，即無任何城市。可能只有極少的海人（Laut）散居在馬來半島和泰國南部的海岸地帶，以後出現孟族（Monh），墮羅鉢底國就是由孟族建立的國家。

根據宋史之記載，華人第一次移入泰國者是宋朝左丞相陳宜中在蒙古於 1277 年佔領南宋後逃到占城，1282 年元國出兵攻打占城，陳宜中逃到暹國避難。[4]

圖 4-1：羅斛和暹國之疆域

資料來源：" The kingdom of Ayutthaya (1350-1767)," *Only chaam.com*,　　　　　https://www.onlychaam.com/history-thailand-ayutthaya/　2019 年 6 月 17 日瀏覽。

說明：1 是暹國的領土疆域。2 是羅斛王國的領土疆域。3 是吾哥王國的領土疆域。

在第 12 世紀末，素可泰王朝（暹國）的領土疆域已從今天素可泰往南延伸進入素攀河（Suphan），然後沿著該河向南控制佛

---

[4]「在井澳之敗後，欲奉王走占城，乃先如占城諭意，度事不可為，遂不反。二王累使召之，終不至。至元十九年，大軍伐占城，宜中走暹，後歿於暹。」[元]脫脫等撰，宋史，卷四一八，列傳第一百七十七，陳宜中傳，楊家駱主編，新校本元史並附編二種，鼎文書局，台北市，民國 66 年，頁 12532。）

統，再沿著海岸線向南控制盤盤。陳宜中從占城逃亡到暹國，登陸的港口以佛統的可能性最大。佛統是當時暹羅最大的港口，應該也有很多華人流寓於此。

1282 年，元國遣使到暹國，「至元 19 年(1282 年)6 月己亥，命何子志為管軍萬戶使暹國。」[5]福拉德（E. Thaddeus Flood）認為元國此舉的目的在探查這些宋朝流亡難民的行動。[6]此時陳宜中或其他的華人可能居住在靠近海邊的碧武里（或佛丕）、佛統到素攀武里一帶。張偉特（Charnvit Kasetsiri）的看法不同，他認為在 1282 年後有 200 名中國宋朝的難民，因為避蒙古兵追擊而逃難到阿瑜陀耶（Ayudhya, Ayutthaya）。[7]不過，此一看法並不可靠，因為此時阿瑜陀耶城市尚未形成，或者僅是小村子，並非宋朝流亡難民可以居留之地。

無論如何，這些宋朝政治難民經商致富後成為當地望族，可能與素攀武里統治者通婚。從烏通到大城（阿瑜陀耶）王朝的創建人皆具有此一族群特性。兩個民族相互通婚、依賴、共存共榮，成為泰國中部族群政治之特色。

第三節　華人成為統治者和地方首長

烏通王子拉瑪狄菩提一世（Ramathibodi I）於 1350 年在阿瑜陀耶（華人稱為大城）建都城，依賴湄南河通往海洋之貿易才

[5][明]宋濂等撰，元史，楊家駱主編，新校本元史並附編二種，鼎文書局，台北市，民國 66 年，本紀第十二，世祖九，頁 244。

[6] E. Thaddeus Flood, "Sukhothai-Mongol Relations," *Journal of the Siam Society*, 57:2, July 1969, pp.243-244.

[7] Charnvit Kasetsiri, *The Rise of Ayudhya, A History of Siam in the Fourteenth and Fifteenth Centuries*, Oxford University Press, Kuala Lumpur, 1976, p.81.

使得該城市成為一個日益繁忙的港口城市，有許多華人居住在城區南部，即今天的班卡恰（Bangkacha）地區。

華雅特（David K. Wyatt）說，大城王朝第一個統治者拉瑪狄菩提一世的父親是碧武里（或佛丕）的華商，其母親是羅斛統治者的女兒，其妻子是素攀武里國王的女兒。由於他具有羅斛的背景，所以有法律和醫藥的才能；由於具有素攀武里的關係，所以有人力和軍事的才能；由於具有碧武里的關係，所以有商業的才能。由於他具有這三方面的人脈優勢，故能成就偉大的事業。[8]從該敘述亦可知，當時在碧武里、佛統和素攀武里一帶，有許多華人居住，有些華人因為經商而成為富商。他們可能與泰族上階層的人通婚，而成為統治階層之一份子。烏通應是一個典型的例子。據此而言，拉瑪狄菩提家族可能與宋朝遺臣有關聯。從另一個角度來看，若無華人的人才和財力之支持，大城王朝可能難以成為一個控制泰國中部的一個政治王朝。

1450 年，大城王朝國王婆羅瑪‧特萊洛卡那特（Boroma Trailokanat）曾頒佈一項法令，將皇家船隊人員的職位和職稱改用中國語，顯見當時華人可能控制皇家船隊的指揮，而暹羅人只擔任一般水手的工作。[9]這種改變的主因是派用華人從事對中國的貿易。

明國嘉靖15年間（西元1536 年）黃衷出版海語，記載大城內華人集中住在「奶街」。海語卷一說：「有奶街，為華人流寓者之居。土夷乃散處水棚板閣，蔭以茭草，無陶瓦也。」[10]

據估計在第 17 世紀末葉，大城城內有 3,000 多華人居住，他們在城市南邊形成一個華人聚落，大城以南沿著湄南河亦有許

---

[8] David K. Wyatt, *Siam in Mind,* Silkworm Books, Chiang Mai, Thailand, 2002, p.23.

[9] Charnvit Kasetsiri, *op.cit.*, p.82.

[10] [明]黃衷，海語，卷一，暹羅條，頁1。收錄在[清]張海鵬輯刊，學津討原，十一，史地類，新文豐出版公司，台北市，1980，頁609。

多華人散居。[11]1714 年，暹羅派遣兩支軍隊攻打柬埔寨，大軍由卻克里（P'ya Chakri）指揮，路經暹粒（Siemreap），另一支小軍由華人柯沙狄菩提（P'ya Kosa T'ibodi）指揮，沿海岸前進，佔領班替密斯（Bantéay M'eas）（位在柬埔寨南部，靠近越南邊境），並燒城。但在該處遭到柬埔寨和大越阮主聯軍的攻擊，後勤補給不足，士兵吃隨軍動物，而且生病，最後失敗而歸。[12]1733 年，爆發華人動亂，3 百名華人攻擊王宮，最後被鎮壓。帶頭的 40 人被處死。[13]

　　大城王朝能夠在泰國中部建立一個王朝，除了利用華商從事對外貿易及華人出任政府各級官員外，亦任用華人出任軍隊指揮官，泰國長期以來跟緬甸和柬埔寨作戰，多仰賴這些華人軍人。此一歷史傳統，影響到以後鄭信（Taksin）成為國王。

　　1766 年 2 月，緬軍包圍阿瑜陀耶，城內各族群，例如基督教徒、荷蘭人（荷屬東印度公司）和華人都各有他們堅守的地點，12 月，基督教徒和荷蘭人的據點皆被緬軍攻破。暹羅派遣披耶碧武里（P'ya P'etchaburi）和鄭信率領 6 千軍隊、160 艘船，每艘船上有 3 尊加農炮，出城反擊緬軍，結果失敗。披耶碧武里戰死，殘軍退入城內。鄭信因為未積極協助披耶碧武里，致受到譴責。後又因未獲得國王同意，而使用大型加農炮砲轟緬軍，引起國王不快。鄭信對此不合理的規定不滿。

　　一直到 1767 年 1 月 7 日城內發生大火為止，鄭信決定率領 1 千軍隊，大多數是華人，往南突圍，逃到華人較多的南方地區，以尋求華人的援助。鄭信逃到南方的春武里和更南的羅勇，獲得

---

[11] "Down Sampeng Lane, The story of Bangkok's Chinatown," *Features of Asian Art, Culture, History & Travel*,
http://www.cpamedia.com/article.php?pg=archive&acid=120510162540&aiid=120510163614　2019 年 6 月 9 日瀏覽。

[12] W.A.R. Wood, *History of Siam*, Chalermnit Press, Bangkok, 1982, pp.227-228.

[13] W. A. R. Wood, *op.cit.*, p.232.

華人之援助，捐輸 5 百艘船隻，鄭信遂得以擊敗群雄，1768 年
12 月 28 日，鄭信登基為王，時年 34 歲，王號為婆羅拉惹四世
（Boromraja IV），通稱為鄭昭（昭，即國王之意）。

圖 4-2：鄭信畫像
資料來源：”Taksin,” *Wikipedia*, http://en.wikipedia.org/wiki/Taksin
2019 年 6 月 16 日瀏覽。

圖 4-3：鄭信登基大典
資料來源：”Taksin,” *Wikipedia*, http://en.wikipedia.org/wiki/Taksin
2019 年 6 月 16 日瀏覽。

　　鄭信生於 1734 年 4 月 17 日，父為中國廣東澄海人，姓名為
鄭達（亦有說是鄭鏞），母為泰人，名為洛央（Nang Nok-iang）。

鄭達在阿瑜陀耶經營賭博業有成，而成為王朝稅務官員，官方名字是坤帕特乃阿空（khun Phat Nai'akon）。泰國民間對於鄭信有些傳說，說他在出生三天時，有一條蛇盤繞在他的身（或稱搖籃）上，其父視此為不祥徵兆，認為該小孩應予殺死，其母卻極力反對，此一爭論為住在對街的民政部部長披耶卻克里所知悉，該部長為解決該一爭論，遂領養該小孩。該部長此後經濟狀況愈來愈好，認為是該小孩帶來的福氣，遂稱該小孩為「財富」（Sin）。鄭信從小在寺院學校就讀，以後在王宮學習，任國王侍從多年。特偉爾（B. J. Terwiel）認為該一故事可能是杜撰的，實際的情況應是當時泰國社會流傳一種習慣，就是地位卑下的人家常將小孩送至有權勢的大官作養子，使該小孩有更好的前程，泰國人稱此一行為為「領養」（liang）（猶如中國的認乾親）。若該小孩聰明伶俐，都會給予最好的教育。[14]在鄭信年幼時，其父即亡故，鄭信由民政部部長披耶卻克里領養，遂能接受貴族的傳統教育。鄭信在 20 歲時到柯沙瓦特寺（Wat Kosawat）出家當和尚，正式接受 3 年的寺院教育。

3 年後，鄭信重回王宮工作，擔任民政部的官職。1758 年，他出任北方諸省省城的巡察官。隨後出任西部靠近緬甸的塔克（Tak）省的縣長（鑾約克拉巴特）（luang Yokrabat），分配有 500 萊（1 萊等於 2.4 畝）土地。1760 年，升為副總督，領有 600 萊土地。後又升任總督，封有普拉耶（phraya）官爵，領有 3,000 萊土地。此後他被稱為普拉耶塔克（phraya Tak）或鄭信（Taksin）。[15]

1782 年 3 月，前往阿瑜陀耶挖掘該城被緬軍包圍時埋藏在地下寶物的軍隊叛變，主張推翻鄭信，另立當時駐守在柬埔寨的

---

[14] B. J. Terwiel, *Thailand's Political History from the Fall of Ayutthaya in 1767 to Recent Times*, River Books Co.,Ltd., Bangkok, 2005, pp.39-40.

[15] B. J. Terwiel, *op, cit*., p.40.

昭披耶卻克里為王。3 月 30 日，叛軍包圍王宮，次日，鄭信投降，唯一條件是叛軍要求他退位並出家當和尚，為期三個月。數天後，鄭信即到黎明寺（越亞崙寺）出家當和尚。率領軍隊駐守在柬埔寨暹粒的民政部部長東敦（Thong Duang）（其爵號為 chaophraya Mahakasatsu'k）（即昭披耶卻克里）返回吞武里。暹羅內部還有不少人支持鄭信，將來可能造成施政上的困難，因此群臣們建 議昭披耶卻克里將鄭信處死，他接受此議，將鄭信送上法庭，以其未經審判虐待及處死高僧及其他人等之罪名，而判處死刑。鄭信在 1782 年 4 月 7 日在韋猜普拉西特（Wichaiprasit）堡壘被砍頭，[16]年僅 47 歲。

　　昭披耶卻克里本名為東敦，生於 1737 年 3 月 20 日，其父為暹羅官員，其母為有錢華人的女兒，所以他具有華人血統。[17]拉瑪四世蒙庫特（Mongkut）王曾寫信給英國的鮑林（John Bowring）爵士稱讚拉瑪一世的妻子是一位「富有華人的美麗女兒」。[18]

　　拉瑪一世的父親帕阿桑順通（Phra Aksonsunthon）任職於阿瑜陀耶王朝王室文牘廳時，就同一位名叫「玉」的華人富商的女兒（泰名稱「島祿安」（Daorueang））結婚，所以拉瑪一世就具有華人的血統。拉瑪二世又娶了一位名叫「安帕」（Ampha）的福建林姓華商的第三個女兒為妃。拉瑪二世封賜該林姓華商為帕英特拉阿功伯爵（Phra Intharaarkon）。後來，拉瑪三世又封

---

[16] 在泰國官方出版的國家年鑑（*State Annals*）王室手稿（Royal Autograph）記載鄭信是被用檀香木打死的。B. J. Terwiel 認為這是事後泰國官方為了美化此事，而作的記載。因為國王被砍頭，是不符合泰國傳統的，這在泰國是不榮譽的，王室成員之處死需使用檀香木打死。參見 B. J. Terwiel, *op, cit.*, p.294.另據泰國吳福元的說法，鄭信是在 4 月 6 日在阿倫寺佛殿內被殺，死時身上還穿著黃袍。參見吳福元原著，陳毓泰譯，「鄭王史辯」，*南洋學報*（新加坡），第二卷第一輯，1941 年 1 月，頁 18-34，22。

[17] "Rama I, King of Siam," *Encyclopedia of Britannica*, https://www.britannica.com/biography/Rama-I 　2019 年 6 月 8 日瀏覽。

[18] "Down Sampeng Lane, The story of Bangkok's Chinatown," *Features of Asian Art, Culture, History & Travel*.

賜該林姓華商為披耶英特拉阿功伯爵（Phraya Intharaarkon）。這位伯爵的哥哥在吞武里王朝時就曾任華民政務官，到曼谷王朝時官至四大臣之列，被封為披耶格萊哥沙（Phraya Kraikosa），是後來著名的「格萊勒」（Krairoek）姓氏家族之始祖。安帕王妃出生于中國福建，她有「三寸金蓮」纏足，8 歲跟著父親赴泰，9 至10 歲進泰宮當戲班，她的泰式舞蹈表演十分精彩，長大後與拉瑪二世結婚。她所生的次子名叫「巴莫王子」（Pramot），後 來 被 封 賜 為「 公 摩 坤 哇 拉 紮 他 拉 努 帕 男 爵 」（ Khun Worachaktharanuphap），即是今日著名的「巴莫」姓氏家族之始祖。[19]

在鄭信統治期間，他委任許多華人為包稅商、省督及軍事指揮官保衛他的南疆。以後從拉瑪一世到 1855 年暹羅和英國簽署鮑林條約（Bowring Treaty）為止，有更多的華人移入暹羅，他們進一步參與暹羅的經濟，華人不再成為王室貿易的代理商，而是自行經營商業。[20]因為該條約規定解除泰國王室貿易獨佔權，允許泰國民間商人和英國商人進行貿易。

泰國南部的北大年在 1600 年代初期，成為一個重要的繁忙的港口。1601 年荷蘭船隻首次抵達北大年，英國船隻在 1612 年抵達北大年，來自中國、日本、汶萊、柬埔寨、爪哇、蘇門答臘、暹羅的船隻絡繹於途。有華人居住於此。當時北大年是由伊昭（Ijau）女王（1584-1616 年）和畢魯（Biru）女王統治（1616-23年），她們在暹羅史皆稱為「普拉高」（phra-cao）或「普拉南昭-揚」（Phra Nang Chao-Yang）或「南卡樣拉惹」（Raja Nang Cayam）。[21]至安谷（Ungu）女王則拒絕該一頭銜，起來反抗暹羅。

---

[19] 黃璧蘊，泰國華人作用：泰國曼谷王朝拉瑪三世至拉瑪五世時期華人社會（公元 1824 年至公元 1910 年），上海大學博士學位論文，2010 年，頁 52-53。

[20] J.W. Cushman, "Siamese State Trade and the Chinese Go-between, 1767-1855," *Journal of Southeast Asian Studies*, Mar., 1981, Vol. 12, No. 1, pp. 46-61.

[21] "A brief introduction to the Malay Kingdom of Patani(1)," 21 December 2004,

　　根據明國張燮所撰的東西洋考一書，在大泥條中記載，萬曆年間（1573年－1620年），國王病卒，無子，乃立其女為王。原國王任命漳州人張某為拿督，拿督為大酋之號也。後因國亂，拿督出逃在外。女王登基後，迎回拿督，恢復其爵號。該拿督之女有心疾，向女王說其父欲造反，女王要捉拿拿督，拿督遂自殺。後國人說拿督並無造反之意，女王後悔，遂殺拿督之女，立拿督之子為酋。[22]

　　另外根據明國郁永河所著的海上紀略一書之記載，中國海盜林道乾於1576年抵達北大年，該書說：「……林道乾前往大崑崙（山名，在東京正南三十里，與暹羅海港相近），見風景特異，預留之，但龍出無時，風雨倏至，屋宇人民多為攝去，始棄之，前往大年，攻得之，今大年王是其裔也。」[23]明史外國傳雞籠條之記載稍異，該書說：「嘉靖末，倭寇擾閩；大將戚繼光敗之，倭遁居於此，其黨林道乾從之。已，道乾懼為倭所併，又懼官兵追擊，揚帆直抵淳泥，攘其邊地以居；號道乾港。」該文所記載的「淳泥」，應是誤寫，實為大泥，即北大年。

　　從郁永河所寫的「今大年王是其裔也」這句話可知，林道乾可能與北大年統治者通婚，而繁延後代。有些文章即記載林道乾與北大年女王結婚，而改信伊斯蘭教。甚至還流傳了一個感人的故事，即林道乾之妹林慈貞奉母命前往北大年要求他返鄉，但林道乾懼怕官府追捕，所以以正在建造清真寺為藉口，拒絕返鄉，林姑娘為此傷心，竟在清真寺旁的木坎樹上吊，且詛咒這座清真寺必遭天毀，永遠也建不成。後來，該清真寺不知為何，無法完

http://www.ihrc.org.uk/show.php?id=1292　2010年7月14日瀏覽。

[22] [明]張燮，東西洋考，卷三，大泥條，臺灣商務印書館，台北市，1971年，頁34。

[23] 郁永河，「海上紀略」，載於郁永河，裨海紀遊，卷下，台灣銀行發行，台北市，民國54年7月，頁62。

工,至今殘留牆垣。木坎樹也枯死,當地人改種芒果樹,亦枯死,且樹根出現一大洞。當地華人為紀念此事,建有林姑娘墓(占地120畝),另亦建林姑娘廟,每年 3 月 1 日林姑娘生,廟裡香火鼎盛。[24]

　　1791 年暹羅軍隊平定北大年的叛亂活動,任命馬來人潘卡藍(Datuk Pangkalan)擔任拉惹(王的意思),另外任命一位暹羅人總督達江(Laksamana Dajang),以監控馬來人,並遷徙暹羅人進入北大年。1808 年,潘卡藍起來反抗暹羅人,曼谷出兵聯合宋卡和單馬令的軍隊,潘卡藍戰死,其他馬來酋長逃走。暹羅任命暹羅人乃光賽(Nai Khwan Sai)為北大年拉惹。乃光賽具有華人血統。數年後乃光賽去世,由其子乃派(Nai Phai)繼位。

　　拉瑪三世時期(1824-1851 年),拉廊(Ranong)、宋卡、單馬令和尖竹汶的府尹都是華人。普吉府的鑾·拉惹(Luang-Rajah)林海(Lin Hai)是從澳門遷移到普吉島的客家人。[25]宋卡的吳揚(Wu Yang)是客家人,鄭信任命他為宋卡總督。拉廊之拉惹是福建漳州的許泗璋,他死後由其兒子許森光(Sen-Kuang)繼位,後被任命為尖噴(Chumphon)的專員。拉瑪五世時期,分別任命許森光三個兒子許森德(Sen-te)為弄旋(Langsuan)總督、許森清(Sen-chin)為克拉(Kra)總督、許森美(Sen mei)為董里(Trang)總督。托莫(Tomo)拉惹也是華人,原先在陶公府做小生意,後來到托莫採金礦,致富後獻納鉅金給泰王,而受委為拉惹。[26]

第四節　1727 年後華人到暹羅者日增

---

[24] 蔡加茂,「林姑娘廟遊記」,http://www.thaisinoliterature.com/200201/16_07.htm
2010 年 9 月 8 日瀏覽。

[25] G. William Skinner, *Chinese Society in Thailand, An Analytic History*, Cornell University Press, New York, 1957, p.149.

[26] G. William Skinner, *Chinese Society in Thailand, An Analytic History*, pp.149-152.

在 17 世紀，暹羅的經濟蓬勃發展，阿瑜陀耶成為中國和印度貿易的中間站，荷蘭勢力進入印尼群島、西班牙控制菲律賓群島、中國和日本正積極擴展對東南亞和南亞的貿易，因此，包括華人、日本人、荷蘭人、法國人、葡萄牙人、阿拉伯人、越南人、馬來人、印度人和波斯人都在阿瑜陀耶居住，而且也受到暹羅國王的歡迎。暹羅國王任用馬來人、印度人、日本人和葡萄牙人擔任王宮守衛。任用華人和波斯人管理商業貿易工作。雇用荷蘭工匠建造船隻，聘請法國和義大利工程師建造堡壘和水利工程。任用英國人和印度人擔任省級的官員。任用華人和波斯人為醫生。日本人、波斯人和希臘人（例如傅爾康）成為王朝內重要人物。

由於中國東南沿海發生災荒，糧食生產不足，故清國在 1727 年允許民船從暹羅進口大米，而開放澄海樟林港。從 1757 年到 1858 年之間，清政府關閉廈門港，潮州人更多從樟林港出洋到暹羅。1858 年，開放汕頭港口，逐漸取代樟林港，成為潮汕一帶前往暹羅的主要港口。

剛開始時，暹羅政府想將華人納入管轄，將其領袖納入官僚系統，有華民護衛司負責管理華人事務，其長官是華人。但由於華人分散居住，流動性很大，有些人住在港口、碾米廠、製糖廠、錫礦區，並不是完全集中住在曼谷，管理上會有諸多困難。有時華人還爆發動亂。

大城王朝為了管理外僑事務，設立港務左局（即華民政務司）專門管理暹羅之華人事務及對中國貿易事務，[27] 港務右局（印度僑民政務司）專門管理印度僑民事務，以及港務中央局（中央外僑政務司），專門管理除華人和印度人之外其他外僑之事務。大

---

[27] 在曼谷王朝，港務左局隸屬於外交部，1907 年裁撤該局，將其業務移交給統轄華人的首都部。參見小泉順子，「『朝貢』與『條約』之間」，南洋問題研究，2007 年第 4 期，總第 132 期，頁 64-76。

城王朝任命華人頭目為「鑾初地拉查碩提」（Luang Choduekratchasetthi），即華民政務司長官。[28]

拉瑪三世在華人聚居較多的城鎮再設立「乃按坡津」（Naiamphoechin）（即華人首長）一職，接受城尹之命，協助管理華人事務，包括協調華人之間的爭執，將刑事案件送交城尹判決。此外還負責對轄下華人人口、職業、住址等列冊呈報城尹，完成及齡華人左手刺青佩牌手續，也管制華人，禁止他們走私販毒、偷竊或參與洪字秘密會社等。[29]

拉瑪四世在設立有多位「乃按坡津」的城鎮，再設立「巴喇津」（Paladchin）（即華人副城尹）一職，接受城尹之命辦理華人事務。「巴喇津」與「乃按坡津」所組成的單位稱為「公甘津」（Kromkanchin）（即華人事務局）。華人之間的民事和刑事案，必須交城尹及泰事局判決，而「華人事務局」官員必須陪同審理。「巴喇津」是「華人事務局」中最高的長官，權力大於「乃按坡津」，有權做出判決，而非僅是調停紛爭而已，惟其判決須具情向城尹報告。[30]

拉瑪五世時期，1868年12月設立華人法庭，隸屬于「華人事務局」。該法庭使用華語，依照華人習俗審理案件，全權處理民事案件。刑事案則由泰國法庭審理。政府續之委任華人法庭司法代表或稱為「公順津乃邦卡暹羅」（Kongsunchin nai bangkab Siam）（即泰國治下華人領事）駐於華人聚居較多的內地城鎮，例如：佛丕、坤西施、龍仔厝、北柳、巴真武里、那空那育、披集及大城等。初期的華人法庭因法官能力強，工作發展順利，受到華人的尊敬。後期，因法官辦事不力，引起原告與被告雙方不滿，而需再上訴於泰國法庭。拉瑪五世後期，不再委任華人領事

---

[28] 黃璧蘊，前引文，頁112-113。
[29] 黃璧蘊，前引文，頁113。
[30] 黃璧蘊，前引文，頁113-114。

長駐內地城鎮，反而把華人領事權力交給華人副城尹執行。華人法庭逐漸被冷落，後來被取消。[31]

拉瑪三世為了鞏固曼谷的安全，在曼谷西南方 30 公里的塔真（Tha Chin）河口建立新砲台，華人磚匠捐助了 3,800 銖。塔真有一條舊的馬哈猜運河（Mahachai Canal）通到曼谷。為了保護曼谷，拉瑪三世命令孟族人住在塔真，由馬哈約塔（Chaophraya Mahayotha）領導。另外雇用華工興建一條通到湄南河口的運河，長 30 公里，花費 8,100 銖。從曼谷到拉特武里（Ratburi）可經由此一運河，無須走海道。此一新運河可快速運送軍隊，以防備英軍的入侵。[32]拉瑪三世之所以雇用華工，乃因一般人民須服兵役，投入此一工程，有損其防衛能力；其次是當時華人每年約有 2 千人移入暹羅，勞動力充沛。[33]

從拉瑪二世起，暹羅就禁止鴉片貿易，鴉片都是從英屬印度的加爾各答港口進口的，吸食者大多數是華人。1839 年，拉瑪三世重申禁鴉片令。1844 年，因為政府官員暗中同意，所以鴉片再度進口，亦有許多人改吸當地生產的大麻煙。日後，在暹羅北部有人開始種植鴉片，鴉片成為暹羅政府難以克服的問題。

暹羅政府鼓勵對外貿易，尤其是對中國的貿易，因此，有許多華人陸續移入暹羅，在 1820 年代每年移入暹羅的華人有 7 千人，至 1870 年代增加到 14,000 人。大約有半數的華人在暹羅工作數年即返回中國，留下來的在拉瑪五世有 79.2 萬人，而全泰國有 830.4 萬人。[34]有些華人開始是從事勞力工作，後來有些華人在市郊種植蔬菜以供應城內的需求。1810 年，在曼谷地區有華

---

[31] 黃璧蘊，前引文，頁 114-115。

[32] B. J. Terwiel, *op, cit.*, pp.110-111.

[33] B. J. Terwiel, *op, cit.*, p.111.

[34] [泰]黎道綱，「1782-1855 間鮑林條約簽訂前的泰國華僑」，載於[泰]洪林、黎道綱主編，泰國華僑華人研究，香港社會科學出版社有限公司，2006 年，頁 22-37,37。

人開始種植甘蔗，以後蔗糖成為暹羅的主要出口物之一。其他華人則從事製磚、造船、煙草、鋸木、鐵匠。在泰南地區，華人則從事種植橡膠、胡椒和開發錫礦。華人推動了暹羅的市場經濟。暹羅政府免除華人的強迫勞役，改課徵三年一次的人頭稅，此有助於增加政府的稅收。

華人移入暹羅人數漸增，經常發生華人之間的衝突。例如，1824年，尖竹汶地方發生華人之間的衝突，潮洲幫和福建幫因為演戲而發生械鬥，參與械鬥者達八百多人，暹羅政府出兵鎮壓，將為首者捕獲，在曼谷正法。[35]

1848年，在曼谷以西的猜西市（Nakhon Chaisi）和沙康武里（Sakhonburi）之間的地區爆發華人的暴動，當地府尹對於華人和泰人之衝突之判決偏袒泰人，引發華人暴動，殺害府尹，暹羅派遣大軍鎮壓，殺了300-400名華人，有數百人被捕。隨之在曼谷以東的查州恩格紹（Chachoengsao）的省城亦爆發華人動亂，他們佔領當地的堡壘，暹羅派遣數千軍隊鎮壓，殺害約1千多名華人，華人的甘蔗園亦遭破壞。兩起事件緣起於拉瑪三世為了增加稅收，對甘蔗工廠和蔗糖提高稅率，引起種植的華人不滿。該兩起事件亦引發華人和泰人之間的種族矛盾。[36]1870年代，南部的拉隆（Ranong）爆發礦工的暴動，暴民燒毀和掠奪了普吉島。1889年，曼谷華人幫派進行了三天的戰鬥。

第五節　擔任到中國的朝貢使和通事

宋國時，羅斛國（其首府位在大城東北方的羅斛(Lopburi)）就跟中國有來往。元國時，暹國（素可泰王朝）也與中國有來往，

---

[35]蔡文星編著，泰國近代史略，正中書局，民國35年滬一版，頁32。
[36] B. J. Terwiel, *op, cit.*, pp.126-127.

分別在元國至元 29 年(1292 年)10 月、成宗元貞 1 年(1295 年)、成宗大德元年(1297 年)4 月、成宗大德 3 年(1299 年)、成宗大德 4 年(1300 年)6 月、延祐元年(1314 年)3 月、延祐 6 年(1319 年)1 月、至治 3 年(1323 年)元月遣使入貢元國。暹國在元至正己丑(1349 年)夏 5 月降於羅斛,[37]以後就無暹國之記載。

在第 13 和 14 世紀,暹國就與元國有來往,應該也有華人旅居暹羅,惟文獻均無相關記載,也無派遣華籍使節到中國的紀錄。到了明國時,開始記載有暹羅華籍貢使和通事到中國。茲列舉派遣華籍貢使或通事到中國的年代和人名如下。

明太祖洪武 5 年(1372 年)正月,暹羅斛國貢使寶財賦,通事李清。

明太祖洪武 6 年(1373 年)12 月,副使陳舉成。

明太祖洪武 12 年(1379 年)10 月,貢使文智利。

明太祖洪武 14 年(1381 年)2 月,貢使陳子仁。

明太祖洪武 24 年(1391 年)4 月,貢使李奈名。

永樂 3 年(1405 年)7 月,貢使曾壽賢。

永樂 7 年(1409 年)10 月,貢使坤文琨。「坤」,應是爵號。[38]

永樂 8 年(1410 年)12 月,貢使曾壽賢。

永樂 10 年(1412 年)12 月,貢使坤文琨。

宣德元年(1426 年)9 月,貢使陳珫。

宣德 2 年(1427 年)5 月,貢使黃子順。

宣德 2 年(1427 年)6 月,幹事人李得聰。

宣德 9 年(1434 年)5 月,貢使萬直,通事阮靄。

英宗正統 3 年(1438 年)2 月,副使羅漸信。

---

37 [元]汪大淵撰,島夷志略,暹條,臺灣學生書局,台北市,1975 年,頁 11。

38 泰國爵號之順序是昭披耶(Chao Phya)(公爵)、披耶(Phraya, Phya)(侯)、拍(Phra)(伯)、鑾(Luang)(子)、坤(Khun)(男)。G. William Skinner, *Chinese Society in Thailand, An Analytic History*, p.149.

憲宗成化 13 年(1477 年),「[暹羅]主遣使群謝提素英必、美亞二人來貢方物。美亞本福建汀州士人謝文彬也,昔年因販鹽下海,為大風飄入暹羅,遂仕其國,官至岳坤,岳坤猶華言學士之類。至南京,其從子瓚相遇識之,為織殊色花樣緞疋貿易蓄貨,事覺下吏,始吐實焉。」[39]許雲樵認為「岳坤」有誤,應為「坤岳」。[40]

憲宗成化 23 年(1487 年)7 月,正、副使坤江悅。「坤」,應是爵號。

孝宗弘治 10 年(1497 年)9 月,「通事秦羅,自陳為福建清流縣人,因渡海飄風,流寓暹羅,今使回,便道乞展墓,依期歸國。許之。乙巳(初七),先是,江西南城縣民萬軌商往瓊州,因飄風流寓暹羅為通事,屢以進貢來京,至是,乞回原籍,且欲補充暹羅通事,在京辦事。下禮部覆奏:『謂前無此比,且言軌既不回外國,則所賜冠帶亦宜革去,聽其附籍供役。』從之。仍令給冠帶閒佳。」[41]

康熙 23 年(1684 年),正使王大統。

乾隆 14 年(1749 年)7 月,使臣方永利。

乾隆 14 年(1749 年)6 月 29 日,通事王國楨。

乾隆 18 年(1753 年)3 月 2 日,通事吳碧蓮。

乾隆27年(1762年)6月5日,通事王國政。

乾隆 55 年(1790 年),通事王天秩。

清仁宗嘉慶元年(1796 年)7 月,通事賴鵬程。

清仁宗嘉慶 6 年(1801 年)8 月,通事林中桂。

[39] [明]嚴從簡著,余思黎點校,殊域周咨錄,中華書局,北京市,2000 年,八卷,暹羅條,頁 281。

[40] 許雲樵,「中暹通使考」,南洋學報(新加坡),第三卷第一輯,1946 年 9 月,頁 3-35,16。

[41] [明]毛紀、傅珪、朱希周等纂修,明實錄(孝宗敬皇帝實錄),卷一百二十九,中央研究院歷史語言研究所校勘,台北市,1984 年,頁 1-3。

清仁宗嘉慶14年(1809年)8月7日，通事黃青紅。

清仁宗嘉慶 15 年(1810 年)10 月 24 日，通事林恒中。

清宣宗道光 3 年(1823 年)7 月，通事翁日升（陞）。

清宣宗道光9年(1829年)1月24日，通事鍾良新、林恒中。

清咸豐3年(1853年)6月，通事胡鴻准。

從以上所述可知，明國時暹羅派遣貢使到中國的人數相當多。有不少貢使可能為華人，使用暹羅姓名，沒有使用漢姓名，所以無法確實知道其身份。到了清國，貢使為華人者僅有王大統和方永利兩人，其他均為通事。清國時華人貢使少，可能的原因是他們都使用泰國姓名，不用漢姓。

第六節　擔任政府高官

經商致富的華人，跟王室交往的機會較多，也比較容易獲頒爵號及取得貿易上的特權而成為紅頂商人。

在 19 世紀初期，有許多華人商界領袖（jao sua）獲得國王恩惠，他們代表國王及高官從事貿易。從 1830 年代後，他們獲得燕窩、酒、鴉片和賭博的承包稅的權利。國王給他們官職和封號。最顯赫的華人領袖成為「頭目」（choduek）。少數這些家族在阿瑜陀耶王朝時期來到暹羅。克萊李克斯（Krairiksh）家庭的祖先在 18 世紀中葉乘中國帆船抵達暹羅，擔任鄭信的朝貢使，前往中國，在 19 世紀成為王室的貿易官員。此時前往暹羅的華人中較有名的華人主要是福建人，其他人則是潮洲人或客家人。[42] 克萊李克斯之祖先是福建移民，他在鄭信統治時出任港口官員

---

[42] Chris Baker and Pasuk Phongpaichit, *A History of Thailand*, Cambridge University Press, Cambridge, 2005, p.34.

（Krommatha），拉瑪六世（Rama VI）在 1913 年賜姓 Krairiksh
給他。[43]

拉瑪一世時，福建人林律曾官至外交廳華文書記官（坤通事
阿順）。其子通津在拉瑪三世初期官至華民政務司司長（披耶朱
篤拉差色提）。通津的孫子拉荷在 1924 年晉爵為公爵（昭披耶馬
希通），曾任大理院院長、御秘書長。[44]

華人從王室獲取的爵號可傳給其兒子，例如依賴帆船貿易興
盛的周帝卡普卡納（Chotikapukkana）家庭的領袖在 1850 年代成
為「頭目」。以後其爵號就傳給其兩個兒子。周帝卡普卡納除了
進口陶器供王室使用外，亦充當華人社區的法官，排難解紛。有
些華人在政府機關任職，例如卡良那米特（Kalyanamit）家族的
家長就出任強制勞役登記的部長，1850 年代還升到「昭披耶」，
該一頭銜後來傳給其兩個兒子。周帝卡沙新（Thian Chotikasathian）
也是王室帆船貿易官員和「頭目」，曾協助朱拉隆功國王建立現
代的財政部，其子在 1872 年陪同國王前往印度訪問。華商領袖
亦與王室建立通婚關係，若干華商領袖的女兒成為拉瑪三世
（Nangklao）的妻妾。菲梭耶布特（Phisolyabut）家族的女兒嫁
給拉瑪五世為妾。以後數年國王的兩位親屬亦娶了菲梭耶布特家
族的女兒。

這些華商非常富有，周帝卡普卡納的住房有 100 萊範圍，他
們捐錢給國王，以裝飾曼谷，其他華商也捐錢建設曼谷、興建寺
廟、修建運河、醫院和學校。拉瑪三世建造的佛廟使用中國的設
計、工匠和材料，例如在屋脊以龍取代泰式的蛇（naga）作為裝
飾。中國的鶴、菊的圖案取代了暹羅的圖案。他甚至在湄南河畔

---

[43] "Krairiksh family," *Wikipedia*, https://en.wikipedia.org/wiki/Krairiksh_family
  2019 年 6 月 14 日瀏覽。
[44] [泰]黎道綱，「1782-1855 間鮑林條約簽訂前的泰國華僑」，載於[泰]洪林、黎道
  綱主編，泰國華僑華人研究，香港社會科學出版社有限公司，2006 年，頁 22-
  37,35。

建造一座樣子像中國帆船的寺廟。蒙庫特王模仿中國皇帝的黃袍，在上面畫上自己的肖像。他也在挽巴茵（Bang Pa-in）王家隱退所蓋了一座中國式庭園。

在鄭昭統治時期，1775 年封吳讓為「宋卡城主」，爵號為「鑑素旺奇里頌木」，華人稱他為「吳王」或「宋卡王」。其後代子孫八代承襲該城主職位，總共 150 年，直至拉瑪五世才取消侯王頭銜。[45]許心美在拉瑪五世時出任董里府府尹，1901 年出任普吉省省長。[46]

拉瑪五世時的黃道多，曾被封為昭披耶，其後裔有兩位也被封為昭披耶，一位在拉瑪五世時被封為昭披耶叨達納波定，另一位是在拉瑪六世時被封為內務部長（昭披耶素拉西）。[47]廣東饒平人金氏在 1817 年移民到暹羅，其後代有三人出任國稅廳長。福建龍溪人許泗章在 1844 年取得泰南拉廊一帶的採錫權，1854 年因開發有功而受封為拉廊王（城主）。[48]

在拉瑪五世時，總管華民政務司長官劉乾興是廣東嘉應州人。第十八任首相阿南德(Anand Panyarachun)為劉乾興女兒之後代。[49]繼劉乾興出任華民政務司長官的是亞法，華文姓名是林遂昌。[50]

從大城王朝起，就任用華人出任收稅官和海關官員，最有名的例子是鄭昭的父親鄭達，鄭達在阿瑜陀耶經營賭博業有成，而

---

45 吳翊麟，暹南別錄，臺灣商務印書館，台北市，1985 年，頁 219-221。

46 [泰]洪林，「泰國政壇風雲人物數華裔」，載於[泰]洪林、黎道綱主編，前引書，頁 183-184。

47 [泰]黎道綱，「1782-1855 間鮑林條約簽訂前的泰國華僑」，載於[泰]洪林、黎道綱主編，前引書，頁 35。

48 [泰]黎道綱，「1782-1855 間鮑林條約簽訂前的泰國華僑」，載於[泰]洪林、黎道綱主編，前引書，頁 36。

49 [泰]黎道綱，「大埔昭坤劉乾興事跡考」，載於[泰]洪林、黎道綱主編，前引書，頁 280-287。

50 [泰]黎道綱，「嗒叻仔唐雲寺內林公墓考」，載於[泰]洪林、黎道綱主編，前引書，頁 296-300。

成為王朝稅務官員，官方名字是坤帕特乃阿空（Khun Phat Nai'akon）。前述的劉乾興在拉瑪五世即曾做過收稅官，劉生管魚肉稅，封爵號「坤威色博里匿」。阿米主管冰糖稅，封爵號「坤萬昭土洛哇匿」。阿段主管芝麻稅，封爵號「坤可差哇匿」。[51]

　　許多華商領袖因為娶了暹羅女子而接受了暹羅文化，他們捐款建佛寺，或身居暹羅高層官職。阿派瓦尼特（Luang Aphaiwanit）因承包燕窩稅而致富，他出資成立了一個暹羅戲班，市井流傳他擁有一個戲班的妻子。[52]華人由於長期居住在暹羅、與暹羅女子通婚、獲得王室承認、接受暹羅文化，其後代子孫（lukjin）（泰人稱華人兒女）很容易融入暹羅社會。

第七節　華人領導的君主立憲革命運動

　　1868 年，拉瑪五世朱拉隆功上台後，開始進行大幅度的現代化改革。1870 年，債務奴隸不用服強制勞役，而改為每位奴隸每年繳交 1 銖 2 薩倫（salu'ng）（1 salu'ng 約合四分之一銖）的稅。在 1870 年登記時，有許多平民被歸類為某一類或另一類。有些人逃避不想歸屬哪一類，例如曼谷的馬來人和緬甸人登記為外僑，以規避負擔。華人則可支付每 3 年一次的人頭稅，以免除勞役，其人頭稅為 4 銖 1 薩倫。[53]

　　華人移入暹羅的人數日益增加，1660 年代，在泰國的華人約有 1 萬人。1825 年，華人人數有 23 萬人，1850 年有 30 萬人。

---

[51] [泰]洪林，「泰國政壇風雲人物數華裔」，載於[泰]洪林、黎道綱主編，前引書，頁 185。

[52] Chris Baker and Pasuk Phongpaichit, *op.cit.*, pp.35-36.

[53] B. J. Terwiel, *op, cit.*, p.174.

[54]1910 年增加到 79 萬 2 千人，華人人口占全暹羅人口從 5%增加到 9.5%。[55]

1909 年 3 月，公布新法令，對華人人頭稅從 3 年徵收一次改為每年徵收。1910 年，因徵該人頭稅引起華人不滿，6 月 1 日華人發動大罷工、罷市，持續 3 天，警察展開逮捕行動，商店才逐漸開張，社會秩序重新恢復。此次事件，引發暹羅民族主義份子對華人不滿，惟拉瑪五世對華人仍持寬容政策，希望他們融入暹羅社會。

1912 年 2 月初，拉瑪六世在班朋（Ban Pong）舉行軍事演習。3 月 1 日，有少壯派軍官陰謀發動政變，卻克拉朋王子（Prince Chakraphong, 或寫為 Prince Chakrabongse）迅即逮捕 106 名政變者，其中包括 3 個團體，第一個是華裔的醫官領導的團體，第二個是由司法部的官員領導的團體，第三個是由總參謀的軍官領導的團體。第一個團體主張將暹羅改為共和國，由拉特武里王子（Prince Ratburi）出任第一任總統。第二個團體主張實施君主立憲制，由昭發・波里帕特（Chaofa Boriphat，或稱 Prince Nakhon Sawan）為國王。第三個團體主張實施君主立憲制，由卻克拉朋為國王。這三個團體中以第一個團體力量最強，故以其主張為追求的目標。這次政變之發生有內外因素，外在因素是明顯受到中國在 1912 年革命成功建立共和國之影響，尤其參加政變者有不少華裔軍官，他們可能嚮往像中國一樣的共和政體。內在因素是年輕軍官不喜歡拉瑪六世，因為有兩位軍人在 1909 年曾與拉瑪六世的侍從打架，而拉瑪六世堅持對若干軍人施行公開鞭打。此外，他們不喜歡拉瑪六世偏袒徇私，不能保持公正態度，尤其是

[54]　G. William Skinner, *Leadership and Power in the Chinese Community of Thailand*, Cornell University Press, New York, 1958, pp.4,10.

[55]　David K. Wyatt, *Thailand: A Short History*, Yale University Press, Thai Watana Panich Co., Ltd., 1984, p.217.

他偏袒準軍隊的「野虎」（Wild Tiger）兵團，該「野虎」兵團類似童子軍，經常舉辦各種活動。他們不喜歡打光棍（未婚）的國王，成天與一些朋友群聚，搞戲劇表演，而且頑固地不想改變政府制度。[56]軍變者想將國家、宗教和國王的模式改為國家、宗教與人民的模式。[57]

　　兩個月後，法庭對於參與政變者做出判決，有 3 人被判處死刑，20 人終生監禁，32 人 20 年徒刑，7 人 15 年徒刑，30 人12 年徒刑。拉瑪六世減輕其刑，僅被判處死刑和無期徒刑的人關在監獄，其他人則釋放。這些人中僅有 2 人出身平民。

　　此次暹羅華裔軍官發動政變，引發拉瑪六世對於華人勢力的警覺。拉瑪六世在 1913 年以筆名 Asavabahu 在報紙刊登一篇文章「東方的猶太人」，批評華人是東方的猶太人。他說華人拒絕同化入暹羅社會、政治上不忠於暹羅、期望不正當的特權、視錢如神、控制經濟、像吸血鬼一樣吸乾不幸的犧牲者的血。[58]他批評華人比猶太人更可怕，猶太人沒有祖國，其所賺的錢還留在居住國，而華人則將其賺的錢匯回其祖國。暹羅為了同化華人，將之納入暹羅人民中，1913 年 3 月 22 日，拉瑪六世頒令，從 7 月1 日起家長有半年的考慮期，以選擇和登記其姓氏。國王並提出聲音好聽的姓氏表，讓人民選擇採用。華人亦需改換泰國人的姓氏。在 1913 年 4 月頒佈第一部暹羅國籍法，採屬人主義和屬地主義混合制度，將父母之一為泰籍者以及在其境內出生的人全納入暹羅籍。此時暹羅境內華人勢力強大，控制暹羅的經濟。暹羅是東南亞各國中對於華人之政策最為不同者，暹羅歡迎華人加入其國籍，而非排拒，此應為以後華人被同化入泰國最重要的因素。

---

[56] B. J. Terwiel, *op, cit.*, p.237.
[57] Chris Baker and Pasuk Phongpaichit, *op.cit.*, p.112.
[58] Chris Baker and Pasuk Phongpaichit, *op.cit.*, p.115.

　　拉瑪七世統治期間（1925-1935年），開始醞釀立憲運動，若干民主化派官員和學者主張施行君主立憲制。但拉瑪七世反對實施代議政府，理由之一是暹羅尚未發展到可實施此制之階段；其次，一旦實施該制，則暹羅政治將為華人控制。由於華人人口數愈來愈多，所以暹羅政府在1927年頒佈一個限制華人移民的法令。拉瑪七世和拉瑪六世一樣對於華人之勢力同樣有所顧慮。

　　拉瑪七世在1927年又寫了「暹羅的民主政治」（Democracy in Siam）一文，仍然表示懷疑西方政治制度適用於暹羅。他說：「我認為真正的民主在暹羅不易成功，它甚至有害於人民之利益。我們可以想像得到，若在暹羅實施議會民主制政府，則毋庸深論，我只須提出一項事實來說明，即國會將完全由華人控制，我們可以排除所有華人的政治權利，但他們仍將跟過去一樣控制情勢，因為他們掌握了經濟。任何政黨不依賴華人資金就不能成功，所以暹羅的政治將由華商支配控制。這是可能的結果。」[59]

　　當1929年10月美國股票市場崩盤後，引發西方國家經濟大蕭條，受到波及的東方國家不僅止於經濟層面，政治層面也同受影響，泰國即是一個重要的例子。政府為了節省開支，引發內部的衝突，國防部想增加軍人薪水，財政部反對，導致國防部長波瓦拉德傑親王（Prince Bowaradej）辭職。一些留學法國的少壯派官員和軍人，例如司法部官員普里迪（Pridi Banomyong）、披汶（Luang Phibun Songkhram）少校、帕拉勇（Prayoon Phamornmontri）（為瓦七拉兀國王的前任侍從官）、倫敦律師塔普‧亞帕旺（Thaep Aphaiwong）、暹羅派駐巴黎的三等秘書偉契特‧瓦塔康（Luang Wichit Wathakan）（華文名字金良），以及留學德國的帕洪上校（Colonel Phraya Phahon Phonphayuhasena，或寫為Phraya Phahol Pholphayuhasena）[60]和宋蘇拉德上校。他們

---

59 B. J. Terwiel, *op, cit.*, pp. 303~304.
60 帕洪之父為中國潮州人，母為泰人，生於1887年，父為軍人，12歲時進朱拉鍾

主張將暹羅由絕對君王制改為君主立憲制；透過六項綱領使暹羅由國家推動經濟和社會進步，這六項綱領包括：真正獨立、公共安全、經濟計畫、平等權、自由、普遍教育。[61]

圖 4-4：普里迪

　　資料來源：" Siamese revolution of 1932," *Wikipedia*, http://en.wikipedia.org/wiki/Siamese_revolution_of_1932　2019 年 6 月 11 日瀏覽。

克寮皇家軍校就讀，16 歲第一名畢業。1903 年獲國王獎學金至普魯士軍校留學，後又至丹麥研習機械，共九年。他與其他留學生要求增加生活津貼，觸怒參謀總長卻克拉朋（Prince Chakraphong），而於 1912 年返回泰國。1931 年獲 Phraya Phahon Phonphayuhasena 爵位，同時晉升上校。1932 年出任皇家陸軍督察官。David A. Wilson, *Politics in Thailand*, Cornell University Press, Ithaca, New York, 1962, pp.118-119. "Phot Phahonyothin," in http://en.wikipedia.org/wiki/Phot_Phahonyothin　2011 年 3 月 1 日瀏覽。

[61] Chris Baker and Pasuk Phongpaichit, *op.cit.*, p.116.

圖 **4-5**：披汶

資 料 來 源： ” Siamese revolution of 1932,” *Wikipedia*, http://en.wikipedia.org/wiki/Siamese_revolution_of_1932　2019 年 6 月 11 日瀏覽。

　　1932 年 6 月 24 日清晨 4 點，一群中階軍官 49 人和文官 65 人由普里迪和披汶率領控制曼谷皇室衛隊司令、逮捕王室人員及其助手 40 人，參與政變者自稱人民黨，主要參與者有陸軍和海軍，總協調人是宋蘇拉德上校。他們逮捕王位繼承人帕里巴特拉王子（Prince Paribatra）、警察首長及控制法院。在這次政變中只有第一軍團司令因反抗而遭到槍傷。政變者在早上 6 點發表的聲明中攻訐國王拉瑪七世巴差帝帕及其政府，但恫言國王應留任，否則以其他王族人員取代之。人民排隊加入人民黨，商界和勞工歡迎這次政變，從各地發出支持政變的信息。

　　政變領導人普里迪為廣東澄海人，華文名字為陳嘉祥。披汶於 1897 年 7 月 14 日生於曼谷附近的基塔山哈（Plack Khittasangkha），父為中國潮州人，務農，母為泰人。帕洪之父為中國潮州人，母為泰人，生於 1887 年，父為軍人，偉契特·瓦塔康亦為華人，華文名字為金良

　　總體言之，參與 1932 年政變的領導菁英幾全為華裔，他們以其留學所獲取之西方知識，領導泰國近代思想，不僅改變了泰國政體，也帶給泰國新的知識面貌。在以後所建立的西方議會體制，也為華裔開闢另一個參與政治途徑，甚至主導泰國政治，尤可見這次政變對於泰國近代政治起了深遠的影響。

第八節　華人制訂排華政策

在一般的理解裡，華人千辛萬苦到外國異地謀生賺錢，除了會感念其故鄉祖國外，亦會繼續發揚故國的文化和風俗習慣。但在泰國的華人卻顯現不一樣的情感。前述泰國華人為了追求民主共和或者君主立憲，而發動 1912 年和 1932 年兩次政變，前者失敗，後者成功，而使得華人站上歷史舞台，出任政府首相。

1938 年 12 月，國會選舉國防部長披汶接任首相。披汶積極推動民族主義，鼓勵人民愛國心、頌揚軍事武力和領袖的偉大。披汶此一民族主義文化之主要推手是偉契特（Wichit Wathakan）。具有華裔身份的偉契特於 1920 年代在巴黎從事外交工作，1920年代底返回暹羅，從事寫作，並在電台從事政論，是一名民族主義者。偉契特在 1932-33 年是一名效忠王室的政論家。但當波瓦拉德傑親王政變失敗後，偉契特開始轉變態度，1934 年起成為披汶的盟友，他被任命為藝術部（Fine Arts Department）部長，他成立新的國家劇團，並為該劇團寫劇本，在暹羅傳統戲劇中加上西方色彩。他的劇本頌揚 1585-87 年對抗緬甸的納里軒（Naresuen）國王和鄭信國王，他在 1936 年寫的素攀武里的血液（Blood of Suphanburi, Luat suphan），描述一名平民出身的年輕婦女號召暹羅人起來反抗緬甸人入侵。在塔郎之戰役（Battle of Thalang, Suk thalang）的劇本中，描述普吉島兩姊妹起義反抗緬甸。他在 1939年興建憲法紀念碑（Constitution Monument），碑上的浮雕描述1828 年一名女性蘇拉納里（Thao Suranari）保衛柯叻對抗寮族的入侵，以及村民拉章（Bang Rajan）在 1767 年反抗緬甸人入侵的故事。偉契特透過歌曲、戲劇、音樂、電台和教育頌揚泰族人的偉大，暹羅是黃金半島的核心，泰族和高棉族是出於同源，但暹羅是大哥。[62]

---

[62] Chris Baker and Pasuk Phongpaichit, *op.cit.*, pp.126-129.

　　偉契特在 1938 年 7 月 15 日在朱拉隆功大學文學院演講「德國併奧問題」，重提拉瑪六世有關華人和猶太人的比較，他補充說：「猶太人沒有祖國，但華人與猶太人不可相比，華人在此工作，但將錢匯回其母國；因此我們可說華人比猶太人更壞。」他在 1939 年寫了一個劇本南昭（Nanchao），描述中國人驅迫泰族人離開其早先的故鄉。[63]9 月 10 日，曼谷警察搜查各鴉片煙館逮捕華人 4,703 人、泰人 491 人、馬來人 3 人、安南人 1 人、不明國籍者 25 人。最後泰國政府將其中 3,354 名華人驅逐出境。[64]

　　暹羅政府提高入境移民費兩倍，以阻遏華人移入暹羅的人數。禁止華人將錢匯回中國，將違規的兩家銀行關閉。將從事杯葛的華商和政治活動者逮捕並驅逐出境。除了 1 家華文報紙（中原日報）外，其他 11 家華文報紙均被關閉。華文學校只剩下 2 家，其餘 285 所華校均被關閉。除少數人轉入泰國學校就讀外，約有 2 萬多名華人小孩失學。為了使華人儘快變成暹羅人，暹羅政府在 1939 年 4 月放寬入籍的條件，規定宣佈放棄效忠中國而改效忠暹羅、能說泰語、改換泰姓、將孩子送至泰文學校就讀，即可取得暹羅國籍。第一年有 104 人取得暹羅國籍，他們都是當時重要的華人，例如有錢的商人、礦主、工廠主。有些人被暹羅政府網羅擔任國營企業的主管，例如，馬布拉坤（Ma Bulakun）負責國營的米糧貿易公司，中國國民黨領袖蕭佛成（Siew Hut Seng）的女婿偉拉特（Wilat Osathanon）以及最大米商家族之一的朱林（Julin Lamsam）協助政府經營批發和零售網絡。[65]

63　Chris Baker and Pasuk Phongpaichit, *op.cit.*, p.130.
64蔡文星編著，前引書，頁 134。
65　Chris Baker and Pasuk Phongpaichit, *op.cit.*, pp.130-131.
　　Lamsam 家族的 Ung Miao Ngian 係來自廣東的客家人，他在拉瑪五世時移民到泰國，從事木材業，於 1901 年開店，後來擴展到碾米。其兒子擴大經營銀行和保險業。Ung Miao Ngian 在回中國時有次遇到強盜，強盜首領問他是否穿藍色襯衫及是否為 Ung 的第三個兒子？他回答說是，首領說：「Làm 在這裡被稱為慈善家，讓他安全通過。」以後他使用「藍三」（Lamsam）這個字象徵幸運。Julin

　　1939 年 12 月，泰王發佈敕令，推動國家經濟發展，主張推動本地經濟，追求經濟自主。經濟民族主義成為披汶政權的要政之一。[66]披汶主張自立、購買泰國貨、宣傳泰式衣著、公共秩序和社會生活的標準。為提升人民的健康，在 1938 年實施國民營養計畫（National Nutrition Project），鼓舞人民吃營養食品，在學校開設運動課程，政府增加衛生保健的經費，加強營養食物的公共教育。

　　披汶為了向日本顯示其反對中國的決心，在太平洋戰爭爆發後發表演說呼籲蔣中正向日本投降；在內部採取排華措施，1941年 12 月 25 日頒佈新移民條例，限制華人入境。1942 年又頒佈限制外僑職業的法令，規定佛像鑄造業、理髮業、出租汽車駕駛業等 27 種行業禁止外僑經營。

　　披汶首相於 1949 年 2 月 17 日在電台宣布政府擬宣布緊急狀態，以對抗日益高漲的共黨威脅。他說在泰國的華人很多是毛派中國共產黨的同路人，他們的行為已受嚴密監控，如有必要將對媒體進行審查，對華人團體也要進行監控。2 月 23 日，由攝政委員會簽署緊急狀態令。次日，逮捕數名陰謀暗殺首相和政府部長的陰謀份子，包括華人共黨份子和若干陸軍軍官（包括前任國防部長）。

　　披汶是華人，為了推動泰化運動強迫華人同化入泰人社會，限制華文教育和華人工作機會以及限制華人移民之人數，終於使得華人成功的同化入泰國社會。因為這些泰化運動是在二戰前發生的，沒有引起廣大的注意。不像二戰後印尼、柬埔寨、越南和緬甸的排華運動引起廣大的注意。

Lamsam 是 Ung Miao Ngian 的孫子。參見" Lamsam family," *WikiVisually*, https://wikivisually.com/wiki/Lamsam_family 　2019 年 6 月 11 日瀏覽。

[66] Craig J. Reynolds, "Introduction: National Identity and Its Defenders," in Craig J. Reynolds(ed.), *National Identity and Its Defenders, Thailand, 1939-1989*, Silkworm Books, Chiang Mai, Thailand, 1991, pp.1-40, 6.

第九節　民主化時期華人出任高官

　　泰國拉瑪五世在 1897 年設立軍校,招收王族和貴族的子弟。在 1910 年代,開放平民子弟就讀軍校,遂有不少華裔子弟就讀。其中有些軍校畢業生在 1912 年發動政變。以後持續有華裔子弟就讀軍校,1932 年發動政變的披汶(Plaek Pibulsonggram)少校和帕洪(Phahonphonphayuhasena)上校都是朱拉鍾克寮皇家軍校(Chulachomklao Royal Military Academy)畢業的華裔軍人擔任首相者。從 1932 年 6 月軍事政變後將絕對君主制改為君主立憲制之後,出任首相或代理首相的華人或具有華人血統者,不在少數。茲列舉如下:

　　1.曼諾帕空(Phraya Manopakorn Nititada)(任職期間:1932,6,28-1933,6,21),父親是華姓華人,母親亦為華人。[67]

　　2.帕洪(General Phraya Phahonphonphayuhasena)(任職期間:1933,6,21-1938,12,16),父為潮州人,姓金,為職業軍人。母為泰人。[68]

　　3.披汶(Field Marshal Plaek Pibulsonggram)(任職期間:1938,12,16-1944,8,1),父為廣東人,漢姓吳。1916 年從朱拉鍾克寮皇家軍校畢業。

　　4.社尼▪巴莫(Seni Pramoj)(任職期間:1945,9,17-1946,1,31;1975,2,15-1975,3,14)。尼雅瓦暖(華人姓氏不詳)之長女嫁為拉

---

[67] 「披耶·瑪奴巴功」,維基百科,
https://zh.wikipedia.org/wiki/%E6%8A%AB%E8%80%B6%C2%B7%E7%8E%9B%E5%A5%B4%E5%B7%B4%E5%8A%9F　2019 年 6 月 15 日瀏覽。

[68] George William Skinner, *Chinese Society in Thailand: An Analytical History*, Cornell University Press, p.244. D. Insor, *Thailand: A Political, Social, and Economic Analysis*, Praeger, 1957, p. 138.
"Phraya Phahonphonphayuhasena," *Wikipedia*,
https://en.wikipedia.org/wiki/Phraya_Phahonphonphayuhasena　2019 年 6 月 15 日瀏覽。

瑪二世王妃，稱安帕王妃。生子女 6 人，王子巴莫為以後巴莫家族之始祖，其孫為社尼·巴莫。[69]

　　5.普里迪（Pridi Banomyong）（任職期間：1946,3,24-1946,8,23），其祖先為廣東汕頭澄海縣人，約在第 18 世紀中葉來到泰國。其原來留在中國的孫子陳盛于後來亦在 1814 年移民到泰國，娶泰女。故普里迪為中泰混血兒。[70] 普里迪之中文姓名為陳嘉祥或陳璋茂。[71]

　　6.桑隆（Rear Admiral Thawal Thamrong Navaswadhi）（任職期間：1946,8,23-1947,11,8），中文名鄭連淡。[72]

　　7.沙拉信（Pote Sarasin）(任職期間：1957,9,21-1958,1,1)，第19 世紀從海南島移民曼谷，父名為黃天喜，為泰王御醫。[73]

　　8.他儂（Field Marshal Thanom Kittikachorn）（任職期間：1958,1,1-1958,10,20; 1969,3,7- 1971,11,17; 1972,12,18-1973,10,14），為符姓華裔。1931 年，在皇家軍事學院畢業後，加入陸軍。[74]

---

[69] [泰]黎道綱，「1782-1855 間鮑林條約簽訂前的泰國華僑」，載於[泰]洪林、黎道綱主編，泰國華僑華人研究，香港社會科學出版社有限公司，2006，頁 22-37。

[70] "Pridi Banomyong," *Wikipedia*, https://en.wikipedia.org/wiki/Pridi_Banomyong 2019 年 6 月 15 日瀏覽。

[71] 世界日報編，華人之光，世界日報創刊 60 週年特輯，世界日報，泰國曼谷，2018，頁 72。

[72] [泰]洪林，「泰國政壇風雲人物數華裔」，載於[泰]洪林、黎道綱主編，前引書，頁 183-187,185。但華人之光一書，他的漢姓為鄭良淡。參見世界日報編，前引書，頁 72。「鑾探隆·那瓦沙瓦」，維基百科，
https://zh.wikipedia.org/wiki/%E9%8A%AE%E6%8E%A2%E9%9A%86%C2%B7%E9%82%A3%E7%93%A6%E6%B2%99%E7%93%A6　　2019 年 6 月 15 日瀏覽。

[73] 「乃朴·沙拉信」，維基百科，
https://zh.wikipedia.org/wiki/%E4%B9%83%E6%9C%B4%C2%B7%E6%B2%99%E6%8B%89%E4%BF%A1　　2019 年 6 月 15 日瀏覽。

[74] 「他儂·吉滴卡宗」，維基百科，
https://zh.wikipedia.org/wiki/%E4%BB%96%E4%BE%AC%C2%B7%E5%90%89%E6%BB%B4%E5%8D%A1%E5%AE%97　　2019 年 6 月 15 日瀏覽。

9.庫克利▪巴莫（Kukrit Pramoj）（任職期間：1975,3-1976,1），為社尼巴莫之弟，為法政大學和朱拉隆功大學教授，曾任眾議院議長。

10. 他寧（Thanin Kraivichien）（任職期間：1976,10,8-1977,10,20），姓馬，父為華人。[75]

11.察猜（General Chatichai Choonhavan）（任職期間：1988,8,4-1990,12,9; 1990,12,9- 1991,2,23），祖先為汕頭澄海縣人，父春哈旺（Field Marshal Phin Choonhavan）曾任 1948-1954 年泰國武裝部隊總司令。察猜姓陳，為中、泰混血兒。[76]

12.阿南德（Anand Panyarachun）（任職期間：1991,3,2-1992,4,7），其父為泰人，外祖母為劉姓福建人，十八世紀中葉移民到泰國，成為富有的家庭。[77]

13 蘇欽達（General Suchinda Kraprayoon）（任職期間：1992,4,7-1992,6,10），父為華人，姓莊。[78]

14. 米猜（Meechai Ruchuphan）（任職期間：1992,5,24-1992,6,10 代理首相），中文名盧自淘，廣東汕頭人。[79]

---

[75] "Thanin Kraivichien," *Wikipedia*, https://en.wikipedia.org/wiki/Thanin_Kraivichien 2019 年 6 月 15 日瀏覽。

[76] "Chatichai Choonhavan," *Wikipedia*, https://en.wikipedia.org/wiki/Chatichai_Choonhavan#Family 2019 年 6 月 15 日瀏覽。[泰]洪林,「泰國政壇風雲人物數華裔」, 載於[泰]洪林、黎道綱主編, 泰國華僑華人研究, 香港社會科學出版社有限公司, 香港, 2006 年, 頁 183-187,185。但華人之光一書, 他的漢姓為林。參見世界日報編, 前引書, 頁 75。

[77] 「阿南·班雅拉春」, 維基百科, https://zh.wikipedia.org/wiki/%E9%98%BF%E5%8D%97%C2%B7%E7%8F%AD%E9%9B%85%E6%8B%89%E6%98%A5 2019 年 6 月 15 日瀏覽。
　　"Anand Panyarachun," *Wikipedia*, https://en.wikipedia.org/wiki/Anand_Panyarachun 2019 年 6 月 15 日瀏覽。

[78] "Suchinda Kraprayoon," *Wikipedia*, https://en.wikipedia.org/wiki/Suchinda_Kraprayoon 2019 年 6 月 15 日瀏覽。

[79] 「米猜·立初潘」, 維基百科, https://zh.wikipedia.org/wiki/%E7%B1%B3%E7%8C%9C%C2%B7%E7%AB%8B%E5%88%9D%E6%BD%98 2019 年 6 月 15 日瀏覽。

15.川立沛(Chuan Leekpai)(任職期間：1992,9,23-1995,7,13)（華文名字呂基文），是華人移居泰國的第三代，是福建人。1938年7月28日生於泰國南部董里府（Trang），其父為華人，父名尼空，為華文教師，母親名端，經營蔬果攤，家有8兄弟，排行第三。[80]

16.班漢（Banharn Silpa-archa）（任職期間：1995,7,13-1996,11,25），華文姓名為馬德祥，父親馬成金，廣東省潮州人。

17.查瓦利（General Chavalit Yongchaiyudh）（任職期間：1996,11,25-1997,11,9），具有華人、泰人和寮族的血統。[81]

18.塔信（Thaksin Shinawatra）（任職期間：2001,2,9-2006,9,19），中文名字丘達新，祖籍廣東潮州府豐順縣，客家人後裔。

19.曹壁光（Police General Chitchai Wannasathit）（任職期間：2006,4,5-2006,5,23 代理首相），具華人血統。[82]

20.蘇拉育（General Surayud Chulanont）（任職期間：2006,10,1-2008,1,29），具有華人血統。[83]

21.李沙馬（Samak Sundaravej）（任職期間：2008,1,29-2008,9,8），具華人血統，中文名字李沙馬。其祖先在第18世紀末移民泰國。[84]

---

[80] 參考「多數議員支持，乃川將任總理」，中央日報（台北），民國86年11月8日，版11。

[81] "Chavalit Yongchaiyudh," *Wikipedia*, https://en.wikipedia.org/wiki/Chavalit_Yongchaiyudh 2019年6月15日瀏覽。

[82] "Chitchai Wannasathit," *Wikimili The Free Encyclopedia*, https://wikimili.com/en/Chitchai_Wannasathit 2019年6月15日瀏覽。

[83] "Surayud Chulanont," *Wikipedia*, https://en.wikipedia.org/wiki/Surayud_Chulanont#Family_and_education 2019年6月15日瀏覽。

[84] [泰]洪林，「泰國政壇風雲人物數華裔」，載於[泰]洪林、黎道綱主編，前引書，頁183-187,*187*。
"Samak Sundaravej," *Wikipedia*, https://en.wikipedia.org/wiki/Samak_Sundaravej *2019年6月15日瀏覽*。

22.查瓦拉（Chaovarat Chanweerakul）（任職期間：2008,12,2-2008,12,17 代理首相），中文名字陳景鎮，廣東新會牛灣人。[85]

23.阿披實（Abhisit Vejjajiva）（任職期間：2008,12,17-2011,8,8），祖先是從越南移民至泰國的客家人，祖籍廣東潮州。中文名字袁馬克，是移民泰國第七代的客家人。[86]

24.穎拉（Yingluck Shinawatra）（任職期間：2011,8,8-2014,5,7 ），為塔信的妹妹，中文名字是丘英樂。

泰國從 1932 年設立首相至今，總共有 42 人次做過首相，扣除重任者，總共有 32 人做過首相，其中有 24 位首相具有華人血統，泰族人首相僅有 8 人，包括庫恩（Major Khuang Abhaiwongse）、塔威（Tawee Boonyaket）、沙立（Field Marshal Sarit Thanarat）、山耶（Sanya Thammasak）、克里安薩（General Kriangsak Chomanan）、普瑞姆（General Prem Tinsulanonda）、宋才（Somchai Wongsawat）和帕拉育（Prayuth Chan-ocha）。另有 3 位代理首相也有華人血統。從上述的分析可知，華人出任首相的比例高達75%。

擔任副首相而有華人血統者，包括：披猜‧叻達軍（陳裕財）、乃汶趨‧洛乍納沙天（黃聞波）、蓬‧沙拉信（姓黃）、拋‧沙拉信（姓黃）、阿沙‧沙拉信（姓黃） 、汶差納（陳文清）、庵‧威拉旺（林日光）、乃巴實‧干乍那越（許敦茂）、哥頌‧皆勒（姓林）、乃米猜‧呂趨攀（盧自陶）、乃挽若‧挽讀通（林書清）、

---

[85] 「差瓦拉·參威拉恭」，維基百科，
　　https://zh.wikipedia.org/wiki/%E5%B7%AE%E7%93%A6%E6%8B%89%C2%B7%E5%8F%82%E5%A8%81%E6%8B%89%E6%81%AD　2019 年 6 月 15 日瀏覽。

[86] "Abhisit Vejjajiva," *Wikipedia*, https://en.wikipedia.org/wiki/Abhisit_Vejjajiva 2019 年 6 月 15 日瀏覽。
　　「艾比希」，維基百科，
　　https://zh.wikipedia.org/wiki/%E9%98%BF%E6%8A%AB%E5%AE%9E%C2%B7%E5%A8%81%E5%B7%AE%E5%A5%87%E7%93%A6　2019 年 6 月 15 日瀏覽。

乃汶廷・通沙越（黃汶廷）、乃素卡逸・蘭實賁（李品年）、塔信・泰那越（丘達新）、[87]威沙努。

除了首相和副首相外，政府部長、民選的國會議員和市長亦有許多是華裔。1990年當選曼谷市長的乃詹隆・是曼（盧金河）少將及卸任的曼谷市長乃披集・叻達軍（陳年平），以及2000年7月曼谷市長乃沙目・順通域（姓李），[88]樞密院大臣陳國光醫師，[89]均是華裔。

在二戰期間，曾由泰國攝政委員會主席普里迪和人民議會議員乃他國呼隆於1944年6月10日密派到中國重慶進行聯絡的「自由泰運動」（Free Thai Movement）份子陶現烏隆，華文姓名為張良心，[90]後出任泰國駐中國首任大使。

總之，華人參與泰國政治非常頻繁，有些新聞刊登的政治人物使用泰文姓名，無法知悉其是否具有華人身份。無論如何，誠如拉瑪七世之預言，泰國實施議會民主制的結果是政府將被華人所控制。

第十節　結論

---

87 [泰]洪林，「泰國政壇風雲人物數華裔」，載於[泰]洪林、黎道綱主編，前引書，頁185-186。

88 [泰]洪林，「泰國政壇風雲人物數華裔」，載於[泰]洪林、黎道綱主編，前引書，頁183-187。

89 「樞密院大臣陳國光、呂健大使訪羅勇光華」，星暹日報（泰國），2019年6月28日。http://www.singsianyerpao.com/social/44415/　2019年6月29日瀏覽。

90 中國國民黨黨史館藏，泰國代表團（陶現烏隆來渝）卷，檔號：特015,5.5,53。中國國民黨黨史館藏，泰國代表團（陶現烏隆來渝）卷，檔號：特015,5.7。邢森洲電吳秘書長（末揚養戌渝64號）。兩份檔案中的文件內容大抵相同，惟陶現烏隆之翻譯不同。
中國國民黨黨史館藏，泰國代表團（陶現烏隆來渝）卷，檔號：特015,5.5,53。中國國民黨黨史館藏，泰國代表團（陶現烏隆來渝）卷，檔號：特015,5.7。

　　從 1932 年軍事政變將絕對君主制改為君主立憲制後，君王只是變成虛位，並沒有從政治舞台上消除。尤其在蒲美蓬國王長期執政下，多次發生軍事政變，政變者之首要之務就是尋求泰王之支持，軍人與泰王已形成共生關係，彼此依賴才能使君王制持續不墜。從另一個角度來看，泰國自二戰結束後以來，從軍者大都為傣族，而若有國會選舉，則當選國會議員者大多數為華人，傣族要進入國會很難，除非是從軍中退役的將軍，才有機會組織政黨，經由參選進入國會。或者經由委任出任參議員。因此，泰國政治形成雙元權力系統，一是由華人掌控的國會系統，另一個是由傣族掌控的王權和軍權系統。從二戰結束以來，泰國政權由軍人執掌，本質上就是傣族控制政權。若是依國會多數產生政府，就會變成由華人控制政府。此一雙元權力結構從 1997 年以來益為明顯，具有傣族背景（華人血統很淡）的查瓦利首相因為無法應付金融危機而下臺，上臺的川立沛是華人，以後至塔信及其妹妹穎拉歷任首相都是華人。從這個脈絡來看，泰國政治的底蘊隱藏著族群間的問題，惟還不至於像馬來西亞一樣族群問題表面化。

　　2007 年新憲法亦修改國會的產生辦法，將過去的小選區兩票制改為中選區兩票制，在 480 席中，區域選舉要選出 400 席，政黨比例代表選出 80 席。前者將全國分為 157 個選區，每個選區產生 1 至 3 名議員。政黨比例代表制要選出 80 名議員，將全國畫分為 8 個大選區，每個選區依政黨得票比例選出 10 人。泰國改變選舉制度的主要原因就是小選區造成塔信領導的泰愛泰黨贏得國會中三分之二席次，變成超大政黨，其違反過去半個世紀以來泰國國會的組成結構。過去國會無法出現超過半數的政黨，是經過軍人政權精心設計的，同時也獲得泰王的默許，因為泰王和軍方高層將領都不願見到一個擁有超過半數的政黨控制國會，因為這樣的國會結構，不僅會將政權掌握在富有的華人手裡，而且會威脅泰王的權威和泰族的利益。在過去半個世紀以來，泰國

即是維持該一傳統的政治架構，使泰王、軍人和國會的權力關係達致平衡。2016年新憲法恢復以前規定，參議員改為委任，這樣受委任的參議員才能大多數是軍人和親軍人政府的文人。

與上述觀念有關的是，泰族人和華人之關係。華人遠涉重洋，進入泰國，獲得泰人的接納。兩族通婚比例很高，很多華人被同化入泰國社會，已成為東南亞的另一個特色。最為特別的，泰國在1913年公布的國籍法，採屬人主義和屬地主義的混合制度，將父為泰籍者、父不明而母為泰人者以及在其境內出生的人全納入暹羅籍。此時暹羅境內華人勢力強大，控制暹羅的經濟。該一國籍法的目的是企圖將其境內的華人變成其公民，此與印尼和馬來西亞的國籍法精神不同，這兩國是想盡辦法阻止華人入籍。

泰國的華人約佔其總人口數的11.3%，大都集中住在曼谷、清邁、宋卡和佛統等大城市，華人控制了泰國的經濟，也控制了國會政治和官僚系統，在高等教育系統，教師很多是華裔。國立大學的學生很多也是華裔。1932年政變諸領導菁英幾全為華裔，以後成立國會及內閣政府都為華裔掌控。只有9位首相是泰族人，其他皆是華裔。此一情況與鄰國相比較，可以看出泰國華人享有極高的政治地位。馬來西亞華人佔總人口數約22.4%，但華人從未曾做過首相和副首相。

泰國對華人的同化政策，是給予華人擔任高官的機會，讓華人自願同化入泰國社會。然後利用華人擅長經商的本事，繁榮其經濟，這一點與印尼和越南完全不同。印尼和越南對華人採取強制同化政策，又不給予高官地位，導致華人不滿，形成族群間的隔閡。泰國採取的族群共存共榮政策，證明是有效的。從阿瑜陀耶王朝以來，華人即是其重要的政治參與者，直至當代，華人在泰國政治上所扮演的活躍角色，在東南亞國家中僅次於新加坡和馬來西亞。

第五章　菲律賓的華人與政治之關係

第一節　前言

　　菲律賓和中國隔著南海，古代船隻航行受到海流和船隻性能之影響，而早期中國船隻都是沿著中國東南部航行到越南外海，再沿著海岸線航行到東南亞其他地區港口，以致於未能航越南海抵達菲律賓群島。大概在公元第 10 世紀在中國古文獻出現麻逸之地名，指出當時中國人已知道有一個國家在南海以東。但並沒有指出中國人曾抵達該群島。

　　「宋太祖開寶 4 年(971 年)，置市舶司於廣州後，又於杭明州置司，凡大食、古邏、闍婆、占城、渤泥、麻逸、三佛齊諸藩，並通貿易，以金銀緡錢、鉛錫、雜色白瓷器，市香藥、犀象、珊瑚、琥珀、珠琲、鑌鐵、鼊皮、瑇瑁、瑪瑙、車渠、水精、蕃布、烏楠、蘇木等物。太宗時，置榷署於京師，詔諸蕃香藥、寶貨至廣州、交阯、兩浙、泉州，非出官庫者，無得私相貿易。其後乃詔，自今惟珠貝、玳瑁、犀象、鑌鐵、鼊皮、珊瑚、瑪瑙、乳香禁榷外，他藥官市之餘，聽市於民。」[1]

　　上文所講的「麻逸國」，清國丁謙稱之為馬力維列島，在占城東北海中。[2]

　　麻逸國，又寫為摩逸國，今之菲律賓的呂宋島南部或明多羅島（Mindoro）。[3]帕坦尼（Eufemio P., Patanñe）亦認為麻逸國是在明多羅島。[4]

---

[1] [清]陳昌齋等撰，廣東通志（五），卷一百八十，經政略二十三，華文書局，台北市，民國 57 年，頁 2-3。

[2] [清]丁謙撰，宋史外國傳地理考證，嚴一萍選輯，原刻景印叢書集成三編，藝文印書館印行，中華民國四年浙江圖書館校刊，頁 10。

[3] 參見蘇繼廎，南海鉤沈錄，台灣商務印書館，台北市，民國 78 年，頁 416。

[4] 參見 Eufemio P., Patanñe, *The Philippines in the 6th to 16th Centuries*, LSA Press Inc.,

宋國趙汝适在 1225 年出版諸蕃志一書，記載菲群島有麻逸國、三嶼、蒲里嚕、毗舍耶等國，也沒有提及華人曾至其地。1330年，元國一個偉大的旅行家汪大淵兩度搭船從福建航渡臺灣海峽到澎湖，再南下到三島、麻逸和蘇祿，進行參訪。[5]

至第 15 世紀的明國，華人前往菲島的紀錄增加，例如，「永樂 3 年(1405 年)9 月，合貓里遣使附爪哇使臣朝貢，其國又名貓里務，近呂宋，商舶往來漸成富壤。華人入其國，不敢欺凌。市法最平，故華人為之語曰：『若要富，須往貓里務。』…..貓里務後遭寇掠，人多死傷，地亦貧困，商人慮為礁老所劫，鮮有赴者。」[6]

明國張燮認為：「貓里務即合貓里國也。地小土瘠，國中多山，山外大海，海饒魚蟲，人亦知耕稼。永樂三年，國王遣使回回道奴馬高奉表來朝，並貢方物。國於呂宋鄰壤，故與呂宋使者偕來。其後漸成沃土，俗亦近馴，故舶人為之語曰：『若要富，須往貓里務。』蓋小邦之善地也。有網巾礁老者，數為盜海上，駕舟用長橈，其末如瓠之裁半，虛中以盛水者入水蕩舟，其行倍疾，望遠濤中，僅微茫數點，倏忽賊至，趨避不及，無脫者，貓里務既重遭寇害，死亡數多，遂轉貧困，賈舶往者，慮為賊所急，稍稍望別島以行。」[7]網巾礁老者，即馬金達諾（Maguindanao），為第 15 世紀時在民答那峨島（Mindanao）的土著國家。

清國邵星巖認為合貓里即是貓里霧。「貓里霧，在福建台灣府鳳山縣沙馬崎之東南，一名合貓里，地小土瘠多山，山外大海，

Quezon City, the Philippines, 1996, p.66.

[5] [元]汪大淵，島夷志略，中國史學叢書續編，中國南海諸群島文獻彙編，臺灣學生書局，台北市，民國 64 年元月印行，頁 314-315、336-337。

[6] [清]張廷玉等撰，明史，卷三百二十三，外國四，合貓里條，中華書局，北京市，1974 年，頁 8374。

[7] [明]張燮，東西洋考，卷五，貓里務條，臺灣商務印書館，台北市，民國 60 年重印，頁 64。

饒魚蟲。人亦知耕稼。明永樂間來朝貢。地鄰呂宋，漸成沃土，俗亦近。馴舶人語云，若要富，須尋貓里霧。有網巾礁老者蕩舟為盜，海上往來，甚駛其國，重遭寇掠，遂轉貧困。賈舶多指別島。」[8]

　　其他學者對於合貓里地點之考證，亦不盡相同。[9]

　　1417年9月，菲島南部的蘇祿，有東王、西王和峒王率其眷屬及臣僚340多人前往中國參訪。

　　「永樂15年（1417年），蘇祿國東王巴都葛叭哈剌、西王麻哈剌叱葛剌麻丁、峒王妻叭都葛巴剌卜，並率其家屬頭目凡三百四十餘人浮海朝貢，進金縷表文，獻珍珠、寶石、玳瑁諸物。禮之若滿剌加，尋並封為國王，賜印誥、襲衣、冠帶及鞍馬、儀杖、器物，其從者亦賜冠帶有差。居二十七日，三王辭歸。各賜玉帶一、黃金百、白金二千、羅錦、文綺二百、帛三百、鈔萬錠、錢二千緡、金繡蟒龍麒麟衣各一。東王次德州，卒於館。帝遣官賜祭，命有司營葬，勒碑墓道，諡曰：『恭定』。留妻妾傔從十人守墓，俟畢三年喪道歸。乃遣使齎勅諭其長子都馬含曰：『爾父知尊中國，躬率家屬陪臣遠涉海道萬里來朝。朕眷其誠悃，已錫王封，優加賜賚，遣官護歸，舟次德州，遭疾殞歿。朕聞之深為哀

---

[8] [清]邵星巖，薄海番域錄，卷八，京都書業堂藏版，文海出版社，台北市，民國60年重印，頁12。

[9] 蘇繼卿認為合貓里和貓里霧為兩個地點，合貓里為呂宋南部的 Camalia，而貓里霧為 Camalia 附近的小島 Burias。（參見蘇繼卿，南海鈎沈錄，臺灣商務印書館，台北市，民國78年，頁408。）

史考特（William Henry Scott）認為合貓里可能在民多羅島（Mindoro）或馬林都克島（Marinduque）。（參見 William Henry Scott, *Filipinos in China Before 1500*, De La Salle University, Manila, 1989, p.7.）

Wang Teh-ming 認為合貓里位在米骨島（Bicol）西岸。Liu Ti Chen 認為合貓里位在呂宋島東南邊的卡馬林群島（Camarines）的 Camalig 島。丁謙認為合貓里位在沙瑪島（Samar）。（引自 E.P. Patnne, *The Philippines in the 6th to 16th Centuries*, LSA Press, INC., Question City, Philippines, 1996, p.142.）

陳荊和認為貓里務位在民多羅島東邊的馬林都克島。（參見陳荊和，十六世紀之菲律賓華僑，新亞研究所東南亞研究室刊，香港，1963年，頁162。）

悼，已葬祭如禮。爾以嫡長為國人所屬，宜即繼承，用綏藩服，今特封爾為蘇祿國東王，爾尚益篤忠貞，敬承天道，以副眷懷，以繼爾父之志，欽哉。』」[10]

「永樂 15 年(1417 年)9 月，遣中官張謙齎勅撫諭[古麻剌國]王幹剌義亦奔敦，賜之絨錦、紵絲、紗羅。」[11]

「古麻剌，在福建泉州府東南海中。其國有州百餘，佛宇至四千區。南有層拔國，在大海中，西接大山。其人大食種也，多崖谷，產象牙生金。」[12]

古麻剌郎，或古麻剌，為菲律賓南部民答納峨島的音譯。古麻剌的西邊有大山，因此較為可能的地點是位在三寶顏省的巴加連市或納卯 (Davao)。

第二節　西班牙統治時期

西班牙航海家麥哲倫（Ferdinand Magellan）於 1521 年率領遠征軍登陸菲島後，在林瑪沙瓦（Limasawa）島發現有中國的瓷器瓦罐，在宿霧（Cebu）島有中國瓷器碟子。麥哲倫於馬克坦（Mactan）島遭土著殺害後，殘餘的西班牙軍隊於返回西班牙路經民答那峨島亦發現有中國瓦罐和碟子。可見當時已有中國船商到菲島進行貿易。[13]西班牙從 1565 年起開始殖民統治菲島，黎牙實比（Miguel Lopez de Legazpi）控制的宿霧島和班乃島（Panay），當時就有中國船隻航至做生意，他從該華人船員打聽呂宋島有一個大港馬尼拉，於是在 1571 年以武力征服該城市，並設為首都。

---

[10] [清]張廷玉等撰，明史，卷三二五，列傳第二百十三，外國六，蘇祿傳，頁8423。
[11] [清]張廷玉等撰，明史，卷三百二十三，外國四，古麻剌國條，頁8379。
[12] [清]邵星巖，前引書，卷八，頁12。
[13] Gregorio F. Zaide, *Philippine political and cultural history*, Vol.1, *the Philippines since pre-Spanish times*, Philippine education company, Manila, 1957, p.269.

　　馬尼拉在西班牙佔領之初，即有若干華人居住和做生意。1570 年 5 月 3 日，西班牙軍隊離開班乃島前往明多羅島，在岸外遇見兩艘中國船隻，加以攻擊並逮捕，隨後讓他們離開。西班牙軍隊率領菲島中部的米賽亞族人（Misayans）進攻馬尼拉，在馬尼拉灣內發現 4 艘中國船，在土著蘇里曼（Rajah Soliman）回教蘇丹統治區內有 40 名華人。[14]西班牙軍隊擊敗土著蘇里曼回教蘇丹的軍隊，土著戰死 100 人，被俘虜 80 人，其中包括數名華人和日本人。西班牙軍隊擔心颱風來臨以及逃走的蘇里曼回來報復，遂班師回班乃島。[15]

　　1571 年 5 月 19 日，黎牙實比軍隊佔領馬尼拉。發現馬尼拉有華人 150 人。1574 年，有 6 艘中國船到馬尼拉灣做生意，以後逐年增加，至第 16 世紀末達 40 艘。他們裝載的貨物主要是絲綢、瓷器、玻璃器具、棉花、亞麻布、新鮮水果、家禽、鳥、家俱及各種小飾品。從馬尼拉運回墨西哥白銀和馬尼拉土產。西班牙人稱這些中國商人為「生意人」（Sangley）。此一稱呼源於西班牙人誤解中國商人的意思，西班牙人詢問中國商人是何國人？到菲島來有何事？這些中國生意人答覆稱我們來此做「生意」，西班牙人誤以為他們是來自「Sangley」國家，因此稱中國商人為「Sangley」人。[16] 這些到菲島做生意的中國人大多數是閩南人，「Sangley」就是閩南語「生意」（音讀為先利）的發音。

　　1574 年 11 月 23 日，福建海盜林鳳從臺灣魍港（今布袋）率領 62 艘戰船、2 千名士兵、2 千名船員、1,500 名婦女、許多農民和工匠，船上也裝載了家俱、農具、種籽、家禽等約 5-6 千人移民至馬尼拉，西班牙軍率菲島中部土著擊潰林鳳的軍隊。12

---

[14] Gregorio F. Zaide, *op.cit.,* Vol.1, p.270.

[15] Gregorio F. Zaide, *op.cit.,* Vol.1, pp.150-151.

[16] Gregorio F. Zaide, *op.cit.,* Vol.1, pp.270-271.該書將 Sangley 解釋為 xang lai，這是不正確的發音，因為到菲島做生意的中國人，大多數是閩南人，閩南人說「生意」就是 Sangley 的音，故閩南音 Sangley 就是指生意人。

月 3 日，林鳳率眾撤退，船隊航行至呂宋島西北部的林牙彥灣（Lingayen Gulf）的邦加絲蘭（Pangasinan），建立其根據地。菲島軍隊隊長沙爾熙多（Captain Juan de Salcedo）招募 250 名西班牙軍隊和 1,500 名土著兵，以及一名華人辛賽（Sinsay）擔任翻譯，1575 年 3 月 22 日率領艦隊航行至林牙彥灣，擊敗林鳳的艦隊，包圍林鳳的根據地 6 個月，林鳳製造小船，挖掘運河通到海中。8 月 3 日，林鳳成功脫困，從海上逃亡，不知所蹤。留下的眾人則逃至山上，與當地的伊戈律族（Igorots）和丁金族（Tinggians）的婦女通婚。[17]

以後華人至馬尼拉者日增，西班牙菲島總督皮那羅沙（Gonzalo Ronquillo de Peñalosa）在 1581 年為了孤立華人社群，使他們不與土著混居而聯合起來，劃定在巴石（Pasig）河下游南岸，屬於城外地區，靠近山托多明哥教堂（Santo Domingo Church），讓華人居住，稱為八連（Parian），[18]意即市場。該地距離西班牙軍隊守衛的砲台三英里範圍內，便於控制。1583 年，八連發生大火，華人區被燒毀，總督另撥地讓華人居住，也是在大砲射程範圍內。由於西班牙對華人的數次大屠殺以及八連遭大火焚燬，西班牙當局將八連的地點改變了九次，在 1790 年當巴連最後一次遭大火焚燬後，華人才被允許和岷崙洛及仙沓古律示的受洗華人住在一起。[19]

1825 年 10 月，西班牙菲島當局為了便於控制華人，遴選華人「甲必丹」（capitan, gobernadorcillo），對於華人之間的糾紛，擁有輕罪司法權、為西班牙人收稅、維持秩序、華人和西班牙政府交涉之中間人。在馬尼拉地區，當處理華人司法案件時，甲必

---

[17] Gregorio F. Zaide, *op.cit.,* Vol.1, pp.274-275.

[18] 17 世紀菲島華人稱「八連」為「澗內」。見張燮，東西洋考，臺灣商務印書館，臺北市，1971 年，頁 58。

[19] 參見菲律賓華人歷史博物館（Bahay Tsinoy）的「菲華移民史」說明。

丹有二到三個助理，審案需立即向兩名西班牙官員報告，一名刑事法官和一名民事法官。法院亦設有皇家檢察官，負責保護華人和菲人。華人依據職業別而分別成立有「公會」（gremios），每個「公會」都有會長（cabeza 或 cabecilla）。這些公會領袖或主要負責人組成了「名人委員會」或社團（principalia）。 這個「名人委員會」負責提名華人甲必丹和簽署華人甲必丹向西班牙政府提交的請願書。該一華人組織只見於馬尼拉地區，其他地區則未之見。20

在 1850 年以前，甲必丹是由前任甲必丹和各同業公會領袖選舉產生。1861 年，甲必丹選舉方式修改為甲必丹任期兩年，由即將卸任甲必丹和前任甲必丹、以及繳納一、二等行業稅的納稅人組成 13 人的選舉團，以秘密投票選出甲必丹候選人，呈報給西班牙菲島總督，從得票最多的兩人和即將卸任甲必丹中。圈選一人，呈請西班牙國王核准。21

西班牙從 1565 年起開闢了從菲島到墨西哥西海岸的阿卡普爾科港（Acapulca），這一條航線成為大帆船貿易的航路，開展了所謂大帆船貿易（galleon trade）的時代，直至 1815 年菲律賓派至西班牙議會之代表建議開放墨西哥、加里福尼亞、秘魯、厄瓜多等港口與菲律賓貿易，才終止大帆船貿易。該新航路對東西方商品貿易和文化交流貢獻匪淺。

由於馬尼拉成為東方國家貨物輸往墨西哥以及將墨西哥貨物運至馬尼拉之集散市場，中國商品，主要是絲綢、瓷器、木器

---

20 Joshua Eng Sin Kueh, M.A., *The Manila Chinese: Community, Trade And Empire, C. 1570 – C. 1770*, A Dissertation of the Faculty of the Graduate School of Arts and Sciences of Georgetown University, degree of Doctor of Philosophy in History, Washington, DC, April 10, 2014, p.56.

21 魏安國著，吳文煥譯，菲律賓生活中的華人（1850-1898），菲律賓華裔青年聯合會屋版，馬尼拉，1989 年，頁 2。

製品等遂大量運至馬尼拉。馬尼拉的華人愈來愈多,威脅西班牙的統治,在 1596 年驅逐在馬尼拉的華人 12,000 人。[22]

　　1603 年 5 月 23 日,有 3 名中國人來到馬尼拉,西班牙當局懷疑他們突然造訪之目的,詢問他們為何到訪?他們答以尋訪金山,它們可能位在馬尼拉附近的甲米地(Cavite)。西班牙人對此一故事感到驚訝。這 3 名華人前往甲米地探查,沒有任何發現。等他們離開菲島後,總督阿古納(Pedro Bravo de Acuña)懷疑這些中國人是來刺探菲島情勢,遂立即下令加強馬尼拉的防衛,並對當地華人警告。華人感到害怕,計畫起來反抗西班牙的統治。華人領袖恩康(Eng-Kang)要求每名華人贊成起事者,給他一隻針,結果他收到 22,150 隻針,定 11 月 30 日起事。一名菲女背叛,將此計畫向神父密告,該名神父轉告西班牙當局,立即逮捕恩康,並加以處死。10 月 3 日,華人揮舞龍旗進攻唐多(Tondo)和奎亞波(Quiapo),放火燒屋,西班牙人、菲人、日本人和傳教士聯合起來對抗華人。有 4 千名邦邦牙(Pampangan)土著戰士進馬尼拉市支援西班牙人,11 月 14 日,擊潰華人起事者,有 23,000 名華人被殺。[23]

圖 5-1:馬尼拉的唐人街

說明:　1594 年在馬尼拉建立的世界上第一個唐人街。

資料來源:"Chinatown," *Tripadvisor*,

---

[22] Gregorio F. Zaide, *op.cit.,* Vol.1,p.284.
[23] Gregorio F. Zaide, *op.cit.,* Vol.1, pp.279-280.

https://www.tripadvisor.com.ph/Attraction_Review-g298573-
d554231-Reviews-Chinatown-Manila_Metro_Manila_Luzon.html
2023 年 1 月 25 日瀏覽。

圖 5-2：馬尼拉唐人街的觀光馬車
資料來源：" Chinese Filipinos: The ties that bind," *Aljazeera*,
https://www.aljazeera.com/gallery/2015/7/8/chinese-filipinos-the-
ties-that-bind　2023 年 1 月 25 日瀏覽。

　　1639 年 11 月 19 日，在卡蘭巴（Calamba）的華人因不堪稅
賦繁重以及強迫勞役，而起來反抗，亂事蔓延到鄰近的巴坦加斯
（Batangas）、馬卡地（San Pedro Makati）、唐多、八連、甲米地
和武拉干（Bulacan），攻擊了 22 個城鎮，殺害許多西班牙官員、
傳教士、菲人、日本基督教徒。至 1640 年 3 月 7 日，亂事才平
息，有 300 名菲人、40 或 45 名西班牙人、22,000-24,000 名華人
死亡。[24]
　　第三次華人叛亂事件發生在 1662 年。鄭成功驅逐在臺灣的
荷蘭人，佔領臺灣，他在 5 月 18 日派遣義大利神父李西（Fr.
Victorio Ricci）出使馬尼拉，致送信函給菲島總督曼里克
（Manrique de Lara），要求向鄭成功納貢。曼里克總督非常不滿，

---

[24] Gregorio F. Zaide, *op.cit.,* Vol.1, pp.280-281.

開始準備應戰,解除非天主教徒華人的武裝,撤除在民答那峨島
的三寶顏(Zamboanga)和摩鹿加群島的西班牙駐軍,將軍隊集
中在馬尼拉。馬尼拉的華人看到西班牙當局準備戰爭,感到害怕,
搭船逃到臺灣。在馬尼拉約有2千名華人武裝自己,他們從八連
前進山塔克魯茲(Santa Cruz)區,掠奪和焚燒房舍,並殺害當地
人。西班牙軍隊和邦邦牙族士兵聯合起來擊退華人叛軍,華人有
1,500人被害。鄭成功在1662年6月23日去世。李西神父第
二度前往馬尼拉,向西班牙當局表示鄭經沒有入侵菲島之企圖。
他於1663年安排臺灣和菲律賓簽署商業條約。[25]

　　第四次華人叛亂事件發生在1686年8月,丁哥(Tingco)
率領一批華人攻擊西班牙駐軍、掠奪教堂和商店、一般房屋和修
道院,然後用船將掠奪物載走。後來丁哥被西班牙軍隊逮捕處死。
西班牙將非天主教徒的華人在兩個月內驅逐出境。

　　1762年,華人再度叛亂。該年英軍進攻馬尼拉,菲島華人歡
迎英軍,並與之合作。約有900名華人在邦邦牙的古哥瓦(Guagua)
秘密集會,他們夥同在馬尼拉的5,000名華人在12月24日晚上
趁西班牙人和菲人在教堂參加聖誕夜活動時發動叛亂,起來反抗
西班牙人。一名叛軍的菲女情婦向神父密告,西班牙軍隊很快地
鎮壓叛軍,約有6千名華人叛軍被殺。[26]英國在1762-1764年佔
領馬尼拉,根據1763年2月英國、法國和西班牙巴黎和平條約,
英國需歸還馬尼拉給西班牙,在1764年3月英國和西班牙談判
移交馬尼拉的會議上,西班牙代表表示無意給予華人赦免,英國
代表湯瑪士(Colonel Thomas Backhouse)表示如果西班牙這樣
做,則英國將延遲撤出在馬尼拉的軍隊,並向西班牙政府收取撤
出馬尼拉華人到其他國家的費用每人20披索。最後西班牙讓步,
同意給予華人大赦,英國還宣稱菲島的華人置於英國國王保護之

[25] Gregorio F. Zaide, *op.cit.,* Vol.1, p.282.
[26] Gregorio F. Zaide, *op.cit.,* Vol.1, p.283.

下。在英國統治馬尼拉兩年期間，大量招攬華人至菲島做生意，估計當年馬尼拉華人有 7 千多人。隨後西班牙當局將華人驅逐，僅有 500 名華人留下來。[27]

前述菲島爆發多次殘殺華人的事件，也多次發布驅逐華人的命令，例如在 1744、1755、1769、1882、1888、1892 等年驅逐華人。然而驅逐令並未嚴格執行，加上當地為了經濟繁榮需要華人勞動力，所以華人還是大量進入菲島謀生。在 1571 年，華人僅有 150 人。1588 年，華人增加到 1 萬人。1596 年為 24,000 人。1603 年，為 3 萬人。1749 年，為 4 萬人。1886 年，為 67,000 人。1896 年，為 10 萬人。[28]

在西班牙統治末期，菲人要求獨立，其中領導菲人抗西的人物是黎薩（Jose Rizal），他的祖先藍哥（Lam-Co）祖籍為福建泉州，約在第 17 世紀到菲島。1697 年 6 月 9 日，藍哥在馬尼拉八連的 San Gabriel 教堂受洗成為天主教徒，教名為多明哥（Domingo）。[29]1896 年 12 月 26 日，西班牙軍事法庭以非法結社及文字煽動叛亂罪名判處黎薩死刑，而於 12 月 30 日清晨七時在倫禮沓公園執行絞刑。

在第 19 世紀中葉後，東南亞華人紛紛要求中國政府設立領事館，以保護當地華人。菲律賓華人也沒有例外，在 1880 年建議設領，但沒有獲准。1886 年，菲島華人 260 人再度具稟清國，請求設官保護。1886 年 7 月 27 日，粵督張之洞派副將王榮和，候選知府余瓓前往南洋 20 多個商埠調查事務，遠至澳洲。在菲島停留 1 個月，他們向上級提出的報告稱：「緣該處華民 5 萬餘眾，貿易最旺，受害亦最深。深查被害各案，或挾嫌故殺，或圖

---

[27] Salvador P. Escoto, "Expulsion of the Chinese and Readmission to the Philippines: 1764-1779.," *Philippine Studies*, Vol.47, First Quarter, 1999, pp.48-76.

[28] Gregorio F. Zaide, *op.cit.,* Vol.1, p.284.

[29] Esteban A. de Ocampo, "Chinese greatest contribution to the Philippines—the birth of Dr. Jose Rizal," in Shubert S. C. Liao, ed., *Chinese participation in Philippine culture and economy*, no public company, Manila, the Philippines, 1964, pp.89-95.

強故燒，甚至長官絢職，巡差訛詐，暴斂橫征，顯違條約（按指1864年清國與西班牙簽訂的條約）。」[30]王、余將調查所知華人受害情況提交菲當局，要求菲當局調查，懲辦肇事者。該份報告也送給駐美大使張蔭桓，請轉交西班牙外務部，西班牙外務部答覆說，已指示菲島當局懲處罪犯及賠償損失，但並無下文。[31]

1887年12月，張之洞根據王、余二人的報告，保王榮和為駐紮小呂宋（即指菲島）總領事，但不為總理衙門所接受。「清德宗光緒13年(1887年)冬12月，兩廣總督張之洞奏設小呂宋領事，不允。小呂宋埔，為日斯巴尼亞國（按：即西班牙）屬地，之洞屢疏稱，小呂宋埔計有華民5萬餘人，分訴日人（按：即西班牙人）虐害情形，懇請派官保護，綜核情形，非設總領事不可。經電商使臣張蔭桓，擬派總兵銜兩江先用副將王榮和為駐箚小呂宋總領事，總署難之，不允行。」[32]

由於清國欲與西班牙洽商在菲島設立領事，惟一直遭到西班牙拒絕，1891年出使美國、西班牙和秘魯的大臣崔國因曾上奏，意圖用禁止菲島在中國販售的彩票加以抵制。「清德宗光緒17年(1891年)2月戊戌，出使美、日、秘國大臣崔國因奏，小呂宋議設領事，日斯巴尼亞國外部徑直推辭，請禁彩票以相抵制，下所司議。」[33]該項策略後來也沒有實施。

清國與西班牙的設領談判，直至1898年4月25日美、西戰爭爆發，在馬尼拉即將被美國佔領時，西班牙政府才同意中國暫時在菲島設立領事館，1898年7月29日總理衙門奏准在小呂宋設總領事一人，西班牙同意在清國的新領事到來之前，由陳謙善暫代領事。但直至西班牙軍隊於同年8月13日向美軍投降為止，

[30] 王彥威、王亮編，清季外交史料（十三），卷七十四，「粵督張之洞奏訪查南洋華民情形擬設小呂宋總領事以資保護摺」（光緒13年12月11日），文海出版社，台北縣，民國52年，頁22-27，新編頁碼1388-1391。
[31] 莊國土，中國封建政府的華僑政策，廈門大學出版社，福建，1989年6月，頁187-188。
[32] 黃鴻壽，清史紀事本末（下），三民書局重印，台北市，民國62年7月再版，頁419。
[33] [清] 覺羅勒德洪等奉勅撰，大清德宗景（光緒）皇帝實錄（四），卷二百九十四，華聯出版社，台北市，1964年，頁3。

中國並未在菲島派遣領事。陳謙善奏請清廷向美國政府交涉在馬尼拉開設領事館，根據中、美條約，美國政府認可清國在菲島設立領事館，首任領事是刑部郎中陳剛，其任期為從 1898 年 9 月至 1899 年 4 月。[34]在陳剛到任以前，由其父菲華富商陳謙善暫攝館務。次年，陳剛到任。陳剛任期短暫，從 1899 至 1900 年為止。[35]

第三節　美國統治時期

華裔亞奎那多（Emilio Aguinaldo）在 1896-1898 年間參加抗西運動，1899-1902 年間，又成為抗美領袖以及菲律賓共和國的總統。菲島抗美獨立戰爭中，一位華裔鮑亞（Jose Ignacio Paua）跟隨菲人獨立軍領袖亞奎那多並肩作戰，曾參與對抗西班牙的戰爭，以及在米骨（Bicol）對抗美軍。他被晉升為准將。1900 年 3 月 27 日，他因戰敗向美軍投降。6 月 21 日，美國駐菲軍事總督麥克阿瑟（General Arthur MacArthur）下令大赦，鮑亞獲得釋放。他後來從政，選上阿爾貝（Albay）省的馬尼托（Manito）鎮長。[36]

美國統治菲島期間，先後於 1902、1904、1924 年由美國國會通過法令排除或限制在菲島的華人。1902 年，美國頒佈排除華工法案（Chinese Exclusive Act），禁止華工進入菲島，惟允許教員、學生、商人及觀光客入境，主要目的是保障菲人的工作機會。1932 年規定，離開菲島而想重回菲島的華工，必須具備下列條

---

[34]佚名輯，清季中外使領年表，文海出版社，台北縣，1986 年，頁 74。

[35] 蕭曦清，中菲外交關係史，正中書局，台北市，民國 84 年，頁 77。

[36] Gregorio F. Zaide, "Chinese general in the Philippine revolution," in Shubert S. C. Liao, ed., *Chinese participation in Philippine culture and economy*, no public company, Manila, the Philippines, 1964, pp.120-137.

件：(1)娶菲島女子為妻者；(2)在菲島擁有產業或從事商業者；(3)在菲島擁有 2 千菲幣以上存款的人。此外，獲得商人入境許可證者，必須每 5 年重新辦理手續。

1934 年，菲國當局又規定入境菲島者需繳交 1 千菲幣身份保證金。對於新入境者的居留證證明費由 5 元菲幣增加為 10 元菲幣。入境後由保證人負責，始得准予居留。如無保證人，或被政府認定為無居留資格者，將被驅逐出境。1938 年 11 月，修改移民法，規定男性移民收取 2 千元菲幣、女性 1 元菲幣、孩童 5 百元菲幣的身份保證金，以嚇阻華人大量移入菲島。

對於華僑之商業行為，菲律賓議會通過若干法律加以限制。例如，1922 年，通過內河航行法，規定唯有入籍者才可以經營內河航運，在該法公布前已經經營內河航運的華僑商家得繼續營業，但船隻數目不得增加。該法亦禁止以同樣噸數的新船隻替換舊船。後來又規定未入籍之外僑，不得為航運公司股東。

菲律賓議會在 1922 年 2 月通過簿記法案，規定只能以英文、西班牙文或土著文記帳，等於禁止中文記帳。菲律賓華商不滿此一規定，控告到法院。該案官司打到美國最高法院，1926 年底，美國最高法院判決該案違憲，違反自由權之表達。然而，菲律賓議會不服，再通過新簿記法，規定不使用英文、西班牙文或土著文記帳者，需繳交每頁調查費 1 仙（分）銅幣，充作政府翻譯員之費用。最後該案於 1928 年 1 月 1 日起實施。

美國在 1918 年在菲島進行人口普查，華人人數有43,802 人，1926 年，估計有 6 萬人，1939 年，達 82,666 人。1940 年，菲律賓自治國（Commonwealth of the Philippines）公布新的移民法，無論任何種族或國籍，每年每國進入菲島的移民人數為 500 人。

[37]菲律賓移民法於 1941 年元旦生效，規定每年每國移民額為 500
人，對華人移入菲律賓加以限制。[38]

　　二戰期間，菲律賓和美國組成抗日志願軍，華裔李百濟（Lee
Pak Chay）（菲名 Major General Vicente Lopez）是該志願軍的指
揮官，在拉悠寧（La Union）的山區和南伊科斯（Ilocos Sur）省
領導進行抗日戰爭。李百濟當時是拉悠寧省華人商會的主席、一
所華文學校的校長。受美軍拉悠寧省指揮官諾西特少校（Major
Maximo Nocete）之命組織 150 人的抗日的「美國-菲華志願軍隊」
（United States – Chinese Volunteers in the Philippines, US-CVP）。
游擊隊人數日增，到 1942 年 3 月，人數增加至 800 人。 [39]

　　此外，1942 年 10 月 5 日，在菲島華人組織菲華志願軍
（Chinese Volunteers in the Philippines），由施義生上校（Col.
Ramon Shih I Sheng）領導。初期在馬尼拉的華商總會主席 Dee C.
Chuan 組織反日宣傳組織，有 25 人參加，施義生是其中一員。
他們在中呂宋及拉古納-黎薩（Laguna-Rizal）地區的山區從事情
報通訊、怠工及其他地下抗日活動。[40]

　　1944 年 5 月 17 日。菲律賓總統咨請國會將零售商菲化案列
入議程，該案內容為：(1)今後新設零售店以資本全部屬於菲人者
為限。(2)現有外資之零售店，如為法人，繼續營業 10 年，如屬
於自然人，得終身經營，但其權利不得轉讓任何外僑。20 日，菲
參、眾兩院通過該案。中國外交部次長沈昌煥邀約菲國駐中國公
使艾德瓦到外交部，表達中國政府非常重視關切此案，盼其轉達

[37] Gregorio F. Zaide, *op.cit.,* Vol.1, pp.284-285.
[38]國史館藏，「菲律賓排華法案（二）」，外交部，（亞東司關於菲律賓排華法案零售
業菲化案、菜市菲化案、勞工菲化案、歸僑返菲案、統制入口案及移民限額案
六案之簡述），1949 年 1 月 12 日。數位典藏號：020-010708-0062。
[39] Eduardo C. Nocete, "The Chinese hero of La Union," in Shubert S. C. Liao, ed., *op.cit.*, pp.138-141.
[40] Marie Lou Pangilinan, "Comradeship in war," in Shubert S. C. Liao, ed., *op.cit.*, pp.142-143.

其政府再加慎重考慮，切勿批准。中國駐菲公使周書楷亦訪美國駐菲代辦商談菲化案，美代辦對此頗表同情，願從旁勸菲總統修改本案內容，聯合各國使節集體抗議，因為該案雖係針對華商，而美國商人在菲交易對象也有華商，多少會受到影響。[41]

中國駐菲大使陳質平亦訪問外交團領袖教廷大使，教廷大使對零售商菲化案亦不支持，渠同意在 5 月 25 日與西、美、印、英、法、荷、義、瑞士等國大使商談聯合抗議事。惟印尼和泰國亦有此一排外立法，故未邀請渠等參加。[42]結果有美、英、印度、法、義、荷、澳洲、印尼等國使節及領事團領袖加拿大總領事參加，當場一致通過由教廷大使代表外交團日內覲見菲總統，列舉菲違反國際友好條約及聯合國憲章與基本人權三大理由。[43]

二戰結束後菲律賓議會在 1945 年 9 月 27 日通過菜市零售業勞工等菲化案，中國國民黨駐菲總支部電國民政府，再由國民政府令外交部建請向美國交涉制止。[44]從而可知，菲國推行菲化案係自戰後就開始，當時菲律賓還沒有獨立。

第四節　菲律賓獨立時期

---

[41]國史館藏，「我國與東南亞各國邦交」，陳誠副總統文物，外交部呈行政院，事由：關於菲律賓國會通過零售商菲化案，謹將初步交涉情形呈報，外(33)外二 004760，1944 年 5 月 25 日。數位典藏號：008-010601-00015-003。

[42]國史館藏，「我國與東南亞各國邦交」，陳誠副總統文物，外交部呈行政院，事由：關於我向菲方交涉零售商菲化案情形及因應辦法，呈請鑒察由，外(33)外二字第 004833 號，1944 年 5 月 27 日。數位典藏號：008-010601-00015-003。

[43]國史館藏，「我國與東南亞各國邦交」，陳誠副總統文物，外交部呈行政院，事由：機密，外(33)外二字第 004854 號，1944 年 5 月 28 日。數位典藏號：008-010601-00015-003。

[44]國史館藏，「日本朝鮮菲律賓排華」，國民政府，事由：駐菲總支部電國民政府為電菲議會實行排華政策通過菜市零售業勞工菲化案請向美國政府交涉制止，1945 年 9 月 27 日。數位典藏號：001-067132-00006-0101945。

　　菲國在獨立後基於民族主義之考慮，開始建構以菲人為本位的各項政治和經濟機制，曾先後推出多項法案，排除外僑之商業所有權和經營權，這些菲化案包括零售業菲化案、菜市菲化案、勞工菲化案以及相關的歸僑返菲案、放寬入籍條件等。

（一）菲化案

　　1.1954 年 5 月 15 日，菲國國會通過零售商菲化案（Retail Trade Nationalization Act of 1954）。該案係由眾議員紐諾（Nueno）等於 1948 年於國會中提出，規定外商除資金 75%為美、菲人民所有者外，不得經營零售商。並分年減少外僑經營零售業執照之發給，迄零售業全部為菲人自營為止。該法規定，凡是在 1954 年 5 月 15 日以前業已從事零售商業的外僑，准予繼續經營至其本人死亡為止。如為公司或合夥經營者，准其經營 10 年，至 1964 年 1 月 15 日結束。

　　由於零售商菲化案對於菲國經濟影響至鉅，導致經濟衰退，馬尼拉法院在 1964 年初下令禁止實施該法，菲國工商部長也在同年 4 月向華僑保證不再實行該一菲化案。

　　2.公共菜市菲化案。

　　1937 年，菲律賓自治國頒佈菜市菲化案，規定如下：

(1) 華籍租主死亡或他離時，即取消其攤位租賃權，雖其親屬妻、子亦無承租權。

(2) 華僑無新租攤位之權。

(3) 華籍攤位助手除固有在案者一人外，如欲新雇助手僅以菲人為限。

(4) 凡華籍攤主告假歸國省親者只限 4 個月，逾期不歸者，即取消其攤位租賃權。

　　1940 年 12 月 14 日，馬尼拉市議會通過菜市菲化案，經中國駐菲總領事楊光洼交涉及美國駐菲專員麥納氏等發表聲明，謂

此案為不合法，馬尼拉市長於 12 月 26 日否決該案。[45]禮智省旺木市議會亦在同時通過公共菜市菲化案，預定在 1941 年 2 月 5 日施行，經駐菲公使楊光泩與菲國政府交涉，菲國總統府轉達菲國內政部於 3 月 8 日之覆函，謂該部業已在 2 月 18 日訓令禮智省省長停止施行該法。[46]菲國政府決定該案延緩 3 年，即至 1944 年實行。[47]後日本入侵菲島，統治 3 年，該案遂遭停止。[48]

至 1945 年，菲國政府又以 3 年期滿為詞，欲施行該法，剛好宋子文行政院長於 4 月 7 日在紐約參加聯合國大會時與到訪的菲國副總統奧斯敏迎交涉，獲展延到 1946 年 12 月 8 日。

1946 年 9 月，菲國會通過公共菜市菲化案（菲共和國第 37 號法案），10 月 1 日由羅哈斯（Manuel Roxas）總統批准，予菲人以優先承租菜市攤位之權利。華僑受影響者約 5 千多人。其後財政部根據該法案訂執行細則（第 32 號部令），對華僑原營攤位不准保留。該法案預定於 1947 年 1 月 1 日起實施。經菲律賓馬尼拉菜市華商聯合會向法院提告，訴請宣布財政部所頒佈之第 32 號部令違憲，以及頒佈禁令，以制止財政部執行該法令。初級法院於 1947 年 4 月判決該細則為違憲。該案最後上訴到最高法院，後未做出判決，該案遭擱置。

馬尼拉市議會針對財政部之公共菜市菲化案施行細則，於 1947 年 6 月 26 日訂定馬尼拉菜市法案（為 3051 號，係修改自

---

[45]國史館藏，「菲化菜市場」，外交部，中華民國駐馬尼剌總領事館快郵代電外交部，國字第 579 號，1940 年 12 月 28 日。數位典藏號：020-010708-0055。

[46]國史館藏，「菲化菜市場」，外交部，中華民國駐馬尼剌總領事館快郵代電外交部，國字第 723 號，1941 年 3 月 31 日。數位典藏號：020-010708-0055。

[47]國史館藏，「菲化菜市場」，外交部，中華民國駐馬尼剌總領事館快郵代電外交部，國字第 1017 號，1941 年 10 月 5 日。數位典藏號：020-010708-0055。

[48]國史館藏，「菲律賓排華法案（六）」，外交部，菲律賓岷里拉菜市華商聯合會函遠東聯合國經濟會議中國首席代表蔣廷黻，事由：呈為呈請向聯合國遠東經濟會議提出交涉菜市菲化案事，1947 年 11 月 19 日。數位典藏號：020-010708-0066。

舊市律 2995 號，二者大同小異，此法又稱為菜市攤位申請營業執照菲公民優先權法），[49]規定菜市攤商重新登記，並給予菲人登記優先權，等有剩餘攤位，才分配給華人攤主。中國政府進行交涉不果，馬尼拉市政府於 1948 年 1 月起以軍警之力強行施行。據馬尼拉市政府登記華僑經營之小攤商共達 1,128 處，每一攤位至少有菲人 8 人申請頂替。由於辦理菲籍攤商申請事宜，需時三週，故市府允許華籍攤商延遲三週收攤。[50]1 月 21 日，馬尼拉市政府開始執行菜市菲化案，派警通知華僑攤商分批撤退。[51]

　　1953 年 4 月 7 日，馬尼拉市政府公佈 3563 號市法令，禁止外僑在公共菜市外經營鮮肉業。數月前，馬尼拉市議會曾通過議案，規定不得在公共菜市 200 公尺範圍內售肉，華僑肉販只好遷移地點營業。1953 年 3 月，馬尼拉市議會又通過一項議案，禁止在市公共菜市場以外售賣鮮肉，該項議案於 3 月 30 日由代市長簽署後，以第 3562 號市法令公佈施行，受該案影響的華僑肉商有 17 家，他們控上法庭。法庭在 4 月 6 日判決暫禁止該案施行，5 月 9 日正式判決該禁止在市公共菜市場以外售賣鮮肉無效，並命令市府發給在公共菜市場 200 公尺以外之肉商營業執照。[52]

　　3.勞工菲化案。

　　本案係由眾議員帝榮（Tizon）於 1948 年向國會提出，規定菲各業雇用菲籍勞工名額不得少於 60%，外僑勞工需向勞工局申

[49] 國史館藏，「菲律賓排華法案（六）」，外交部，菲律賓岷里拉菜市華商聯合會函遠東聯合國經濟會議中國首席代表李公，事由：為懇請對菜市菲化案採取合理之解決，以解成萬賴菜市攤業為生之僑民倒懸之危事，1947 年 12 月 3 日。數位典藏號：020-010708-0066。

[50] 「菲華僑攤販營業僅暫准苟延三週」，中央日報，1948 年 1 月 3 日。

[51] 國史館藏，「菲律賓排華法案（六）」，外交部，中華民國駐馬尼拉公使館電外交部，第 433 號，1948 年 1 月 21 日。數位典藏號：020-010708-0066。

[52] 國史館藏，「菲化菜市場」，外交部，中華民國駐菲律賓共和國大使館代電外交部，大字第 1597 號，1953 年 6 月 1 日。數位典藏號：020-010708-0055

領執照後始可被雇用，執照費菲幣 200 元，該案於同年獲得國會通過。

4.米、黍業菲化案（Rice and Corn Industry Nationalization Act）。

1960 年，菲國實施米、黍業菲化案，限制外僑經營包括米、黍之耕耘、碾絞、棧儲、運輸、出入口、批發和零售等，限於兩年內，即 1962 年底前必須結束營業。米、黍副產品的製造，限於 3 年內，即在 1963 年內必須結束營業。

當時外僑零售商約有 20,268 家，投資總額為 2.5 億元披索。投資於米、黍業的批發和零售商共有 4,501 家，米麥絞 209 家。1962 年，依法停業的華僑米、黍業有 4,200 多家。至 1964 年 5 月，停業的外僑零售合夥組織 483 家及公司 110 家，合共投資 1 億 2,050 元披索。[53]

米、黍業菲化案被批評為違憲，違反法律平等保護原則。1960 年 6 月 21 日，賈西亞（Carlos Polistico Garcia）總統否決該案，他致函國會說明其理由：(1) 在半年至兩年短促轉變期間來菲化米穀業，過於突然，使遭受影響的人沒有適應的機會。(2)將使外人及菲人失業。(3)這種措施可能在國際關係中對菲國有不利影響。(4)菲律賓不能在兩年內對約 5 億元菲幣投資得到必要的補充。(5)社會安全機構不能如國會所建議以 5 千萬元菲幣貸予菲人。[54]

5.僑校菲化案。

---

[53] 姚潛士，「菲化與華僑的經濟前途」，（缺出版處），1960 年（缺月日），馬尼拉，菲航版增版，版 A3-A4。收藏於中央研究院近代史研究所檔案館藏，外交部檔案，冊名：菲律賓僑務雜卷（一），館藏號：11-29-07-08-077。

[54] 「否決米穀業菲化案，賈西亞函國會說明，該措施將使外人及菲人失業」，中央日報，1960 年 6 月 22 日，版 2。

　　陳剛出任駐菲總領事後，在館內設立兒童教育所，由領事館和私人捐助經費，教授國文和寫字，學生人數很少。後將學校移交「華僑善舉公所」經營，增授英文，學生人數才日見增加。1899年4月校名改為小呂宋中西學校，學生人數20人，成為菲島第一所華校。以後又改名為第一小學。

　　據1930年調查，菲島共有華校80所，教師268人，男學生4,427人，女學生1,220人，夜間部學生1,726人。

　　菲律賓自治國在1935年成立，在之前華校可自由設立，無須向菲政府登記立案。1935年，華校英文部需向政府立案，中文部則向中國僑委會登記。1936年，華校有61所，學生7,204人。

　　中華民國和菲國在1947年簽署友好條約，第六條第一段規定，訂約之一方的國民得在另一方領土上自由設立學校，以教育其兒童。在符合另一國之法律和規定之情況下，相同的條件亦給予第三國的國民，這類華文學校之運作方式，即中文課程不由菲國教育部管轄。直至1956年為止，菲國華校的上課方式採用兩種制度，一個是上午上英語課，下午上中文課，另一種就是相反。英語部的課程需向菲國教育部註冊，中文部的課程則向中華民國駐菲大使館登記。

　　二戰後菲國僑校採行雙重學制，每日上午學習中文課程，下午學習英文課程，分在僑委會和菲私立學校教育局立案，各項課程均係依照各主管機關所規定之課程標準實施教學，學生修習中文課程年級，可不與英文年級相同，但如學生修畢小學或中學任何中文或英文課程後，即可獲得該項畢業證書。如中英文均皆修畢，則可獲得兩種證書。中文證書可以之升入較高級華校或國內中學、大學。英文證書則可以升入當地中學或大學。[55]

---

[55]國史館藏，「菲律賓華僑教育（二）」，外交部，中華民國駐菲律賓共和國大使館代電外交部，事由：華僑教育事，大字第3139號，1950年12月9日。數位典藏號：020-990900-0046。

　　1954 年，全菲有完全華文中學 10 所、初級華文中學 21 所、華文小學（包括中學附屬小學）136 所、職業學校 2 所，合計 169 所。教職員人數有 1,342 人、高中生 1,695 人、初中生 6,459 人、小學生 35,090 人，中小學生總數為 43,244 人。上述華校之總經費為菲幣 2,880,593 元。[56]

　　中華民國駐菲大使館參事劉振鵬在 1957 年 4 月 16 日宣布，菲國華校有 150 所，其中中學 2 所，有附屬小學的中學 13 所，有附屬小學的初級中學 28 所，小學 105 所，女子職業學校 2 所。學生總數 4 萬 8 千人，其中高中生 2,582 人、初中生 6,275 人、小學生 33,313、幼稚園生 5,975 人。[57]

　　菲國國會議員在 1955 年指稱共黨滲透華校，要求關閉華校，因此中華民國駐菲大使陳之邁和菲國外長賈西亞在 12 月 22 日就此一問題進行會談。1956 年 1 月 23 日，臺、菲簽署「中、菲督察華僑學校備忘錄」，華校英文和中文兩部均需向菲國教育部私立學校教育局立案，並接受督導。未經立案之華校，不得設立。華校學生必須修讀合於菲國公私立學校規定之必修基本課程之最低標準。此外，得依照中、菲友好條約之規定，自由教授其他根據中國政府規定之課程。此等課程之教授，需符合兩國之法律及最高國策。該備忘錄又規定，臺、菲雙方成立一聯合技術委員會，由菲國教育部和中華民國駐菲大使館代表組成，其任務為草擬中文課程及審查教師資格，以供菲教育部採用。[58]

---

[56] 國史館藏，「菲律賓華僑教育（五）」，外交部，中華民國駐菲律賓共和國大使館代電外交部，事由：呈送 43 年度下學期僑校概況統計表，大字第 3250 號，1955 年 5 月 18 日。數位典藏號：020-990900-0049；國史館藏，「菲律賓華僑教育（五）」，外交部，外交部代電僑委會和教育部，事由：檢送菲華僑學校 43 年度下學期概況統計表事，外(44)東三字第 005206 號，1955 年 5 月 30 日。數位典藏號：020-990900-0049。

[57] 「菲華僑學生共四萬八千，僑校共百五十所」，中央日報，1957 年 4 月 17 日，版 2。

[58] 「中菲監督僑校問題昨簽定備忘錄，具備菲校最低課程標準以外，得自由加授

　　聯合技術委員會經過四個月之研擬，於 1956 年 5 月 16 日公布第三號通令，規定華校中小學中英文課程、課時、師資及學生修業年限。原則上，英文課程遵守菲國教育部之規定；中文課程則採臺灣之標準，中學課時每週 700-1,000 分鐘，小學每週 800-879 分鐘。繼續採用雙重學制，上午上英文課，下午上中文課，菲第三號通令之第 6 條第 2 款規定，教授中文課程之教師應為中國國民且需具備中國政府法規所規定之資格。

　　然而，菲全國教育委員會認為上項規定有損菲國主權，且華校並未遵守第三號通令，且將菲國政府、菲國歷史、菲國地理、社會生活和公民等科目排在不適當時間，華校學生每天升降旗時唱中華民國國歌，乃要求臺灣修改上述規定。如臺灣對於上述兩項不肯讓步，則菲國政府可能在國會之壓力下宣布修改協議，對華校採取單獨行動。菲國眾議院教育及反菲二委員會曾在 1960 年 2 月聯合調查華校，對華校若干措施深表不滿，主張菲化教育及採取泰國管理華校之辦法。5 月，菲國眾議員良（廉）政委員會主席羅西斯、反菲委員會主席帛禮示（Perez）提出調查華校報告書，要求依照菲國教育法規之規定，菲國歷史、政府及社會生活等科目，需由土生華人教授；但華校聘請菲籍華人教授之。菲國教育部長羅美洛將華校全部關閉，及通過便利華僑入籍歸化之辦法，將華僑學校納入管理。8 月 4 日，菲全國教育委員會以第三號通令第六條「僑校中文課程教員由中國人擔任，其資格根據中華民國政府的教育行政法規」之規定，侵犯了菲國主權，乃下令取消。

　　8 月 19 日，臺灣外交部函僑委會和教育部稱，為避免華校問題演變成臺、菲之間另一爭端，建議我方採取下述步驟：第一，關於中文教員資格之審查，可按照菲教育部法令行之，即小學教

　　我政府規定課目」，中央日報，1956 年 1 月 24 日，版 2。

師應師範畢業,中學教師應大學教育系畢業。但應以菲方承允現在在華校執教者不在此限,及華校有自由擇聘中文教員之權為條件。第二,按照我方僑校規程,華校應向我方政府立案,其中小學畢業證書需由僑委會及使館分別驗印,此項規定確與菲國法律不符,故菲方常指責我方大使館對華校有行使治外法權之嫌。此項手續似應予以取消,改採菲國法律相符合之其他方式。第三,華僑中學採三三制,但菲國中學則採四年制,為便於僑生升入菲大專學院並節省其時間及經費,華校似宜改為四年制。第四,華僑採用雙重課程(英文部和中文部),使學生負擔過重,為減輕學生負擔,中文課程似宜限於國語及中國史地,其他課程概用英語授課。[59]

　　隨後中華民國駐菲大使館和菲國外交部達成協議,中華民國政府承認菲國教育部對華校有管轄權。所有在菲國之華校必須向菲國私立學校局登記,所有華校課程需符合菲國公私立學校所規定的最低課程標準之要求,華校如符合前項規定,即可自由開設自選的課程。[60]

　　菲國私校教育局長白彬迎於9月8日接受電台記者訪問時表示,解答僑校問題,並在9月10日下令全菲僑校呈報英文、華文課程所使用之教科書,且已著手調查各僑校教師和學生之國籍。9月12日有三個青年團體在教育部前示威。[61]

---

[59] 中央研究院近代史研究所檔案館藏,外交部檔案,冊名:菲律賓華僑教育,外交部函僑委會和教育部,事由:關於華僑學校之爭,缺公文文號,1960年8月19日。館藏號:11-29-07-08-073。

[60] Jesus E. Perpiñan, "New controversy over Chinese schools," in Shubert S. C. Liao, ed., *op.cit.*, pp.331-337.

[61] 中央研究院近代史研究所檔案館藏,外交部檔案,冊名:菲律賓華僑教育,中華民國駐菲率賓國大使館代電僑務委員會,事由:剪送菲報有關菲議員主張封閉僑校之記載,O使(49)字第8155號,1960年9月15日。館藏號:11-29-07-08-073。

　　1971 年 9 月，菲國教育部推動菲化教育政策，有數所僑校表示將在下個年度轉變為菲律賓學校。菲律賓教育部外文及華文學校司司長伊凡赫立斯塔在該年 9 月 16 日表示，目前在菲國有 152 家華校正根據 1947 年中、菲友好條約辦理中，有 4 家華校正依照「二二制」教授菲律賓課程。現有 8 家以前的華校在可選修華文課程下，已按菲律賓學校情況辦理中。目前菲國全境華校學生有 6 萬 5 千人。[62]

　　1972 年 11 月，菲國提出新憲法草案，規定將不允許單獨設立外國人學校，任何學校外籍生人數不得超出三分之一；由非宗教團體或慈善團體人士設立之學校，應僅由菲公民經營，或採合股方式，菲律賓公民出資 60%，學校行政由菲公民主持。另外，大眾傳播媒體所有權和經營，也比照前述方式實施。[63]

　　1973 年 4 月，菲國政府公佈第 176 號法令，亦即外僑學校菲化案，其內容為：

(1) 唯有百分之一百菲人所有或菲人控制 60%以上資金的社團才能創辦學校。

(2) 學校董事會成員及行政主管必須全數為菲籍。

(3) 所有教學課程一律以菲文為主，外文不可作為整個課程。

(4) 外僑學生不得超過全部學生人數三分之一。[64]

(5) 學校的校名不得含有外國的色彩，一切有中國、中華色彩的校名都要改。很多學校怕觸犯法令，把中文校名都拿下來，例如：密三密斯光華中學，英文名：Misamis Chinese High School。根據總統法令中嚴禁有外國色彩的

---

[62]國史館藏，「菲律賓華僑教育（六）」，外交部，中央社馬尼拉 16 日專電，「在菲華校可能向菲化改變、央秘參(60)第 3485 號。數位典藏號：020-990900-0050。

[63] 「菲律賓新憲法表決日期決定，新憲對僑校限制極嚴」，中央日報，1972 年 11 月 28 日，版 2。

[64] 「菲僑領鮑事天博士談菲華僑僑校教育」，中央日報，1976 年 7 月 12 日，版 11。

規定，董事會就將之改為 Misamis Union High School，[65]

1974-1976 年期間為施行該法令之緩衝期，自 1976 年 6 月起全面施行。

華校菲化後，華文課程和課時縮減，以前華小每週上課時數為 800 分鐘，中學為 1,000 分鐘；以後中小學課時均改為 600 分鐘。中學本為六年，改為四年，另二年為大學預科，所以中學課程共減少 60%。華文課程只能教國文，不可教授史地和公民科目。經菲律賓華僑學校聯合總會之爭取，獲准中、英課程分開，上午英文，下午中文，中學英文功課多，下午先授一節英文後再授中文。同時協調功課表照部令每日排二節，每節 50 分鐘，中間有 20 分鐘休息，課前預習及課後的溫習學習輔導，各校可自由安排，當局不加限制。[66]菲律賓華人學生數（5 千多人）最多的馬尼拉中正學院大學部一、二年級，設有華文選修課。[67]此後菲國華校生的華文程度大幅減弱。華校亦從 166 家減為 129 家。

自從僑校菲化案實施後，華文學校使用的教科書都需經菲國教育部審查通過，因此 1976 年菲律賓新疆書店也出版了經菲國教育部審查同意的幼稚園華語課本、小學華語課本、中學華語課本。1997 年 4 月，經過五年的試用和修訂，華教中心出版小學菲律賓華語課本 1-12 冊。並在 2003 年 6 月出版發行中學菲律賓華語課本第 13-20 冊，作為菲律賓華校華語教學的課本。1999 年，台灣僑委會編輯出版了菲律賓華校華語課本(小學)，不久又編輯出版了中學華語課本，贈送菲律賓華校做為教科書。[68]

---

[65] 鳳凰網，「移民菲律賓華人須知的華校歷史預覽」，壹讀，2015/06/16，https://read01.com/zh-tw/A5RejR.html#.YfjedtVBzX4　2022 年 2 月 1 日瀏覽。
[66] 潘肇英，「菲華僑校教育」，中央日報，1976 年 7 月 5 日，版 11。
[67] 「菲僑領鮑事天博士談菲華僑僑校教育」，中央日報，1976 年 7 月 12 日，版 11。
[68] 鳳凰網，「移民菲律賓華人須知的華校歷史預覽」，壹讀，2015/06/16，https://read01.com/zh-tw/A5RejR.html#.YfjedtVBzX4　2022 年 2 月 1 日瀏覽。

（二）歸僑返菲案。

二戰結束後，旅菲華僑登記返菲者有 8 千多人，他們在戰前回到中國，因為戰爭爆發而未克返回菲律賓。但菲國以這些人返菲之證件失效，以及菲國戰後百業蕭條、糧食、就業及房屋不足，返菲後恐將造成菲經濟之負擔。故堅持以持有 1941 年尚有效之返菲證明之歸僑每月准 100 人個別申請返菲。自 1937 年至 1940 年之歸僑，應列入新移民之限額內入境。1948 年 2 月，中國建議國際難民組織派顧問克拉克（Clarke）到菲交涉本案，以該組織遣僑工作行將結束，要求菲方准予每月遣送 1937-1941 年之歸僑 400 人返菲，俾順利完成遣僑工作。惟菲律賓仍堅持其立場。

（三）放寬入籍條件。

1970 年 3 月 23 日，臺灣駐菲大使館致函菲政府，表示臺灣準備接受 109 名遣僑。據臺灣駐菲使館稱，菲方原送 109 名遣僑名單，其中有若干保釋或逃亡在外，菲移民局現能提交者不及半數，且遣配交通工具及經費，尚待彼方籌劃，故菲外交部迄今尚未與臺灣駐菲使館做進一步洽商。[69]

1973 年 10 月 2 日，臺、菲交換最後解決所謂逾期居留中國旅客問題的外交照會。馬可仕（Ferdinand Marcos）總統於 9 月 19 日發布第 298 號總統命令，解除從 1949 年迄 10 月 2 日為止實行的停止中國移民限額的命令，而把這些限額分配給菲國境內現有的逾期居留之中國國民。所謂逾期居留中國旅客，是指那些在中共佔領中國大陸前後的數年中，以旅客身份從中國大陸逃亡到菲律賓的中華民國國民。該項外交照會將申明根據三項原則解

---

[69] 國史館藏，外交部檔案，卷名：菲律賓僑情（三），中華民國駐菲律賓國大使館代電外交部，事由：關於遣僑案，菲政(59)字第 0913 號，1970 年 4 月 21 日。典藏號：020-990600-2783。

決逾期旅客問題：即(1)完全尊重菲律賓的法律。(2)促進臺、菲的良好關係。(3)通達人情的考慮。[70]

1975 年 3 月 1 日，馬可仕總統宣佈將與中國建立正式外交關係。馬可仕總統在訪問北京簽署建交公報之前，於 6 月 7 日簽署第 270 號法令，讓逾期遊客改變身份，成為擁有永久居留權的外僑。自 1949 年中國政局改變，在之前至菲國的中國遊客有2,700 多人，在總統新法令下，他們向中華商總登記，有 1906 人登記居留菲國，另外 800 多人則離開菲國、與菲人結婚或去世。

此外，菲國政府亦放寬歸化條例，讓土生華裔子女在年滿 21歲時，即使他們的父母仍未入籍，他們也有權申請公民權。至1985 年，已有 50,564 名華僑歸化菲籍。此時向菲國移民局正式登記為外僑的華人只剩 3 萬多人。[71]馬可仕總統在 1985 年 3 月29 日在菲華工商總會上表示，將繼續放寬歸化菲籍條例，讓年滿 21 歲的華裔子女，即使其父母尚未取得菲籍，他們也有權申請公民權。[72]菲國該項新的歸化條例，不僅讓很多華裔迅速入籍，而且使得前述有關華校菲化案所規定的必須由菲籍人士主持和創辦之規定順利解決。

菲國在 1987 年 2 月通過新憲法，第四條第一款第三項規定在 1973 年 1 月 17 日以前出生，其母為菲律賓人，於其成年時，可選擇成為菲國公民。此一規定讓許多中菲混血兒可取得菲國國籍。1988 年 9 月，菲國總統府文官長馬卡禮乙同意讓歸化公民的眷屬免經特別移民委員會手續，只需到移民局註銷其外僑登記證，即可取得菲公民權。[73]

---

[70] 「中菲今交換照會解決旅菲逾期華僑問題」，中央日報，1973 年 10 月 2 日，版2。

[71] 姚子，「菲華裔國籍問題」，南洋商報（新加坡），1984 年 4 月 6 日。

[72] 「馬可斯表示菲計劃放寬限制加速華裔歸化」，南洋星洲聯合早報（新加坡），1985 年 3 月 39 日，頁 35。

[73] 姚子，「菲移民政策改善」，南洋星洲聯合早報（新加坡），1988 年 9 月 12

第五節　華裔積極從政

在人口比例上，華人約佔菲國總人口的 1.56%，但華人在經濟上佔居重要地位，在政治上亦表現不俗，參與政治者相當多。菲國在獨立後，出於經濟民族主譯之想法，在經濟上排斥沒有入籍的外僑。並沒有採取帶有血統意識的大規模的排華運動，這一點跟印尼和越南不同，該兩國的華裔雖入籍了，還是遭到排擠。菲國有不少華裔參政，對菲國政治發揮了重要的影響力。較著名的華裔從政人物列舉如下。

圖 5-3：納卯市的唐人街

說明：這是民答那峨島唯一的唐人街。

資料來源："Chinese Filipino," *Wikipedia*,

https://en.wikipedia.org/wiki/Chinese_Filipino　2023 年 1 月 25 日瀏覽。

（一）擔任國家領導人

陳平（Datu Piang Tan）(1846–1933)，其父為來自廈門的華商陳名頓（Tuya Tan），母為馬金達諾族（Maguindanaon）。陳名頓到民答那峨島科塔巴托（Cotabato）販售絲綢和香水，與當地酋長巫度（ Datu Utto, Datu Utu）成為好朋友，巫度酋長將其一個

妾送給陳名頓，陳名頓後來離開沒有再回來過。該名馬金達諾女子生了陳平，因為其皮膚白皙，被認為是陳名頓的孩子。陳平與西班牙統治者維持和平友好關係，並與華人做生意，以致於成為科塔巴托地區最富有的酋長。在西班牙退出菲島後，他自稱民答那峨的蘇丹。1915年，美國任命他為科塔巴托省委員會委員，隔年，美國總督任命他為國民議會議員。[74]陳平曾出任巫度酋長統治者（Datu Utto, Datu Utu）的土地部長，在美國統治時期，他成為富人和民答那峨島中部地區的摩洛族統治者，一般稱他為酋長平（Datu Piang），是陳平王室的創建者，常被稱為科塔巴托的大老（Grand Old Man of Cotabato）。他第六個太太所生的兒子波林道（Polindao），出任甘貝平酋長（Datu Gumbay Piang），在二戰期間曾領導抗日作戰。[75]

圖5-4：陳平酋長（**Datu Piang Tan**）（一）

資料來源："Datu Piang,"*Wikipedia,*

https://en.wikipedia.org/wiki/Datu_Piang 2022年2月4日瀏覽。

---

[74] Thomas M. McKenna, *Muslim Rulers and Rebels: Everyday Politics and Armed Separatism in the Southern Philippines*, University of California Press, 1998, pp. 91-94.

[75] "Datu Piang,"*Wikipedia*, https://en.wikipedia.org/wiki/Datu_Piang 2022年2月4日瀏覽。

說明：前排左二為陳平酋長。左一為美軍軍官。

圖 5-5：陳平酋長（Datu Piang Tan）（二）

資料來源："Datu Piang,"*Wikipedia*,
https://en.wikipedia.org/wiki/Datu_Piang　2022 年 2 月 4 日
瀏覽。

亞奎那多（Emilio Aguinaldo）：他在 1896-1898 年間參加抗西運動，被放逐到香港。後來返回菲律賓，領導參加抗美運動，在 1899–1901 年間出任菲第一共和國總統。他因為在抗西運動中殺害革命戰友保尼法秀（Andrés Bonifacio）和魯納將軍（Antonio Luna）以及對於日本佔領菲島持同情支持態度，而遭到批評。[76]

奎松（Manuel L. Quezon）：父為華人和菲女的混血兒，住在馬尼拉八連區，母為西班牙人和菲女的混血兒。1935-1944 年間出任菲自治國總統，[77]

---

[76] "Emilio Aguinaldo," *Wikipedia*,
https://en.wikipedia.org/wiki/Emilio_Aguinaldo#Early_life_and_career　2022 年 2 月 3 日瀏覽。

[77] "Manuel L. Quezon," *Wikipedia*, https://en.wikipedia.org/wiki/Manuel_L._Quezon
2022 年 2 月 5 日瀏覽。

奧斯敏迎（Sergio Osmeña）：父為宿霧富有的華商。1907 年，創立國民黨（Nacionalista Party）。1944 - 1946 年間出任菲國第 4 任總統。[78]

荷西•勞瑞爾（José Paciano Laurel y García）：父為華裔，母為菲人，曾任日本於 1943 年統治菲島成立的菲律賓共和國總統。[79]

季里諾（Elpidio Quirino）：父為華裔，母為菲女，擔任 1948 -1953 年間菲國第六任總統。[80]

麥格賽賽(Ramon Magsaysay)：二戰期間從事抗日游擊活動，被任命為三描禮示（Zambales）省軍事省長、該省國會議員、國防部長，1953 年當選菲國第七任總統，1957 年 3 月因飛機失事身亡。[81]

馬可仕（Ferdinand Marcos）：1949- 1959 年間出任眾議員，1959- 1965 年間出任參議員，1965-1986 年間出任總統。1986 年，因為人民革命爆發，被迫流亡美國夏威夷島。馬可仕自稱其祖先是第 16 世紀攻擊菲律賓失敗的林鳳的後代。[82]林鳳是明國末年的福建海盜，因為遭到明國軍隊清剿而逃到臺灣的魍港（今嘉義布袋），於 1574 年率領 6 千人移民馬尼拉，遭到西班牙軍隊擊潰而逃到呂宋西北方的林牙彥灣，後又被西班牙驅逐，逃亡他處不知所蹤。其部下可能有人逃到呂宋島北方的北伊洛戈斯等地。馬可仕說他是這些華人的後代，沒有文獻可稽考，故無從證實。

[78] "Sergio Osmeña," *Wikipedia*, https://en.wikipedia.org/wiki/Sergio_Osme%C3%B1a 2022 年 2 月 3 日瀏覽。

[79] "Jose P. Laurel," *Wikipedia*, https://en.wikipedia.org/wiki/Jose_P._Laurel 2022 年 2 月 4 日瀏覽。

[80] Elpidio Quirino, "*Wikipedia*, https://en.wikipedia.org/wiki/Elpidio_Quirino 2022 年 2 月 5 日瀏覽。

[81] "Ramon Magsaysay," *Wikipedia*, https://en.wikipedia.org/wiki/Ramon_Magsaysay 2022 年 2 月 4 日瀏覽。

[82] White III, Lynn, *Philippine Politics: Possibilities and Problems in a Localist Democracy*, Routledge, London and New York, 2014, p. 16.

艾奎諾夫人（Corazon Aquino）：祖籍福建，1986-1992 年間出任菲國第十一任總統。

艾奎諾三世（Benigno Aquino III.）：為艾奎諾夫人之子，1998-2007 年間出任眾議員。2004 to 2006 年間出任眾議院副議長。2007–2010 年間出任參議員。 2010-2016 年間出任菲國第 15 任總統。

杜特地（Rodrigo Roa Duterte）：其祖父為來自廈門的華人。1986 年，艾奎諾夫人總統任命他為納卯市副市長，1988 年當選納卯市市長。1998 年當選眾議員。2001、2004、2007 年連任納卯市長。2010 年，他女兒莎拉▪杜特地（Sara Duterte-Carpio）當選納卯市長，他則當選副市長。2013 年，他又選上納卯市長。2016-2022 年間出任菲國第 16 任總統。[83]

（二）擔任國家副領導人

羅培茲(Fernando Hofileña Lopez Sr.)：曾在 1949–1953、1965–1969 和 1969–1972 年間三度出任副總統。[84]

（三）擔任部會首長

林雯洛（Alfredo "Fred" Siojo Lim）：曾任國家調查局局長、馬尼拉兩任市長、警察總監和參議員、內政與地方政府部部長。[85]

羅伯里道（Jesse Robredo）：曾任南卡馬里尼斯（Camarines

---

[83] "Rodrigo Duterte," *Wikipedia*, https://en.wikipedia.org/wiki/Rodrigo_Duterte 2022 年 2 月 3 日瀏覽。

[84] "Fernando Lopez," *Wikipedia*, https://en.wikipedia.org/wiki/Fernando_Lopez 2022 年 2 月 4 日瀏覽。

[85] "Alfredo Lim," *Wikipedia*, https://en.wikipedia.org/wiki/Alfredo_Lim 2022 年 2 月 3 日瀏覽。

Sur）省那加市（Naga City）六任市長、內政與地方部部長。[86]

羅科（Raul Roco）：曾任參議員、教育部長。[87]

勞伯托•王彬（Roberto Ongpin）：是馬可仕總統時期的貿工部長。[88]

詹姆•王彬（Jaime Ongpin）：1986年出任財政部長。勞伯托•王彬是其兄長。[89]

圖 5-6：馬尼拉比農多（**Binondo**）區的王彬街

資料來源：”Chinese Filipino,” *Wikipedia*,

https://en.wikipedia.org/wiki/Chinese_Filipino　2023 年 1 月 25 日瀏覽。

---

[86] “Jesse Robredo,” *Wikipedia*, https://en.wikipedia.org/wiki/Jesse_Robredo　2022 年 2 月 3 日瀏覽。

[87] “Raul Roco,”*Wikipedia*, https://en.wikipedia.org/wiki/Raul_Roco　2022 年 2 月 3 日瀏覽。

[88] “Roberto Ongpin,” *Wikipedia*, https://en.wikipedia.org/wiki/Roberto_Ongpin 2022 年 2 月 3 日瀏覽。

[89] “Jaime Ongpin,” *Wikipedia*, https://en.wikipedia.org/wiki/Jaime_Ongpin　2022 年 2 月 3 日瀏覽。

德瑞莎（Gemma Teresa Guerrero Cruz-Araneta）：1964 年當選菲律賓小姐，1968 年出任國立博物館館長、菲律賓國立歷史委員會委員，1998 年到 2001 年出任旅遊部部長。[90]

提歐多羅（Gilbert Teodoro）：是愛德華多・許寰哥（Eduardo Cojuangco Jr）的侄子，艾奎諾三世總統的表兄，2007 年到 2009 年為國防部長。2010 年參選總統，敗給艾奎諾三世。[91]

王海美（Carlos G. Dominguez），祖籍福建，曾任菲國農業部副部長、部長。[92]

（四）擔任國會議員

文忠斯（Wenceslao Vinzons）：其組父為華裔，祖母為菲女。1935，當選菲律賓制憲會議代表。1941 年日軍入侵菲島，他領導抗日游擊隊，被日軍逮捕處死。[93]

馬克・許寰哥（Mark Cojuangco）：曾任邦加絲蘭省（Pangasinan）第五區的菲國眾議員。[94]

里諾・林（Reno Lim）：為阿爾貝（Albay）省第三區眾議員。[95]

提尼歐（Antonio "Tonchi" Tinio）：為 2010 –2022 年眾議員。

---

[90] "Gemma Cruz-Araneta," *Wikipedia*, https://en.wikipedia.org/wiki/Gemma_Cruz-Araneta　2022 年 2 月 4 日瀏覽。

[91] "Gilbert Teodoro, *Wikipedia*, https://en.wikipedia.org/wiki/Gilbert_Teodoro#Personal_life　2022 年 2 月 6 日瀏覽。

[92] 金，「菲領袖與華裔」，南洋星洲聯合早報（新加坡），1986 年 9 月 14 日，頁 2。另有資料寫為王海棉，參見姚子，「菲華人地位提高」，南洋星洲聯合早報（新加坡），1986 年 5 月 4 日。

[93] "Wenceslao Vinzons, *Wikipedia*, https://en.wikipedia.org/wiki/Wenceslao_Vinzons#Early_life_and_education　2022 年 2 月 6 日瀏覽。

[94] "Mark Cojuangco," *Wikipedia*, https://en.wikipedia.org/wiki/Mark_Cojuangco 2022 年 2 月 3 日瀏覽。

[95] "Reno Lim," *Wikipedia*, https://en.wikipedia.org/wiki/Reno_Lim　2022 年 2 月 3 日瀏覽。

96

　　愛美・馬可仕（Imee Marcos）：為馬可仕總統之女，1998 年
到 2007 年為北伊洛科斯（Ilocos Norte）省選出之眾議員，2010
年到 2019 年為北伊洛科斯省長，2019 年為參議員。[97]

　　安娜・多明尼克（Anna Dominique "Nikki" Marquez-Lim
Coseteng）：父親為華裔，姓林。1987 年到 1992 年曾任奎松市市
議員，1992 年到 2001 年出任參議員。[98]

　　陶倫迪諾（Abraham Tolentino）：1998 年到 2004 年為塔蓋泰
（Tagaytay）市議員，2004 年到 2013 年為塔蓋泰市長。2013-2016
年及 2019-2022 年當選為眾議員。[99]

　　葉哥（Eric Go Yap）：為「社區參加及支持反犯罪和恐怖主
義組織」（ACT-CIS, Anti-Crime and Terrorism Community
Involvement and Support）選出的政黨名單代表制的國會議員。[100]

　　阿天札（Lito Atienza）：為布黑（Buhay）選出的政黨名單代
表制的國會議員。[101]

　　勞倫斯（Christopher Lawrence "Bong" Tesoro Go）：為菲國參
議員。[102]

---

[96] Antonio Tinio, "*Wikipedia*, https://en.wikipedia.org/wiki/Antonio_Tinio 　2022 年 2 月 6 日瀏覽。

[97] "Imee Marcos, "*Wikipedia*, https://en.wikipedia.org/wiki/Imee_Marcos 　2022 年 2 月 6 日瀏覽。

[98] "Nikki Coseteng," *Wikipedia*, https://en.wikipedia.org/wiki/Nikki_Coseteng 2022 年 2 月 4 日瀏覽。

[99] "Abraham Tolentino, "*Wikipedia*, https://en.wikipedia.org/wiki/Abraham_Tolentino 2022 年 2 月 6 日瀏覽。

[100] "Eric Yap," *Wikipedia*, https://en.wikipedia.org/wiki/Eric_Yap 　2022 年 2 月 3 日瀏覽。

[101] "Lito Atienza," *Wikipedia*, https://en.wikipedia.org/wiki/Lito_Atienza#Early_life_and_career 　2022 年 2 月 3 日瀏覽。

[102] "Bong Go," *Wikipedia*, https://en.wikipedia.org/wiki/Bong_Go 　2022 年 2 月 3 日瀏覽。

　　梅迪納（Joseller "Yeng" Medina Guiao）：曾任 Pampanga 副省長、眾議員。[103]

　　莫卡多（Manuel "Lito" Mercado Lapid）：曾任邦邦牙省副省長、省長、菲國參議員。[104]

　　葉梭托（Vicente Yap Sotto）：曾任 1922 年到 1925 年的眾議員、1946 年到 1950 年的參議員。[105]

　　卡司特洛（Vicente "Tito" Castelo Sotto III）：1988 年到 1992 年任奎松市副市長，1992 年到 2004 年任參議員，2010-2013 任參議員，2016-2019 任參議員，2018 年任參議院議長。[106]

　　提堂（Milagrosa Tee Tan）：2001 年到 2010 年出任沙瑪省（Samar）省長，2016 年任眾議員，2018 年因為涉嫌貪污而被起訴，2019 年 3 月被定罪，終止眾議員職務。[107]

　　托里斯-葛梅茲（Lucy Torres-Gomez）：2010-2016 年為雷特（Leyte）省眾議員。[108]

（五）省市首長及議員

　　邦多克（Manuel Tinio y Bundoc）：其祖先約在 1750 年從中國移民菲島，受洗為天主教徒。其家族為新伊茲哈（Nueva Ecija）

103 "Yeng Guiao," *Wikipedia*, https://en.wikipedia.org/wiki/Yeng_Guiao　2022 年 2 月 3 日瀏覽。

104 "Lito Lapid," *Wikipedia*, https://en.wikipedia.org/wiki/Lito_Lapid　2022 年 2 月 3 日瀏覽。

105 "Vicente Sotto," *Wikipedia*, https://en.wikipedia.org/wiki/Vicente_Sotto　2022 年 2 月 3 日瀏覽。

106 "Tito Sotto," *Wikipedia*, https://en.wikipedia.org/wiki/Tito_Sotto　2022 年 2 月 3 日瀏覽。

107 "Milagrosa Tan," *Wikipedia*, https://en.wikipedia.org/wiki/Milagrosa_Tan　2022 年 2 月 3 日瀏覽。

108 "Lucy Torres-Gomez, "*Wikipedia*, https://en.wikipedia.org/wiki/Lucy_Torres-Gomez　2022 年 2 月 6 日瀏覽。

省的富商、大地主。他曾參加抗美的菲律賓革命軍，成為最年輕的將軍。1907 年當選新伊茲哈省長。[109]

包提斯塔（Herbert Bautista）：曾任奎松市市長。[110]

墨斐・許寰哥（Eduardo Murphy Cojuangco, Jr.）：父為華人，姓許（Cojuangco），母為菲人。曾任丹轆（Tarlac）省省長。1992 年參選總統，結果敗於羅慕斯（Fidel V. Ramos）。為馬可仕總統之膩友。[111]

荷西・許寰哥（José Cojuangco, Sr.）：其祖父許玉寰，為福建漳州角美鎮鴻建村人，為艾奎諾夫人總統的父親，曾任 1934 年至 1946 年丹轆省第一區議員。[112]

黃嚴輝（Arthur "Art" Cua Yap）：其父出生於蘇祿群島的和魯（Jolo）島，祖父為華人，祖母為托索族（Tausug）。2004-2005 年及 2006-2007 年出任農業部長，2010-2019 年出任眾議員，2019 年任薄荷省（Bohol）省長。[113]

貝爾蒙特(Joy Belmonte)：母親是郭姓華人。貝爾蒙特在 2010 年到 2019 年出任奎松市副市長，2019 年出任奎松市市長。[114]

蔡雷耶士（Dino Reyes Chua）：父親為蔡姓華人。2004 年出

---

[109] "Manuel Tinio, "*Wikipedia*, https://en.wikipedia.org/wiki/Manuel_Tinio#Antecedents 2022 年 2 月 6 日瀏覽。

[110] "Herbert Bautista," *Wikipedia*, https://en.wikipedia.org/wiki/Herbert_Bautista 2022 年 2 月 3 日瀏覽。

[111] "Danding Cojuangco," *Wikipedia*, https://en.wikipedia.org/wiki/Danding_Cojuangco 2022 年 2 月 3 日瀏覽。

[112] "José Cojuangco," *Wikipedia*, https://en.wikipedia.org/wiki/Jos%C3%A9_Cojuangco 2022 年 2 月 3 日瀏覽。

[113] "Arthur C. Yap," *Wikipedia*, https://en.wikipedia.org/wiki/Arthur_C._Yap 2022 年 2 月 3 日瀏覽。

[114] "Joy Belmonte" *Wikipedia*, https://en.wikipedia.org/wiki/Joy_Belmonte 2022 年 2 月 4 日瀏覽。

"Category:Filipino politicians of Chinese descent," *Wikipedia*, https://en.wikipedia.org/wiki/Category:Filipino_politicians_of_Chinese_descent 2022 年 2 月 4 日瀏覽。

任甲米地（Cavite）副市長，2016 年出任甲米地省諾韋雷塔（Noveleta）市市長。[115]

馬海爾陳（Abdusakur Mahail Tan）：父為華裔，母為托索族。2007–2013 年為蘇祿省省長。[116]

（六）軍人

文森特林（Vicente Lim）：為菲國第一位西點軍校畢業生，在巴丹（Bataan）半島戰役期間，他任步兵第 41 師師長，後被日軍逮捕處死。[117]

達尼洛林（Danilo Lim）：為軍人，2006 年至 2010 年，他因叛亂指控和未遂政變被關押在奎松市的克拉姆軍營（Camp Crame）。2007 年 11 月 29 日，同一組織在馬卡蒂（Makati）的馬尼拉半島酒店引發抗爭，他呼籲艾洛雅（Gloria Macapagal Arroyo）總統下台。2017-2021 年，他出任馬尼拉都會發展局（Metropolitan Manila Development Authority）主席。[118]

（七）外交官

鄭建祥（Claudio Teehankee）：其父為鄭漢淇，1901 年從福建移民至菲島。其母為菲華混血兒。他在 1967 年出任司法部長，1987 年到 1988 年出任最高法院首席大法官（院長）。1988 年，出任駐美大使。[119]

---

[115] "Dino Reyes Chua," *Wikipedia*, https://en.wikipedia.org/wiki/Dino_Reyes_Chua 2022 年 2 月 4 日瀏覽。

[116] "Abdusakur Mahail Tan, "*Wikipedia*, https://en.wikipedia.org/wiki/Abdusakur_Mahail_Tan　2022 年 2 月 6 日瀏覽。

[117] "Vicente Lim," *Wikipedia*, https://en.wikipedia.org/wiki/Vicente_Lim　2022 年 2 月 3 日瀏覽。

[118] "Danilo Lim," *Wikipedia*, https://en.wikipedia.org/wiki/Danilo_Lim　2022 年 2 月 3 日瀏覽。

[119] "Claudio Teehankee, "*Wikipedia*,

楊應琳（Alfonso Yuchengco）：1986-1988 年，為菲國駐中國大使、1995 年為駐日大使，1998 年為總統「亞太經濟合作會議」（APEC）事務特別助理，2004 年為總統外交事務顧問，2006 年為菲國駐聯合國常任代表。[120]

德克松顏（Manuel Tecson Yan, Sr）：1968 年到 1972 年任菲國武裝部隊參謀總長，曾任駐泰、印尼和英國大使、外交部長和次長。擔任和平過程總統顧問，負責與南部「摩洛民族解放陣線」（Moro National Liberation Front），於 1996 年簽署「1996 年最終和平協議」（1996 Final Peace Agreement）。[121]

黃書賢（Dennis Ang Uy）：其祖父母為華裔，在 20 世紀初移居納卯市（Davao）經商。2011 年，出任哈薩克（Kazakhstan）的名譽領事。[122]

萬雷·安頓紐·鄭漢淇，2004-2011 年 9 月、2017-2022 年，為菲國駐世界貿易組織大使和常駐代表。小馬可仕在 2022 年 7 月再度任命他為菲國駐世界貿易組織大使。[123]

周清琦（Francisco "Frank" Benedicto），居住在宿霧，祖籍福建，曾任菲律賓駐新加坡、南韓、巴西等國大使。[124]

李永年（Domingo Lee），艾奎諾三世總統任命他為中國事務特使。

---

https://en.wikipedia.org/wiki/Claudio_Teehankee 2022 年 2 月 6 日瀏覽。龍傅仁，「悼鄭建祥」，聯合日報（菲律賓），1989 年 12 月 19 日，頁 6。

[120] "Alfonso Yuchengco, "*Wikipedia*, https://en.wikipedia.org/wiki/Alfonso_Yuchengco 2022 年 2 月 6 日瀏覽。

[121] "Manuel Yan," *Wikipedia*, https://en.wikipedia.org/wiki/Manuel_Yan#Post_military_service 2022 年 2 月 3 日瀏覽。

[122] "Dennis Uy, "*Wikipedia*, https://en.wikipedia.org/wiki/Dennis_Uy 2022 年 2 月 6 日瀏覽。

[123] 「小馬任命鄭漢淇為駐世貿大使」，菲律賓商報，2022 年 7 月 16 日。

[124] 金，「菲領袖與華裔」，南洋星洲聯合早報（新加坡），1986 年 9 月 14 日，頁 2。

（八）大法官

皮德羅葉（Pedro L. Yap）：1988-1988 年間出任菲國最高法院首席大法官。[125]

（九）其他

辛海美（Jaime Sin）：為錢姓華裔，[126]為菲律賓樞機主教，1986年人民革命領袖，也是 2001 邑沙（EDSA）革命推翻艾斯特拉達（Joseph Estrada）總統的領袖之一。[127]

施順（Jose Maria Sison）：其曾祖父是第 19 世紀末北呂宋的富有華人地主。為菲律賓「新人民軍」（New People's Army）的創始人，終生從事共產主義運動。[128]

葉飛（Ye Fei）：父為華人，母為菲人。葉飛是在菲國出生的華人，後來參加中國共產黨，曾任中國海軍司令、福建省長和交通部長。[129]

汀汀・許寰哥（Tingting Cojuangco, Margarita "Tingting" de los Reyes Cojuangco）：是獨立菲律賓人促進黨（Kabalikat ng Malayang Pilipino (Kampi) Party）的黨主席，菲律賓事務協會（Council of Philippine Affairs，COPA）的一員，是菲律賓星報（*Philippine Star*）的專欄作家，曾參加 2013 年參議員選舉，結果落選，她是艾奎諾三世（Benigno Aquino III.）總統的姑媽。[130]

---

[125] "Pedro Yap, *Wikipedia*, https://en.wikipedia.org/wiki/Pedro_Yap　2022 年 2 月 6 日瀏覽。

[126] 金，「菲領袖與華裔」，南洋星洲聯合早報（新加坡），1986 年 9 月 14 日，頁 2。

[127] "Jaime Sin," *Wikipedia*, https://en.wikipedia.org/wiki/Jaime_Sin　2022 年 2 月 3 日瀏覽。

[128] }Jose Maria Sison," *Wikipedia*, https://en.wikipedia.org/wiki/Jose_Maria_Sison 2022 年 2 月 3 日瀏覽。

[129] "Ye Fei," *Wikipedia*, https://en.wikipedia.org/wiki/Ye_Fei　2022 年 2 月 3 日瀏覽。

[130] "Tingting Cojuangco," *Wikipedia*, https://en.wikipedia.org/wiki/Tingting_Cojuangco

姬娜（Regina Paz "Gina" La'o Lopez）：2010 年，艾奎諾三世總統任命她為巴石河治理委員會（Pasig River Rehabilitation Commission）主席。[131]

第六節　結論

在東南亞史上，殺害華人最早的紀錄是西班牙統治下的菲島，受害華人人數前後加總有 6 萬多人，而且次數多達五次。西班牙菲島當局對華人施行苛捐雜稅以及在經濟上的壓制，導致華人起來反抗。儘管受到嚴苛鎮壓統治，華人還是前往菲島尋求商業利益和機會。同時也開啟了馬尼拉和中國廣州及廈門港之間的航運商貿關係，自第 16 世紀起中國從該條航線賺進大量的白銀。

美國統治菲島時，制訂各項辦法管理菲島華人，規定移民人數、限制華工進入菲島。美國在 1935 年讓菲島自治，菲律賓開始推行菲化案，主張以入籍菲國者才能取得商業經營權。美國是施行自由經濟體制之國家，對於菲自治國採行這種帶有經濟民族主義的政策並不表贊同，故該制並未實施。

直至二戰結束後，菲國在 1946 年 7 月 4 日取得獨立地位，才又開始推動零售業、米、黍業等各項經濟民族主義政策下的菲化案，華人被迫只有入籍一途。大多數經商之華人選擇入籍，少數從事非商業活動者尚保留中華民國國籍。至 1975 年，因為菲國要與北京政權建交，以及強迫華校菲化，乃放寬入籍條件，其他尚未入籍者才紛紛加入菲國國籍。

2022 年 2 月 3 日瀏覽。

"List of Chinese Filipinos," *Wikipedia*,
https://en.wikipedia.org/wiki/List_of_Chinese_Filipinos　2022 年 2 月 3 日瀏覽。

[131] "Gina Lopez," *Wikipedia*, https://en.wikipedia.org/wiki/Gina_Lopez　2022 年 2 月 4 日瀏覽。

　　在菲國的華人人數佔比菲國總人口數很低，但控制了菲國經濟，在政治上亦表現積極，華人或混血華裔出任總統、國會議員、地方縣市首長者為數頗多，堪稱是東南亞國家中最為突出者。從而可知，菲國獨立後沒有發生類似印尼、越南、馬來西亞的排華運動，華人得以在沒有種族對立之情況下安身立命地生活。然而，因為華人經濟條件普遍高於菲人，故經常遭到歹徒覬覦，綁架勒索、搶劫或暗殺有錢的華人常見諸報端，在 1993 年華社領袖洪玉華（Teresita Ang See）還組織「公民反犯罪與恢復治安運動組織」（Citizens Action Against Crime (CAAC) and Movement for Restoration of Peace and Order, MRPO），呼籲政府重視華商遭綁架勒索事件及團結華人打擊該類綁架勒索華商之事件。[132]

　　相較其他東南亞國家，菲國華人享有較大的政治參與空間和機會，大概除了新加坡和馬來西亞外，菲國華人政治人物不用隱匿或遮掩自己的華人身份。菲國也沒有純華人組織的政黨，華人競選時也無須訴求華人之支持，也不用擔心面臨排華運動。菲國富有的華商唯一擔心的是遭歹徒綁架勒贖，這種另類的排華事件，唯有菲國治安改善，才有根除的可能。

---

[132] Rome Jorge, "Citizen Tessie," *The Manila Times*, October 16, 2005. https://www.manilatimes.net/2005/10/16/the-sunday-times/cover-story/citizen-tessie/808524　2022 年 2 月 27 日瀏覽。

第六章　二戰後印尼對華人的政策：從同化到包容

摘要

在東南亞國家中，印尼應是制訂最多排華法令的國家，其排華運動也是最為血腥，受害華人人數也是最多者。當印尼排華後，跟其他國家一樣，其經濟就陷入困境，在蘇哈托統治期間，不得不扶植少數大型華人企業，利用華人企業培養充實經濟實力，又利用群眾運動壓制和馴服華人，對華人採取兩手策略，以鞏固印尼土著的民族主義。在同化政策下，華人逐漸喪失華人特性。隨著後蘇哈托時代的來臨，在民主化大潮流下，印尼開始給予華人在政治、經濟和社會上的平等地位。少了政治強人的操弄，強制同化政策已不合時宜，一個建立在各族群平等的包容政策，正在印尼社會成長生根。

第一節　前言

在印尼獨立初期，對華人尚持友好態度，為拉攏華人，蘇卡諾（Sukarno）總統在 1946 年 6 月 18 日簽發政令，將農曆新年訂為華裔公務員或居民的公共假日，政府機關只辦公半天。因為當時華裔是印尼第三大族群，其人數僅次於爪哇族和巽他族。[1]但隨後爆發印尼共和國和荷蘭的戰爭，華人大都傾向荷蘭一方，引發印尼土著對於華裔的不諒解，在這一段戰爭期間，華人遭到殺害者無數，財產被掠奪者無法估計。

印尼獨立戰爭應該是印尼人和華人發生衝突的轉捩點，當時大部分華人仍持有中華民國國籍，他們只是客居印尼的外僑，不

---

[1]南洋星洲聯合早報（新加坡），2001 年 1 月 23 日，版 2。

想介入印尼和荷蘭之間的衝突，以致於經常在戰爭中因為立場問題而遭到印尼人的屠殺。以後又因為中華民國政府撤出中國大陸，使他們失去中華民國政府的支持，他們可能是因為政治立場親國民黨或者年紀較大，中國觀念較為強烈，不想加入印尼國籍，或者其他個人的原因未能立即加入中華人民共和國的國籍，更使他們的國籍地位陷入兩難困境。華人成為印尼建構民族主義的一個墊板，當其社會發生衝突時，轉化的機制就是利用排華運動以化解人民對政府的不滿、消除人民的怨恨。在蘇卡諾和蘇哈托（Suharto）高度威權主義統治下，將華人同化入印尼社會成為政權正當性的理由，印尼土著沒有人認為這樣做不對。最令人驚訝的是，竟然沒有出現反對該種種族同化政策的聲音或組織，這是一種多數暴力的威權統治體制。直至蘇哈托垮台後，逐漸取消各項排華法令，華人才得以取得平等的政治、經濟和社會地位。

　　至 2015 年，印尼總人口數粗估有 2 億 4 千 5 百萬，其中華人約占 3%。華裔擁有鉅大之經濟實力，據 1995 年調查，在雅加達上市公司中，屬於華裔資產的公司就占了 73%，在排名前 300 大公司中，華人公司就占了 68%，該一經濟實力至今持續不墜。[2]此一印象成為印尼歷來各地排華運動的導火索，也是蘇哈托政府制訂排華法令的主要考慮因素。本文擬討論蘇哈托政府制訂強制性同化政策到後蘇哈托時期的包容政策的轉變歷程及其影響。

第二節　限制入籍

　　印尼在 1946 年 4 月 10 日頒布第 3 號法令，即「印尼共和國

2　Muhammad Cohen, " Happy to be Chinese in Indonesia," *Asia Times*, October 20, 2011, http://www.atimes.com/atimes/Southeast_Asia/MJ20Ae01.html　（2015 年 8 月 24 日瀏覽。）

公民和居民法」，規定在印尼出生並連續居住滿 5 年者、年滿 21
歲、已婚的非原住民後裔，如在規定期限內不到政府機關表明自
己的態度，即被認為選擇了印尼國籍，自動成為印尼公民。他們
若放棄印尼公民身份，可維持外僑身份。但該法並未徹底實施，
原因是從 1946-1949 年間印尼共和國和荷蘭處於戰爭狀態，許多
華人並未依此法取得公民權。1949 年 12 月，印尼和荷蘭簽訂「海
牙圓桌會議協定」，其中關於國籍條款中規定從 1949 年 12 月 27
日起至 1951 年 12 月 27 日的兩年內，華人採取被動制取得國籍，
即須自行申請印尼國籍，而非自動成為印尼公民。當時印尼華人
約有 300 萬人，被動成為印尼國籍者佔 30%，約有 90 萬人。1950
年 8 月 17 日頒布的「印尼共和國憲法」，仍繼續採用「被動制」。
印尼華人為謀求自身取得國籍的權利，在 1954 年 3 月 13 日成立
「印尼國籍協商會」，其宗旨為「爭取實現印尼民族的理想，促
使每個公民都享有平等的權利、義務和機會。」然而，有許多華
人持中華民國護照，他們並不想加入印尼國籍，因為中國大陸變
成中華人民共和國，他們也無法返回中國，自然也未取得中華人
民共和國的國籍。此時中華人民共和國和印尼有外交關係，如果
華人取得中華人民共和國國籍，又取得印尼國籍，並非印尼政府
所同意，此一華人的國籍問題困擾著印尼和中華人民共和國之間
的關係。

圖 6-1：1953 年雅加達格洛多克（Glodok）的唐人街

資料來源："Chinese Indonesians," *Wikipedia*,
https://en.wikipedia.org/wiki/Chinese_Indonesians 　　2023 年 1 月
27 日瀏覽。

為了解決印尼華裔的國籍問題，周恩來趁到印尼參加萬隆
（Bandung）會議（亞非會議）的機會，與印尼總理阿里・薩斯
特羅米卓卓（Ali Sastroamidjojo）在 1955 年 4 月 22 日簽署「中
華人民共和國與印尼共和國關於雙重國籍問題的條約」，內容要
點如下：

(1)凡屬同時具有中華人民共和國國籍與印尼共和國國籍的
人都應該依據本人自願的原則，就該兩種國籍選擇其中一個國籍。

(2)凡曾宣誓效忠印尼共和國憲法的所有華裔政府官員和職
員，均免重新選籍，因只具有單一的印尼國籍。

(3)凡屬同當地人民過著同樣生活，諸如農民、漁民、三輪車
夫、賣菜小販等，均免重新選籍，因只具有單一的印尼國籍。

(4)凡曾參加過印尼議會選舉的所有華裔印尼公民，均免重
新選籍，因只具有單一的印尼國籍。

(5)條約的實施免收一切費用。[3]

1955 年 6 月 3 日，兩國總理換文，印尼國會和中國人大常
委會於 1957 年 12 月分別批准了該條約，1960 年 1 月 20 日兩國
互換批准書，並於該日正式生效。[4]印尼和中國在 1960 年 12 月
15 日於雅加達簽訂「關於雙重國籍問題的條約的實施辦法」。儘
管簽署該約，印尼政府並沒有確實執行，而於 1958 年 7 月 29 日

---

[3]林凌，「印尼華人國籍問題的來龍去脈」，華人月刊，總第 88 期（香港，1988.11），
　　頁 8-10。
[4]文逸，「中印（尼）關係的變化對華人社會的影響」（上），華人月刊，第 106 期（香
　　港，1990.05），頁 10-14。

公布「新國籍法」(名為 62/58 號法令),對於華人入籍則採取嚴格的措施和辦法。該新國籍法規定:(1)加入印尼國籍必須第二代人才有資格,並須拿出父輩在印尼出生的證件。(2)已選擇印尼國籍者,仍舊保留印尼國籍,但以持有「國籍證」(Letter of Indonesian Citizenship)為準。前項所謂「出生證」,從未頒發過,需要者只好出高價去登記補做證件。印尼司法部長阿德吉(Umar Seno Adji)亦在 1971 年 10 月 11 日頒布該部第 16 號通告,規定如未能持有印尼國籍證,不論是否參加過獨立戰爭的軍人,一律視為外僑。[5]據 1965 年統計資料,華人已有 200 多萬人入印尼籍,保留中國籍者只有 100 多萬人。[6]

印尼總統蘇卡諾在 1959 年公佈總統第 10 號令,禁止未入籍的華僑在縣以下居住及經營零售業,許多華僑被迫離開鄉下,遷移到城市地區。但雅加達軍政當局於 1960 年 11 月 28 日宣布,基於安全理由禁止華僑遷入雅加達及萬隆兩地區居住,只許他們在雅加達近郊指定地區居住。

1965 年底,印尼蘇哈托政府解散「印尼國籍協商會」,逮捕其領導人。1966 年 4 月,官辦的「民族統一促進機構」(Institute for Fostering National Unity, Bakom P. K. B.)在雅加達召開了有數萬華人參加的效忠大會,會上通過三項決議:(1)效忠印尼共和國;(2)要求印尼政府與中華人民共和國斷交;(3)要求關閉所有華文學校。會後還舉行效忠印尼示威遊行,發起搗毀中國駐雅加達大使館的行動。同年 5 月,陸軍總司令蘇哈托順勢下令封閉所有華文學校 667 間,受影響的學生有 272,782 人。

1966 年後,印尼政府對華人入籍採取凍結措施。1969 年 4 月 10 日,印尼政府終止「中華人民共和國與印尼共和國關於雙

---

[5]林凌,「印尼華人國籍問題的來龍去脈」。
[6]蔡仁龍,「印尼華僑、華人『認同』的轉向」,華人月刊,第 140 期(香港,1993.03),頁 36-38。

重國籍問題的條約」（該約效期為 1960-1980 年）。以後具有外僑身份的華僑及其年滿 18 歲的子女只能根據印尼國會於 1958 年通過的「國籍法」（共和國第 62 號法令）的申請入籍手續成為印尼公民。據 1972 年的統計，印尼華人登記為外僑者有 1,010,652 人，其中 871,090 人為中華人民共和國公民，149,486 人為「無國籍」，66 人是中華民國籍。據 1979 年的統計，印尼華人登記為中華人民共和國公民的有 914,112 人，129,013 人為「無國籍」。[7]

　　根據印尼國籍法第 4 條之規定：「在印尼出生的外僑，如果其父母是在印尼出生和居住者，年滿 18 歲者可申請取得印尼國籍。」第 5 條規定：「未滿 18 歲或父母非在印尼出生者，申請入籍時除必須具備一定的居住年限（如在印尼須至少居住滿 5 年，非連續居住者則須滿 10 年）、語言文化條件（包括印尼歷史知識）和有固定收入外，還須繳交 500-1,000 盾費用。另外亦須聲明放棄中國籍。實際上，繳交的入籍費很高，在 1974 年時要繳 3 萬到 10 萬盾（約 75-250 美元），以後增加到 50-100 萬盾，到 1990 年時繳 600 萬盾。[8]此影響華人入籍的意願，以致於到 1990 年時還有將近 30 萬華人未入籍。

　　1978 年，印尼政府開始規定外裔公民要使用國籍證（Letter of Proof of Citizenship of the Republic of Indonesia, *Surat Bukti Kewarganegaraan Republik Indonesia*, or SBKRI ），雖然該證是針對非土著的公民，實際上主要是針對華裔。此一辦法增加華裔公民進入公立大學、參加公務員考試、辦理各種民政事務如身分證及護照，或申請各種許可證如商業執照等，都須出示國籍證明，否則會被拒絕。

---

[7]文逸，「中印（尼）關係的變化對華人社會的影響」（上），頁 10-14。
[8]文逸，「中印（尼）關係的變化對華人社會的影響」（上），頁 10-14。

蘇哈托在 1980 年 1 月 31 日頒布「第 2 號總統令」(Presidential Instruction No.2/1980)，對過去根據條約或法令取得印尼國籍但沒有取得合法的證明文件者，給予法律上的肯定，發給正式印尼籍民證件，要求在同年 8 月 17 日以前完成。該項寬鬆政策允許華人入籍，減化入籍手續。2 月 11 日公布 1980 年「總統第 13 號決定書」(Presidential Decision No.13/1980)，規定凡符合 1958 年國籍法第 5 條者，即可申請加入印尼籍，而且將歸化期限從原先規定的 2-3 年縮短為 90 天。此一法令方便許多華人入籍，因此在同年 4 月底，申請加入印尼籍者有 820,433 名華人。[9]至 1990 年，印尼與中國復交為止，只剩下 30 萬人未入籍。以後印尼採取更寬的措施，讓這些無國籍的華裔入籍。

1977 年公佈「內政部關於執行人口登記指示的第 X01/1977 號指示」(Instruction of the Ministry of Home Affairs No. X01/1977 on Implementing Instructions for Population Registration) 和 1980 年 1 月 28 日雅加達政府的秘密指示第 3 · 462/1.755.6 號 (the confidential instructions No.3.462/1.755.6 of the Jakarta government January 28, 1980)，授權在身份證上打上特別記號「A01」，表明係華人後裔。[10]華裔居民在獲得身分證前須向市政府申辦所謂市民證明書，這些歧視條例除旨在監視華人外，也藉機收取辦理手續費。[11]1982 年，內政部長下令各省長，在華裔的身份證正面上註明「0」碼，以為識別。

---

[9]文逸，「中印（尼）關係的變化對華人社會的影響」(上)，頁 10-14。

[10] " Legislation on Chinese Indonesians," Wikipedia, https://en.wikipedia.org/wiki/Legislation_on_Chinese_Indonesians （2016 年 1 月 23 日瀏覽。）

[11] 余歌滄，「印尼將立法反種族歧視 華人處境可望改善」，大紀元時報，2006 年 4 月 21 日。

第三節　限制經濟活動

　　無論是蘇卡諾，或是以後的蘇哈托政府，對華裔的經濟力量都採取各種限制措施。

　　1951年，貿易與工業部長蘇米特洛（Sumitro Djojohadikusumo）擬定「蘇米特洛計畫」，該計畫規定第一類主要工業，如水泥廠、化學基本工業、軍火工業、鎔鑄廢鐵工業、電力廠、水力廠及運輸工業等，僅能由政府及印尼籍民投資，禁止外資。第二類非主要工業，如汽車輪胎、無線電、電話、電燈泡、民航飛機、汽車及肥料等工廠，印尼籍民資本至少應佔一半，其餘容許外資參加。同時印尼籍民應佔過半數的董事席位。外資應負責訓練印尼籍職員，並將股份逐漸讓予印尼籍股東。[12]儘管該計畫未正式公布實行，但事實上以後的經濟措施是按照該計畫進行。1951年4月1日，印尼工業部長宣布，外僑不能在印尼從事手工藝及小規模工業，僅能從事中等規模工業。

　　1956年3月19日，在泗水舉行全印尼民族輸入商代表大會（Indonesian National Importer Congress），由印尼伊斯蘭教的正統派（Santri）領袖阿沙阿特(Gelar Datuk Mudo Assaat)[13]主持，他在會中致詞時表示，華商已控制進口的貿易通路，排除其他團體進入該一商業領域，此時應有一個辦法來保護原住民的商業利益。[14]會中通過下列主要決議：

---

[12]丘正歐，蘇加諾時代印尼排華史實，中央研究院近代史研究所，台北市，1995，頁30。

[13] 阿沙阿特為蘇門答臘人，1904年9月18日出生於武吉丁宜，曾參加印尼獨立運動，加入印尼社會黨，1947年被選為中央國民委員會委員，並任該會主席。1949年12月，曾代理印尼共和聯邦總統。1950年9月，出任內政部長。1958年，參加反蘇卡諾的革命政府的副總理。參見丘正歐，蘇加諾時代印尼排華史實，頁42。

[14] "Legislation on Chinese Indonesians, " *Wikipedia*, https://en.wikipedia.org/wiki/Legislation_on_Chinese_Indonesians　（2015年8月

(1) 凡屬民族企業，需由原住民主持，資本應百分之百為原
　　住民所有。

(2) 由原住民與華裔籍民共同經營的企業，其領導權需操在
　　原住民手中。

(3) 所有進口貨物，均須由原住民輸入商經營。

(4) 每一營業機會，不論已有的或新發生的，均應將優先權
　　給予原住民商人。

(5) 政府發出的營業准字，原住民商人有優先權，發給非原
　　住民商人的准字，應視該企業的性質而決定，並加以時
　　間限制。

(6) 凡原住民商人已有能力經營的企業，應全部由原住民出
　　口商辦理。

(7) 輸出方面，應規定某種貨物由原住民出口商經營。[15]

　　上述的決議變成「阿沙阿特運動」（Gerakan Assaat），此雖非
政府政策，但形成一個普遍的主張，即民族企業應由印尼原住民
主持，資本 100%屬於印尼原住民，由原住民和華人合資的企業
應由原住民領導，進出口的某些商品應由原住民經營。要實現該
項主張，即須將印尼人民分為「原住民」（Pribumi）和「非原住
民」（non-Pribumi）。印尼政府逐漸將這些主張落實為政策，例如，
1957 年 9 月 3 日，印尼工業部長與貿易部長發佈決定書，1958
年 3 月 1 日，又聯合發出通告，限令每一外僑企業〔包括出入口
商、批發商、代理商、經紀商、小經紀商、亞弄店（即雜貨店）、
攤商、無定址攤商及其他企業〕，均應在規定的三個月內，執有
外僑商（或企業）登記證，即需重新申請營業准字。[16]

---

　　20 日瀏覽。）

[15]丘正歐，蘇加諾時代印尼排華史實，頁 43。

[16]丘正歐，蘇加諾時代印尼排華史實，頁 33-34。

1957 年 9 月 26 日，雅加達軍事執權人發出命令，規定米業買賣應由原住民商（包括外僑後裔籍民）經營之。1958 年 6 月 18 日，印尼商業部國內貿易局宣布，從該年 7 月 1 日起印尼將禁止外僑在印尼從事內島貿易，其已領有執照者，准其繼續經營一年，惟營業執照需重新申領，並於限期屆滿前，可申請延長。這些外僑貿易商或公司已經在印尼從事貿易業者，將僅給予從事指定的產品業務。至於新從事內島貿易的外僑，將不再發給營業執照。[17]

1958 年 9 月 24 日，雅加達衛戍司令部宣布，凡屬與印尼無邦交國家的華僑企業，均將與 1957 年 12 月接管荷蘭僑商公司同樣地被接管。同年 10 月 16 日，雅加達衛戍司令部下令接管華僑企業，並宣布成立三個管制小組：一個監督雅加達華僑經營之「快樂世界」、遊藝場，一個監督雅加達華僑經營之八家電影院，另一個監督其他華僑企業。1959 年 3 月 18 日，雅加達軍事當局又下令解散 9 個華僑商業團體，由印尼配給商公會接收其產業。10 天後，雅加達衛戍司令部下令接收 13 家華僑企業公司和華僑經營的大東銀行。萬隆、三寶壟和棉蘭等地，亦有類似的情況發生。[18]

由於蘇卡諾想將地方軍權收歸中央掌控，引發地方軍區司令不滿，以及他從內閣制的總統變成擁有實權的總統，且在 1956 年 12 月 1 日迫使副總統哈達（Mohammad Hatta）辭職，哈達是蘇門答臘人，引起蘇門答臘人的不滿。12 月 16 日，蘇門答臘 48 名陸軍軍官簽署宣言，反對雅加達中央政府。20 日，胡笙上校控制蘇門答臘的巴東政府，成立「中蘇門答臘臨時政府」。12 月 22 日，辛波倫上校（Col. Maludin Simbolon）控制棉蘭政府，後經

---

[17] 丘正歐，蘇加諾時代印尼排華史實，頁 32-33。
[18] 丘正歐，蘇加諾時代印尼排華史實，頁 34-35。

政府軍鎮壓，退至山區。1957年1月中，巴利安中校（Lt. Col. Barlian）在南蘇門答臘稱兵作亂。3月2日，蘇穆爾中校（Lt. Col. "Ventje" Sumual）在蘇拉威西作亂。1958年2月，蘇門答臘的軍區指揮官和一些反對蘇卡諾的政治人物在巴東（Padang）建立「革命政權」，台灣介入該一政變，蘇卡諾對親台灣的印尼華人採取報復手段，加以逮捕入監或驅逐出境。1959年5月9日，西爪哇戰時掌權人公布「限制西爪哇一級行政區內外僑居住地點決定書」，規定外僑僅能居住的地方最低層級是縣府所在地，居住在縣府所在地以外地方的外僑，最遲須於1959年12月1日離開其居住地。井里汶（Cirebon）戰時掌權人公布「限制井里汶一級行政區內外僑居住地點決定書」，亦作如同上述的規定。

1959年5月14日，印尼貿易部長拉芝末（Rachmat Mujomisero）公布「M字第2933號決定書」，即禁止外僑在縣以下地區經商條例，外僑需於該年底前結束營業。國內貿易局局長哈都蘇比（Hadosubi）在該年7月1日公佈執行上項貿易部長決定書的辦法。在該項辦法中規定，所有縣以下地區的外僑零售商企業，必須採取下述三種方法之一，即：(1)關閉企業。(2)將企業經營權移交給原住民企業。(3)將企業搬至縣、州、市政府或省都所在地。

同年8月24日，蘇卡諾宣布流通中的面值500盾及1千盾之鈔票，將從25日起各減值為50盾及1百盾，也就是將鈔票上的數字減少後面一個零。另又同時頒布在銀行之每一存款戶額度在2萬5千盾以上者，凍結其超額之90%，作為政府舉借之長期借款。[19]此兩大金融措施，受害最大者是華僑，因為只有華僑持有大面額錢幣或銀行存款。

---

[19]丘正歐，蘇加諾時代印尼排華史實，頁35。

　　蘇卡諾進而在同年 11 月 18 日頒布「總統第 10 號法令」，由貿易部長拉芝末簽署，規定從 1960 年 1 月 1 日起禁止外僑（主要是未入籍的華人）在縣以下的鄉鎮經營零售業，需移轉給印尼公民或者遷移到城市居住。結果有 13 多萬華僑被迫離開鄉下，返回中國[20]或到新加坡和香港。1962 年，為了執行該項規定，華人與軍隊和土著發生衝突，據報導在爪哇和蘇門答臘有 2 萬華人被殺。[21]「總統第 10 號法令」第二條規定對這些被迫關閉的零售業有賠償辦法，其賠償數目由一個委員會參照當地慣例加以規定。但有多少華商獲得賠償並無資料。

　　1974 年 1 月，印尼政府規定，在合資企業中非土著伙伴須由土著替代，非土著企業必須將 50% 的股份移轉賣給土著，並由土著擔任企業負責人，或者 10 年內土著須佔 75% 的股權。同時還取消對非土著的銀行貸款、進出口許可證和外匯等優惠和便利條件。外資和非土著企業不准參加某些優先發展企業的投資等。另亦實施「堡壘制」（Benteng system），將進口商分為堡壘組、籍民組和外僑組三類。所謂「堡壘」，指土著。「籍民」，指入印尼籍的華人。「外僑」，指未入籍的華人。這三類人在進出口貿易上享有不同的待遇和特權。該制規定某種物品的進口業務、貨倉經營等，須由印尼土著經營。但因為土著缺乏資金和經營能力，往往將進口許可證轉讓給華商。此一經營形態，變成「阿里巴巴」（Ali-Baba）形態的企業，即華人是實際的經營者，而企業的掛名者是印尼土著，印尼土著變成傀儡企業主。此外，蘇哈托亦採取「主公」（cukongs, moguls）、（cukongs 為閩南音的有恩的人的

<hr />

[20] 有 19 萬 9 簽名華裔申請返回中國，但只有 10 萬 2 千人搭乘中國準備的船隻返回中國。"Legislation on Chinese Indonesians, " *Wikipedia*, https://en.wikipedia.org/wiki/Legislation_on_Chinese_Indonesians　（2015 年 8 月 20 日瀏覽。）

[21] 文逸，「中印（尼）關係的變化對華人社會的影響」（上），頁 10-14。"The Chinese in Indonesia: A Struggle for Identity," *Asiaweek*, 9:22 (June 3, 1983), .27-37.

意思,即恩主公之意)[22]制,此係將「阿里巴巴」制延伸而成的,是指華人資本與軍政官僚、民族商人相結合,主要由華人出資本和技術,為實際的經營者,軍政官員則給予保護及提供各種營業上的方便,印尼土著則取得乾股,兩相得利。華人富商成為印尼人的恩主公。這類「恩主公」約有 20 多人,例如林紹良、李文正、謝建隆、徐清華(查亞建築公司)、唐裕(敦那斯集團)、[23]彭雲鵬(巴里多太平洋集團(Barito Pacific Group):伐木、金融、石化、旅遊等多角化企業)、蔡氏家族(鹽倉集團:丁香煙業)。印尼政府實施上述的種族經濟政策,造成經濟出現下滑現象,所以在 1984 年 4 月公布第 29 號總統決定書,代替限制華僑、華人資本活動範圍的「1980 年第 14 號總統決定書」和「第 14A 號補充總統決定書」,以及「1984 年第 18 號總統決定書」,以「經濟力量薄弱集團」和「經濟力量強大集團」來取代「土著」和「非土著」的稱呼。[24]

　　1990 年 3 月 4 日,蘇哈托總統向 29 位華人、2 位土著大企業家號召,呼籲這些大企業家將股資轉賣給印尼全國各級合作社,協助合作社的發展,改善貧富差距,消除貧窮。由這些私人企業貸款給合作社,使合作社在未來 5-10 年間分階段購入私人企業的 25%的股份。合作社則以其所得的紅利的 75%償還借款,另外25%的紅利則用於改善合作社社員的生活。各大華人企業響應蘇哈托的呼籲,同年 7 月 28 日,華人大財團屬下的 108 家企業已撥出 1,620 萬美元的股份轉讓給各省不同類型的合作社。蘇哈托

---

[22]Cukong 一詞,主公是閩南話,指的是有恩的人。應是印尼土著對於華人給予事業的協助,故以恩人相稱。亦有指稱是華人對印尼軍人的一種稱呼,意指軍人保護華商企業有恩。李光耀認為主公是指華裔,他稱之為賣辦(即買辦之意),他們為了獲取特許經營權或執照以致富,一味迎合靠山的需求。參見李光耀,李光耀回憶錄(1965-2000),世界書局,台北市,2000,頁 304。

[23]文逸,「中印(尼)關係的變化對華人社會的影響」(下),華人月刊,第 107 期(香港,1990.06),頁 23-27。

[24]文逸,「中印(尼)關係的變化對華人社會的影響」(下)。

稱這種協助印尼貧弱階級的作法為「義父制」，即像義父對待義子那樣幫助不善於經營的小企業，培養人才和使其掌握先進的經營手段。[25]

在蘇哈托的默許下，政商關係發展得更為密切，華商和土著軍政界相互利用，變成公開的秘密，但在軍政界掌控政治的情況下，缺乏反對勢力的監督，以致於少數華商成為商業鉅子。這些政商關係構成的企業集團，較著名的有：蘇哈托的長女都都（Siti "Tutut" Hardiyanti Rukmana）的芝特拉・蘭多羅・貢企業集團（Citra Lamtoro Gung Group）、三兒子邦邦（Bambang Trihatmodjo）的比曼特拉集團（Bimantara Group）、五兒子湯米（Tommy Suharto）的胡布斯集團（Humpuss Group）；蘇哈托的同父異母兄弟蘇特威卡特莫諾（Sudwikatmono）；前副總統蘇達莫諾（Sudharmono）的兒子；前印尼國營石油公司總裁蘇托沃（Ibnu Sutowo）將軍之子等，總共約有 100 多家以上，這些企業集團涉及航空、石化、房地產、金融銀行、旅遊酒店、航運、高速公路、丁香、農業和木材業等。[26]

第四節　關閉華校、限制華文流通

1952 年，印尼文教部頒布了「外僑學校監督條例」，規定所有外僑學校必須依法辦理登記，接受文教部外僑教育局的監督，還規定外僑學校應以印尼文為必修課，及教授印尼史地等課程，並規定從小學三年級起須教授印尼文，每週不得少於 4 小時。

---

[25]孔文，「華人與印尼社會共同富裕問題」，華人月刊，第 143 期（香港，1993.06），頁 34-37。

[26]蔡仁龍，「有欠公允的責難：評哈托諾將軍關於印（尼）華經濟的講話」，華人月刊，第 172 期（香港，1995.11），頁 18-20。

1957 年 2 月和 8 月，印尼政府先後發佈決定書，規定華文學校校長和教師都須經印尼文考試合格。11 月，又頒布「監督外僑教育的執行條例」，除規定華校及其教師須向文教部重新註冊登記備案和提出申請獲准後才能續辦續教外，還規定「從本條例開始實施起，不再發准證給新設立的外僑學校」，並規定華文學校不得招收印尼籍學生，所有教科書都須經文教部審查批准後才能使用。上述一些措施已使華校大幅縮減，1957 年華校有 1,669 所，學生數 45 萬人，1958 年 7 月，華校只剩 850 所，學生數 15 萬人，其餘華校改為印尼民族學校（Sekolah Nasional Indonesia），由「印尼國籍協商會」接辦，專門招收印尼籍華裔學生。1958 年 10 月，因為台灣涉及蘇門答臘及蘇拉威西的軍事政變，印尼政府進一步關閉親台華校，使華校數量再度減少。至 1965 年 9 月發生印共政變事件，印尼政府自 1966 年 4 月起，關閉親北京華文學校 629 間。

有關解決華人問題，在 1967 年 6 月頒布內閣主席團第 37 號指示（Cabinet Presidium Instruction No. 37/U/IN/6/1967）「關於解決華人問題之政策」（Policy for Resolving the Chinese Issue），規定禁止給新移入之華人（包括其妻子和子女）工作和居住權；凍結印尼境內外國人籌募之資金；除了外國使節為他們的家庭成員所辦的學校外，一概不得有外國學校；在公立學校中，印尼籍學生人數需超過半數，正式取消華文學校；今後由政務部長負責執行「華人問題」政策。

1968 年 1 月，印尼政府頒布 B12 總統條例，准許華人社團創辦「特種項目民族學校」，但規定講授課程須與一般印尼官辦學校相同，且須用印尼語授課。不過，該類學校每週可講授兩節華文，外僑學生數不得超過印尼公民的學生數。在雅加達有三間特種民族學校，包括丘成紹創辦的「崇德中小學校」、吳行素女士創辦的「但以理中小學校」、饒博基創辦的「大同中小學校」。

[27]1971 年，該類學校有 8 所。1973 年底，共設立了 50 所，學生有 5 萬多人，僅在蘇門答臘有 35 所。由於該類學校未能遵守政府的規定，使用華語授課，導致在 1974 年將該類學校改為私立民族學校，禁止使用華語教學。

在「新秩序」時期，唯有國立印尼大學設有漢文系，私立的達瑪柏薩達（UNSADA）大學在 1986 年獲准開設漢語課程。但國立印尼大學的漢語課程每星期只上 5-10 個小時，圖書館的中文藏書和其他出版品都是過時的。[28]

1900 年，印尼華人成立中華會館，阻止土生華人（Peranakans）進一步喪失其華人特性。當孫中山的反滿清革命運動傳播到印尼時，革命派認為華人不應忘記其語言和文化。二戰後土生華人組織「印尼公民諮商協會」（Consultative Council of Indonesian Citizenship, Baperki），宣傳印尼華人認同印尼共和國。在 150 萬土生華人中，約有 30 萬華人加入該一組織。該組織依賴蘇卡諾和印尼共黨兩股力量，來維護華人的經濟利益。所以該組織支持蘇卡諾的「指導民主」。該組織的重要活動在教育領域，它在印尼各地建立華文學校，在 1960 年代初還籌款建大學，在雅加達設立蓮花大學（Baperki University），另外在三寶壟和泗水設立分校。1965 年上半年，該大學在雅加達有學生 6,000 人，其分校有學生 1 萬人。蘇卡諾將之改名為民眾大學（Res Publicka），並開放讓土著入學，但人數甚少，因為土著進國立大學很容易。[29]

在華人方面，亦有主張同化政策者，例如馬忠禮（Bee Tiong Lee），他主張消滅「華人特性」，完全同化入印尼社會。該同化派在 1961 年 1 月 15 日在中爪哇的班通岸（Bandungan）召開會

[27]鄺耀章，轉變中的印尼，印華之聲雜誌社，印尼雅加達，2003 年，頁 14a。

[28]南洋星洲聯合早報（新加坡），2000 年 8 月 23 日，版 41。

[29]Lee Khoon Choy, *A Fragile Nation, The Indonesian Crisis,* World Scientific Publishing Co. Pte. Ltd., Singapore, 1999, 238.

議，通過「同化憲章」，主張全爪哇的華人都接受同化。該派的主張獲得國防部長納蘇遜（Abdul Haris Nasution）的支持，在他的建議下，於 1963 年 3 月 12 日在雅加達成立「民族統一促進機構」（Lembaga Pembinaan Kesatuan Bangsa, LPKB）。7 月 18 日，總統頒布「第 140 號決定書」，將「民族統一促進機構」變成正式機構，並由總統任命一華裔海軍上尉王忠海（印尼名為 Sindhunatha）為主任，直屬印尼情報部領導。[30]

第五節　其他同化政策措施

在蘇卡諾執政初期，曾任命兩位華裔高官，即財政部次長王永智及不管部閣員蕭玉燦。律師黃自達（Oei Tjoe Tat）在印尼是第五代華裔，不會講中國話，1963 年 12 月出任不管部部長，1965 年 9 月印共政變後，遭逮捕監禁，至 1977 年才釋放。他一直沒有改為印尼姓名，他曾問蘇卡諾是否一定要改姓名，蘇卡諾對他說：每個人應該尊重父親所給的名字。[31]

在蘇哈托的「新秩序」社會下，政府亦推動改換華人姓名。蘇卡諾執政末期曾在 1964 年頒布「法律第 4 號」，僅規定外國裔的印尼人改換印尼姓名的機會，但印尼政府並未正式公告該法律，亦未強制實施。1966 年 5 月 29 日，「民族統一促進機構」蘇甲巫眉分部主導華裔集體改姓。6 月 1 日，該組織召集 6,662 名華人集體改換姓名。印尼政府在 1966 年 12 月正式頒布「內閣主席團第 127 號決議」（Cabinet Presidium Decision 127），規定華人須

---

[30]文逸，「中印（尼）關係的變化對華人社會的影響」（下）。但亞洲週刊（Asiaweek）的資料不同，該刊物說，「民族統一促進機構」是在 1974 年設立（該文後面訪問 Kristoforus Sindhunata 時又說是 1977 年），是由內政部主導，由華裔 Kristoforus Sindhunata 擔任主席。其任務是促進華人同化入印尼社會。"The Chinese in Indonesia: A Struggle for Identity," Asiaweek, .9:.22, June 3, 1983, 27-37.
[31]Lee Khoon Choy, A Fragile Nation, 239.

在一定期間內改為印尼姓名以及簡化手續和減少改姓的手續費，而且須經司法部的核准。1967 年，公佈「總統第 240 號決議」（Presidential Decision 240），即改換姓名條例，對華人改姓名予以法制化。

1967 年 12 月 6 日，頒布「關於華人宗教信仰和風俗習慣的第 14 號總統法令」（Presidential Instruction No.14/1967 on Chinese Religion, Beliefs, and Traditions），規定華人的宗教、信仰和習俗只能在家庭內進行，如須在公共場合舉行，必須以不顯眼為原則，且要由宗教部派人在檢察長指示下進行監督。1969 年，政府頒布「法律第 5 號」（UU No.5/1969），承認佛教、伊斯蘭教、基督教、天主教、印度教和孔教為官方承認的 6 種合法宗教。因為在「班察西拉」（Pancasila）[32]官方意識形態下，「信仰上蒼」是第一個原則，每一個印尼人應有宗教信仰，並在身份證上加以登載。如果不登載宗教信仰，將可能被認為是共產主義者，所以許多華人都登記了宗教信仰。1978 年，內政部長下令印尼只允許五種宗教存在，孔教不是合法宗教。1979 年 1 月 27 日，內閣會議決議孔教不是宗教。1990 年，內政部長再度下令重申印尼只有五種合法宗教。[33]

1958 年 4 月 17 日，印尼陸軍參謀長納蘇遜公布「第 10 號法令」，即「禁止華文報刊條例」。根據該禁令，禁止印刷、出版、公布、傳遞、散發、買賣以及張貼用非拉丁字母、非阿拉伯字母或是非印尼地方文字字母出版的報紙或雜誌。但隨即在 5 月 23 日，納蘇遜取消上述條例，另提出修正條例，即在取得中央戰時

---

[32] 「班察西拉」，指建國五項原則，包括：信仰上蒼（belief in God）、人道主義（Humanitarianism）、民族主義（Nationalism）、協商民主（Indonesian democracy through consultation and consensus）、社會正義（social justice）。

[33] "Legislation on Chinese Indonesians, " *Wikipedia*, https://en.wikipedia.org/wiki/Legislation_on_Chinese_Indonesians （2016 年 1 月 23 日瀏覽。）

掌權者(指印尼陸軍參謀長納蘇遜)之許可前,禁止印刷、出版、公布、傳遞、散發、買賣以及張貼用非拉丁字母、非阿拉伯字母或是非印尼地方文字字母出版的報紙或雜誌。違反此一規定者,出版物可加以沒收或銷毀。

至 1965 年 10 月,關閉所有華文報紙,僅存一家印度尼西亞日報(Harian Indonesia),每日出版 8 版,其中華文佔 4 版,俾讓年長的華人可以閱讀有關印尼政府的法令,以及刊登婚喪喜慶的廣告。根據「1966 年第 11 號法令」和「1979 年情報部長第 116 號決定」,除印度尼西亞日報之外,禁止在任何報刊上刊登華文廣告、新聞或文章。1966 年,臨時人民協商議會通過「第 32 號決議」(Resolution of the Provisional People's Consultative Assembly No. 32, 1966 (TAP MPRS No. 32/1966)),禁止報紙和雜誌使用漢字。

印尼政府亦在 1965 年關閉華人社團和宗親組織,例如,關閉了 1954 年成立的「蓮花社」(Baperki)。[34]1967 年 6 月 28 日公佈「安佩拉內閣主席團通知第 6 號」(Ampera Cabinet Presidium Circular 6 of 1967)[35],規定以 *Cina* 一詞取代 *Tionghoa* 和 *Tiongkok*,來描述華人和中國。

1967 年第 37 號內閣主席團主席政令,有關解決華人問題政策,其中包括禁止華校與限制華人結社等。同年頒佈總統第 14 號政令,有關華人宗教信仰及風俗習慣之規定。1968 年,內政部長頒佈政令,有關華人廟宇之規定。

1978 年 12 月,貿易部長第 286 號政令,禁止進口、出售和發行華文印刷品,包括書籍、刊物、傳單、小冊子和報紙。不過,高等學校、教育機構和政府機關所屬的內容為科學性的印刷品除

---

[34]"The Chinese in Indonesia: A Struggle for Identity," *Asiaweek*, 9:22, June 3, 1983, 27-37.

[35] 安佩拉在 1966 年 7 月 25 日取代 Dwikora,出組內閣。

外。接著新聞部新聞與印刷司長也頒令禁止印刷與發行華文印刷品。「旅客入境報關表」第 14 條規定，華文印刷品、軍火及毒品為不得攜帶入境的違禁品。1979 年 6 月，印尼最高檢察長又規定禁止進口華語錄影帶。1980 年 10 月，雅加達特別市政府重申 1959 年和 1969 年該府的有關條例，要求將該市現存的辦事處、商店、企業中的外文（主要為華文）招牌和廣告，一律改為印尼文，僅有與旅遊業相關的機構可保留英文，惟仍須附上印尼文。

印尼政府在 1988 年公佈「新聞部報刊與圖片指導總監第 02/SE/DITJEN-PPGK/1988 號通令」（ Circular of the Director General for Press and Graphics Guidance in the Ministry of Information No. 02/SE/Ditjen-PPGK/1988），禁止用中國漢字或中文出版印刷或書寫廣告，限制只許在印度尼西亞日報一家報紙上使用中文，理由是用中文或漢字傳播任何材料，會阻礙民族團結目的的達成和同化華人的進程。結果，在書籍、日曆、年鑑、食品標籤、藥品、賀卡、服裝、裝飾、標記和招牌上，都禁止使用中文。印尼政府根據上述的法令，禁止「太極氣功」的用語，強將它改為「印尼健身操」。[36]最後只剩下廟宇名稱和匾額、中國畫和詩作題字、草藥漢名、墓碑姓名題字等可保留漢字。

1988 年公佈「內政部關於管理廟宇的法令第 455.2-360/1988 號」（Home Affairs Ministry No. 455.2-360/1988），禁止為了建立華人廟宇、修建任何新的廟宇、擴建或裝修現有的廟宇而購買任何土地；也不准把任何其他建築物用作廟宇。[37]為了打壓孔教會，內閣主席團、內政部長及宗教部長也發佈了多項不利孔教的政令。[38]

---

[36]文逸，「中印（尼）關係的變化對華人社會的影響」（下）。
[37]「人權觀察 1999 年度報告：關於印尼華人婦女遭強姦的爭論」，參見
　http://www.hrw.org/chinese/reports/indonesia/ 　（2006 年 5 月 16 日瀏覽。）
[38]南洋星洲聯合早報（新加坡），1999 年 11 月 14 日，版 35；1999 年 12 月 7 日，

在此一同化政策下，對華裔的影響如何？可分兩方面加以探討。第一，對老一代華裔而言，不太願意接受同化政策，仍堅持「華人特性」。第二，對年輕一代，則主張同化入印尼社會。「荷蘭華裔協會」會長韓飛霜在 1991 年底在印尼針對年輕華裔進行一項深度訪談。他訪問了雅加達、泗水、萬隆、西多阿惹、梭羅和三寶壠等地 16 位年輕的華裔知識份子和 27 個家庭，發現華裔家庭普遍說印尼話或當地方言、具有更多的「印尼特性」、華僑華裔化（即新僑與老僑通婚者增加）、信仰基督教者增加、支持同化政策並努力使之成功、華僑問題成為華人社會最大的問題（因為入籍費用高，故未入印尼國籍）、無論在飲食、穿著、藝術活動、室內裝飾、嗜好都受印尼文化的影響。[39]

第六節　排華運動

印尼土著對於華人之族群怨懟起源自二戰後印尼和荷蘭之間的戰爭。蘇卡諾在 1945 年 8 月 17 日宣布獨立後，荷軍隨同英軍登陸爪哇，訓令日軍向盟軍投降，不久，共和國軍和荷軍爆發衝突。而在該戰爭中，夾在中間的華人的處境變得異常困難。在殖民地時期，華人是夾在荷人和土著之間，充當中間商的角色。在印尼宣佈獨立後，華人的商業角色改變不大，但共和國軍對於華人此一立場已開始感到不滿。土著亟欲建國的情緒，遭到荷軍的武力鎮壓，而華人竟然還站在荷蘭一方，以私人商業利益為重，遂對華人展開屠殺報復。最先爆發的屠殺事件是在 1946 年 6 月 1 日在文登（Benteng, Tangerang）燒搶華人商業區，被殺害華人 650 人，其中婦女 130 多人，孩童 30 多人，被焚燬房屋 1,300 棟，

版 3。

[39] 韓飛霜，「印尼華裔的一體化：同化問題」，華人月刊，第 146 期（香港，1993.09），頁 25-28。

華人逃難到雅加達者有 25,000 多人。[40]另據上海申報在 1946 年
9 月 7 日的報導，一篇由伯明發自文登的報導稱，文登縣下轄文
登、茅渥、朱鹿和布拉拉耶四區，有 4 萬多華人，除文登較安全
外，其他三區的華人房舍遭印尼人焚燬，被殺人數無數，有 3 千
多華人避難到文登。[41]

文登事件後，中華民國駐印尼總領事蔣家棟總領事向荷軍請
求援助，發槍給華人。荷軍並指揮華人起來對抗印尼共和軍。結
果在同年 9 月在蘇門答臘的巴眼，印尼共和軍為報復華人軍隊之
進攻，而殺害 200 名華人。[42]在荷蘭控制區，為了維持治安，支
持華人組織志願保安隊，負責巡邏華人住區，防止印尼共和軍的
攻擊。例如在蘇門答臘棉蘭有華僑志願保安隊 700 人。中爪哇華
僑發言人亦在 1947 年 8 月 9 日聲明，印尼軍如繼續對華人施暴，
則華人可能參加荷軍，以求自衛。[43]

至 1947 年 3 月，印尼各地華人被害人數有較確實的數字，
文登有 5 千人，巴眼、亞比、巨港、萬隆、泗水、巴東、蘇門答
臘、巴達維亞等地約 4 千人。自巴眼、亞比撤退至馬來亞格當島
之華人約 2,200 人。另據駐吉隆坡、檳榔嶼等領館呈報登記的難
僑，總計達 16,011 人。行政院撥 13 萬美元救濟荷印華僑。[44]

蔣家棟總領事趁美國駐印尼總領事福第（Walter Foote）於
1947 年 8 月 11 日前往日惹會見蘇卡諾之便，託其轉交蘇卡諾總
統非正式函一件，再度要求其採取有效措施，維護華人安全，其
中並稱：中華民國對於印尼獨立運動之態度，將視印尼政府如何
對待華僑而定。函中要求蘇卡諾立即採取下列步驟：(1)給予華僑

---

[40]丘正歐，蘇加諾時代印尼排華史實，頁 4-5。
[41]申報（上海），1946 年 9 月 7 日。
[42]新華日報（重慶），1946 年 10 月 1 日，版 12。
[43]和平日報（南京），1947 年 8 月 12 日，版 46。
[44]申報（上海），1947 年 3 月 29 日，版 57。

便利，使被迫者回家，並歸還一切印尼方面掠去的財物。(2)懲罰犯罪者。(3)保證印尼控制區中不再發生對華僑之恐怖事件。(4)保證完全賠償華僑之損失。[45]

但印尼前總理賈里福丁（Amir Sjarifuddin）在 8 月 11 日就印尼人虐待華人事，向「中央社」發表聲明如下：「荷方所謂居於印尼區內華僑遭受虐待事，全非事實，實為有意中傷印尼共和國名譽之宣傳活動之一部份。印尼共和國政府業已採取特殊措置，予居於印尼區內華僑之生命和財產以保障，此等區域內，曾經荷方軍事行動及荷方挑釁行動之故，引起混亂。事實上，華僑所得印尼共和國之保護，係同區內印尼共和國人民所未得者。共和國內閣內有二華籍部長，即財政部次長王永智及不管部閣員蕭玉燦兩人之任職，即為居於印尼區內所有華僑之利益獲得內閣積極注意之確切保證。」[46]

對於在荷、印戰爭期間，華人財產遭印尼人破壞以及慘遭印尼人殺害之原因，上海申報綜合各種說法如下：(1)妒忌華僑根深蒂固之經濟勢力，因印尼青年在戰時已中日本人宣傳之毒。(2)印尼資源雖富，而民眾極貧，無知無識，不辨是非，在擾亂之際，彼等認為可焚劫而不致受罰。(3)華僑對於印尼獨立運動沒有表示熱烈的同情，因為華僑在荷印政治爭執中，處境甚難，討好一方，必得罪另一方。(4)大多數印尼青年之參加軍隊，實為維持生計，初非計及國家民族之利益，彼等深悉參加任何作戰團體，無論備有武器或竹製戈矛，均可度日。(5)印尼官員無維持治安之能力，尤以外沿區域為最。(6) 印尼官員包括警察在內，均無負責心，一旦有事發生，官員警察均捲蓋而逃。(7)一般生活水準低落，除少數人可領薪水外，其他作戰部隊，均需自籌財源。[47]

---

[45]和平日報（南京），民國 36 年 8 月 12 日，版 46。
[46]新民報（南京），民國 36 年 8 月 13 日，版 48。
[47]申報（上海），民國 36 年 8 月 5 日，版 35。

圖 6-2：1948 年中西爪哇 Tangerang 華人反印尼共和軍屠殺華人示威之布條

資料來源：Theodore Friend, *Indonesian Destinies,* The Belknap Press of Harvard University Press, Cambridge, 2003, 37.

　　1958 年 3 月，因為台灣涉及蘇門答臘和蘇拉威西反抗雅加達政府的軍事政變，蘇卡諾因此將親台灣的華文報紙和華人會館、華文學校予以關閉。1959 年 8 月 29 日，西爪哇戰時執權人援引 5 月 9 日印尼中央戰時執權人頒布之「監督外僑居住和旅行條例」，另又頒「限制西爪哇一級行政區內外僑居住地點之決定書」，規定從 1959 年 9 月 1 日起，外僑不准居住在西爪哇縣府以下的各鄉鎮（第一條）。從各地遷至西爪哇之外僑，只准在萬隆、茂物、井里汶和普禾加達四個地點居留（第五條）。在 9 月 1 日以前已居住在西爪哇縣府以下之鄉鎮的外僑，最遲需於 1959 年 12 月 1 日前搬遷他處（第二條）。東卡里曼丹也在 1959 年 7 月中旬、蘇拉威西在 8 月 1 日前搬遷他處。[48]

---

[48]丘正歐，蘇加諾時代印尼排華史實，頁 17。

　　1963 年在井里汶、蘇卡布米（Sukabumi）和萬隆等地有小規模的排華事件。

　　1965 年 9 月 30 日，印共發動流產政變，背後有中共介入，所以蘇哈托進一步將親北京的華文學校、報紙和會館予以關閉，並逮捕涉案的華人，有些甚至被殺害。印尼政府宣布「印尼公民諮商協會」為非法組織，大多數幹部被逮捕或列入黑名單，他們的銀行帳戶被凍結。1966 年初，政府當局接管民眾大學，將之改名為三聖大學（Universitas Tri Sakti）。

　　1966 年 5 月 8 日，亞齊軍區司令賈沙（Ishak Djarsa）宣布所有華裔必須在 1966 年 8 月 17 日前離開亞齊。北蘇門答臘省亦繼之發佈同樣的命令。1973 年 8 月 5 日，萬隆市發生三名華裔青年因為駕駛汽車與一名拉板車的印尼土著發生車禍事故而將後者打死，引發種族暴動，約有 1,500 家華人商店和住家遭到破壞，有 19 名軍人因介入暴動而被逮捕。1974 年初印尼政府開放外商投資，而日本商人是與高階層印尼軍官和華商合作，而非與一般印尼人合作，剛好日本首相田中角榮於 1 月 14 日訪問雅加達，因此學生示威反對政府官員貪污、外國投資、蘇哈托搞裙帶關係，經特警隊誘引成為排華暴動，在格洛杜克（Glodok）的華人商店都遭到掠奪和焚燬。軍警對此暴動，均視若無睹，以後該次暴動被稱為「馬拉里事件」（Malari incident）。在 3 天的動亂中有 11 人死亡，17 人重傷，120 人輕傷，770 人被捕，1 千多輛汽車和 144 間房屋被毀。[49]

　　由於印尼的排華氣氛，影響華人的生活，從 1949-1966 年間，離開印尼返回中國的華人約有 10 萬人。但中國在 1966 年爆發文

---

[49] "Malari incident," *Wikipedia*, https://en.wikipedia.org/wiki/Malari_incident （2015 年 8 月 21 日瀏覽。）

化大革命，華人因為有海外關係，遭到迫害，有許多華人再度逃離中國，返回印尼。[50]

　　前新加坡駐印尼大使李炯才曾說，印尼排華每8年會發生一次。他說在1949年因為華人站在荷蘭人一邊，反對印尼革命，以致遭到印尼人的殺害，房舍被焚燬。1959年，蘇卡諾禁止華人在鄉下經營零售業。1965年，因為華人捲入印共政變，而遭到大批殺害。1973年，為了消除貪婪的華人「母舅公」（指在幕後操縱印尼軍人的有錢華人），在萬隆和雅加達爆發排華運動。1974年1月15日，日本首相田中角榮訪問印尼，爆發排華運動，燒燬華人的汽車和購物中心。該起暴動肇因於日本選擇印尼華人為商業伙伴，而沒有選擇印尼土著。1980年12月，在梭羅爆發排華運動，燒燬400輛車子、500輛摩托車和4棟房間。[51]

　　事實上，印尼排華運動並非如此有規律地每8年發生一次，因為李炯才忽略了以下幾次的排華暴亂。例如，1968年10月泗水爆發排華事件，起因是新加坡政府對印尼海員判處死刑。1970年3月，蘇拉威西島萬鴉老發生排華事件，起因是一名華人對伊斯蘭先知穆罕默德不敬。1984年9月，雅加達丹戎不祿港口發生襲擊華人事件。1984年10月，雅加達暴民攻擊搗毀林紹良所屬的中亞銀行。1986年9月，泗水爆發持續一週之久的排華運動，起因是華婦虐待土著女傭。1995年7月26日，在南卡里曼丹省會馬辰（Banjarmasin），華人店主和顧客發生爭執，導致7家華人商店被毀，11人被捕。11月，在西爪哇的普哇加達（Purwakarta），一名14歲土著女孩偷華人商店的巧克力而被老闆掌摑臉，引發三天的暴動，20家華人店鋪、住家和汽車遭破壞。11月24日，在中爪哇的北加浪岸（Pekalongan），一名華裔撕毀可蘭經而引發衝突，華人商店遭洗劫，警方逮捕26人。

---

[50]Lee Khoon Choy, *A Fragile Nation, The Indonesian Crisis*, 241.
[51]Lee Khoon Choy, *A Fragile Nation, The Indonesian Crisis*, 232-233.

　　印尼執政黨戈爾卡（Golkar）於 1996 年 7 月 29 日策劃將梅嘉娃蒂（Megawati Sukarnoputri）逐出印尼民主黨主席後，雅加達發生學生團體挑起的反政府暴動，政府大樓和銀行被焚燬，3 人被殺，200 人被捕，華人商店亦遭到攻擊。10 月 12 日，東爪哇小鎮斯都文羅鎮（Situbondo）曾發生因法庭對一名侮辱回教的男子判刑 5 年，民眾認為判刑太輕，有 1 千多名群眾不滿而上街頭示威，放火燒毀 20 多間基督教和天主教堂以及華人的佛寺，造成一名神父在內的 5 人在教堂中被燒死。

　　12 月 26 日，西爪哇省小鎮塔西克馬拉雅（Tasikmalaya），因當地一名警官之子在其就讀的回教寄宿學校偷竊被老師處罰，有 3 名老師稍後被抓去警察局毆打，導致約有 5,000 名回教徒暴動，在該鎮商業區及附近城鎮放火滋事，攻擊基督教和天主教堂、辦公室和華人商店，共有 4 人喪生，184 人被捕，100 座建築物被毀，包括 12 間教堂、11 間警署和 9 家工廠、3 間銀行、8 家汽車代理商行及 48 間商店。此外還有 107 輛汽車和 22 輛摩托車被破壞或燒毀。印尼回教學者理事會主席巴斯里把暴動歸咎於可能跟印共有關的一個「無形組織（OTB）」。「無形組織」是印尼政府用來形容涉及類似共黨活動的無名集團的名稱。暴徒之所以攻擊基督教堂，主要原因是基督教徒通常是較為富裕，而華裔大都信奉基督教。

　　1997 年 1 月 30 日，正值回教齋戒月期間，回教青年總是在天亮齋戒前，在回教堂打鼓叫醒回教徒起來進食，在西爪哇的蘭佳斯丹洛鎮（Rengasdengklok）（位在雅加達以東 50 公里）一名基督教華裔婦女指責隔壁清真寺一群回教青年在清晨兩點鐘以鼓喚醒回教居民起床進食及晨禱聲音太喧譁，引起雙方衝突，有數千名群眾攻擊華人住屋，結果有 76 間住屋與 72 家商店被破壞，有兩間教堂和一間佛寺被燒毀，有 19 輛汽車被砸毀、7 輛汽車被焚毀。

　　1 月 31 日，西爪哇萬隆市因官員取締街邊小販而引起小販的不滿，紛紛向有關官員拋石頭。市郊的一家擁有 9,600 名工人的紡織廠的數千名工人舉行示威，要求資方給予花紅、女工產假、加薪、保健金及其他津貼，但未獲資方同意，結果在暴動下燒毀該一工廠及兩輛汽車，但局勢很快就被控制下來。市內有人散發傳單，威脅要燒毀華商和基督教徒的房子。在聽到謠言後，大部分教會學校放假，許多商店也休業一天。

　　3 月 26 日，在雅加達以東 300 公里的濱海市鎮北加浪岸，一名華裔歌手過去支持以回裔為主的印尼建設統一黨（United Development Party, PPP），但現在被執政的戈爾卡提名為參加 5 月 29 日國會議員候選人，而引起群眾不滿，暴徒攻擊該市鎮的華人商店，有 6 家商店遭劫掠，3 輛摩托車和 1 輛汽車被焚毀。5 月 25 日，該兩黨支持者在馬辰再度衝突，在華人商業區的華人商店、教堂和佛廟遭焚燬，有 80 人死亡。

　　6 月 2 日，西爪哇的卡迪帕登（Kadipaten），一名華裔店主對涉嫌偷竊的土著婦女搜身，而引發衝突，華人商店和 3 家教堂遭攻擊。9 月 14 日，在南蘇拉威西的烏戎潘丹（Ujungpandang），一名患有精神病的華人殺害兩名土著婦女，引發 3 天的暴動，1 千家房屋被毀。

　　1998 年 1 月 12 日，東爪哇堅柏（Jember）市郊的連空（Lengkong）村村民因不滿華人商店提高價格，而引發暴動攻擊華人商店。隔天又攻擊附近城鎮的華人商店。

　　1 月 26 日，在中爪哇北海岸靠近南望（Rembang）的卡拉甘（Kragan）小鎮有數千名漁民因不滿煤油價格上漲 300%，影響漁民使用的漁燈，而襲擊兩座教堂和 15 家華人商店。不久，即遭軍隊鎮壓。1 月 27 日，在沙蘭（Sarang），暴民攻擊華人商店。

28-29 日，暴力活動延伸到三寶壠和泗水之間地帶。警方發現軍方和犯罪份子曾開會進行有計畫性的介入排華活動。[52]

2 月 1 日，在中蘇拉威西靠近帕路（Palu）的東格拉（Donggala）有數百名青年暴徒用石頭攻擊 6 家華人商店，抗議飲料價格上漲。警方逮捕 2 名滋事青年，隨後即將之釋放。

2 月 2 日，在南蘇拉威西的烏戎潘丹，有數百名暴民攻擊華人和非華人商店。該城市在 1997 年 9 月亦發生暴動。

　　2 月 8 日，在佛羅里斯島的恩迪（Ende），因抗議食品價格上漲，約有 1 千名暴民攻擊華人商店，燒毀 21 家商店，毀損和掠奪另外的 71 家商店，警方逮捕 56 名暴徒，華人則避難到當地軍事營區。

　　2 月 12 日，在井里汶附近的加逑旺吉（Jatiwangi）和帕曼奴堪（Pamanukan），暴民攻擊數百家商店，其中有不少華人商店，華人避難到警局，沒有華人受傷。[53]2 月 13 日，在中爪哇的羅沙里（Losari）的華人商店遭暴民洗劫。2 月 19 日，在東南蘇拉威西的首府肯達里（Kendari），有 6 千名暴徒攻擊華人商店。

在 5 月 2 日以前，在棉蘭即有零星的學生和軍警衝突，學生使用燃燒瓶、燒毀輪胎，但未發生掠奪和燒毀商店事件。5 月 2 日攻擊燒毀蘇哈托兒子湯米所擁有的帝摩（Timor）汽車公司。5 月 4 日，政府宣布取消對燃油和電力的補貼，激起學生更大的示威運動，攻擊燒毀警察局、警車和交通信號燈柱、小商店。5 月 5 日，關押有 50 人示威者的警局遭群眾包圍，群眾開始攻擊警局和市

---

[52] Samsu Rizal Panggabean and Benjamin Smith, "Explaining Anti-Chinese Riots in Late 20th Century Indonesia," *World Development*, 39:2(2011), pp.231–242, at 234. http://www.benjaminbsmith.net/uploads/9/0/0/6/9006393/panggabean.smith.wd.pdf （2015 年 8 月 27 日瀏覽。）

[53] 以上數次暴動的資料取材自 Gerry van Klinken, ed., "Recent Anti-Chinese Violence in Indonesia," in *Inside Indonesia' Magazine*, Digest No.52, http://insideindonesia.org/digest/dig2.htm （2011 年 5 月 21 日瀏覽。）

內各地華人商店，當天晚上警方宣布已控制情勢。但隔天暴動更為激烈，50 輛汽車、一百多家華人商店和房舍被燒毀。據當地報紙報導，是由不明人士煽動引發群眾攻擊燒毀華人商店，且受害華人多數是遭槍擊斃命或受傷。5 月 7 日，北蘇門答臘地區的城鎮的華人商店也遭到攻擊掠奪。[54]

　　5 月 13-15 日，雅加達爆發學生運動，華人成為被攻擊的對象，他們的商店遭掠奪、焚燬，財產遭搶掠，有不少華人遭殺害，超過 100 名婦女遭到強暴。有 7 萬華人逃離印尼，華人財產損失估計 2 億 1 千 7 百萬美元，他們離開印尼時帶走約 3 億 6 千 9 百萬美元。[55]7 月 20 日，暴民攻擊在東爪哇的土著房舍，因為這些穆斯林在前次動亂中曾庇護華人，以致遭到報復。暴動結果造成 4,083 間店鋪和 1,026 所私人住宅被焚；40 個購物中心被毀。5 月 29 日，在南蘇拉威西的吉尼旁土（Jeneponto）爆發反華人的暴動，攻擊華人商店。6 月 3 日，印尼國家人權委員會（National Commission on Human Rights）表示，從 5 月 12-25 日期間的動亂，約有 1,188 人被殺死，5 千間以上房屋被燒毀、破壞或掠奪。6 月 27 日，在爪哇的普哇里卓（Purworejo）發生暴動，華人商店成為攻擊對象。7 月 17 日，在東爪哇的吉柏（Jeber），有 1 千暴民攻擊和洗劫華人商店。8 月 29 日，在中爪哇的西拉卡普（Cilacap），有 1 萬名漁民放火燒毀華人的 10 艘拖網漁船。在東爪哇的烏諾梭里（Wonosori），數千名暴民洗劫華人米店。8 月 31 日，有千名暴民攻擊亞齊的華人商店。9 月 8 日，在中爪哇的基布曼（Kebumen），謠傳一名華人店主毆打一名土著工人，而引發兩天暴動，華人商店遭到攻擊。9 月 17 日，在蘇門答臘的巴甘

---

[54] Samsu Rizal Panggabean and Benjamin Smith, "Explaining Anti-Chinese Riots in Late 20th Century Indonesia," pp.235-236.

[55]Lee Khoon Choy, *A Fragile Nation, The Indonesian Crisis*, p.231.

西亞披亞披（Bagansiapi-api），謠傳一名華人殺害一名土著，而引發暴動，400間華人房屋被燒毀。

在1999年後還陸續發生一些排華運動，例如，1999年1月8日，在西爪哇的卡拉望（Karawang），數百名暴民攻擊華人商店，死2人。2001年2月19日，廖內省的望加麗縣（Bengkalis）實拉班讓（Selat Panjang）鎮發生暴亂，該鎮人口有3萬人，其中華人佔40%，華人經營賭博業者，遭到土著流氓的勒索，不成，遂要求警方取締，遭到賭場的保鏢和警察阻攔，乃爆發衝突，造成1死3傷，暴徒燒毀警察局、警員宿舍及數十間華人商店及住宅，一些暴民還劫掠華人財物。[56]

在近代以來，以1998年的排華運動最引起世界各國之注意，尤其印尼各地傳出百多名華裔婦女遭到暴民強暴，引發國際關注。美國國會眾議員佩洛西致函美國總統柯林頓（Bill Clinton）和國會，要求制止印尼政府迫害華裔，緝拿5月暴亂中的暴徒並給予法律制裁，同時應向受害人道歉。新加坡中華總商會亦希望印尼政府能儘快完成調查暴亂工作，嚴懲犯罪者，也歡迎印尼草擬保障公民人權基本法令。[57]澳洲外長唐納（Hon Alexander Downer）促請哈比比（Bacharuddin Jusuf Habibie）總統處理印尼華裔遭歧視問題。中國「全國婦女聯合會」要求印尼嚴懲強暴華婦兇手。[58]台灣亦向印尼提出抗議。在國際輿論壓力下，迫使印尼政府對該一事件進行調查。

根據印尼國防部長、武裝部隊最高司令、司法部長、內政部長、國務部長、賦予婦女效能與保護兒童部（Ministry for Woman Empowerment and Children Protection）部長、檢察總長決議成立「真相調查聯合小組」（Joint Fact Finding Team, TGPF），調查5

---

[56]南洋星洲聯合早報（新加坡），2001年2月20日，版1。
[57]南洋星洲聯合早報（新加坡），1998年8月8日，版2。
[58]南洋星洲聯合早報（新加坡），1998年8月8日，版38。

月 13-15 日事件之真相，於是由政府、國家人權委員會、非政府組織和其他群眾組織於 1998 年 7 月 23 日成立該調查小組。於 1998 年 10 月 23 日提出其最後之調查報告，其主要蒐集之資料係來自雅加達、梭羅（Solo）、泗水、棉蘭、巴鄰旁和楠榜（Lampung）等六個城市。該報告指出暴動的起因是 5 月 12 日警方槍殺數名三聖大學大學生，隔天該一大學區域爆發學生暴動，然後擴散到全國各地，攻擊的對象是華裔及其房舍、商店。暴動造成生命財產損失粗估，雅加達地區，志願組織之報告為：因縱火被燒死者 1,190 人，被武器打死者 27 人，91 人受傷；警方之報告為：死亡 451 人，受傷者無紀錄。軍方之報告：463 人死亡（含軍人），69 人受傷。雅加達市政府之報告：288 人死亡，101 人受傷。其他地區，警方之報告為：30 人死亡，131 人受傷，27 人被燒傷。關於性暴力受害婦女有 85 人，大多數是華裔婦女。該報告最後建議政府應調查戰略後備司令部（Makostrad，The Headquarters of the Strategic Army Command）司令普拉博沃（Lt. Gen. Prabowo）（蘇哈托總統之女婿）在 5 月 14 日召開會議之內容及其所扮演的角色、儘快將涉案的軍警法辦。[59]

圖 6-3：1998 年排華暴動

資料來源："Chinese Indonesians," *Wikipedia,*
https://en.wikipedia.org/wiki/Chinese_Indonesians

---

[59] "The Final Report of the Joint Fact-Finding Team（TGPF）on the MAY 13-15, 1998 RIOT," http://www.our21.com/Indo/TGPF/ （2015 年 8 月 20 日瀏覽。）

第七節　排華原因的解釋

在蘇卡諾總統時期，就開始有排華運動，而此排華之原因涉及政治和經濟因素。就政治因素而言，眾多華人具有中國國籍，他們若入籍印尼，就會出現雙重國籍及雙重效忠的問題，以致於當時制訂印尼國籍法時總是想盡各種辦法限制華人入籍。其次，台海兩岸都介入印尼內部事務，引發印尼人的不滿。蘇卡諾統治末期的 1965 年，爆發印共的武裝政變，其中有許多華人共黨份子參與，導致蘇哈托對這些印共份子進行殘酷鎮壓，被害華人無以計數。就經濟因素而言，華人控制印尼經濟，即使在鄉村地帶，華人亦有很大的經濟影響力，印尼遂強迫將未入籍華人遷出鄉村地帶，另成立各種土著的合作社，以解決鄉村的經濟問題。

以後在蘇哈托統治的 32 年間，雖然大多數的華人已入印尼國籍，但排華措施更勝於前任的蘇卡諾，各種排華法令一一頒布，對於蘇哈托時期的排華運動的解釋，有較多的學者著墨，尤其是 1998 年 5 月的排華運動更引起世人的注意。前新加坡駐印尼大使李炯才對於該一事件之解釋，認為印尼排華的主因是印尼土著和華人之間財富不平等，有許多華人「母舅公」不當獲利、炒地皮、從政府獲得合約，導致一般土著生活日益窮困。許多土著對蘇哈托與華人「母舅公」狼狽為奸的行徑不滿，他們遂起來反對蘇哈托，連帶地亦仇恨華人而不論其是否為有錢的「母舅公」或一般的華人。[60]

林紹良在 1937 年離開中國福建前往印尼中爪哇，時年 21 歲，販賣花生、丁香、腳踏車零件和雜貨。在戰後，他販售衣服、醫藥、肥皂和食品，以及軍需品。1950 年代，林紹良成為在中爪哇

---

[60] Lee Khoon Choy, *A Fragile Nation, The Indonesian Crisis*, p.248.

三寶壟的迪波尼哥羅師團的後勤供應商,而認識了該師部第五團團長蘇哈托中校。林紹良獲得蘇哈托的信任,其事業蒸蒸日上,據 1990 年代統計,林紹良所屬的三林集團(Salim Group)的資產高達 80-90 億美元,其國內銷售額約達印尼國內生產總值的5%。[61]因蘇哈托的蔭庇而取得丁香的進口專賣權,透過蘇哈托的兒子湯米經營丁香的進口,湯米被稱為「丁香王」(clove king)。[62]林紹良亦擁有麵粉專賣權和經營製麵廠而獲得政府的小麥津貼。蘇哈托亦給予林紹良許多政府的合約。1984 年,印尼政府要建立煉鋼廠,林紹良出資不少。1990 年,蘇哈托家族的銀行瀕臨資金不足時,林紹良出資 5 億美元協助,挽救其危機。林紹良給予蘇哈托的子女擁有其公司的股份,例如,給予蘇哈托的兒子西吉特(Sigit)和女兒涂圖(Tutut)擁有中亞銀行(Bank Central Asia)的 25% 的股權。蘇哈托的表弟蘇德衛卡特莫諾(Sudwitkatmono)亦擁有林紹良的麵粉廠、石化和水泥廠的股權。1998 年 5 月 13 日,學運的對象就是針對林紹良,燒毀林紹良的三輛車子、砍殺其個人的芻像、燒毀其住屋。[63]

　　根據 1995 年的資料,在印尼有 100 家華人企業影響印尼經濟。除了林紹良外,其次有金光(Sinar Mas)集團的黃奕聰(Eka Tjitpa Widjaja)、巴里多太平洋集團的彭雲鵬(Prajogo Pangestu)、佳通集團(Gajah Tunggal Group)的林德祥(Lim Tek Siong)(經營電纜線金融和不動產)、建盛集團(Kian Seng(Bob Hasan) Group)的鄭建盛(Bob Hasan)(經營木材業)、力寶集團(Lippo Group)的李文正(Lie Mo Tie, Mochtar Riady)。[64]

[61]　Theodore Friend, *Indonesian Destinies,* The Belknap Press of Harvard University Press, Cambridge, 2003, p.233.

[62]Lee Khoon Choy, *A Fragile Nation, The Indonesian Crisis*, p.249.

[63]Lee Khoon Choy, *A Fragile Nation, The Indonesian Crisis*, pp.249-250.

[64]Lee Khoon Choy, *A Fragile Nation, The Indonesian Crisis*, p.250. 文中華人的華文姓名,承蒙印尼華文作家鄺耀章之協助翻譯,謹致謝意。

關於華人是否控制印尼經濟，有不同的看法。在林紹良和印尼土著企業家伊布努・蘇托沃（Ibnu Sotovo）的支持下，由「經濟管理情報基金會」出面，在 1970 年代末組成了以克里斯迪安托・維比索諾（Christianto Wibisono）為首的調查小組，以「印尼共和國國家公報附件」為依據，對印尼近 2 千個外資企業和國內資本企業進行調查研究，於 1981 年 3 月 9 日完成「1967-1980 年外國投資與國內投資的調查報告」，報告指出，在外國投資企業中，非原住民階層股份佔基本資本總額的 9.7%，原住民私人股份佔 12.77%，國家資本佔 9.24%，其餘為外資，總額為 25 億美元。在國內投資領域，非原住民階層股份佔基本資本總額的 26.95%，原住民私人股份佔 11.2%，國家資本佔 58.75%，國內投資資本總額約 22.4 億美元。從上可知，非原住民或華人並未控制印尼的經濟。[65]

此外，布爾漢・馬根達（Burhan D. Magenda） 於稜鏡雜誌 1990 年第 4 期刊登一篇文章，指出印尼經濟資產中，國營企業佔 60%，華人企業佔 25-35%。[66]1990 年，據印尼銀行通訊的綜合報導，1980 年代末期，國營企業資本有 131 萬億盾（約合 700 億美元），佔 68.2%，私營企業資金（主要為華人）有 60 萬億盾（約合 300 億美元），佔 31.3%，合作社有 1 萬億盾，僅佔 0.5%。[67]據 1998 年統計資料顯示，印尼國營企業佔其國內生產總值（GDP）50%，地方合作社和小型土著企業佔 15%，外資企業佔 12%，其他為華人企業和土著企業佔 23%。[68]總之，華人中富有者僅佔少數，大多數華人屬於社會的中下階層，與印尼土著的中

---

[65]孔文，「華人與印尼社會共同富裕問題」。
[66]孔文，「華人與印尼社會共同富裕問題」。
[67]蔡仁龍，「有欠公允的責難：評哈托諾將軍關於印（尼）華經濟的講話」，華人月刊，第 172 期（香港，1995.11），版 18-20。
[68]星洲日報（馬來西亞），2001 年 3 月 16 日。

下階層相似，因為土著中也有少數富有者。

　　儘管如此，各界如何看待「1998 年 5 月暴亂」呢？據雅加達郵報（Jakarta Post）在 1998 年 7 月 30 日刊出一篇由馬斯里·阿曼（Masri Oman）撰寫的文章「印尼華裔應對暴亂負責」，其主要論點是駁斥排華是由於印尼土著不滿華人經濟較好的論點，原因是許多印尼土著的有錢人並沒有遭到攻擊，而排華的主因是華裔的種族傲慢態度和種族優越心理。該文舉了數個華人輕視印尼土著的例子，例如 1995 年 11 月西爪哇普哇加達一家華人店鋪主人任意指控一名土著女孩偷竊而強迫她穿著穆斯林服裝清洗地板和廁所，做為懲罰。1996 年 12 月，西爪哇倫格斯登克洛克（Rengasdengklok）的一名華人大聲辱罵正準備做晨禮的穆斯林土著青年。數年前，泗水一名土著年輕女傭無故遭其華裔雇主用熱鐵棒燙傷。1998 年 5 月 29 日香港亞洲新聞刊載一篇文章，作者郭燕妮稱其家人和親戚在雅加達呼叫印尼人為「番鬼」，意即下等人。雅加達郵報又說「人民協商議會」（簡稱「人協」）議員巴拉穆里（A. A. Baramuli）在最近與 100 多位華人社團成員會面，他們彼此之間使用華語交談，顯然喜歡華語超過了印尼語。該報認為是華人不尊重印尼國語的自傲的表現。此外，印尼土著光顧哥爾多克（Glodok）商業區及其他區的華人商店，遭到輕視、不禮貌和粗暴的對待，此長期累積的怨恨，亦是造成排華的原因。與「5 月暴亂」最直接有關的原因是，許多華人聯合企業不能償還其鉅額的國內外債務。華人操縱外匯，導致印尼盾貶值以及物價飛漲。最後該文建議華人應該放棄「華人特性」，如華語、華文、華族姓名等，而同化入印尼社會。[69]該文論點很值得參考，雖然有印尼土著的主觀想法，但多少可以看出問題的所在。

　　另一位印尼女士則提出不同的看法，她是「國家婦女反暴力委員會」委員伊達·納迪雅（Ita Fatia Nadia），她曾將「5 月暴動」強姦華婦事件呈報聯合國，她在 2002 年 5 月接受印尼世界日報記者鄺耀章的專訪時提出了一個相當重要的說法，她說金融危機

---

[69]馬斯里·阿曼，「印尼華裔應對暴亂負責」，南洋星洲聯合早報（新加坡），1998年 8 月 26 日，版 14。

爆發後，人民生活困苦，「政府害怕下層的貧窮人民與大學生聯
合起來對付政府，政府將難以面對人民的力量。因此，掌權者設
法將人民對政府的不滿轉移到華人的身上，讓華人成為代罪羔羊，
因為華人最脆弱，最容易成為犧牲品，所以〔軍隊〕發動了燒、
搶、砸、姦事件，讓人民的不滿，發洩到華人的身上。這就是發
生 5 月事件的主要原因。」[70]

「人權觀察」（Human Rights Watch）組織的調查報告，亦認
為：「隨著經濟形勢的不斷惡化，反對華人的暴力活動繼續爆發。
最近的事件是 1998 年 8 月 28 至 31 日發生在中爪哇市鎮芝拉紥
的 4 天暴亂以及 9 月 1 日發生在亞森洛秀馬維的暴亂。那次暴亂
也許是自發的，就像 1998 年 1、2 月份遍及全國的多數反對華人
暴力事件一樣。但是政府未能解決暴力的根源，使得肆無忌憚的
集團容易煽動反對華人的情緒，以達到他們自己的目的。」[71]該
報告又說：「5 月 13 至 15 日在雅加達發生的極其可怕的暴力，
當時似乎是由前一天員警狙擊手開槍打死垂薩地大學（按：即三
聖大學）4 名學生引起的。蘇哈托總統當時不在國內。他在開羅
參加一個會議。目擊者說，一群群年輕人乘坐卡車來到華人居住
區，焚燒店鋪--有的承認他們是被人花錢雇來參加在雅加達一些
街區焚燒和搶掠的--表明至少暴力的一部分是有組織的。然而，
這些組織者是誰，他們的目的是什麼，尚不清楚。一種流行的看
法認為同蘇哈托關係密切的軍人擔心學生抗議力量在增大，想要
挑起暴力事件，以便宣佈戒嚴法，把抗議活動鎮壓下去。另一種
不大聽到的猜測認為是反蘇哈托勢力自己挑起暴力，以為這會有
助於推翻總統。不論出於什麼原因，暴民頭頭們利用反華人情緒

---

[70]鄭耀章，轉變中的印尼，頁 233。
[71]「人權觀察 1999 年度報告：關於印尼華人婦女遭強姦的爭論」，參見
http://www.hrw.org/chinese/reports/indonesia/ （2006 年 5 月 16 日瀏覽。）

去動員搶掠暴眾，導致破壞性後果。」[72]

印尼華人對於蘇哈托政府的歧視華人政策，亦提出他們的看法。印尼華人社團領袖在 2000 年 10 月 22 日聯名上書瓦希德（Abdurrahman Wahid）總統，列舉三項重要事實，說明蘇哈托政府歧視及鎮壓華人的作法。第一，印尼「新秩序」政府從掌權開始就執行一系列對華人族群的歧視條例，包括通過「人協」法令、總統決定書、總統命令書、內閣主席團命令書、部長決定書、部長條例、官方通告或其他文件等，以及國家情報局設立的「支那問題統籌機構」（Coordinating Body for the Chinese Problem, the Badan Koordinasi Masalah Cina, BKMC）和另兩項法律條例。第二，將歧視華人和 1965 年「930 事件」掛勾，在該事件後採取一系列歧視華人的政策。第三，1965 年「新秩序」政府掌權後，他們懷疑印尼的華人成為中華人民共和國的「第五縱隊」。種族偏見與猜疑使「新秩序」政府把華人族群同「印共」等同對待。不同的是，他們對「印共」是進行屠殺，而對華人族群是進行精神鎮壓。目標是使所有華人族群遠離所有政治事務，使華人不會進行顛覆活動而損害「新秩序」政府。[73]

印尼卡迦瑪達大學（Gadjah Mada University）教授潘戈賓（Samsu Rizal Panggabean）和美國佛羅里達大學教授史密斯（Benjamin Smith）所撰寫的「解釋 20 世紀末葉印尼排華暴動」（Explaining Anti-Chinese Riots in Late 20th Century Indonesia）一文，該文想解答幾個相關的問題，即為何 5 月暴動發生在梭羅而不在日惹？兩地相距只有 60 公里。假如是民族仇恨，為何不是全國性的排華，而只是發生在幾個城市？假如軍隊介入暴亂，是否跟其想維持秩序的目標相反？為何選擇排華做為暴力形式或

---

[72]「人權觀察 1999 年度報告：關於印尼華人婦女遭強姦的爭論」，參見
http://www.hrw.org/chinese/reports/indonesia/ （2006 年 5 月 16 日瀏覽。）
[73]南洋星洲聯合早報（新加坡），2000 年 10 月 24 日，版 35。

動員形式？該項研究選擇兩個發生排華運動的城市梭羅和棉蘭，兩個沒有發生排華運動的城市泗水和日惹。該文之主要研究發現是軍警介入梭羅和棉蘭的動亂，而沒有介入泗水和日惹。軍隊為了其無法控制學生反政府運動而轉移注意焦點到排華的策略，是一種結構移轉的策略（frame-shifting strategy）。軍隊配合暴力之目標在將群眾政治動員之結構從針對國家移轉到針對控制經濟的華裔族群。[74]

印尼三聖大學研究所所長戴哈尼（Dadan Umar Daihani）和該大學都市研究中心主任普諾莫（Agus Budi Purnomo）負責「三聖大學調查小組」在雅加達的調查工作，他們利用地理信息系統（GIS）進行研究，其結論有三：(1)因暴動而使建築物高度受損的地區主要是佛教徒住區（就是華人住區）；(2) 高度受損的地區主要集中在商業區；(3)從暴動的時空來看，在雅加達地區爆發暴力地區的各點，加以連結，點與點之間距離平均在 6.5 公里。而每個點幾乎是在同一個時間爆發暴力，它們是同時發生的。就此而言，暴動與華人種族和經濟問題有關，它是被引發的，是有意設計的，據此可推論在若干地區是有意造成的動亂。[75]

克林根（Gerry van Klinken）亦根據 1998 年發生暴動的每個案例所呈現的狀況，做了一個綜合的研析，他舉出如下的特點：

(1) 暴動是孤立的或集中在特定地區。

(2) 極少人被殺或受傷，被殺者或受傷者是暴民或旁觀者，而非華人店主。

---

[74] Samsu Rizal Panggabean and Benjamin Smith, "Explaining Anti-Chinese Riots in Late 20th Century Indonesia," pp.231–232. http://www.benjaminbsmith.net/uploads/9/0/0/6/9006393/panggabean.smith.wd.pdf （2015 年 8 月 27 日瀏覽。）

[75] Dadan Umar Daihani and Agus Budi Purnomo, "Three Possible Scenarios Surface, The May 1998 Riot in Jakarta, Indonesia, Analyzed with GIS," ARCNews online, http://www.esri.com/news/arcnews/fall01articles/may1998riot.html （2015 年 8 月 16 日瀏覽。）

(3) 反華情感不是暴動的主因，主要原因是經濟挫折，而非宗教或種族因素。

(4) 反政府的情感與地方問題有關，而非中央政治問題。

(5) 幾乎沒有證據顯示有系統的排華運動是由當局支持或許可。安全當局雖能謹守其專業主義，不過有時卻超過其權力。以致於因為他們無法保護華人店主的財產，此一疏忽馴至造成歧視華人的後果。

(6) 暴動是未可預期的、自發的或僅是因為糧食價格上漲在地方爆發的反華人店主事件。

(7) 遭搶劫的華人財物，大都被集中在街上予以焚燬，並非被劫掠做為私人戰利品帶回家。

(8)地方軍警行動遲緩，可能原因是裝備不良，一旦介入執行驅離暴民時，若打死人或保護華人，將可能造成麻煩。[76]

　　印尼一再發生暴動，從宏觀面來看，主要原因為法律不公平、貧富懸殊、宗教緊張、社會發展失衡、種族猜忌、官員貪污、社會道德淪喪、軍方掌權人物的權力鬥爭。印尼軍方則認為這些問題不可能在各地造成衝突，最大的可能性是有團體在幕後操縱利用，其發現的證據是每在暴動時就會出現煽動性傳單，而散佈這類傳單者最有可能的就是印尼共黨份子。參與暴亂的人群有三類：包括失業者、工人和大學生，這三類人很容易受到左傾思想之影響。印尼因幅員廣大，為多元文化、多元族群社會，在經濟發展過程中產生的社會分化，極易出現被剝奪感，社會衝突發生的機率會有增無減。尤其在 1997 年 5 月國會選舉及 1998 年總統大選前，反政府份子會出現更多的動作。「人權觀察」組織對於 1998 年的排華運動做出特別的定性解釋，認為它是「種族化的國家恐

---

[76] Gerry van Klinken, ed., "Recent Anti-Chinese Violence in Indonesia," in *Inside Indonesia' Magazine*, Digest No.52, http://insideindonesia.org/digest/dig2.htm （2011 年 5 月 21 日瀏覽。）

怖主義」。該報告說：「如果發現軍隊的任何部分組織了暴力，或者甚至有意讓暴力失控，就不再能夠把五月暴亂看成簡單的又一次反對華人情緒在街上爆發。一位觀察家寫道，必須區別『以種族主義為目的的暴亂』（所發生的並不是這類暴亂）和『種族化的國家恐怖主義』（這次就是）。」[77]

第八節　後蘇哈托時期的包容政策

在蘇哈托統治末期，也就是在 1990 年代初，對於華人之政策開始鬆綁，先開放機器之華文使用說明書和華文雜誌進口。自蘇哈托在 1998 年 5 月下台後，在國內外壓力下，管制華人的各項法令逐一取消，尤其在瓦希德總統任內做了更大幅度的政策轉變，使得包容政策順利實踐，華人獲得跟其他土著印尼人平等的公民地位。以下逐項說明各領域開放的經緯。

（一）開放華語文學習和華文報紙

在 1990 年代初，東南亞各國經濟起飛，台商和港商在東南亞的投資大幅度增長，引發各國學習華文熱，泰國和越南開始恢復華文學習，不僅在大學設立中文系，而且民間也紛紛設立華文補習班。印尼也受到這股氣氛的影響，1990 年，國立印尼大學漢文系主任達哈那（A. Dahana）主張應多培養華文人才。印尼的中國問題專家韋博沃（Ignatius Wibowo）也在報章發表文章，發出類似的呼籲。1990 年 5 月，印尼開始允許在印尼的台商進口機器設備的中文說明書。在雅加達街上報攤亦可買到台、港出版的華文雜誌或其影印本。在夜總會可演唱華語歌曲，華人可用華語交談。[78]印尼政府為穩住及吸引台商的投資，於 1990 年 5 月同

---

[77]「人權觀察 1999 年度報告：關於印尼華人婦女遭強姦的爭論」，參見
http://www.hrw.org/chinese/reports/indonesia/ （2006 年 5 月 16 日瀏覽。）
[78]南洋星洲聯合早報（新加坡），1990 年 5 月 23 日，版 1。

意台商在雅加達設立一所台僑學校，採用台灣的學制，該校在1991年9月4日正式開學，設一至六年級小學部及幼稚園。

1993年2月，「印尼-中國經濟社會與文化合作協會」主席蘇甘丹尼（Prof.Dr.H.Sukamdani Sahid Gitosardjono）向「人民協商議會」提議，撤銷在印尼國內使用華文華語的禁令。「印尼伊斯蘭教兄弟會」（Ikhwanul Muslimin Indonesia）西爪哇分會主席穆罕默德・阿明（Muhammad Amin）亦表示，為了促進印尼和中國的經貿交流，撤銷該項禁令是正當時機。2月16日，舉行印尼省長、市長和縣長級會議，內政部長魯迪尼（Rudini）在會上表示，為了完全貫徹同化綱領，唯一的辦法是普遍的學習華語。他的講話刊登在印尼各大報。同時，「西爪哇伊斯蘭教兄弟會」所屬的努山打拉大學已開展學習漢語。該大學並印刷「簡便中文會話」書本和錄製錄音帶。[79]

印尼旅遊部長阿偉（Joop Ave）於1994年8月宣布，為了推動旅遊業的發展，接待更多的華人旅客，同意以華文印刷各種旅遊宣傳文件，也允許為發展旅遊業而開辦華文補習班。[80]

關於華文書報，在1998年蘇哈托垮台後亦如雨後春筍般出現，例如1999年2月出版的印華文友月刊及呼聲月刊（Aspirasi，用印尼文、英文和華文三文印刷）、1999年7月出版的印華之聲月刊（The Voice of Indonesian Chinese Magazine）、 1999年10月出版的赤道線（Khatykistiwa）、1999年11月出版的印尼日報、1999年底出版的印華文雙語華文郵報（為週報）。2000年2月17日，印尼文財經報導印尼商報華文版試版出刊，報名為印度尼西亞商報。但此時有關禁止和限制華文教育及華文報刊出版的1966年「人協」第31及32號臨時規定尚未廢止。華文郵報是

[79]章稼，「印尼高官促撤銷使用華文華語的禁令」，華人月刊，第144期（香港，1993:07），頁26。

[80]小沈，「喜見印尼推廣漢語」，華人月刊，第161期（香港，1995.01），頁13-14。

根據工商部及國家情報局華人事務委員會所發准證而出版的。此外,在 2 月由泗水印尼文太陽報集團出版的華文龍陽日報,於 24 日起每天出刊一大張。在雅加達亦出刊有華文的和平日報。[81]2000 年 2 月,出版新生日報。[82]2000 年 10 月,出版千島日報。2000 年 12 月,出版國際日報(*International Daily News*)。至 2000 年底,所有有關禁止華文出版或進口的政令都未撤銷,但市面上已有 6 份華文報紙,且已進口許多華文書籍。

　　1999 年 5 月 5 日,哈比比總統發布批准復辦華文教育的第 4 號總統令,允許學習華文。10 月 14 日,印尼文化教育部部長頒發了第 269 號令「關於興辦實用漢語培訓決定書」,即允許開辦華文補習班。2000 年 3 月 2 日,在峇厘島登巴剎市創辦第一間經印尼政府許可的正規漢語補習學校,開設有成人、初中、小二、小一、幼兒、托兒等多個層次的學習班,有學生 150 多人,其中華人占 80%,本地人占 20%。2000 年,

　　印尼文教部成人教育司司長決定成立「全國華文教學綜合協調處」作為統籌全國華文教育的官方機構,共有成員 11 人,由達爾瑪勃沙達大學中文系主任伊妮當主席,成員包括印度尼西亞大學漢文系、國際語言培訓中心、東方語言教育研究中心、聖道教育基金和補習學校代表。[83]2001 年 8 月,允許開辦華文學校和其他外語學校,大學可開辦華文系。[84]

---

[81]南洋星洲聯合早報(新加坡),2000 年 2 月 18 日,版 2。
[82]南洋星洲聯合早報(新加坡),2000 年 2 月 18 日,版 2。
[83] 「印尼華文教育的復蘇與發展」,中國評論學術出版社,http://hk.crntt.com/crn-webapp/cbspub/secDetail.jsp?bookid=32601&secid=32631　(2015 年 8 月 23 日瀏覽。)
[84] 黃昆章、陳維國,「關於印尼發展華文教育的幾點思考」,東南亞縱橫,2002 年 12 月,頁 46-49。關於印尼華文教育之發展,尚可參考宗世海、李靜,「印尼華文教育的現狀、問題及對策」,暨南大學華文學院學報,2004 年第 3 期,頁 1-13。

　　2000年10月21日，6位著名華裔社團領袖與學者在雅加達召開會議，呼籲發起一項全印尼華人簽名運動，聯名致函瓦希德總統，要求政府立即採取行動廢除所有歧視華人華裔的條款和政策，主要為下述三項政令：

(1) 解散由國家情報局設立的「支那問題統籌機構」（BKMC）。

(2) 撤銷1967年內閣主席團通告，即把「中華和中國改為支那」稱呼的政令。

(3) 撤銷1978年印尼貿易部長的決定，即禁止進口、發行和買賣有中文字體的印刷物品。

　　這6人包括全英國羽球單打冠軍、時為印尼羽球總會教練團指導陳友福、印尼全國法律理事會委員陳顯偉（印尼名為 Frans Winata）律師、西卡里曼丹赤道基金會主席（印尼民主黨鬥爭派國會議員候選人）蔡偉良博士、華裔總會副主席許天堂（印尼名為 Benny Setiono）、華裔學者政論家陳瑞霖、泗水華裔著名活動家敷孫銘（印尼名為 Benky Grawan）。[85]

　　為回應上項要求，印尼貿工部長潘賈丹（Luhut Panjaitan）在2001年2月21日宣布2001年第62號政令，撤銷前貿易部長於1978年的禁令，允許華文印刷品發行和進口。

（二）開放華人結社參政

　　在蘇哈托執政期間，華人跟其他印尼土著一樣，集會結社權受到壓制，都只能參加政府許可的三個政黨，即戈爾卡、建設統一黨和印尼民主黨。自蘇哈托下台後，華人積極參政。先後成立的華人政黨和社團有：「印尼新兄弟協會」（Persatuan Saudara Baru Indonesia）〔1998年5月1日成立，主席楊金山（Yong Kiem San，H. Usman Effendi）〕、「印尼大同黨」（或稱印尼殊途同歸黨）〔1998

年 6 月 1 日成立，主席吳能彬（Nurdin Purnomo）〕、「印尼華人改革黨」（Partai Reformasi Tinghoa Indonesia, Indonesian Chinese Reform Party）〔1998 年 6 月 5 日成立，主席李學雄（Lieus Sungkharisma, Li Xuexiong）〕[86]、「印尼融合協會」（或稱印尼同化黨〔1998 年 9 月 2 日成立，主席姚至倫（H. M. Jusuf Hamka）〕、「印尼百家姓協會」〔1998 年 9 月 18 日成立，主席熊德怡（Teddy Jusuf）〕、「印尼華人作家協會」〔1998 年 12 月 12 日成立，主席袁霓（Miss Yenni）〕、「全雅加達校友統籌機構」〔1998 年 12 月 12 日成立，主席鍾添祥（Tjong Thiam Siong）〕、「印尼客屬總會」（1998 年 12 月 20 日成立，主席吳能彬）、「印尼華裔青年團結公正協會」〔1998 年 12 月成立，主席李銳明（Ali Sutra）〕、「印尼華裔總會」〔1999 年 2 月 5 日成立，主席汪友山（Eddie Lembong）〕、「印尼客屬聯誼會」〔1998 年 8 月 10 日成立，主席張慶壽（Aswan Sjachril）〕、「印尼華裔公民聯合會」（1999 年 11 月 10 日成立，主席楊金山）、「印尼華人大學生協會」〔2000 年 7 月 2 日成立，主席 Isyak Meirobie〕、「國家和民族團結委員會」（Solidaritas Nusa Bangsa, SNB）、「種族歧視觀察組織」（RADO）、「印尼反種族歧視運動」（Gerakan Perjuangan Anti-Diskriminas Indonesia, GANDI）。

　　印尼華裔在 1999 年 4 月成立「印尼華裔總會」，立即禮聘瓦希德總統為顧問委員會主席，因為瓦希德的祖先為華裔，其祖先陳金漢遷移到占城，其所居住的村子的占城人都是信仰伊斯蘭教，其祖先可能因此信仰伊斯蘭教，然後遷移到爪哇，他是第 13 代。

---

[86]Lee Khoon Choy, *A Fragile Nation, The Indonesian Crisis*, p.252. 李學雄與其朋友曾積極參與「青年佛教協會」（Young Buddhist Association），他也是「印尼青年全國委員會」（Komite Nasional Pemuda Indonesia, National Committee of Indonesian Youth, KNPI）的財務長，該會與戈爾卡關係密切。

1999 年 11 月 10 日成立「印尼華裔公民聯合會」（簡稱印華聯合會）。

　　華人在 1998 年 6 月組織「印尼華人改革黨」，因為未能在 9個省份設立黨分部，而未被列入參選政黨名單中。9 月，由各階層華人組成「印華百家姓協會」，由退役華人陸軍准將熊德怡擔任主席。該組織不是政黨，而是一個社會福利組織，主要宗旨在協助解決當時糧食缺乏問題。另外有主張同化的華裔組成的「同化黨」，由於社會反應不熱烈，招收黨員的人數不到 500 人，該黨在成立 3 個月後改為非政府組織。印尼大同黨在 1999 年 8 月參加國會大選，獲 35.36 萬張選票，得票率為 48 個參選政黨中的第 13 位。

　　1999 年 11 月 12 日，雅加達華人社團領袖集會，出席者包括「印尼華裔總會」主席汪友山、「印華百家姓協會」主席熊德怡、陸軍退休准將及其他團體代表。他們要求新政府撤銷不利華裔公民法規以及爭取公開慶祝春節。

　　在 2004 年國會選舉時，雖然沒有一個華裔政黨符合參選的政黨的條件，但參加中央和地方議會選舉的華裔有 300 多人，其中參加國會選舉的華裔候選人有 170 人，這是印尼建國以來華裔參選最為積極的表現。

　　位於西卡里曼丹省的山口洋市舉辦 2009 年元宵節慶祝活動，全市範圍內點亮 6 千盞花燈，主辦方還組織有花燈遊行等活動。山口洋市是印尼華人比例最多的城市，在全市 20 萬人口中華人占 62%，該市市長黃少凡是印尼歷史上第一位華人市長。現任西卡里曼丹省副省長的黃漢山，也是印尼歷史上首位擔任省級地方行政長官的華人。[87]

---

[87] 卓雅，「印尼華人地位改善，偏見尚存」，大紀元時報，2009 年 3 月 19 日。http://taiwantt.org.tw/taiwanimpression/2009/20090319-8.htm　（2016 年 6 月 28日瀏覽。）

　　鍾萬學於 2009 年以戈爾卡黨員身份參選眾議員，獲得當選。2012 年辭去眾議員，接受印尼民主黨鬥爭派和大印尼運動黨之徵召，和佐科威（Joko Widodo）搭檔競選，佐科威當選雅加達特區首長，鍾萬學當選副首長。2014 年 6 月，佐科威為參選總統請假，由鍾萬學代理首長。11 月 19 日佐科威選上總統，辭去首長職，鍾萬學正式擔任雅加達特區首長。

（三）恢復華人之傳統宗教和習俗

印尼中華會館在 1900 年成立時，即在其章程中載明其宗旨在改善華人的風俗習慣，使之能與聖人孔子的原則相配合。因此，中華會館就在宣揚孔子思想做了許多努力。譬如改革喪葬習俗，訂定新的可行儀式。至 1920 年代末期，中華會館將有關「孔子思想或學說之推廣」從其章程中刪除，取而代之者是「中國民族主義」。[88]第一個孔教會是 1918 年在梭羅成立的。1923 年，各地的孔教會在日惹舉行代表大會，決定成立孔教總會，總會本部設在萬隆。1924 年，舉行孔教總會大會，決定統一孔教學說。1927 年，出版印尼文孔教月報。1938 年，各地孔教會在梭羅召開會議，決議將本部遷至梭羅。[89]1955 年，各地孔教會在雅加達成立一個聯合組織，叫「孔教總會」。孔教的聖經是四書，信徒禱告完畢後說「善哉」。至 1972 年，全印尼有 26 個孔教會。[90]參加孔教會者，多數是土生華人。

　　在蘇卡諾總統執政時期，孔教是政府承認的六大宗教之一，但蘇哈托時期的內政部長在 1978 年 10 月 28 日發佈的第 477-4054 號通知書，規定身份證上宗教欄只准許填上五大宗教，即伊斯蘭教、天主教、基督教、佛教及印度教，並以特殊符號注明不

---

[88]廖建裕，「孔教在印尼」，亞洲文化，1985 年 10 月，第 6 期，頁 22-34。

[89]廖建裕，「現階段的印尼孔教」，南洋星洲聯合早報（新加坡），2000 年 5 月 14 日，星期刊，論壇，版 2。

[90]廖建裕，「孔教在印尼」。

屬於該五大宗教的其他信仰者。為推行激進同化政策，企圖把中華文化斬草除根，孔教便受到打壓，政府強迫孔教會必須加入佛教總會，禁止以孔教信徒身份向民事登記局註冊結婚。

印尼許多華人改信基督教，是受到兩波政策之影響。第一波是在 1950 年代，印尼政府推行宗教政策，迫使華人改信基督教，以適應政府的新宗教政策。第二波是在 1970 年代末，因為政府不承認孔教會，所以華人改信基督教。據估計約有 70% 的華人信仰基督教。[91]

孔教總會在全印尼設有 54 個分會，並在多個地區辦有孔教學校。30 多年來印尼政府強迫孔教信徒以佛教名義登記。1999 年 8 月 9 日，印尼孔教聯誼會發動示威，要求選舉委員會在規定「人協」各宗教代表時，應重視孔教的存在。根據國會及「人協」組織法的規定，「人協」的 65 名各階層代表中，包括宗教團體代表，但選舉委員會在指定各宗教代表時，仍遵循蘇哈托政府只承認 5 個宗教的政策，引起孔教信徒的抗議。8 月 19 日，約有 700 名來自雅加達及其附近市鎮的孔教信徒至選舉委員會前抗議，未能分配「人協」席次。但華社同化運動先鋒王宗海（即王忠海）（Ong Tjing Hay，Kristoforus Sindhunata）及劉全道（Lauw Chuan Tho，Junus Jahja）等人極力主張，不應有華人代表，原因是華裔已融入主流社會中。[92]瓦希德總統在 2000 年 1 月 17 日公布總統第 6 號決定書，取消總統關於支那（指中國）宗教信仰和風俗習慣的 1967 年第 14 號指示，撤銷不准華人公開舉行宗教信仰與民俗活動禁令。瓦希德總統在同年 2 月農曆新年出席孔教會 30 多年來首次舉辦的慶祝春節大會，宣布孔教為合法宗教。[93]內政部

---

[91] Roderick Brazier, "In Indonesia, the Chinese go to church," *International Herald Tribune*, 27 April 2006.
[92] 南洋星洲聯合早報（新加坡），1999 年 8 月 20 日，版 29。
[93] 南洋星洲聯合早報（新加坡），2000 年 2 月 19 日，版 2。

長也在 4 月 19 日宣布撤銷 1978 年的禁令。今後孔教信徒可以向民事登記局註冊結婚。[94]2001 年，瓦希德總統宣布孔教為印尼第六個合法宗教。[95]

2017 年 11 月，憲法法院宣佈，非宗教的信仰可以填寫在身分證上的宗教欄裡。選擇宗教信仰是人類的基本人權，政府無權強迫人民接受某種宗教。以前印尼政府只承認六種宗教，即：伊斯蘭教、天主教、基督教、印度教、佛教、孔教。

2000 年 2 月農曆新年，印尼華人首度迎新春，雅加達的華人區唐人街充斥新春節慶活動，民眾可以舞龍舞獅。自 1967 年禁止華人習俗後，此為首度慶祝春節。雅加達一帶的華人有一奇特的習俗，即每在除夕要購買海鮭魚送娘家，希望年年有「魚」（餘）和財源廣進。

2001 年 1 月 22 日，印尼政府國務祕書以瓦希德總統的名義發出公函，2001 年 8 月 3 日印尼宗教事務部長托哈哈山頒布第 383 號政令，正式規定春節為全國公共假日。宗教部長也發出 2001 年第 13 號政令，決定將 1 月 24 日農曆新年訂為任選假日，即在公私機構工作的華裔員工或在公立和私立學校就讀的華裔學生可以自行休假，不會被當作曠工或曠課。[96]梅嘉娃蒂總統在 2002 年宣布農曆年為公共假日。[97]

（四）取消對華人之身份標記

1998 年 6 月，雅加達首都特別區決定取消有關外裔（華裔）市民必須具備國籍證明書，以及外裔市民的身份證號碼注明有特

---

[94]南洋星洲聯合早報（新加坡），2000 年 4 月 21 日，版 30。
[95] " Editorial: Feting Chinese New Year, " *The Jakarta Post*, 30 January 2014.
[96]南洋星洲聯合早報（新加坡），2001 年 1 月 23 日，版 2。
[97] " Editorial: Feting Chinese New Year, " *The Jakarta Post*, January 30, 2014.

別符號的法規。[98]1998 年 7 月，取消了雅加達華人身份證上帶有歧視性的特別紅色記號。

　　哈比比總統在 1998 年 9 月公佈「總統第 26 號指示」，廢除「土著」（pribumi）和「非土著」（non-pribumi）的稱呼，廢除了「我族」和「非我族」之分。

　　1999 年 5 月，哈比比總統發佈「1999 年總統指示第 4 號政令」，指示所有公務員落實執行「1996 年總統第 56 號令」，規定外裔（華裔）公民不必再執有印尼國籍證明。但它僅是行政命令，並未嚴格執行。有些地方官員，例如西卡里曼丹司法廳長，仍依據舊法，要求外裔公民在辦理護照及其他證件時，須出示印尼國籍證明。[99]2000 年 11 月 24 日，雅加達省議會通過修改「居民登記事務的地方條例」，除把居民證（身份證）有效期從原來的 3 年改為 5 年，也取消對外裔（尤其是華裔）公民歧視條款。該省議會唯一的華裔議員劉玉發（大同黨代表）在一項動議中指出，外裔（華裔）居民在辦理居民證及其他公眾事務時，向來受到不平等待遇，要求落實「1996 年第 5 號總統政令和「1998 年第 26 號總統政令」的規定。前者規定，凡是通過歸化手續成為印尼公民的男子，其妻子及未滿 18 歲的子女自動成為印尼公民。後者則規定，所有機關必須停止使用「原住民」和「非原住民」的字眼，所有公民一律平等對待。這兩項政令多年來未獲得真正落實。結果劉玉發的該項動議獲得通過。此外，雅加達外裔公民向來必須辦理特別登記證的規定也宣告無效。[100]2004 年 4 月 14 日，梅嘉娃蒂宣布廢止所有華裔印尼人持有國籍證明之規定。2006 年 7 月，正式以國籍法加以規定。[101]

---

[98]南洋星洲聯合早報（新加坡），1998 年 6 月 27 日，版 42。

[99]南洋星洲聯合早報（新加坡），1999 年 5 月 24 日，版 20。

[100]南洋星洲聯合早報（新加坡），2000 年 11 月 27 日，版 20。

[101] "KBRI not Required by Chinese: Megawati," *The Jakarta Post*, 15 April 2004; " Indonesia passes landmark citizenship law," *The Straits Times* (Singapore), 12 July

2006 年 7 月 11 日，印尼國會通過「新國籍法」（Citizenship Law），修改了印尼原住民定義。根據新定義，任何人在印尼出生，而未自願地接受其他國家之國籍，都可成為印尼原住民，並且以原住民身份獲得印尼國籍。

由於新國籍法的定義，除廢除了華人在印尼被歧視的地位，而且持有印尼出生證明，而未有接受第二國國籍的印尼華人，都會重獲印尼國籍，印尼華人國籍問題至此大致告一段落。而新的印尼國籍法，亦徹底取代了歧視華人的「1958 年第 62 號政令，此後印尼「國籍證」的法定地位，才正式廢除。

（五）提高華裔學生進入公立大學之入學比例

1999 年，華裔子女進入國立大學就讀之人數比例從 10%提高到 20%。

儘管印尼華人之社會地位提昇了，但在若干地方還會出現族群間的小衝突。例如，2008 年 2 月，西卡里曼丹省首府坤甸市當局下令，禁止在中國新年和元宵節舉行華人民俗表演，如乩童出遊、舞龍和舞獅以及遊行等活動，理由是為了保障交通順暢、公眾秩序安全及更大利益考量。在這個政令頒布的兩個月前，坤甸當地還因為華人和印尼人之間的一起車禍而發生了一場衝突，部份華人的住宅遭到襲擊。2009 年第一季度的印尼全國籃球比賽上，泗水一支球隊的運動員背心上因為印有「群力社」漢字而受到抵制，不過最終被批准上場參賽。[102]

2001 年 1 月 28 日，瓦希德促請華裔恢復華人姓名。[103]但該項改姓名法令尚未廢除，所以華人還是得使用印尼音的姓名。此

2006.
[102] 卓雅，「印尼華人地位改善，偏見尚存」，大紀元時報（台灣），2009 年 3 月 19日。
[103]南洋星洲聯合早報（新加坡），2001 年 1 月 29 日，版 1。

外，在政治、軍隊、警察、公務員和國營企業等領域，還存在著排華意識，各地方上仍有印尼人對華人有歧視。[104]

第九節　結論

在東南亞國家中，印尼應是制訂最多排華法令的國家，其排華運動也是最為血腥，受害華人人數也是最多者。但印尼排華法令並非是首創者，在第 20 世紀中最早的是泰國。印尼有不少排華法令是學自泰國，例如要求華人更改姓名、限制華僑的職業、對華僑入籍收取入籍費、限制華文學校及報紙等。而印尼限制華文報紙發行，只保留一種華文的印度尼西亞日報的作法，是學自泰國在 1939 年排華運動時只保留中原報，後來該種做法被越南學習，越南也在 1975 年後保留唯一華文的西貢解放日報。無論如何，印尼的大規模屠殺華人、破壞華人住屋和商店的作法，卻是東南亞獨一無二的。

史金納（G. William Skinner）曾對於印尼和泰國華人同化入當地社會之難易程度作一比較，他說印尼因為曾遭到荷蘭殖民統治，華人不能參與政府工作，充其量只擔任荷人和土著之間的中間商人，印尼土著是被殖民統治者，與之通婚同化缺乏驕傲感，再加上雙方信仰不同，華人很難同化入印尼社會；而泰國因為一直都是獨立國家，泰國國王又大量引用華人充當政府官員，使華人覺得與泰人同化然後出任官員而有光榮感，再加上雙方都是信仰佛教，有助於雙方的通婚同化。[105]儘管史金納的論點具有相當的理論參考性，但印尼華人之所以未能同化入印尼社會並非造成

---

[104] "Being 'Chinese' in a tiny Javanese town and elsewhere," *The Jakarta Post*, 30 January 2014.

[105] G. William Skinner, "Chinese assimilation and Thai politics," *The Journal of Asian Studies*, Vol. 16, No. 2, February 1957, pp.237-250.

排華的主因，觀察馬來西亞的社會結構跟印尼很相似，存在著信仰佛教的華人和回教的馬來人，但為何馬來西亞沒有發生一而再的排華運動？關鍵因素應該是印尼統治者利用排華作為操弄政治的手段，誠如伊達・納迪雅之分析，印尼統治者利用排華轉移不滿政府的印尼人的注意力。

蘇哈托培養扶植少數大型華人企業，與之建立密切的政商關係，另一方面又利用群眾運動打擊、壓制華人，讓華人馴化，對華人採取兩手策略，以刺激和鞏固印尼土著的民族主義。在同化政策下，華人逐漸喪失「華人特性」。然而這種透過政治力之同化政策，不是自然發生的同化關係，無法長期維持，此跟泰國在二戰後的自然同化過程不同，因此當施加政治力之蘇哈托垮台後，隨著政治強制力解放之民主化大潮流，印尼開始給予華人在政治、經濟和社會上的平等地位。少了政治強人的操弄，強制同化政策已不合時宜，一個建立在各族群平等的包容政策，正在印尼社會成長生根。

第七章　越南的華人與政治之關係

第一節　前言

　　越南和中國領土相連接，而且將近有一千多年屬於中國的地方郡縣，兩國人民多有往來，不是派遣的官員和軍人，就是商人和政治難民，往來於中、越道路上。華人雜於越人或其他種族，彼此通婚，應該是相當普遍的現象。

　　大越國在 1471 年滅占城國之前，大越的領土範圍僅及今天順化以北的越北地區，大越國跟中國關係密切，華人進入越北，定居越北以及與越北的越人通婚，在越南文獻並沒有特別指出華人和越人的差異和特出性，而且是被接受的。

　　越族開始發展出「我族」和「他族」之認知，是源起於對占族的政策。占城人是屬於占族，其人種、風俗習慣和文化和越人不同，當大越國在 1471 年兼併占城時，還告示人民不要與占人通婚及仿效其衣著和風俗，「1499 年 8 月 9 日，詔繼今上自親王，下及百姓，並不得娶占城婦人爲妻，以厚風俗，從戶科都給事中武錄之奏也。」[1]以後大越國實施同化政策，占人已逐漸消失其族群特性。以致於當第 18 世紀西山阮文岳三兄弟起來反抗順化阮主之統治時，還被視為占城復國運動，因為西山軍的起源地在歸仁西側的西山地區。

　　在越南，華人被突出是一個有別於越南的族群是發生在大明國末年，1679 年，阮主阮福溙（Nguyên Phuóc Tãn）同意中國大明國的逃難將領陳上川、楊彥迪率領的 3 千多人前往湄公河下游開發，楊彥迪在美湫（My Tho）；陳上川在邊和和西貢等沼澤地

---

[1] [越] 吳士連、范公著、黎僖等撰，大越史記全書（電子版），本紀，卷之十四，黎皇朝紀憲宗睿皇帝條。

帶建設城市，同時拓展商業關係網絡，以後發展成華人聚集的堤岸（Cholon）。阮主將這些華人政治難民標示為「明香人」（指繼承明國香火的人），而對於移至越南居住或經商之清國商人稱為清人。

康熙 37 年(1698 年)2 月，「初置嘉定府。命統率阮有鏡經略真臘，分東浦地，以鹿野處為福隆縣，建鎮邊營（今邊和），柴棍處為新平縣，建藩鎮營（今嘉定，胡志明市舊名）。營各設留守、該簿、紀錄及奇隊、船、水步精兵、屬兵。斥地千里，得戶逾 4 萬，乃招募布政以南流民，以實之。設立社村、坊邑，區別界分，開墾田土。定租庸稅例，攢修丁田簿籍。又以清人來商居鎮邊者，立為清河社，居藩鎮者，立為明香社。於是清商居人悉為編戶矣。」[2]

大越國之所以對華人區分為明香人和清人，最重要的原因是大明國漢人政權在 1644 年亡於滿人的清國。大越國遂將大明國遺民稱為明香人，給予明香人免除兵徭之優惠，「1821 年 7 月，免嘉定明香社兵徭，其身稅徵如例。」[3]清人則無需服兵役，但要繳稅捐。

以後大越國將明香人視同其編戶之一族群，也就是視同「本國籍人」，而清人為外僑。這是一個很重要的分水嶺，大越國開始發展出其民族主義認知，區別越人和清人（華人）之不同。在越南史籍中，更發展出華民、唐人之區別。根據嘉定通志，「真森山，在高蠻（按即高棉）真森府地，土產降香、白木香、砂仁、梢木諸珍貴物，華民、唐人列屋以居，結村會市，以從事山林川澤之利。」「波㳥江，在後江下流之南，距永清鎮兩百十七里，

---

[2] [越]張登桂等纂，大南寔錄，第一冊，前編，卷七，越南國家圖書館，河內，1844年，頁 14。

[3] [越]潘清簡等纂，大南寔錄，第五冊，正編第二紀，卷十，越南國家圖書館，河內，1844 年，頁 4。

江口行六十里到艚場，乃洋商停舶之所。華民、唐人、高蠻雜居，街市絡繹。」[4]

最為特別的，在越史中很少使用「越人」一詞，在**大南寔錄**越人是以漢人自稱，若是中國華人，則是使用「清人」一詞。在嘉定通志一書，以「華民」指稱越人，以「唐人」指稱華人。此種分野一直持續到近代，以有無加入其國籍作為辨別，對華人之區別性愈加明顯。

本文將根據上述的脈絡，分析華人參與越南政治的情況。

第二節　華人在大越國出任國王者

越南是在 939 年脫離中國成為獨立國家，吳權、丁部領、黎桓等是越人，他們所建立的政權，任命有華人出任高官，例如黎朝時的李公蘊為中國閩人，[5]當開明王殺害黎中宗時，眾官員皆奔逃，惟有李公蘊抱中宗屍大哭，黎龍鉞嘉獎其忠心，任命他為左親衛殿前指揮使。黎龍鋌死，嗣君沖幼，李公蘊率軍 5 百人入王宮宿衛，大臣陶甘沐遊說其取代幼主，出任國王，乃召眾官員高呼支持李公蘊為王，上演了一齣很像黎桓登上皇位的戲碼，李公蘊擁有兵權，眾官員只好黃袍加身，擁立他為國王。李公蘊在 1009 年 11 月登上王位。[6]

---

[4] [越]鄭懷德，嘉定城通志（電子版），卷二山川志，頁 39、46、60、62。"Gia Định thành thông chí (嘉定城通志)," *Sách Việt*, https://vietbooks.info/threads/%E5%98%89%E5%AE%9A%E5%9F%8E%E9%80%9A%E5%BF%97-gia-dinh-thanh-thong-chi-quyen-trung-190-trang.7050/ 2022 年 10 月 2 日瀏覽。

[5] 「景德元年(1004 年)，土人黎桓殺璉自立；三年，桓死，安南大亂，久無酋長。其後國人共立閩人李公蘊為主。」([宋]沈括，夢溪筆談，卷二五，雜誌二，頁 11。收錄在諸子百家中國哲學書電子化計畫。)

[6]陳荊和編校，**大越史略**，卷一，興生社，日本東京，昭和 62 年，頁 50。

　　第二個華人出任國王的案例是陳日煚。1225年，李朝亡，國統太師、殿前指揮使陳守度立其侄兒（一說兒子）陳日煚為帝。陳守度的先祖是中國福建福州長樂人，徙居越南南定省天長府即墨鄉，以捕魚為業。[7]陳守度發跡後獨攬大權，迫令李惠宗遜位給第二公主昭聖（李佛金）（年僅7歲），是為昭王，惠宗出家。陳守度迎立其侄子陳日煚為王，降昭王為昭聖王后，為陳日煚之王后。

　　第三個華人出任國王的案例是黎季犛，又名黎一元，原為中國商人胡興逸16世孫，浙江人氏。胡興逸在五代時遷居越南瓊琉縣泡突鄉，至四世祖胡廉徙居清化，為宣慰黎訓義子，自此以黎為姓。黎季犛是胡廉四世孫，有兩位姑母嫁給陳明宗皇帝，一位生陳藝宗，另一位生陳睿宗。因此他深獲陳藝宗寵信，官至同平章事，並加忠宣侯爵。[8]1398年3月15日，黎季犛逼陳順宗禪位給皇太子陳烉。1400年2月28日，黎季犛逼陳少帝禪位，他登基稱帝，建元聖元，國號大虞，恢復胡姓。此一案例跟在暹羅的華人一樣，依附在土著大官之下，以取得晉身之機會。鄭信就是從小為暹羅官員收為義子，然後晉身高官。

　　第四個華人出任國王的案例是1527年登基的莫登庸，其先祖是廣東省東莞縣的蛋民，其父莫萍遷徙越南海陽道宜縣古齋社，為古齋社社長。[9]

　　第五個華人出任國王的案例是阮潢，他在1558年10月出任順化總鎮將軍，以後和越北的黎朝脫離關係，形成南北對抗局面，世稱阮主所統治的順化到歸仁一帶為廣南國。

---

7 「初，帝之先世閩人〈或曰桂林人〉有名京者，來居天長即墨鄉。生翕，翕生李，李生承，世以漁為業。帝乃承之次子也，母黎氏。」載於[越]吳士連、范公著、黎僖等撰，大越史記全書（電子版），陳紀，太宗皇帝；施益平，「越南歷史上的華裔帝王」，聯合日報（菲律賓），1986年1月5日，版7。
8 [越]陳重金著，戴可來譯，越南通史，商務印書館，北京，1992年，頁123。
9 施益平，前引文。

根據清高宗敕撰的清國文獻通考之記載：

「廣南為古南交地，王本中國人，阮姓。歷代以來未通職貢。
其地東接安南，西鄰占城，南濱海，東北至緬甸，西北距暹羅境
有大山，海水環之，望如半月之形，名曰廣南灣。人善泅，紅毛
國人夾板船最大風帆不利，漂入廣南灣，言國人即遣小舟數百雲
集其處，人負一竹筒，納長縷，沒水，而釘縷于船下，還棹，小
舟遠曳以行，於是奪其貨而焚之。故紅毛以不見廣南山為幸。他
國商船入廣南者，稅務加倍以為常。」[10]

據此而言，越南最後一個王朝阮氏政權是一個華人政權，但
越南史書不載。

第三節　清人之地位與角色

在越史中很少使用「越人」一詞，越人在大南寔錄一書中是
以漢人自稱，理由是中國大明國亡於滿族，越人自認為自己是繼
承中國大明國的漢人。在明命 21 年(1840 年) 11 月，明命帝派史
科掌印官陳文璨察訪鎮西城（即柬埔寨之金邊），他說造成鎮西
動亂的原因為：「上司平日撫馭乖宜，流官如海西知府武桁索取
土目賄銀，又脅捉新民女子充為家奴，中河知縣黎伯雄奪賣水利，
私設守所，要索商船禮遺，漢民、漢兵恃勢凌逼土人，擾弊多端。」
[11]大南寔錄所講的漢民，指的是越人。若是華人，則是使用清人
一詞。

在第 18 世紀，越南政治分裂為三股勢力，一是在河內的黎
朝，二是在順化的阮主，三是在西山的阮文岳三兄弟。清人各有

---

[10] [清]清高宗敕撰，清朝文獻通考，新興書局，台北市，民國 52 年重印，卷二百
九十六，四裔考四，廣南條，頁考 7455。

[11] [越]潘清簡等纂修，大南寔錄，第十二冊，正編第二紀，卷二百四十九，越南國家
圖書館，河內，1844 年，頁 14。

所支持的對象。1773年2月,西山阮文岳作亂,據有歸仁。阮文岳、阮文惠、阮文呂三兄弟建西山旗號,獲得廣南地區清商集亭、李才(缺姓)之支持,集亭稱忠義軍,李才稱和義軍。西山軍控制了從廣義到平順一帶。1775年2月,黎朝派黃五福率軍入廣南,南人有中國人的集亭兵,與西山阮文岳合。集亭兵皆廣東人,每入陣,先飲酒,人持一劍,頭戴北梭紙銀,曰死以此贈,赤身直往,不避矢石,阮文岳倚賴該支軍隊以對抗黃五福軍。黃五福在陣前領兵大戰,集亭兵死傷者過半,遂遁去,阮文岳亦退走。另在湄公河三角洲的清國人則支持阮福映,1782年3月,阮文岳和阮文惠攻佔柴棍(後來改稱西貢)。4月,阮文岳護駕范彥為「和義道」兵殺死,阮文岳採取報復手段,由於「和義道」兵皆是清國人,故搜捕嘉定地區的清國人1萬多人,不論兵民商賈皆殺之,投屍滿江,月餘人不敢食魚蝦、飲江水。[12]

　　1787年2月,由於西山軍兄弟相爭,各據一方,嘉定兵力薄弱,阮福映欲趁機收復。原先阮福映因為遭西山軍擊敗,而在1785年4月流亡暹羅曼谷,暹羅國王拉瑪一世(Rama I)安頓其人馬在曼谷郊區屯墾。阮福映在1787年7月留感謝書給暹王,不告而別,從暹羅回到南越,船至古骨嶼,清國人何喜文從崑崙島以兵船歸附,授以巡海都營大將軍,其屬下10人授以總兵、統兵、彪騎尉等職。阮福映將其母及家眷送至富國島安頓,奪取美湫做為復國基地。

　　清國人趙大仕從中國到廣南做生意,遭海匪所掠,阮福映軍隊攻破海匪而抓獲他。阮福映在1801年7月派遣趙大仕前往廣東,向兩廣總督報告,他已克復順化,想與清國通好。[13]清國嘉慶帝諭說:「如續有文稟,或乞兵相助,則當明示駁飭,諭以兩

---

[12] [越]張登桂等纂,大南寔錄,第二冊,正編第一紀,卷一,頁17。
[13] [越]張登桂等纂,大南寔錄,第二冊,正編第一紀,卷十四,頁36。

無偏向（指對控制河內的阮光纘政權和控制順化的阮福映政權無所偏）。」[14]從而可知，阮福映之所以能建國，除獲得法國人、暹羅人、柬埔寨人和寮國永珍人之支持外，亦獲得清人（華人）之支持。

1802 年 5 月，阮福映建都順化城後與群臣討論派遣使節到清國，群臣提議鄭懷德、吳仁靜、黃玉蘊等為使節，於是派該兩人出使清國。鄭懷德是「明鄉人」，其祖先來自中國福建長樂。

圖 7-1：19 世紀的明鄉人

資料來源：「明鄉人：近代流落越南的明朝遺民」，騰訊網，https://new.qq.com/rain/a/20211104A0DA2D00 2022 年 8 月 22 日瀏覽。

阮福映於 1820 年去世，由其子明命繼位。明命帝對於清人開始設立各項條款加以規範。

「明命 7 年(1826 年)7 月，定嘉定唐人（指華人）稅例，城臣奏言：『屬城諸鎮別納唐人，或納庸錢，或納搜粟，或納鐵子，稅課各自不同。又有始附者至 3 千餘人，並無徵稅，且城轄土地膏腴山澤利浦，故閩、廣之人投居日眾，列墨布野為買、為農起

---

14 [清]覺羅勒德洪等奉敕撰，大清仁宗睿（嘉慶）皇帝實錄（二），卷八十八，華聯出版社，台北市，1964 年，頁 17-18。

家，或至巨萬而終歲無一絲一粒之供，視之吾民庸緝之外，更有
兵徭，輕重殊為迴別，請凡別納。及始附唐人歲徵庸役錢，人各
6緡5陌，其始附未有產業者，將為窮雇，免徵。』城臣又奏：
『唐人投居城轄，民間舖市業令所在鎮臣據福建、廣東、潮州、
海南等處人，各從其類，查著別簿，置幫長，以統攝之。其有產
業者，請征如例。至於窮雇，常年察其已有鎡基者，徵之。』帝
允其奏。」[15]

圖 7-2：明鄉社牌匾
資料來源：平兆龍，「明鄉人及其異國科舉之路」，東南亞研究，
2017 年 第 3 期， https://read01.com/zh-
tw/NDM0DQ.html#.YwK9o31BzX4 2022 年 8 月 22 日瀏覽。

　　1829 年 10 月，越南對於清人設立許多的限制，禁清商偷載
婦女返回中國。例如，有清人鄧福興到廣南經商，娶會安舖女，
回國偷載會安女歸，經查獲按照將人口軍器出境及下海例減一等
罪之。鄧福興發邊遠充軍，其妻則流放某地為奴。經此事後，越
南制訂新規定，凡清人投寓越南，有了住所，且登入幫籍（分為
廣肇、福建、客家、海南、潮州等幫）者，才能與當地越人婚娶。

---

[15] [越]潘清簡等纂，大南寔錄，第六冊，正編第二紀，卷四十，頁 17-18。

此類清人猶如今天之「永久居民」的概念。若偶爾前往越南旅遊或做生意，則禁止與越南人婚娶。此類清人視同外僑。違反者，男女各滿杖（打一百下）、離異，主婚者也要接受相同的罪。媒人、幫長、鄰佑各減一等。地方官知道而故易放縱，降一級調。因為此一犯法行為而將越人攬載回清國者，男發邊遠充軍，婦則流放某地為奴，主婚減一等，媒人、幫長、鄰佑各滿杖。地方官故意放縱，降二級調。防守港口的人失職沒有嚴格盤查，官降四級調，兵杖 90。若是接受賄賂而縱放越人載回清國，則根據賄賂多少，從重論罪。此外，亦嚴格禁止清人與越人所生子女偷載回清國，違犯者，男婦、幫長及鄰佑知情各滿杖。地方故縱、汛守失察，照前議科罪。又所生之子，禁止薙髮垂辮，違者男婦滿杖，幫長、鄰佑減二等。[16]

明命 11 年(1830 年)3 月，定廣平清人稅例，依嘉定始附清人例，人歲納錢 6 緡 5 陌。[17]

同年「7 月，定各地清人稅例。前戶部議定平順在轄清人歲納錢 6 緡 5 陌。嘉定清人則有不同稅例。明命帝說清人既入越南籍，即為越南民，豈能有不同稅例。經廷臣議定凡所在投寓清人，除有物力者全徵，其現已在籍而無力者折半徵稅，統以 3 年為限，照例全徵，不必察報。間有新附而窮雇者，免徵 3 年，限滿尚屬無力，再准半徵。3 年後，即全徵如例。」[18]

1833 年 5 月 18 日，南圻有黎文傀在邊和、定祥和永隆發動叛亂，以復興黎朝為名，佔領嘉定城。[19]清人支持黎文傀之叛亂活動，聚在柴棍舖（指市集的名稱），設屯固守至 8 月，始被越軍攻破，越軍殺叛軍 210 人，俘虜 700 人。越軍將俘虜的凶悍者

16 [越]潘清簡等纂，大南寔錄，第七冊，正編第二紀，卷六十二，頁 12。
17 [越]潘清簡等纂，大南寔錄，第七冊，正編第二紀，卷六十五，頁 14。
18 [越]潘清簡等纂，大南寔錄，第七冊，正編第二紀，卷六十八，頁 24。
19 [越]潘清簡等纂，大南寔錄，第八冊，正編第二紀，卷九十六，頁 16。

處死,其餘各斷右手四指,流放邊境,不准留在城市地區。明命帝對此一措施甚不以為然,他認為有些清人並非叛賊,而只是因為害怕捲入戰爭而出於自保,越軍不加以分辨,全數以叛賊處置,致殺害多人。[20]越南將黎文㑇祖父四代墳墓挖掘,焚棄屍骸,其弟侄鄧永膺、丁翻、劉信之子凡 14 人處斬。丁翻之長子丁文璞削去進士碑記姓名。[21]後來明命帝詢問南圻的情況,知悉那些在柴棍舖的清人都屬兇狠可惡,對到來的越軍進行水陸堅強抵抗,所以將之殺害,亦是勢不得已。[22]

叛軍首領黎文㑇控制嘉定城,城內有清人爺蘇會(天主教)教徒 1 千人跟隨叛軍死守,越軍圍城數月。當越軍收復永隆城後,越人及清人自願捐款以助軍餉,得錢共 2,280 餘緡、米 490 方、粟 1 百斛。[23]嘉定、安江人民情願捐助餉錢 5 千緡、米 1 千 6 百方。[24]

明命 16 年(1835 年)7 月 16 日,越軍發動總攻擊,終於攻破被佔領 3 年的嘉定城,俘虜及斬殺 1,832 人,越軍傷 4 百多人,死亡 60 餘人。[25]

嘉定城叛亂案有一個明顯的跡象,清人之政治立場分為兩種,信奉天主教者支持黎文㑇,非天主教徒則支持越南政府。在該叛亂案弭平後,大概有 1 千多名清人遭殺害,另有數百人逃至柬埔寨避難。

越南在 1813 年 2 月在柬埔寨築南榮城(即金邊)及盧淹城,

---

[20] [越]潘清簡等纂,大南寔錄,第八冊,正編第二紀,卷一百三,頁 21-24。
[21] [越]潘清簡等纂,大南寔錄,第八冊,正編第二紀,卷一百四,頁 5-6。
[22] [越]潘清簡等纂,大南寔錄,第八冊,正編第二紀,卷一百四,頁 29-30。
[23] [越]潘清簡等纂,大南寔錄,第八冊,正編第二紀,卷一百六,頁 10。
[24] [越]潘清簡等纂,大南寔錄,第八冊,正編第二紀,卷一百七,頁 24。
[25] [越]潘清簡等纂,大南寔錄,第十冊,正編第二紀,卷一百五十六,頁 20-21。

建安邊臺，臺上建柔遠堂，以為藩王望拜之堂。[26]7 月，南榮城及盧淹城完工，詔黎文悅班師，留阮文瑞 1 千名士兵守南榮，保護真臘（柬埔寨）。

從 1834 年 1 月到 1847 年 6 月之間，越南統治金邊以東的柬埔寨領土，首府設在金邊。該一領土以西的地區，則為暹羅佔領，扶植柬埔寨傀儡國王，駐守在烏東。1835 年 7 月，越南政府重新規劃南部各省之管轄體制，改真臘巴忕府為巴川府，設按撫使一，以吏部員外郎阮嘉儀調領。初張明講上奏稱，巴忕雖是藩地，而實界於安江、河僊兩省之間，西接安江永定縣，南接河僊龍川縣與南榮（金邊）處間隔。其地清人聚居以數千計，漢民（指越南人）雜處。建議請安江派弁兵 1 百駐防，漢民、清人須建邑里、定幫籍，使之各有統屬。[27]

為了開發湄公河三角洲的商業和農業，越南鼓勵清人移入，以彌補因亂事而死亡或逃離的人口。1836 年 12 月，「命南圻 6 省，凡在轄貧乏清人及新來搭客情願留居者，派送鎮西城（越南將金邊改稱鎮西城），擇地安插，分立邑里，令墾治。間曠之士（清閒無事者）無力者，官給以秄秧、田器，3 年後照人數、田數，彙冊奏聞。」[28]從而可知，19 世紀中葉後有許多華人移居南越地區，然後越南再將之移入柬埔寨開墾，柬埔寨華人人數日增，乃越南政府之鼓勵措施所致。

明命 18 年(1837 年)1 月，「嘉定清人有代役征船（指替代擔任船夫者），乞行商（指川行做生意）於南北兩圻，省臣為之聲請。帝諭曰：『清商狡詐，向來以假造船營商為辭，陰載米粒、盜賣鴉片，經略使曾建議所議不許，今省臣卻為他聲請，能保無

---

26 [越]國朝正編撮要，卷二，缺作者和出版地，1908 年，頁 37。
27 [越]潘清簡等纂，大南寔錄，第十冊，正編第二紀，卷一百五十六，頁 15-16。
28 [越]潘清簡等纂，大南寔錄，第十一冊，正編第二紀，卷一百七十六，頁 12。

弊乎。嗣後清人及明鄉人永遠不得造買越海船。』」[29]

1839 年 8 月,「鎮西城臣張明講等奏言,節次招集漢民(按指越族人)設立邑里,凡得 25 村,丁數 470 餘人,田土 640 餘畝,已滿 3 年,請應照例起科。明命帝說,這些新設立的村,經濟尚未豐裕,且明年正值他 50 大壽,使諸民均霑德澤,各村丁田稅額本年及明年加恩豁免,以使休養生息。」張明講又說:「住在鎮西的清人有產業者有 220 餘人,請立為 5 幫,徵收稅例。隸從糧儲道,俾有統屬。帝可其奏。」[30]換言之,越南在控制金邊後,該城市有華人 220 人,越南將他們納入「幫」的組織,並開始徵稅。

1843 年,越南將在安江約 1 百多戶的清人納入「幫」的組織,並開始徵稅。「憲祖紹治 3 年(1843 年)1 月,增立安江省清人幫籍。安江省泊僚、茶糯二冊(在豐盛縣),清人居者百餘戶,省臣奏請別立幫號(在泊僚冊號潮州第 15 幫,在茶糯冊號第 16 幫),各設幫長,稅例以來年起科。」[31]

「1843 年 4 月,戶部奏准清人初來登入幫籍,所生之子,若孫到 18 歲,著從明鄉社籍。從前冒入者,聽其陳首改著。已而平定奏言,清人子孫 72 人原冒入幫籍,乞別修簿,名為新屬明鄉社。其明鄉社原額 280 餘人名為舊屬明鄉社。再清人 7 幫人數零星,其憑簿會修一本,名為清人幫,設置屬長,製給木記,許之。南定亦言,原寓清人向來著從明鄉社,請摘出原投居 14 名改為清人幫,所生子孫 9 名,設為明鄉社。帝以人數無幾,不必別建幫籍,準依原額。嗣有投束或只 3、5 名,併著新籍,俟自 20 名以上情願別立幫籍者,照議辦理。」[32]上段文獻之意思,是

---

[29] [越]潘清簡等纂,大南寔錄,第十一冊,正編第二紀,卷一百七十七,頁 27-28。

[30] [越]潘清簡等纂,大南寔錄,第十二冊,正編第二紀,卷二百五,頁 1。

[31] [越]陳踐誠等纂,大南寔錄,第十三冊,正編第三紀,卷二十七,頁 29。

[32] [越]陳踐誠等纂,大南寔錄,第十三冊,正編第三紀,卷三十,頁 21-22。

指清人入幫籍者，猶如「新屬明鄉人」，視同「永久居民」。入明鄉籍者，為準越人，視同越南人。

憲祖紹治 4 年(1844 年)「11 月，蠲奠邊府清、土民身稅 3 年。奠邊府地接清國及南掌，為沱北 10 州藩蔽，前者招募清人、土人設立舖舍，給予閒田。至是興化省臣奏言，伊等一初投寓生理（指遷居做生意），未得裕如，懇請蠲免身稅 3 年，從之。」[33]

洪秀全在 1850 年發動革命，1853 年佔領南京，並在此定都。江南有許多難民逃入越南避難。越南為阻止大量難民湧入，特別規定清人入境需取得幫長具保以及繳納稅金，才允許其長期居住，否則即將之驅離。「嗣德 8 年(1855 年)12 月，凡清人投來，無論投寓是何處所，必須有所在幫長保結、納稅方許居住生涯，若無幫長結認，即逐回清國，不許居住。違者罪之。嗣德帝以該等初來未有家產，聽全年納稅銀 5 錢，俟 3 年後照明鄉例徵收。」[34]

第四節　明鄉人之地位和角色

「明鄉」原名「明香」，越南明命王 7 年(1826 年)7 月 2 日改為明鄉。[35]

越南對各地之明鄉社之徵稅稅率不同，明命 7 年(1826 年)7 月，「更定諸地方別納明香社稅例，戶部議奏，以為向來諸地方明香稅例供輸不一，輕重亦殊（承天、廣南、富安人歲輸銀 2 兩；平定、廣義人歲輸布 2 匹、庸緡錢 1 緡 5 陌；北城、懷德人數 1

---

33 [越]陳踐誠等纂，大南寔錄，第十四冊，正編第三紀，卷四十四，頁 7。

34 [越]阮仲和等纂，大南寔錄，第十五冊，正編第四紀——翼宗寔錄，卷十三，頁 44。

35 [越]潘叔直輯，國史遺編，國朝大南紀，香港中文大學新亞研究所，東南亞研究室刊，香港，1965 年，頁 163。

百餘歲輸銀 2 百兩；義安人數 2 百餘歲輸銀 1 百兩，附銀 10 兩；山南人數 70 餘歲輸銀 60 兩；清葩（即清華）無人數歲輸銀 30 兩；嘉定屬城人歲納庸緡錢 1 緡 5 陌；永清、河僊、麓川、堅江、壯項歲輸庸緡錢 1 緡 5 陌；民丁老疾半之），且彼以清人來，依歷有年所，既列為編戶，則稅例亦當有一定之法，請自今南至嘉定、北至北城（按即河內），凡在明香籍者均定為歲輸人各銀 2 兩、民丁老疾半之。庸役並免。至如清葩明香，未有人數，請令鎮臣查明，著簿照例徵。帝從之。惟承天明香 6 人奉事關公、天妃二祠，嘉定屬城明香 3 百餘人，以昔年輸銅微忱可錄（戊申（1788）年進納雜銅 1 萬斤以為兵用），聽各仍納庸稅如例。」[36]

1827 年，明命王曾諭令「明鄉人」不得加入「幫」（屬於中國華僑組織），或村（屬於越南地方政府組織），每省僅有「明鄉社」之組織，明鄉人繳納租稅較外國人為輕，且得仕公職。

明鄉人形成本身的社區和特殊的權利義務，例如，明鄉人擔任特殊的工作，檢查船隻秤斤值價，華船或外國船至會安（越南中部的港口）時擔任通事，並設定價格。當時順化阮主准許明鄉人免夫役搜查、巡渡及清市（指明鄉人不用擔任搜查、乘船巡邏及清潔市場之工作）。大體言之，明鄉人包含三大類：明末之難民及其子孫；南渡之商客與當地婦女所生之子女；政治經濟各方面之逃戶。[37]

明命 8 年(1827 年) 12 月，「構築長舖於永利橋南北兩岸（322 間），命戶部行咨諸地方，遴選出明鄉人有物力者充舖戶。」[38]永利橋位在順化皇城後面的一座橋。越南政府遴選有財力的明鄉人在橋的兩岸開設商舖。

---

[36] [越]潘清簡等纂，大南寔錄，第六冊，正編第二紀，卷四十，頁 1。
[37] 陳荊和，「關於『明鄉』的幾個問題」，載於王錫昌等著，明代國際關係，台灣學生書局，台北市，民國 57 年，頁 145-156。
[38] [越]潘清簡等纂，大南寔錄，第六冊，正編第二紀，卷四十九，頁 26。

圖 7-3：越南順化的永利橋

資料來源：「永利橋」，

https://www.google.com/maps/place/%E6%B0%B8%E5%88%A9%E6%A9%8B/@16.4777197,107.5665076,15z/data=!4m5!3m4!1s0x0:0xd26d17a4756f71ae!8m2!3d16.4718759!4d107.5692971

2022 年 8 月 22 日瀏覽。

　　清華地區在明命 9 年(1828 年)遭逢災害，居民民不聊生，逃亡他鄉，當地官員呈請免徵稅銀。明命 9 年(1828 年) 7 月，「清葩鎮（即清華）臣奏言，屬轄明鄉人多逃散，僅存 20 餘人，皆是窮乏，請登之所在戶籍，與民當差，而免舊例銀稅（歲輸人各銀 2 兩）。許之。」[39]

　　明鄉人富有財力者經常捐輸越南朝廷，明命 15 年(1834 年) 8 月，嘉定明鄉社去年輸賣鹽硝 1,350 餘斤、硫磺 2,200 餘斤、烏鉛 1,170 餘斤，咸願充公，明命帝嘉其好義，令照價還之。[40] 嗣德 2 年（1849 年），越南政府曾准「明鄉人」參加各級考試，惟仍不得加入「村」之組織，亦無服兵役之義務。

　　嗣德 18 年(1865 年)8 月，在中圻的越南政府準定自今明鄉

---

[39] [越]潘清簡等纂，大南寔錄，第六冊，正編第二紀，卷五十三，頁 15。
[40] [越]潘清簡等纂，大南寔錄，第九冊，正編第二紀，卷一百三十三，頁 7。

人全年稅,有物力者,每名銀 2 兩,無力者半,與清人稅例照收實色。[41]所謂「實色」,指實物,包括庸錢、搜粟或鐵子,不一定繳納銀兩。

圖 7-4：大理寺卿兼辦刑部充機密院大臣明鄉人潘清簡
資料來源:「明鄉人:近代流落越南的明朝遺民」,騰訊網,
https://new.qq.com/rain/a/20211104A0DA2D00　　2022 年 8 月 22
日瀏覽。

1865 年 11 月,南圻法國當局設立堤岸市政府參議會,明鄉人被列入亞洲各國人,獲得 5 個議席,而華僑亦分得 15 席。

1867 年 2 月,南圻法國當局提升殷富、耆老的明鄉人在法律上的地位如同越南人,但仍另列冊籍。當時有明鄉人吳如川、張志雄、黃瑞芝等當選為法庭陪審員,享有如越南人一樣的權利。

1869 年,南圻法國統督馬里·古斯塔夫·埃克托爾·奧耶爾(Marie Gustave Hector Ohier)下令,在行政、法律、警務與賦稅方面,明鄉人與越南人享同等待遇。1874 年 7 月,南圻法國當局重申明鄉人一律作越南人看待。

---

[41] [越]阮仲和等纂,大南寔錄,第十六冊,正編第四紀——翼宗寔錄,卷三十二,頁 35。

在法國統治越南之殖民地內，如河內、海防、土倫（峴港）、交趾支那等地，法政府曾在 1897 年 2 月 7 日頒佈法令規定外國僑民生於越南，得於成年之年份內，要求歸化，而取得法國國籍。惟法國在越南之保護國（指安南）境內，法當局對「明鄉人」無正式法令規定其身份。1904 年 5 月 27 日，法當局雖將「明鄉人」比擬為越南人，但僅為徵稅而定之標準。

1919 年 12 月 5 日，法國駐越刑事法院對在越南之華人身份之裁定如下：「在東京出生之子女，其父為華人，其母為越人，經其父認知並在廣東幫登記者，應視為外國人民。」據此可知，明鄉人在當地加入華人組織者，即被視為中國僑民。

1933 年 8 月 24 日（同年 9 月 28 日在越公佈施行），法國總統頒佈命令第二條規定：「凡婚生子女，或非婚生子女，生於越南，如其父母均為土著，或其父母一為外國籍人民、一為土著人民，或同化之亞洲人民，或其父母一為同化之亞洲人民、一為土著人民，依其出生地，均認為法國屬地人民或其保護之人民。」依據該命令，「明鄉人」因其出生地在越南，故被認為法國屬地或保護之人民。

中國旅越華人對上述命令無法接受，認為無異將華僑子女強行改籍，乃聯合三圻（包括北圻、南圻、中圻）僑眾，請求越督收回成命，並電呈中國國民政府外交部向法國駐華大使交涉。另亦請律師提出請願書，呈法國殖民部長轉請法國總統明令取消該一命令。

中國駐法使館奉政府命令，於 1934 年 6 月 7 日向法國外交部交涉，同年 8 月 31 日，法國外交部照覆保證對中國旅越僑民不予歧視。法國政府對中國僑民所希望收回成命之請願，雖未做何正式決定，惟鑑於中、法雙方友好條約種種關係，遂將 1933 年命令暫緩執行。

　　1936 年，中圻富安省華僑代表聯名河內總商會報告，謂奉當地長官通知，依照 1933 年令，凡華僑與越婦所生子女，應向居留地之里長報生，登記為越民冊籍等語。其後在中圻河靜省亦發生同樣的事。經中國駐河內總領事館探明該項措施，係法國總督府於同年 4 月 6 日所下的密令，通飭各省長官將華僑報生載入越民冊籍。中國駐河內總領事館於 5 月 21 日致函總督府政治主任，查詢法方對於華父越母所生子女忽然拒發中國國籍出生證之原因及根據何法令。越督於 6 月 22 日函覆稱：「河內執掌冊籍人員對於華僑報生並無何留難情事，至於法律根源，當係 1933 年令。」以後中、法兩國交涉，均未獲結論。[42]

　　1945 年 10 月 20 日，由胡志明領導的越南民主共和國臨時政府簽署公佈越南國籍法，兼採屬地主義和屬人主義，(1)生父為越南國民者。(2)生父國籍雖不明，而生母為越南國民者。(3)父母國籍雖皆不明，而本人出生於越南地者，皆可取得越南國籍。[43]

　　1948 年上半年，中圻各省又因 1947 年 9 月法國駐越高級專員頒布發給身份證條例通知華僑，凡華父越母所生子女，應視為越民，而不得請領中國僑民之身分證。法當局所頒之密令內容為：「各省當局，可依令行事，法院判決之成例，可勿過問；至於應付法學上所引起之爭論，法方正在巴黎聘請法學名家作詳細研究」等語。[44]至於之所以一再在中圻發生，主因為中圻「明鄉人」較他處為多，另一原因是中國尚未在該地設領。河內公安局發給華僑身份證時，或覆驗該證時，對於華父越母之子女，必於

---

42 國史館藏，外交部檔案，檔名：越南明鄉問題及華僑國籍(2)，目錄號：172-1，案卷號：0554，中華民國駐河內總領事呈外交部，事由：呈送國籍問題研究報告乞鑒核由，越字第 1218 號，民國 37 年 11 月 17 日。

43 中國國民黨黨史館藏，檔名：安南共和國國府籌委會卷，檔號：特 011,2.5-1。

44 國史館藏，外交部檔案，檔名：越南明鄉問題及華僑國籍(2)，目錄號：172-1，案卷號：0554，中華民國駐河內總領事呈外交部，事由：呈送國籍問題研究報告乞鑒核由，越字第 1218 號，民國 37 年 11 月 17 日。

身份證上加蓋「明鄉」戳記，並有加註廣東幫明鄉或福建幫明鄉等字樣。[45]

惟至 20 世紀初葉以來，明鄉人的意義已沒有如此複雜，籠統言之，他們係指中、越或中、高棉之混合血統人，即父為中國人，母為越南土著所生之子女。法國在戰前統計，明鄉人為數約 21 萬左右。但依據中國方面調查，「明鄉人」自明、清兩朝代以來即已居住越南，實際上人數當 5 倍於法方之統計。

第五節　法國統治時期對華人的管理

1871 年 11 月，法國將西堤（指西貢和堤岸）等地華僑分為 7 幫，包括廣肇、潮州、福建、海南、客家、福州和瓊州。幫設公所和幫長，負責華人事務的聯誼、代徵稅項和行政協調。跟荷屬東印度的甲必丹不同，幫長不具有司法懲罰權。1878 年 1 月，縮減為 5 幫，包括廣肇、潮州、福建、海南、客家。1948 年 1 月，法國當局下令將各地幫公所改為中華理事會，幫長改稱理事長。

1918 年 11 月 9 日，越南法國當局規定身份證嗣後每份於頒發時，應徵收稅款越幣 1 元。

東京高級留守使署（指法屬東京統督府）在 1939 年 9 月 16 日頒佈議案第一條規定：關於享有特別權利之外僑領取 5 年期身份證、長期通行證及長期通行證之副本收費辦法，1943 年 8 月 31 日修改如下：5 年期身份證越幣 50 元或每年 10 元，長期通行證 4 元，長期通行證副本 4 元。自 1944 年 1 月 1 日起生效。[46] 從而可知，法國對於越南分三大區北圻、中圻和南圻，外僑越區

---

[45] 中國國民黨黨史館藏，檔名：安南共和國國府籌委會卷，檔號：特 011,2.5-1。

[46] 中央研究院近史所檔案館藏，外交部檔案，冊名：交涉取消越南華僑身稅，駐河內總領事館代電外交部，高臨字第 754 號，1943 年 10 月 28 日。館藏號：11-29-10-07-013。

旅行需申請通行證及繳費。

越南法國當局對法人、華僑、其他外國人和土人（指越人）都徵收身稅，1943 年對華僑徵身稅東京區規定 16 歲以下及老人 60 歲以上免徵身稅，婦女（連幫長等附加稅在內）每張約越幣 2 元 4 角、成年人則視其身份分為 11 元半、15 元半和 21 元半三種。其他區域因為地方生活程度不同稅率各異。[47]

法屬安南（中圻）當局規定自 1943 年 1 月 1 日起，對法籍公民、外國人及其歸化人，年滿 21 歲者，徵收人頭稅。

東京（北圻）法國當局規定自 1943 年 1 月 1 日起所有 1941 年 12 月 30 日第 6876 號法令第 10 條規定之對歐洲人及其歸化者所課之人頭稅每人越幣 10 元，應改為每人越幣 25 元。[48]

二戰結束後，胡志明在 1945 年 9 月 2 日宣佈成立越南民主共和國。隨後中國派遣接收日軍投降的軍隊在 9 月 11 日進入河內。1946 年 1 月 1 日，法國只控制南圻，南圻法國當局規定取消南圻越南人民之身稅，另改徵國家稅，按納稅人收入分五級，每年繳納自 5 元至 100 元不等。南圻華僑雖不重於他國人及越人，惟法國當局尚未對他國人開徵，且該法令尚未經法屬印支聯邦政府公佈，故中國駐西貢總領事館與法國當局交涉，對華僑不應例外徵稅。[49]1946 年 2 月 28 日，中國和法國簽署重慶協議，中國依據協議從越北撤軍，由法軍接防越北地區。11 月，越南中部政府（法國當局）命令華僑從本月起需向越南政府領身份證，並限制在本省內自由通行。如離開本省，需先獲當地政府之核准。

---

[47]中央研究院近史所檔案館藏，外交部檔案，冊名：交涉取消越南華僑身稅，駐河內總領事館代電外交部，高臨字第 650 號，1943 年 8 月 13 日。館藏號：11-29-10-07-013。

[48]中央研究院近史所檔案館藏，外交部檔案，冊名：交涉取消越南華僑身稅，駐河內總領事館代電外交部，高臨字第 650 號，1943 年 8 月 13 日。館藏號：11-29-10-07-013。

[49]國史館藏，「越南排華案（二）」，外交部檔案，駐西貢總領事館電外交部，外交部收電 10109 號，1946 年 11 月 29 日。數位典藏號：020-011007-0115。

到他省之後，需向他省登記，不遵從者，將以違法嚴辦。[50]越南
法國當局藉此作為課稅及控制人民旅行之依據。

在北圻方面，1948 年 6 月，恢復「幫」制。幫長由法方委
任，負責代法徵收華僑稅項，並開辦其他有關華僑福利事宜。

在法國統治時期，對華文學校並沒有納入控管，所以華文學
校仍由中國監督。華文學校從立案、校長人選、課程、學生畢業
證書之發給都需向中國外交部和僑委會核備。

1946 年 9 月 6 日，駐海防領事館呈報外交部，謂當地僑校
亟應合併，由中華會館統籌辦理，轉請僑委會核示。僑委會回覆
稱，請轉飭該領事館酌量處理。[51]從而可知，當地僑校之設立或
合併，當地領館和僑委會有核備權。

1948 年 7 月 24 日，僑委會代電外交部，准予堤岸廣智小學
立案，檢發立案證書及校鈐圖示，轉請該校依式自行刊刻校鈐，
並將啟用日期及鈐模彙呈備查。[52]西貢廣肇初級中學附屬小學呈
送 1947 年度下學期小學畢業生馮錦成等 49 人畢業證書暨成績
報告表，請轉呈核備並驗印發還。[53]

駐西貢總領事館亦有權對設立之華文學校之校名予以更改。
例如西貢逸仙初級中學新市分校，認為不宜稱為「初級中學新市

[50]中央研究院近史所檔案館藏，外交部檔案，冊名：**越南僑務（一）**，國防部第二
廳代電外交部，事由：為越南中部政府令華僑領身份證並限制出省自由由，機
外字第 0130 號，1946 年 10 月 19 日。館藏號：11-29-10-07-168。
[51]國史館藏，「越南華僑教育（一）」，外交部檔案，僑委會函外交部，事由：為復
海防僑校由中華會館統籌辦理一案請轉飭當地領事館酌量處理由，僑教(35)字
第 24486 號，1946 年 10 月 5 日。數位典藏號：020-011007-0134。
[52]國史館藏，「越南華僑教育（二）」，外交部檔案，駐西貢總領事館代電外交部，
事由：呈送越南堤岸廣智小學鈐模敬請核轉僑務委員會備案由，貢發(37)字第
1498 號，1948 年 10 月 14 日。數位典藏號：020-011007-0135。
[53]國史館藏，「越南華僑教育（二）」，外交部檔案，駐西貢總領事館呈外交部，事
由：呈送越南西貢廣肇初級中學附屬小學小學畢業生馮錦成等成績表敬請核轉
僑委會准予備案由，貢發(37)字第 1578 號，1948 年 11 月 5 日。數位典藏號：
020-011007-0135。

分校」,而將之改為「越南西貢逸仙初級中學附屬小學新市分校」。[54]其他例子如將「越南西貢群志公立小學校」改名為「越南西貢群志小學」。校長更換以及新校長履歷和接篆日期都需呈報核備。

華文學校使用之教科書,亦需獲得僑委會的同意。僑委會對於越南僑民學校所使用之教科書訂出三項原則:(1)該書編著人未曾附逆者(按指投效中共)。(2)部定本或審定本。(3)儘先採用正中書局所出版者,該書局出版物可逕向香港集成圖書公司洽購。至於課本中有關共產主義或蘇聯政府課程之講解時,應慎重解釋並多引據三民主義予以批評,以免誤會。[55]

1948 年 5 月,中國駐西貢總領事館領事代理館務李文賢將越南南圻中華總商會所報之西堤各業行商公會一覽表(包括行商名稱、代表人姓名和通訊處)呈報中國外交部備案。[56]

第六節　越南共和國對華僑之管理

根據 1954 年日內瓦和約之規定,越南以北緯 17 度線分為南北兩部分。南越為由國家元首(國王)保大控制的越南國,北越為由胡志明控制的越南民主共和國。南越在 1955 年 10 月以公投廢除保大之帝制,改行共和體制。越南共和國(南越)於 1955 年 12 月 7 日頒佈國籍法,第 11 條第 4 款規定明鄉人(混血種人、在越出生,父為中國人,母為越南人者)不論其年齡、住處及有無越南或外僑身份證,均擁有越南國籍。第 12 條第 3 款規定,其父

---

[54]國史館藏,「越南華僑教育(二)」,外交部檔案,駐西貢總領事館呈外交部,事由:呈送越南西貢逸仙初級中學新市分校立案用表,敬請核轉僑委會准予立案由,貢發(37)字第 1733 號,1948 年 12 月 4 日。數位典藏號:020-011007-0135。
[55]國史館藏,「越南華僑教育(五)」,外交部檔案,僑委會代電駐河內總領事館,台教字第 5225 號,1951 年 3 月 28 日。數位典藏號:020-011007-0138。
[56]國史館藏,「越南僑務(三)」,外交部檔案,中華民國駐西貢總領事館領事代理館務李文賢代電外交部,事由:電呈西堤各業行商公會一覽表懇請鑒核存轉由,1948 年 5 月 14 日。數位典藏號:020-011007-0170。

為越南人、母為中國人，而出生於越南之子女，均視為越南人。
第 15 條規定，此國籍法公布後出生之明鄉人，一概為越南人，
無退出國籍之權利。

第 16 條規定，父母均為中國人，如父母中有一人在越南生
長，其出生於越南之子女，亦視為越南人，且無退出國籍之權利。
1956 年 8 月 21 日，吳廷琰總統簽署第 48 號諭令，23 日公布，
將原國籍法第 16 條加以修正，其內容如下：

「在越南出生之兒童，其父母均為中國人者，均一律係越南
籍，在本諭令未公布之前，在越南出生之兒童，其父母為中國人
者，亦一律為越南籍，惟下列情形除外：

(1) 關係人已有議定將其驅逐出境，而該議定尚未收回者。

(2) 關係人如係犯人，已完結其案件，議定雖免除，但因欠
    良知犯輕重罪過者，惟因不謹慎或無意而觸犯法令，而
    其犯法行為又不成為罪犯要案者除外。

(3) 關係人已被一措施指定其居留之住處或被監視其居處
    者，而此種措施又未獲收回者。」[57]

8 月 24 日，越南司法部對上述法令做出詳細的補充解釋：

(1) 凡是華僑，不論男、女、老、幼，其父母為中國籍，或
    其中之一為中國籍，而且本人係在越南生長者，概被視
    作越南籍。

(2) 凡在越南出生之中國人，而目前尚在外國就讀（包括目
    前尚在臺灣就讀及升學者 700 多人），自此令發出後，亦
    同樣當作越南人在外國留學論，同樣將享越南公民應有

---

[57]國史館藏，「我國與東南亞各國邦交」，陳誠副總統文物，光復大陸設計研究委員
會台北研究區國際關係組致本會秘書處，案由：未越南政府侵害人權，違反國
際慣例，強迫我旅越僑胞變更國籍，應請我政府即向越南政府提出強硬抗議，
並採取必要措施，以確保旅越僑胞之地位與權益案，1956 年 12 月 14 日。數位
典藏號：008-010601-00015-001。

之權利和義務。

吳廷琰總統在8月29日簽署第52號命令，規定：

(1) 由該命令頒佈之日起，所有出生之嬰兒，在辦理報生手續時，概需用越南字音之名字。

(2) 在第 48 號國籍法令頒佈前出生，而現屬於越南籍之一切外僑，在本命令執行後，概須將原有之外國名字改成越南字音之名字。[58]

(3) 在6個月內，凡土生華僑名字一律改用越南字音，逾期填表申請改名者，將被處罰。

9月17日，越南政府舉辦外僑總登記，規定外僑在18歲以上者，不分男女，均需依照頒發表格詳細填報，違者將被驅逐出境。

1957年3月22日，越南內政部通告，自即日起辦理華僑總登記。除限令於3個月內完成外，並規定土生華僑無須登記。[59]由於該國籍法無視廣大華僑的正當權利，引起華僑的不滿和抗議，當時有60萬華僑、35萬明鄉人，僅有3,500名華僑前往領取身份證。

中華民國僑委會於1957年5月發表聲明，對越南政府提出抗議。中華民國政府與越南政府進行談判，將不願入籍者遣送回台。至此在南越之明鄉人亦被迫加入越南籍，使得自1698年被稱為「明香人」的族群，擁有特殊身份，歷經258年後成為真正的越南人。

1957年5月3日，中華民國駐越南袁子健公使與越南副總統兼經濟部長阮玉書和越南外交部長伍文畝達成協議，將不入越南籍者，遣返臺灣。6月8日，向臺灣駐越大使館繳交來臺定居

[58] 同上註。

[59]國史館藏，「我國與東南亞各國邦交」，陳誠副總統文物，外交部呈行政院，外(46)亞二字第001314號，1957年4月5日。數位典藏號：008-010601-00015-001。

的申請表已有 4 萬人，另選擇前往港、澳及其他地區的有近 1 萬人。[60]隨後臺灣政府派遣民航機接運越南華僑返台。但越南政府在 1957 年 8 月 12 日臨時向臺灣提出遣運 500 名被判處出境的所謂「罪犯」華僑來臺問題，臺灣政府拒絕越南此一要求，而使接運僑胞工作陷於停頓。[61]7 月 3 日，駐越公使館報告外交部稱，登記回國之僑生，小學、中學和大學程度者合計 12,816 人，屬於初中以上者計 5,863 人，南越外交部送給臺灣駐越公使館歸僑名單為 3 千多人。7 月 13 日，越僑僅有 600 人獲得南越政府出境許可證。[62] 但至 1957 年 9 月僅有 1,850 人獲准離越。[63]1958 年 12 月 7 日，持有南越居留權的華僑約有 26 萬人，申請轉入越南籍者有 60%。[64]

南越政府為了迫使華僑入籍，在 1956 年 9 月 6 日公布第 53 號令，禁止外僑經營 11 種行業，包括：(1)魚、肉類商販；(2)雜貨業；(3)柴炭業；(4)汽油、火油、滑機油等商販（進口商除外）；(5)當鋪；(6)布疋、絲綢、棉紗（各類布匹總數在 1 萬碼以下）；(7)廢銅鐵業（以上七種於 1957 年 4 月起執行）；(8)碾米業；(9)五穀商；(10)水路運輸業（載貨或載客之車輛、大輪或駁船）；(11)經紀（以上 四種於 1957 年 9 月起執行）等 11 種行業。[65]其中 7 種限期 6 個月實行，華僑如不將其商業主權轉給其屬於越籍之子

[60]賴暋、李曉編，中華民國史事紀要（初稿)-民國 46 年 4 至 6 月份，6 月 8 日，國史館，台北縣，1991 年，頁 748-752。

[61]蕭良章、李曉編，中華民國史事紀要（初稿)-民國 46 年 7 至 9 月份，8 月 12 日，國史館，台北縣，1992 年，頁 397。

[62] 「接來臺的越南華僑現僅有六百人獲出境許可證」，中央日報，1957 年 7 月 14 日，版 1。

[63] 「接運越南華僑問題，俞揆答立委問」，中央日報，1957 年 10 月 1 日，版 1。

[64] 「旅越南華僑申請轉籍人數增加」，中央日報，1958 年 12 月 8 日，版 1。

[65]中央研究院近史所檔案館藏，外交部檔案，冊名：越南新政府對華僑之態度，外交部整理「越南、寮國、柬埔寨、泰國、緬甸、星、馬、北婆及印尼等地區對華僑態度與待遇資料」，約在 1963 年 12 月（文件上沒有日期）。館藏號：11-29-10-07-162。

女，或其他越籍人士，則不能繼續經營。至遲要在 1 年內停止活動。凡違反此法令者，將被處以 5 萬元越幣以上 5 百萬元越幣以下之罰金。10 月 25 日，頒佈補充第 10 號國籍法令，增加一條名為第 58 條，唯中國人可以由總統視其個別情況特殊，豁免受上述各條規則限制，而得加入越南國籍。[66]

1958 年 10 月，南越政府針對華僑，頒佈外僑出入境及居留期之新法令，規定外國人需持有護照或證明，獲得當地越南使領館簽證，始可入境。居留期限最多 6 個月，期滿離越，仍須取得移民局之出口簽證。超過居留期限，需辦理延期居留。在越連續居留 5 年及在越有工商業投資者，方可申請長期居留。延期居留及長期居留者，每年納費越幣 1 千元，15-18 歲者減半收費。

自越南實施上述的入籍規定後，臺灣政府曾與南越政府交涉，主張自由選擇國籍，並派機接運不願入越南籍而自願移居臺灣者。至 1963 年，在越未入籍之華僑總數有 1,710 人。（另有報告稱有 2,404 人）。[67]

南越政府為了管理華人，吳廷琰總統在 1960 年 6 月 10 日發布 133/22 諭令，解散各幫中華理事會館及其他亞洲僑民之各幫，同時在中央階層設立中華事務專員公署。負責管理中華理事會館及其他亞洲僑民之各幫財產，約值 3 億美元以上。幫產中最大者為醫院和學校產業。為處理該兩項產業，分別設立醫院小組及學校小組，均由華僑及華裔人士組成。其他義祠和義墳等亦將依照統辦原則進行整理。[68]

---

[66]中央研究院近史所檔案館藏，外交部檔案，冊名：越南華僑國籍問題與越化案之分析等，外交部官員劉義光撰，1956 年 6 月 28 日。館藏號：11-29-10-07-132。

[67]中央研究院近史所檔案館藏，外交部檔案，冊名：越南新政府對華僑之態度，外交部官員王芝蘭所撰之「華僑在越之待遇問題」，1963 年 11 月 19 日。館藏號：11-29-10-07-162。

[68]中央研究院近史所檔案館藏，外交部檔案，冊名：越南政府撤銷中華理事會館（六）。外交部官員楊秀清簽呈，1963 年 2 月 6 日。館藏號：11-29-10-07-097。

　　1960 年 7 月，越南政府又下令解散西貢和堤岸之洗衣、牙醫、飲料、牙刷、米廠、礦工、製鞋、旅館、餐室、侍應生、醫院雇員、機器、進口商、機器零售商、麵粉進口商、玻璃商、旅店東主等 15 個華商公會。此外，各種同鄉會、各姓宗親會、亦被取消。其他如華僑教師協會、福利會和華校代表會等亦遭勒令撤銷。除南越中華總商會外，已無其他僑團存在。[69]

　　南越首都幫產管理委員會於 1960 年 7 月成立，印度人代表曾應邀出席，後以言語隔閡為理由，對幫產管理委員會不予理睬，亦不參加。該管委會只對華僑公有財產及對會館醫院、學校積極進行管理，對其他「亞洲外僑」則毫無動作。[70]

　　中華民國政府為免華僑產業為南越政府沒收，乃向南越政府交涉，南越政府逐漸放寬管理。除各幫重要支出需經其核准外，其他方面大體上仍維持現狀。原先的中華理事會長仍參與幫產管理委員會的會議。惟因中正西醫院係抗日戰爭期間旅越僑界獻機祝壽捐款所建，並經當時僑界呈獻當時駐西貢總領事館接收，不能視同幫產。1963 年 7 月 20 日，臺灣外交部要求駐越大使館向越方提出交涉。

　　對於華僑學校，南越政府於 1958 年開始採取越化措施，逐漸加重越文課程。1959 年 9 月，南越政府公布華文學校課程全部越化之兩年計畫如下；

　　(1) 初小：1960-61 年每週越文課由 9 小時增加至 14 小時。

　　　　1961-62 年每週越文課由 14 小時增至全部為越文。

[69]中央研究院近史所檔案館藏，外交部檔案，冊名：越南新政府對華僑之態度，外交部整理「越南、寮國、柬埔寨、泰國、緬甸、星、馬、北婆及印尼等地區對華僑態度與待遇資料」，約在 1963 年 12 月（文件上沒有日期）。館藏號：11-29-10-07-162。

[70]中央研究院近史所檔案館藏，外交部檔案，冊名：越南政府撤銷中華理事會館（六）。僑務委員會函外交部，台(51)僑導 24624 號，1962 年 8 月 11 日。館藏號：11-29-10-07-097。

(2) 高小：1960-61 年每週越文課由 13 小時增加至 16 小時。

1961-62 年每週越文課由 16 小時增至與越南小學相同。

(3) 初中：1960-61 年每週越文課由 15 小時增加至 18 小時。

1961-62 年每週越文課由 18 小時增至與越南中學相同。

1960 年 6 月 21 日，越南教育部通知各華校中小學，自 1962-1963 學年開始，關於算術、歷史、衛生及其他課程的解說必須使用越文。1961 年，除關於越南文化課目外，以中文解說者自便。據越南教育部通知，在 1960-1961 年，華僑中學每週應有 18 小時的越南文學課程，小學應有 14 小時的越南文學課程。[71]

中華民國駐越大使館與越方多方交涉，至 1963 年 11 月華文學校還維持每週上華文課 6 小時。[72]

1962 年，南越實行統辦幫立公校，掌握各校人事權及經費權，以達越化之目的。對首都幫立醫院也進行改組，採取兩項原則：(1)統一各幫醫院。(2)將各幫醫院改為專門化之醫科中心。[73]

在此項政策下，南越政府規定華校之校長需為越籍，因此華校出現兩位校長，一為主案校長，為越籍，不負實際責任；另一為行政校長，為華籍，負實際責任。[74]南越政府還限令男女分校。所有越制華裔中小學，每週授課 39 小時，其中只准授華語文史地課 6 小時。另於課餘講授漢文學科 6 小時。質言之，中學課程漢文只佔總時數六分之一弱，小學課程漢文只佔總時數三分之一

---

[71] 「越通知僑校須使用越文」，中央日報，1960 年 6 月 22 日，版 2。

[72] 中央研究院近史所檔案館藏，外交部檔案，冊名：越南新政府對華僑之態度，外交部官員王芝蘭所撰之「華僑在越之待遇問題」，1963 年 11 月 19 日。館藏號：11-29-10-07-162。

[73] 中央研究院近史所檔案館藏，外交部檔案，冊名：越南政府撤銷中華理事會館(六)。越南共和國總統府中華事務署建議書，事由：關於首都幫立醫院改組事，1963 年 5 月 24 日。館藏號：11-29-10-07-097。

[74] 中央研究院近史所檔案館藏，外交部檔案，冊名：越南新政府對華僑之態度，外交部官員王芝蘭所撰之「華僑在越之待遇問題」，1963 年 11 月 19 日。館藏號：11-29-10-07-162。

強。此外,限制華裔學校女生,於每週一升旗,需穿著越南服裝。自 1963 年 11 月楊文明新政府成立後,教育部長范皇護表示,將改善對華校之限制。[75]

此外,南越政府還採取相關的越南化政策,諸如,在 1960 年底,限令數十萬未成年之學童一律改用越化拼音名字;越南政府限制華商只能使用越南文記帳。

南越推行越南化,各越南華裔之體育會,應融合在越南大家庭中生活,而不能像以前一樣獨立生活。因此中華事務署指示四點原則,施行越化:(1)更改體育會名稱使完全越化,各體育會會牌、會旗、會服、會徽以及各種有關紙張均需以越文書寫。(2)請正宗越南人加入體育會,同時會長或主席一職應留給越南人。(3)各體育會應在地方體育組織系統下活動,並需時常與正宗越南人之體育會共同生活。(4)各越籍華裔會員應是共和青年一份子。[76]

吳廷琰總統在 1963 年 11 月初遭到政變遇難死亡,由阮玉書出任總理,他在 11 月 10 日裁撤中華事務專員公署,認為已不合時宜,無存在必要。[77]

1963 年 11 月 15 日,越南革命委員會主席楊文明中將接見原任十幫理事長及中華總商會諸理事時,表示:已入越籍的華裔今後可以自由選擇國籍,可申請轉入其他國籍;以前舊政權管轄的華僑各幫產業,將交還給華僑及華裔自行管理。[78]12 月 27 日,

---

[75] 中央研究院近史所檔案館藏,外交部檔案,冊名:*越南新政府對華僑之態度*,外交部整理「越南、寮國、柬埔寨、泰國、緬甸、星、馬、北婆及印尼等地區對華僑態度與待遇資料」,約在 1963 年 12 月(文件上沒有日期)。館藏號:11-29-10-07-162。

[76] 「青年總署飭籃總屬下各華裔體育會應即施行越化,指示四點著遵照辦理」,*成功日報*(南越西貢),1963 年 6 月 1 日。

[77] 「阮玉書總理解散前總統府五機構,包括中華事務專署」,*遠東日報*(西貢),1963 年 11 月 11 日。

[78] 「楊文明中將今午宣布華裔可自由選擇國籍,幫產決歸還華僑管理」,*每日論壇號外*(西貢),1963 年 11 月 15 日;「楊文明主席昨日明確宣布幫產將歸各幫自理,轉籍華僑可以復籍」,*遠東日報*(西貢),1963 年 11 月 16 日;「楊文明對

越南總理頒佈新修正令，幫產管理委員會管理中華及亞洲僑民的產業，組成份子有安寧、司法、外交、教育、財政、衛生、各部代表一名，社會總局長、各幫中華理事長兩名、越籍華人代表及華僑、其他亞洲各國的僑民各一名，西貢市長梅友春任管委會主席。[79]

11 月 20 日，新任經濟部長區長青在接受記者訪問時表示，外僑禁營行業法案將繼續維持，但對華僑營業將予改善。[80]

革命委員會主席楊文明中將成立的新政府的民主自由開放新措施，獲得華僑社會的普遍歡迎和支持。

第七節　共黨越南對華僑之管理

在北越地區，越南民主共和國於 1945 年 10 月 20 日頒佈國籍法，第二條規定，有下列諸條件之一者，皆可取得越南國籍：(1)生父為越南國民者。(2)生父國籍雖不明，而生母為越南國民者。(3)父母國籍雖皆不明，而本人出生於越南地者。根據此一規定，人民之身分只有入籍之越人和不入籍之外僑，已無「明鄉人」的問題。為了因應新的國籍法，河內華僑並無破除幫界統一組織的想法，而係另組「越南中華會館」，統理越南全埠華僑公益等事宜。

南北越在 1954 年分治後，由越共統治北越，初期華僑可以繼續持有中華人民共和國（以下稱中國）國籍，在政治上可以參政，可以被選為人民代表，不用服兵役；經濟上，華僑可以參加

我僑領表示，越政府對華僑國籍尊重自由意願選擇，中華幫產亦將發還華僑管理」，中央日報（臺灣），1963 年 11 月 18 日，版 1。

[79] 「越修改命令，接管亞洲各國僑民幫產」，聯合報，1963 年 12 月 28 日。

[80] 「新經濟部長昨宣稱外僑禁營法案將予繼續維持，但對華僑營業將改善」，遠東日報（越南西貢），1963 年 11 月 21 日。

社會主義改造運動；文教上，尊重華人的語言、文字、風俗習慣，保持發展華人的教育事業。華文學校的教師和課本均由中國僑務機構提供，中國甚至在河內設立華文師資培訓機構。

　　1956年，周恩來訪問河內，鼓勵華人落地生根。1958年底，中國採取「三好」政策，即鼓勵華人入越南國籍、不干涉越南內政、鼓勵華人在越南定居。自該年起，北越政府發給華人身份證。1961年初，中國政府宣布中國駐越大使館不再發給華人護照，而僅發給到中國旅遊的簽證。[81]1969年初步實施「淨化邊境政策」，其主要內容為：在中、越邊境各省，不允許華僑華裔越南公民在靠近邊界的地區居住，對居住者實行驅趕的辦法；並採取不准華人和天主教徒在邊防部隊服役的措施。1970年初，北越政府開始鼓勵華僑入籍，但華僑並不踴躍，因為擔心喪失返回中國的特權，以及避免被徵兵。[82]自1972年後，北越政府開始限制華文教育，對華文學校的教科書做了修改，使之與北越學校教科書相同。華校由全日制改為半日制，並以越文為主，華文成了選修的外文，並將華校的校名更改成越南名稱。

　　北越實施強制國籍化政策，結果使留在當地的華人必須重新登記為越南籍。至於沒有選擇越南國籍者，人數極少，因為越南實施社會主義制度，採用配給制度，沒有國籍身份的人幾乎沒有生存的空間。

　　1975年4月30日，北越滅南越，採取嚴厲的國籍政策，要求所有原在南越的華人入籍，不入籍者，即使外僑身份亦被驅趕離開。

　　越南共黨政權亦採取類似印尼的排華措施，關閉華文學校、禁止華文文字、禁止舞龍舞獅、禁止華人社團、禁止華文報紙、

---

[81] E. S. Ungar, "The Struggle over the Chinese Community in Vietnam, 1946-1986," *Pacific Affairs*, Vol.60, No.4, Winter 1987-1988, p.603, note 18.

[82] *Ibid.*, p.605.

華文書籍及雜誌。華文報紙僅保留一家西貢解放日報。尤有進者，禁止華人出任高階共黨幹部、官員和軍官，具華人背景的官員和軍官均被迫去職。在此嚴厲政策下，許多具有華裔背景的人均不敢公開顯示其華人身份。華人身份成為越南民族主義下的邪惡標籤。

越南利用排華以鞏固其越南之民族主義，其作法一如 1938 年泰國利用排華以建構及強化其民族主義一樣。唯有三點不同，第一，泰國決定及執行排華運動的人是華裔，其利用排華以示對泰國國王效忠；而越南決定及執行排華政策者，應是自認為越族、不承認具有華族的人所為。第二，泰國對華人採取同化政策，而允許華人參政，成為其政府各級官員，泰國不擔心華人佔據過多政府職位。相反地，越南對華人採取同化政策，卻禁止華人出任各級政府職務，越南擔心華人在政治上有所表現。第三，泰國利用華人的政治和經濟才能建設其國家，使得泰國在 1820-80 年代成為印度支那半島上疆域最大的強國，柬埔寨西半部為其所佔有，東半部為其朝貢國；永珍和琅勃拉邦成為其朝貢國，占巴塞為其領土；馬來西亞北部四州為其朝貢國。越南則是在利用華人將其勢力延伸進入湄公河下游三角洲地區及建立阮朝政權，利用中國的力量驅逐法國和美國的勢力，等到滅亡南越後，開始清算華人。越南利用排華以示它與中國不同，不是中國的屬國。最為諷刺的是，越南最後一個王朝阮朝以漢人和華民自視，到了 1975 年，共黨越南卻鄙夷排斥華人，其民族建構出現了困境。

第八節　結論

華人在越南為少數民族，人口僅 100 萬人左右。以越南跟中國相鄰而言，這樣的華人人數真不可思議的少，相對言之，華人在泰國有 789 萬人，在馬來西亞也有 796 萬人。華人不到越南而

遠到泰國和馬來半島謀生，最根本的原因是越南政府不太歡迎華人。歷史上，華人到越南工作謀生，不僅要登記入幫籍。才能娶妻生子，且妻及子女不能帶回中國；還要繳交繁重的人頭稅。此外，越南沒有什麼熱帶經濟作物在開發或有重要礦產在開採，所以華人寧可到更遠的馬來半島工作。尤有進者，到泰國工作，一旦發財致富，還有機會攀上政府高官，謀得一官半職。

當滿清統治中國時，越南視之為蠻夷入主中國，而自己才是中國王化的正統，也以漢人自居。越南政府對於清人多少防範，對於清人移居越南有嚴格的規定，包括衣著和頭髮。越南最後一個王朝阮朝，雖係華人政權，而且多次得到越南南部地區華人之支持，但執政後，並未重用華人，反而將明鄉人視為二等公民、清人為外僑，是三等居民。

北越滅南越後，更利用排華作為刺激其民族主義之手段，華人不能擔任黨政軍高層職務，甚至許多華人不敢公開表明其具有華裔身份。在北越地區，華人僅剩下 5 萬人；南越約有 95 萬人。2014 年越南爆發「513 事件」，越南因為反對中國在西沙群島探油，而爆發越南人燒搶臺商工廠兩百多家慘案。在整起事件中。越南警方對於越南人之燒搶行為，袖手旁觀，讓其肆意進行，足見越南人反中華之民族主義依然熾烈。在東南亞國家中，越南華人參與政治程度是最低的國家。從 1976 年以來，除了在第 13 屆國會（2011 年 5 月選出）中有一名來自西北泰苗自治區華族代表外，其他歷屆國會都沒有華人出任國會議員。[83]至於中央部會首長，也都沒有華人出任。從越南迄今未開放在公開場合出現漢字一事可看出來，其排除華人出任官職仍將持續不變。

最後值得討論的一個問題是，越南現在是由共產黨統治，其

---

[83] 黃昀昀，「越南國會無一個華人，原因何在？」，東博社，2020 年 8 月 16 日，https://ppfocus.com/hk/0/a47bf1e.html　2021 年 8 月 3 日瀏覽。

與中國的情況一樣，都是共黨國家，早年胡志明之抗法運動、以後的抗美運動都獲得中國的經濟和軍事援助，可以說沒有中國的支持，北越沒有滅南越之機會。但為何共黨越南會採取排華政策？越南排華運動是發生在 1975 年北越併吞南越以後，越南為了擴張領土、推行「印度支那」聯邦之野心，而故意採取「遠交蘇聯、近攻中國」之外交政策，進而強制境內華僑加入其國籍，不然就迫其離開越南。當時越南領導層應該是在志得意滿下採取此種激進手段挑釁中國，自認其武力足以抗衡中國。沒有想到中國真的在 1979 年 2 月出兵越北，稍微打擊了他們的傲慢心態。越南政府自 1982 年起逐漸放寬對華人的限制，允許華人返回胡志明市、歸還他們的財產、讓他們可以經營企業。越南華人的悲慘境遇竟是在共黨政權下發生的，而該政權曾與中國有著密切的政治、經濟和軍事關係。此真是一場歷史的諷刺劇和鬧劇。

第八章　**1975**年以後越南的華人政策：從同化到包容

摘要

　　1975年4月北越併吞南越後，越南採取種族一體化政策，也就是越南化政策。越南企圖將其境內54個種族同化成單一民族。在該項政策下，華人並不是一個特別的民族，華人與其他越南的少數民族一樣，都必須遵守越南的新政策，也即是必須接受越南國籍，成為越南國民一份子，而不得再以非國民身份在越南居留。越南政府也對華人進行財產沒收和經濟改造，這些政策導致數以萬計的華人在1975年後離開越南。隨後越南政府採取一系列的同化政策，限制華文教育、禁止華人社團活動、取消雙重國籍、沒收資本家地產（主要為華裔）、禁止華人節慶活動、禁止華文招貼、禁止華文報紙等。至1980年代中旬，隨著越南改採改革開放政策，而逐步放寬華人的社會和文化活動，越南華人逐漸恢復華人特性，溫和的包容政策已取代嚴厲的同化政策。

第一節　前言

　　1975年4月北越併吞南越後，越南採取種族一體化政策，也就是「越南化」政策。越南企圖將其境內54個種族同化成單一民族。在該項政策下，華人並不是一個特別的民族，華人與其他越南的少數民族一樣，都必須遵守越南的新政策，也即是必須接受越南國籍，成為越南國民一份子，而不得再以非國民身份在越南居留。該項政策導致數以萬計的華人在1975年後離開越南。

　　1982年，越南政府開始調整對華人的政策，將華人視同越南人。以後逐步開放華人的社會生活領域，允許華人從事非政治性社團的活動，但同化政策還是持續進行，只是速度減緩，另改採

包容政策（accommodation），開放華語學習以及恢復傳統華人文化活動。本文擬探討越南對華人從同化到包容政策的變動歷程。

為便於本文的論述，茲先就「同化」和「包容」兩概念做如下的界定。「同化」一詞指大民族或團體透過政策將少數民族或團體的特色予以消除，使之變成跟大民族或團體一樣，而這種政策包括從國籍、姓名、文化活動、母語學習等領域限制小民族和小團體。在「同化」政策下，經過一段時間，小民族和小團體無論從外觀或內在都已喪失原先的特色，而變成與大民族和大團體一樣。「包容」一詞指大民族或大團體透過政策允許小民族或小團體的特色並存，甚至給予特別的保障。雖然小民族或小團體在國籍上加入大民族的國籍，但不影響其自身民族文化的特色。

第二節　華人人口數

在 1975 年以前，經非正式估計，在越南的華人有 120 多萬人，大都集中在南越地區，因為南越實施資本主義經濟制度，而且與中華民國有邦交，因此南越華人擁有自由的經濟活動空間以及保存「華人特性」（Chineseness）的文化、教育、和風俗習慣。而北越則因實施社會主義制度，限制華人的經商活動，以致華人人數相當低，約只有 25 多萬人。而且大都從事文教和職工工作。南北越社會經濟制度的差異，影響了華人移居的偏好。事實上，1954 年日內瓦和約簽訂後，條約中允許南北越人民可以依據自己的選擇而遷移，當時有 50 多萬人從北越遷移到南越，這些人中有許多是華人。此後，從中國大陸逃難的難民，他們很少會逃到同樣是社會主義的北越，而有不少人是逃往南越的，此也是南越地區華人愈聚愈多的原因之一。

越共統治南越初期，採四階段推行其政策。第一階段，在1976 年，越南政府將南越統治時期的鈔票兌換為新貨幣，造成人

民一夜之間變為窮人。第二階段，在 1977 年，進行再教育營活動，將都市中有錢人遷移至鄉下，進行 3-6 個月，甚至 1 年多的再教育。第三階段，在 1978 年，該共產化計畫擴及較下層的商人，並沒收華商的財產。第四階段，是呼籲商人階級，主要是華商，遷移到沒有開發的熱帶地區，而沒有給予謀生的任何工具。至 1979 年，華人遭到進一步的打擊，因為中國出兵攻打越南北部，於是教科書及媒體開始改變對中國的態度，從「兄弟之邦」變成批評中國為擴張主義和帝國主義。[1]

　　在越南施行的排華政策下，受不了苛虐的許多華人離開越南，但每人只允許攜帶少許錢，他們獲允可以匯數千美元到外國，但僅能隨身攜帶少數行李以及每人 20 美元前往外國。[2]

　　自 1975 年以來，越南政府曾先後於 1979 年 10 月和 1989 年 4 月進行人口普查。根據阿默（Ramses Amer）的統計資料，1976 年至 1989 年，華族人口持續減少，1976 年至 1979 年降幅超過 23%，自 1,236,000 人減至 935,074 人。1979 年至 1989 年降幅則低於 4%，減至 900,185 人。就越南總人口百分比來計算，華族族群人口自 1976 年的 2.57% 降至 1989 年的 1.40%。仔細觀察前越南民主共和國和越南共和國人口統計資料，1974 年至 1979 年期間，前越南民主共和國華族人口遽減，降幅約 80%，自 256,534 人減至 53,672 人，1979 年至 1989 年，續降至 49,040 人。1976 年至 1989 年期間，前越南共和國華族人口也有減少，自 1976 年的 949,825 人減至 1979 年的 877,691 人，1979 年至 1989 年，更降到 850,614 人。[3]

---

[1] 引自網路 http://huaren.org/diaspora/asia/vietnam/Odyssey of the Boat People,p.3.htm

[2] 引自網路 http://huaren.org/diaspora/asia/vietnam/Odyssey of the Boat People,p.4.htm

[3] Ramses Amer, "The Study of the Ethnic Chinese in Vietnam: Trends, Issues & Challenges," *Asian Culture*, Singapore Society of Asian Studies, Singapore, No.22, June 1998, pp.23-42.

　　根據上述阿默的資料，迄 1990 年越南華人約有 90 萬，其中在南越地區有 85 萬人，而胡志明市有華人約 42 萬 8 千人，占該市總人口約 12%，占全越南華人將近半數。在越北地區約只有 5 萬人。造成南北越華人人數懸殊的原因，除了前述 1954 年情勢的影響外，另一個原因是越南在 1975 年採取排華政策，不僅整肅黨和政府中的親華勢力，而且對於中越邊境的華人採取「清鄉」措施。其他尚有：謠傳中越將爆發戰爭、華人國籍問題、越南控制私人企業的經濟政策等等因素，都是華人於 1978 年春夏間離開北越的原因。[4]當時估計回到中國大陸的華人約有 20 幾萬人。至 2000 年，在胡志明市的華人人數約有 50 萬人，佔全市人口 8%。[5]

　　原旅越華人以粵裔為眾，依序為潮裔、閩裔、瓊裔及客裔，惟目前則以潮裔人數居冠。

第三節　「越南化」政策之推行

　　在全越 7,870 萬人口（2001 年 7 月）中，華人約只有 1.14%，是極為少數的少數民族。但由於華人掌握經濟，所以華人的處境受到特別的注意。當 1976 年南北越透過雙方國會同意統一後，過去南越政府的國籍法遭到廢棄，過去允許華人自由選擇國籍的空間瞬間沒有了，因此華人必須面臨單選越南國籍的問題，不然就須離境。

　　1954 年南越政府成立，隨即對華人採取同化政策。1956 年 8 月 21 日，南越政權頒布第 48 號法令，修改國籍法第 16 條。

---

[4] Ramses Amer, *op.cit.*

[5] 「黨中央政治局委員、市委書記阮明哲在 2000 年 12 月 31 日胡志明市各界華人同胞傳統聚會上的講話摘錄」，何增等編，胡志明市與南部華人企業，西貢解放日報出版，2003 年 4 月，頁 9-10。

原第 16 條規定：「出生於越南，其父母均為中國人之兒童，如其父母之一係在越南出生者，則該兒童為越南人，同時無權退出越南國籍。」第 48 號法令將之改為：在越南出生之兒童，其父母雖都為中國人，皆一律為越南籍。[6]此法令刪去原條文中父母須有一人為越南出生者的規定，即將必須加入南越國籍之條件由第二代華人改成第一代，欲使華人加速成為南越國民。此外，於同年 8 月 29 日發布第 52 號法令，強迫越南華人改換越南化姓名，其主要內容為：「凡擁有南越國籍的嬰兒，不論原籍為越南或為外國，出生呈報時，只能使用越南語拼寫的姓名；擁有南越國籍者，不論原籍為越南或為外國，已用外國音為姓名者，以及第 48 號法令前出生的嬰兒而父母為中國人者，皆須在 6 個月內填表申請越南化姓名；戶籍部門要在收到該申請後 3 日內修改有關者的姓名。所改越南姓名記入各證件，同時將原有的外國姓名刪去。逾期 6 個月未申請者，其姓名由法庭判決並處以罰款。」[7]因此，凡是沒有持有任何他國國籍證明者，一律強迫加入越南國籍。

　　1954 年越南南北分治後，北越政府對華人實行一視同仁政策的同時，亦逐漸推行「越南化」政策。1955 年中國和北越達成原則性協議：越南北部的華僑工作交由越南方面領導，以自願原則逐步教育華僑轉為越南公民。至於南方的華僑問題，待南方解放後由雙方協商解決。[8]此時期北越華僑可以繼續持有中華人民共和國（以下稱中國）國籍，在政治上可以參政，可以被選為人民代表，不用服兵役；經濟上，華僑可以參加社會主義改造運動；文教上，尊重華人的語言、文字、風俗習慣，保持發展華人的教育事業。華文學校的教師和課本均由中國僑務機構提供，中國甚

6　徐善福，「越南華人現狀分析」，思與言，31:3，1993 年 9 月，頁 67-81。
7　華僑華人百科全書編輯委員會，華僑華人百科全書・法律條例政策卷，北京：中國華僑出版社，2000，頁 325。
8　徐善福，前引文，頁 90。

至在河內設立華文師資培訓機構。因此當時在北越地區，華文中學生有 7 百多人，華文小學生有 2 千多人。中學生畢業後，有許多人至中國繼續升學。[9]1956 年，周恩來訪問河內，鼓勵華人落地生根。1958 年底，中國採取「三好」政策，即鼓勵華人入越南國籍、不干涉越南內政、鼓勵華人在越南定居（resettlement）。自該年起，北越政府發給華人身份證。1961 年初，中國政府宣布中國駐越大使館不再發給華人護照，而僅發給到中國旅遊的簽證。[10]

1969 年初步實施「淨化邊境政策」，其主要內容為：在中越邊境各省，不允許華僑華裔越南公民在靠近邊界的地區居住，對居住者實行驅趕的辦法；並採取不准華人和天主教徒在邊防部隊服役的措施。1970 年初，北越政府開始鼓勵華僑入籍，但華僑並不踴躍，因為擔心喪失返回中國的特權，以及避免被徵兵。[11]自1972 年後，北越政府開始限制華文教育，對華文學校的教科書做了修改，使之與北越學校教科書相同。華校由全日制改為半日制，並以越文為主，華文成了選修的外文，並將華校的校名更改成越南名稱。

北越實施強制國籍化政策，結果使留在當地的華人必須重新登記為越南籍。至於沒有選擇越南國籍者，人數極少，因為越南實施社會主義制度，採用配給制度，沒有國籍身份的人幾乎沒有生存的空間。

1975 年 9 月 9 日，越南政府為展開「打擊買辦資產階級，掃蕩壟斷市場」的行動，發布關於對越南南方經濟進行管制的命令，其主要內容為：「（1）越南革命將要取得全面勝利，社會主

---

[9] E. S. Ungar, "The Struggle over the Chinese Community in Vietnam, 1946-1986," *Pacific Affairs*, Vol.60, No.4, Winter 1987-1988, pp.596-614.

[10] *Ibid.*, p.603, note 18.

[11] *Ibid.*, p.605.

義制度在越南南方將要建立，政府要使當地經濟儘快向社會主義方向發展，結束資產階級對經濟的掌握和取消資本主義所有權。（2）對資產階級財產進行處理，投資商和經濟壟斷者引起市場混亂，將被逮捕，並對其罪行作相應處罰。他們的財產將全部或部分充公。（3）華人投資商和經濟壟斷者將比照有關內容執行。」[12]此法令公佈後，即有 1 千多家外資企業和越南私營企業被沒收充公，而其中絕大多數為華資企業，越南當局還下令解散華人社團、封閉華校、停辦華文報紙和雜誌，各僑團的房地產、體育會、相濟會、華辦醫院等所有的產業均遭沒收。

　　1977 年越南政府於緊鄰中國的邊境地區，擴大實行「淨化邊境」政策，將大批定居於越南邊境的華僑華人驅趕回中國，人數多達 20 多萬人。[13]對持有中國國籍的華僑，剝奪其就業權利，無故解職，取消戶口和口糧，禁止華僑從事漁林等行業，課以重稅，並強制將華人送往偏僻叢林的「新經濟區」從事開荒性勞動。1978 年 1 月和 2 月，中國國家主席華國鋒宣布反對越南強迫華僑入籍，中國有責任保護那些決定保留中國國籍的華人。[14]

　　1978 年 3 月 23 日，越南政府宣布在南方以「社會主義改造」為名，廢除資本主義私營工商業，對許多華僑小商販與工人家庭進行掠奪和迫害，並占有華僑的不動產。限期華人強迫遷往「新經濟區」，開墾農田。同年 4 月 15 日開展掃蕩露天市場的運動，打擊了露天擺攤的小販。華人不堪迫害欲離境者，每人須向政府繳交 2670 左右美元，越人欲離境索費則更高，離境者其遺留的財產將被沒收，據估計 1979 年越南藉此每月即有 2 億 5 千萬美元的收益。由於考量到社會主義建設所需人力，凡是到達服役年

---

[12] 華僑華人百科全書編輯委員會，華僑華人百科全書・法律條例政策卷，北京:中國華僑出版社，2000，頁 558。

[13] E. S. Ungar 說在 1978 年越過邊界返回中國的華僑有 265,000 人，其中有 95%的人來自廣寧省。E. S. Ungar, *op.cit.*, p.609.

[14] E. S. Ungar, *op.cit.*, p.608.

齡者、罪犯、或對國家經濟具有生存利益之關連者，越南政府則
規定不能申請離境。從 1975 年南越淪陷至 1980 年代初期，此一
期間，由於越南對華僑或華裔越南公民的排擠、驅趕，據估計難
民潮人數多達 100 萬人，其中華人人數則有不同的說法，依據許
文堂的說法，約有 70 萬人；[15]另依據 Ramses Amer 的說法，華
族人口從 1976 年至 1979 年降幅超過 23%，自 1,236,000 人減至
935,074 人，約減少 30 萬人。雙方的計算約差 40 萬人。

　　在越南排華運動期間，中國屢次重申要保護越南華僑之權益，
但未有以實際行動顯示其決心，例如 1978 年 7 月，中國曾派兩
艘船前往胡志明市與海防準備撤出難民，卻停在外海 6 星期，最
後只有一艘船接到 9 百位難民而已。此外，對於由陸路穿越邊境
進入中國境內的眾多難民，中國只接受領有越南發的出境簽證與
中國駐河內大使館遣返證的難民。

　　總之，在 1975 年後，受到強迫國籍化政策實施的影響，在
越南的華人變成跟其他越南人一樣，成為越南的一個少數民族。
在身份證上有登載種族欄（例如：華人是華族(Hoa)、越南人是京
族(Kinh)等），因此，很容易在身份上加以區別。[16]

　　在管理華人事務上，越南在 1986 年 10 月在越共中央設立
「華人工作委員會」，在重點地區成立「華人工作處」。例如在胡
志明市委員會內成立「市華人工作處」，在郡下則有坊、社華人
工作組。這些單位的人有時是從軍事情報局派來充任，二者關係
密切。「華人工作處」的主要工作，包括：（1）主動配合及引導
落實黨對華人工作的指示；（2）在各華人聚居眾多的地區同當地

---

[15] 許文堂，「關於越南華人人口數量的歷史考察」，東南亞季刊，第 3 卷，第 3 期，
1998.7，頁 77。許文堂認為華人有 70 萬多人離境。但若以當時華人總數約 123
萬來計算，離開 70 多萬，則約剩下 50 萬，此數目又與人口調查數目不符。
[16] 越南人的身份證背面有種族別欄，必須填上種族名稱。感謝越南梁梅小姐提供
此一資訊。（2002 年 9 月 3 日）

的郡領導、有關部門進行深入掌握華人同胞生產、生活情況；（3）
引導各所華人會館落實黨與國家的主張、政策；（4）積極向有關
方面為解決華人同胞在生產、文化、教育活動及權利等方面提供
意見。[17]換言之，「華人工作處」成為主要管理、協調和處理華人
事務（包括市華文教育輔助會）的最高權力機構。

　　除了國籍化之外，越南為了徹底消除華人的文化意識，也採
取類似印尼的作法，關閉所有華文學校、禁止使用漢字、關閉所
有華文報紙，只留下一家由越南共產黨胡志明市黨部辦的西貢解
放日報。該報的前身是在南越時期，由華人左翼份子陳開源、李
景漢在西貢市辦的地下報紙工人報，[18]在1975年後改名為西貢
解放日報，發行至今。每天發行10版，其中4版為新聞，餘為
廣告版。此一作法，類似印尼的作法，印尼在1965年後也保留
一家華文報紙印度尼西亞日報，作為宣傳印尼政府政令之用。西
貢解放日報和印度尼西亞日報為方便年長華人閱讀，都是用繁體
字印刷。

　　越南政府也禁止所有華人社團活動，過去在法國統治時期依
華人所使用的方言分為五幫，每幫設有一位幫長及一或多位副幫
長作為該幫的全權代表，負責處理幫內事務，同時作為政府與華
人之間的橋樑，幫長向幫民傳達殖民地政府的政策和主張，幫民
有任何事務須向殖民地政府表達時也由幫長轉呈。

　　當時設立的五幫是：
　　（1）潮州幫（義安會館），講潮州話。
　　（2）廣肇幫（穗城會館），講廣東話（即現稱白話）。

---

17 施方，「落實主張，主動配合，促進活動：記胡志明市華人工作處一年工作回顧
　　與展望」，西貢解放日報特刊，胡志明市，2002年春，頁4。
18 西貢解放日報（胡志明市），2002年6月21日，頁2。陳開源在1967年11月
　　21日被南越政府逮捕處死。該報設在西貢市第六郡嘉富街341/10號的地下室。
　　每天發行1,000份。目前胡志明市華人工作處已將該址重修，保留原先的地下
　　室，列為文化歷史遺跡。

（3）客家幫（崇正會館），講客家話。（其他講中國北部、中部各省方言都歸入客家幫。）

（4）福建幫（二府、三山、霞漳、溫陵會館），講福建話。

（5）海南幫（瓊府會館），講海南話。

當 1954 年法國退出越南後，五幫組織雖名存但已無實際作用，尤其在北越地區，華人可參加華人組織，但已無五幫的稱呼。1975 年後，越南政府禁止所有華人同鄉會、宗親會的組織。五個幫，已改成廟，幫長改為廟的管理理事會的理事長，廟則視同一般的廟宇。同鄉會即寄身在廟中，暗中存在。華人的同業組織，則被完全禁止，華人唯有參加當地的工團組織。

在學校系統中，除了禁止華文學校外，也禁止大學中文系的開辦。1975 年以前南越華文教育非常發達，南越各地有 30 餘所華文學校。一般只有中學程度，後來知用及義安兩所華校開辦至高中程度，其後自由太平洋、鳴遠、英德等學校，亦陸續增辦至高中程度。這些華文學校在 1975 年後全遭關閉，改為越文學校。在市面上更見不到中文招牌。不過，一些華人寺廟和祠堂，則還保留著中文字的牌匾和對聯。

在越南共和國時期出版的許多中文報紙、華文書籍及雜誌，在 1975 後全部遭到限制，有許多中文書籍遭到焚毀，以至於在一般公共圖書館或史料館根本看不到中文藏書。據知目前唯一收藏有中文書籍的是在河內的歷史博物館以及社會科學院的歷史研究院。歷史研究院有一座四層樓的小型圖書館，專門典藏過去越南出版的中文書籍，其中有許多線裝書。但因空間狹窄，用鐵架支撐的書架排的滿滿的。該批書籍，因缺乏中文人才（該院只有一兩位學者懂中文），幾乎無人閱讀使用。

至於越人的姓名，因採漢人習慣，有姓和名，華人姓名和越人姓名寫法一樣，因此越化姓名，並不明顯。唯一的不便，就是取消漢字，姓名改用越字拼音書寫。有關華人的風俗習慣，只能

在自家辦理，而不能公開舉行，例如舞龍舞獅等節慶時的活動，均受到限制。

　　在相當程度而言，越南對華人的同化政策，幾乎是印尼的翻版。各項政策如出一轍。印尼對華人的同化政策，是出於華人涉及1965年印尼共黨政變的左傾共黨路線，因為與軍政府的右傾路線不同，所以遭到嚴厲限制和同化。而越南則剛好相反，因為南越華人大都是右傾，而河內政權是左傾路線，所以將華人進行同化。當然，兩個政權唯一相同點是擔心華人的經濟影響力過大，因此需加以限制。而限制的結果，兩國頗不相同，印尼至1980年代初，發現到排斥華人的工商活動，不利於整體經濟的發展，所以放寬對華人的經濟限制，例如允許華人享有與其他土著同樣的商業經營權，而非一定要合營，以及放寬華人商人向國營銀行貸款的權利等等。而越南則不同，在社會主義制度下，華人企業完全被解散，成為國營企業或集體企業的職工。越南華人人數雖不多，但對越南經濟活力卻有重要性，失去華人的商場經營網絡和衝刺幹勁，越南經濟陷入停滯和嚴重衰退，到1980年代初，出現嚴重的通貨膨脹問題，高達350%的通膨率，使越南落入貧窮國家。所以越南在1986年底開始進行改革開放，這種覺悟的時機比中共和印尼晚。

第四節　改革和開放

（一）調整政策

　　1982年11月，越共中央書記處公佈第10號文件，規定：「華人應被看作是越南54個少數民族中的一員，因而應被看成是越南公民。」此一政策的公佈，顯示留在越南的華人，大部份已接受越南國籍，成為越南人的一部份，也就是越南的少數民族。以後越南政府開始調整對華人的政策，逐步開放華人的社會生活

領域，允許華人非政治性社團的活動，將過去沒收的華人產業予以退還。越南共產黨在 1986 年底黨大會上通過改革方案，改採局部的資本主義路線，開放及歡迎外資來越投資。1991 年 6 月，越共召開第七次全國代表大會，對越南的內外政策作了戰略性調整，允許被迫遷到「新經濟區」的華人返回原籍居住；也允許被迫離國的華人或越人返回越南居住；若回來投資，則可以歸還原被沒收的房產；取消過去強迫入籍規定，允許華人自願選擇國籍。根據越南國籍法之規定，越南採取屬人主義和屬地主義並行制。依據越南國籍法第七條之規定：「嬰兒出生時父母均是越南公民，則其國籍為越南國籍，無論是否出生於越南領土內。」第八條規定：「嬰兒出生時父或母係越南公民：一、嬰兒出生時，其父或母為越南公民，或父母其中一位係無國籍者，或母係越南公民，父不詳者，則其國籍為越南國籍，無論是否出生於越南領土內。二、嬰兒出生時，其父或母為越南公民，或父母其中一位係外籍人士，如在申報出生時具有父母書面之同意書，同意嬰兒國籍為越南國籍，則可以取得越南國籍。」[19]越南在 1992 年 2 月召開的華人工作會議上指出：「在建設和保衛祖國的事業中，華人長期以來同越南各族人民共同生活，共同勞動」；「現在華人積極支持越南的改革事業，正在為發展國家經濟文化作出積極貢獻。」[20]1994 年後，華人可以申請加入越南的黨團組織，擔任基層領導和幹部。[21]

（二）華文教育

---

[19] 「越南國籍法」，載於中華民國內政部編印，各國國籍法彙編，台北市，民國 92 年 11 月，頁 39-56。

[20] 引自邱文福，「越南：華僑華人政策的調整及其影響」，東南亞研究（廣州暨南大學東南亞研究所出版），1995 年第 1 期，頁 49-51。

[21] 郭明，「華人在越南的現狀與前途」，華人月刊，1998 年，第 9 期，頁 62-63。

至1990年代初，整個東南亞局勢發生變化，台、港在東南亞的直接投資大量增加，東南亞華人也開始對中國大陸進行投資，華文的使用率愈來愈高，像泰國、馬來西亞、新加坡、柬埔寨等國開始醞釀學習華文，在學校及補習班開設華文學習班，柬埔寨在1990年12月開辦華文學校，泰國在1990年討論開放華文學習，在法政大學和朱拉隆功大學成立中文系，1992年同意成立以華文為教學媒介語的華僑崇聖大學，馬國成立以華文為教學媒介語的南方學院、新紀元學院，而且將華文定位在商用語文。在大環境變遷之下，越南也開始調整其對華文教育的政策。

1.設立大專院校中文系

越南係在1990年在大學恢復開辦中文系，所以在河內外語大學、河內人文與社會科學大學、順化師範大學、胡志明市國立師範大學設立中文系。胡志明市綜合大學語文科，從1991年開辦「中國語文專科」，讓持有越文高中畢業文憑者可報名參加入學考試。胡志明市綜合大學外語中心，自1992年起開始教授中文。河內外語大學及外語師範大學，與胡志明市各間大學合辦外語在職大學，其中也有開辦中文在職大學者，惟以胡志明市、外務暨外貿業務培訓學校與河內外語大學於1993年所合辦的「明珠中文商科在職大學」具有獨特性質，課程編纂亦近於完整。[22]

在胡志明市國立社會人文科學大學在1998年設立中國語文系，亦開辦華語文教學中心。

胡志明市國立師範大學中文系專授中文（漢語），採四年制，2001~2002學年度中文系人數如次：正規（本科）有8班，每班人數約25人，成年在職班有6班，共300名學員，為準備赴中國留學的學生所開的特別培訓班有62名學員。胡志明市國立社

---

22 張世豪，「越南胡志明市華人文化教育簡介」，發表於1994年6月3-4日淡江大學歷史學系主辦的「中國政治、宗教與文化關係國際學術研討會」，頁16。

會人文科學大學中國語文系 2001~2002 學年度，共有三班畢業班，應屆畢業生 110 名。其他一、二、三年級學生合共 400 名。該校語文暨新聞系、東方學系也開設有漢語班，但學生人數不多。夜間成年中文在職大學也有 1,132 名學生，應屆畢業生有 89 名。

其他民立的大專院校亦有設立中文系者，例如，民立外語信息大學、民立文憲大學、民立雄王大學、民立鴻龐大學、半公立工業技術高等學院等都設有中文系，學生不多，大約每校 100 名左右。2001 年，在南越同奈省雒鴻民立大學也設立中文系。

2.設立「胡志明市華人文學藝術輔助會」。為了配合及協助胡志明市各民族文化協會，「市華人工作處」發動成立了「胡志明市華人文學藝術輔助會」。「胡志明市華人文學藝術輔助會」曾經配合市各民族文化協會主辦文學講座研究會，與市語言協會、慶和省、社會學研究院聯合主辦華語講學座談會，協助胡志明市廣播電台裝備廣播器材，增聘華語廣播員，將華語廣播次數增多，贊助各民族新年、大節日的慶祝經費，贊助各地興辦華語普及中心，主辦華人畫家畫展。在西貢解放日報設立「教師及學生文藝創作獎學金」，激勵老師及學生從事華文寫作。[23]

3. 設立「華語普及中心」

目前，越南南部地區之會安、峴港、順化、林同、從義、同奈以及胡志明市，均設立有華人通稱之華文學校，惟依據越南現今之法令規定，尚未許可單獨以華文教授各項課程之獨立華文學校，因此華人通稱之華文學校，僅是附設於各越文普通學校之內，越南當局通稱之為「華語普及中心」（簡稱「華語中心」），每天按照越文課程教學，再由各校以教授外語課程時數，自訂一至三

---

[23] 張世豪，前引文，頁 6。

節教授華語文，課程僅限於教授語文、尺牘、常識與注音，亦有部份「華語中心」採取上午教授越文課程，下午教授三節華語文課程。

越文課程與華文課程學生均分別註冊，但就讀越文課程之眾多華人學生，下午仍就讀華文課程，其中亦有越南京族之學生，下午仍至「華文中心」（「華語中心」後來改為「華文中心」）就讀華文課程。

胡志明市在1989年6月核准設立第一所「華語普及中心」，至今總共設立了17所「華語中心」，包括：（1）日新、（2）潘文欣、（3）麥劍雄、（4）穎川（在陳氏宗祠內辦學）、（5）禮文、（6）啟秀、（7）歐姬、（8）韓海源、（9）勞動子弟、（10）胡文強（為獨資創辦）、（11）中庸、（12）舊邑崇正、（13）濱藝、（14）新平青年中心、（15）黎氏紅錦及（16）能安、（17）忠義（為獨資創辦）等。

在胡志明市外的越南南部地區也成立了22所「華文中心」（若干縣市稱為學校，如從義縣稱為「民立中山學校」），絕大部份均是附設在由1975年以前原屬各幫公產之華文學校改設之越文學校。

上述就讀華文課程之華越學童，共計約達5萬人，其中以最早成立之胡志明市「麥劍雄華語普及中心」（原廣肇幫之穗城中、小學，後曾易名為「粵秀」）學生人數為最多，日、夜間部及中部學生約3千人，其次為「啟秀」及「歐姬」），學生人數亦均達1,500人。「啟秀華文中心」的規模其次，教職員工有34人。[24]

「華文中心」設校長一人，由越南教育當局指派之原越文學校校長兼任，係法理上「華文中心」之負責人，直接向地方政府及教育主管機關負責，而真正負責所有教學工作者，是一位共產

[24] 西貢解放日報（胡志明市），2002年6月20日，頁3。

黨黨員身份之校政主任及其領導之管治委員會，至於實際推動華語文校務的，則是董事會經管治委員會同意聘請之華語普及中心教務主任。

各「華文中心」設有董事會，是由一般熱心教育，具有發展民族文化熱情的華人工商界人士、慈善家所組成。董事會的董事，任期是兩年一任，可連選連任。董事長和副董事長由董事會推選產生，另由董事會同意任命文書、財政、總務、稽核、交際等人員。每屆董事會成立之後，首由董事長報告經費運用情形，往往董事長要起帶頭作用，是出錢最多的人，因此他應該是地方上事業有成就，肯出錢出力，慈善為懷的殷商巨賈。各「華文中心」的教職員薪金、擴充、修葺校舍、購置教學器材用具、頒發教職員獎金及學生獎學金等等，皆仰賴董事會賢達慷慨捐輸，熱心勸募。董事會雖有權督促校方與教職員，辦好校務及教學工作，惟董事會不直接干預學校校政與人事。

上述的「華文中心」，它需向政府申請許可，附屬在一般越文學校內，猶如課後補習班，上課時間則每間「華文中心」不一，如「穎川華文中心」在上午和下午都上華文課；「胡文強華文中心」則上午上越文課，下午上華文課；「禮文華文中心」上午上華文課。「華文中心」教授的課程程度一般只到初中階段，截至目前只有麥劍雄華文中心、啟秀華文中心、陳開源華語電腦學校高中班等三校設有高中班課程。而且在課程方面只允准在華語會話、作文、書信等方面使用華語授課，其他如史地、理化、數學等科目則不允許用華語上課。各中心都採用「教育輔助會」所編纂的各級教材，有的也採用北京語言學院所編的新教材，畢業學生可參加國家 A,B,C 等級的漢語文憑考試。

茲將 2001~2002 學年，胡志明市各華文中心、外語中心及正

規中小學（有中文課程）學生人數列於後：[25]

表8-1：越南南部各華文中心

次序	華文中心名稱	學生人數	次序	華文中心名稱	學生人數
1	啟秀（范文二）	1.784	9	舊邑崇正	300
2	麥劍雄	1.716	10	日新	289
3	禮文	938	11	中庸	244
4	穎川	743	12	忠義	244
5	華語教學培訓中心	661	13	韓海源	210
6	歐姬	507	14	勞動子弟	177
7	胡文強	424	15	新平郡青年中心	121
8	團結	355			
合計：8.713					

表8-2：越南南部大專院校外語中心

次序	華語中心名稱	學生人數	次序	華語中心名稱	學生人數
1	陳佩姬	2.276	5	陳友莊	360
2	阮豸	1.257	6	阮泰山	400
3	社會人文科學大學外語中心	896			
4	文朗	819	合計：		6.008

表8-3：越南南部各普通中、小學在正規課程中授華文各校學生人數（華文選修課）

次序	中心名稱	學生人數	次序	華語中心名稱	學生人數
1	金童	288	6	陳德景	50
2	李太祖	195	7	阮曰春	30
3	黃建華	165	8	陳志清	22
4	陳光基	96			
5	駱龍君	80	合計：		926

資料來源：僑委會派駐胡志明市馬台珠秘書提供。

備註：

(1)總共：表1＋表2＋表3：15,647名華文學生。

---

[25] 該項資料由僑委會派駐胡志明市馬台珠秘書所提供。

(2)此外，胡志明市「陳開源中學」也設有高中部，學生人數約 100 名。「麥劍雄華文中心」也先後造就兩屆高中畢業生近 100 名。

(3)華文私家補習班的學生也為數不少。

(4)各省份也有開辦華文中心，學生人數不多，其中以同奈省的華語中心及學生人數占最多。

此外，除了上述各「華文中心」在下午或夜間教授華語外，胡志明市各大專院校也設有外語中心，教外國語，其中有教華語者。截至 2002 年 6 月的統計，胡志明市有 10,595 名學生在 24 所普通學校、華文中心、外語中心修讀華文。[26]佔華人總人口數還是少數。

總體來看，在胡志明市存在著三種類型的華語教學形式。第一類型是在公立普通學校的課程中，每週安排上五節華文課（是選修課）；第二類型是在一些物質條件、設備較好的公立普通學校中，設立半天制越文學科，另半天設「華文中心」，每週安排上 10 節華語課；第三類型是外語中心。現有 6 所普通學校每週上 5 節華語課，可惜因為缺乏學習華語的語言氛圍，故而效果不高。有 6 所外語中心，教學偏重華語交際會話。三種類型當中，以第二類型的活動最為卓有成效，同越文教學起到相輔相成的作用。由於有相當好的語言環境，加上董事會及市華文教育輔助會在物質及精神上的大力支持，故在短短 10 年期間，「華文中心」在質及量方面都蓬勃發展。[27]

越南政府目前仍禁止「華文中心」與外國直接接觸或聯繫，外國機構或相關華文機關團體要訪問當地「華文中心」，需事先

---

[26] 西貢解放日報（胡志明市），2002 年 6 月 25 日。

[27] 施方，「需要大力改進以迎合新情勢：本市華語教學活動面面觀」，西貢解放日報特刊，胡志明市，2002 年春，頁 40。

申請，說明訪問或交流目的與事項內容，獲得當地政府「華人工作處」之許可或甚至河內中央政府的批准，才能進行接觸，即使捐款或採訪都需經此一程序。在基本立場上，越南政府將當地華人視同越人，華語文教育屬越南政府的教育政策之一部份，越南政府將它視為「民族語言」[28]，所以並不歡迎外國政府或民間團體派員直接與當地「華文中心」、大學中文系接觸及商討教學措施。足見越南政府對於當地華人仍監控相當嚴厲。

在胡志明市之外，越南南部亦有各地的華文學校，例如，1982年成立的芹苴華文學校，學生人數有500多人。[29]在安江省東川市設有東川華文學校。在同奈省隆慶縣春祿市的光正越華民立學校，它是在越文學校內另設華文學校，也就是學生可兼學華文。目前該校有524名學生，其中有227人兼讀華文。該校經費也是自籌，辦校相當辛苦。[30]在同奈省還有一所春西越華民立學校，該校創立於1994年，華文課每週上五天，每天三節課，教材是採用胡志明市教育培訓部編撰的華語課本。該校學生人數將近350人。[31]同奈省亦設有保平華文中心。林同省聯義鎮也有一所中山華文民立學校，創立於1997年，小學生人數很少，僅約80多人。[32]林同省丹陽縣嘉都社於2002年7月設立嘉都協德越華民立學校，創校經費由該地區旅美華裔捐助。[33]

設有高中班華文課的只限於電腦科技課程，例如在胡志明市有一所「陳開源華語電腦學校高中班」，即是以華語教電腦，事實上，它類似補習班，上課的學生從10幾歲到60幾歲都有。[34]

---

[28] 施方，「需要大力改進以迎合新情勢：本市華語教學活動面面觀」，頁40。

[29] 西貢解放日報（胡志明市），2002年11月19日。

[30] 西貢解放日報（胡志明市），2002年6月21日，頁3。

[31] 西貢解放日報（胡志明市），2002年12月23日。

[32] 西貢解放日報（胡志明市），2002年7月27日。

[33] 西貢解放日報（胡志明市），2002年7月31日。

[34] 參見麒麟，「願將知識奉獻給越南學生」，西貢解放日報特刊，胡志明市，2002年春，頁28。

「麥劍雄華文中心」亦設有高中班。在南越芹苴省，亦有「芹苴華文進修學校」，類似補習班性質。

在開放的華文教育中，原則上在中文系的教學是用簡體字，但為了適應胡志明市眾多台商公司的需要，若干學校也教授繁體字中文，例如順化師範大學中文系在四年級時特別教繁體字。而胡志明市的「華文中心」都教簡體字。西貢解放日報則是用繁體字印刷，俾讓年長華人閱讀。

目前，胡志明市有300多位在職華語教師，市華語教師俱樂部有近500位會員。在職華語教師40歲以下佔一半，擁有越文高中畢業及華語高等師範水平者不到30%，而且嚴重缺乏執教高年級的華語老師。[35]這也是華文課程無法提昇至高中階段的原因之一。

4.設立「胡志明市華文教育輔助會」

胡志明市人民委員會（胡志明市政府）依照「國家與人民合辦」之方針，於1989年12月3日批准成立「胡志明市華文教育輔助會」），期該會配合教育機構，共同有效地讓華人子弟學好包括正規或課外進修之華文，其具體宗旨：

（1）動員華人家長讓子弟進入各普通學校或進修中心學習文化與知識，以解決華人子弟的失業問題，以及掃除華人文盲（包括越文與華文）。

（2）動員熱心人士出錢出力，為整體教育事業和對華人子弟的教育工作做出貢獻。

（3）協助教授華文的普通學校及各華語普及中心，解決有關華文教育問題，諸如培訓推荐華文師資，協助編印發行華文教科書，以及協助解決與胡志明市華文教學工作各種相關事宜。

---

35 施方，「需要大力改進以迎合新情勢：本市華語教學活動面面觀」，頁40。

　　「胡志明市華文教育輔助會」自成立以來，在各華語普及中心董事會、各會館、各宗祠、各工商界人士，以及廣大華人同胞熱心贊助與支持下，業經完成之工作，包括：

(1)出版「華語普及中心」使用之小學華語教科書。教科書係由胡志明市教育造就廳主持華語教材編輯組，參考台灣、香港、新加坡及中國大陸之教科書負責改編，共計十冊，每學期乙冊。(越南小學學制為 5 年)

(2)出版華語雙圖文少年兒童叢書。

(3)贊助華語高等師範造就班經費，提高原有師資之教學素質，以及培育大量需求之師資。

(4)贊助華語教師俱樂部活動經費，以各項活動團結及鼓勵辛勞教學之華語教師，從而提昇教學水準。

(5)設華語優秀學生獎學金。為了獎勵學生學習精神以及表揚成績優秀的學生，每學年教育輔助會都按照 1%的比例來頒發獎學金給各華語中心的優秀學生。[36]

5.設立「華語教師俱樂部」

　　「華語教師俱樂部」成立於 1989 年，直屬胡志明市教育暨造就廳的一個群眾組織，其宗旨是團結、集合所有華語教師，維持並推動華文教學工作，為該市教育事業作出貢獻，擁有近 500 名會員。

　　華語教師俱樂部有以下的三項任務：

(1)為培養、造就和提高會員之專門業務水平創造條件。

(2)在工作和生活方面，發揚和提高會員之間的團結，互助精神。

(3)進行研究並協助市教育暨造就廳業務部門指導華文教學

[36] 張世豪，前引文，頁 8。

工作。

加入華語教師俱樂部的條件：所有現職華文教師，已退休或轉行的原華文教師，凡贊成俱樂部章程並自願申請加入俱樂部者，均獲審核接納。

華語教師俱樂部遵循上述宗旨，在市華文教育輔助會的配合及資助下，每年都舉辦各項學術、文藝、體育競賽，在學生中發掘各方面人才再加以專科輔導。

每年春節教師俱樂部都會舉行全市華語教師俱樂部大聯歡，除招待與會者飲食之外，尚準備有多項貴重禮物作為幸運獎抽獎之用，每次大聯歡都有教育暨造就廳正副廳長及各長官蒞臨參加，並親自主持抽幸運獎，足見有關職能機構非常重視華語教學工作者之聯絡。

此外，華語教師俱樂部也配合市華文教育輔助會在會址內開辦：華語高等師範造就班、華語專修班、漢語（國語及粵語）會話班。這些班別類似補習班性質。

華語專修班及漢語會話班人數眾多，因執教者均屬俱樂部中優秀教員，教學經驗豐富，成績顯著。[37]

（三）華文廣告招牌

雖然華文的學習開放了，但並不普及，在城市內的廣告招牌上，即可看出端倪。越南政府對懸掛招牌的文字並沒有特別規定，但不能全使用外語，如需用外語，則須採用雙語，例如越英或越華等，不需另繳稅。

在河內幾乎看不到華文廣告招牌。在胡志明市則有極少數的華文招牌，在堤岸華人聚集區，可看見稍多的華文招牌，其他地方則有些是屬於台商公司的。總體來看，從表面而言，越南各地

---

[37] 張世豪，前引文，頁 10。

市面華文廣告招牌屈指可數。同樣地，越南唯一的華文報紙西貢解放日報，並非所有報攤皆可買到，普及性並不大（筆者曾詢問其每天的發行量，但拒絕回答）。

（四）華人會館團體

　　越南政府亦逐漸放寬對華人會館的限制，並發還其房產。由五大幫改組的會館，在近年也有一些改變。例如，潮州幫改為潮州義安會館，以關帝廟為集會場所，並管理該廟。廣肇幫改為廣肇穗城會館，以穗城會館天后廟為集會場所，並管理該廟。海南幫改為海南瓊府會館，以天后廟為集會場所，並管理該廟。福建幫改為福建二府（泉州、漳州）會館，以二府廟（又稱本頭公廟--奉祀本頭公福德正神）為集會場所，並管理該廟。客家幫改為客家崇正會館，以天后廟（觀音廟）為集會場所，並管理該廟。另外由閩南人創設的溫陵會館，亦設有觀音廟，該會館與福建會館互相聯繫，經常共襄義舉。

　　1994年3月20日，在「郡祖國陣線」（是一個由各界人民團體組成的組織）及「市華人工作處」的協助下，穗城會館召開自1975年以來的首次代表大會，選出會館的理事會幹部成員（理事長、副理事長等幹部任期3年），會館成為合法的群眾組織。[38]1995年，這些會館開始組織元宵節活動。1998年，越南政府允許義安會館關帝廟舉行關聖保境祈福遊行，事先需經申請，而且只允在市郊舉行，每次約2小時，以免妨礙交通。遊行時使用的旗幡上允許書寫華文。關帝廟每兩年舉行保境遊行活動。[39]2002年6月23日，由潮州會館負責承辦保境遊行。[40]五幫的華人團

---

[38] 黎文景主編，穗城會館天后廟，穗城會館天后廟出版，胡志明市，2000年4月，頁94-95。

[39] 陸進義，越南胡志明市潮州義安會館關帝廟特刊，市民族文學藝術協會出版，胡志明市，2001年10月，頁117。

[40] 筆者在2002年6月22日在僑委會馬台珠秘書陪同下訪問潮州會館，所以得知此一訊息。

體都出席該一盛會，這可能是改革開放後華人最重要的慶典活動。在這項活動中，華人的舞龍舞獅，如同農曆新年一樣，同樣允許表演。遊行活動的晚上，則由五幫輪流派團演戲。因此，從 23 日起接連幾個晚上都有戲班表演。

　　以姓氏為主的宗祠，在近年亦相繼成立，例如陳姓的穎川堂陳氏宗祠理事會，在 1982 年獲准成立。1989 年成立胡志明市西河九龍堂林氏宗祠理事會。1993 年成立胡志明市何氏宗祠理事會。1994 年成立胡志明市清河張氏宗祠理事會。1999 年成立胡志明市東海徐氏宗祠理事會。另外有羅氏、關氏、盧氏等宗祠理事會。越南政府允許該類宗祠理事會舉行祭祖儀式。該類宗祠理事會亦捐款設立「華文中心」，例如穎川華文中心。[41]最為特別的是，該類宗祠在舉行年會時，照例會邀請「胡志明市祖國陣線委員會」主席和「胡志明市華人工作處」正副主任出席。為了拉攏政府單位，陳氏宗祠理事會還特別捐款給「第六郡祖國陣線委員會」越幣 100 萬元，贈送「第六郡第六坊祖國陣線委員會」建立一座「溫情屋」越幣 500 萬元。[42]當然，跟東南亞其他國家的宗祠理事會一樣，這類宗祠理事會亦捐款從事慈善活動。

　　此外，亦有非以同鄉或同宗為組織的民間社團，例如，安江省東川市於 1999 年成立「華人相濟會」，它是橫跨粵、潮、閩、客、瓊裔華人的組織，會員人數有 900 多人。蓄臻市在 2002 年10 月興建蓄臻市「華人相濟會會館」，其背後推動者為和安會館理事會。該類「相濟會館」都是以從事慈善和教育為宗旨。[43]胡志明市的華裔企業家也在 2002 年 11 月成立「華人越僑企業會」，該會獲得「市華人工作處」的協助和指導，其設立宗旨為開拓出

---

[41] 西貢解放日報（胡志明市），2002 年 7 月 29 日。
[42] 西貢解放日報（胡志明市），2002 年 9 月 24 日。
[43] 西貢解放日報（胡志明市），2002 年 10 月 21 日。

口市場、引導越僑回越投資。[44]

　　以上會館、宗祠或同濟會在舉辦活動時，所使用的華文均是繁體字，尤可見越南華人還是遵守傳統華文。

（五）在文藝活動上，胡志明市有下列的文藝團體：
1.華人文學藝術輔助會

　　為了配合及協助胡志明市各民族文化協會，胡志明市華人成立了「胡志明市華人文學藝術輔助會」。該會曾經配合市各民族文化協會主辦文學講座研究會，與市語言協會、慶和省（越南中部一省份）社會科學研究院聯合主辦華語講學座談會，協助該市廣播電台裝備廣播器材，增聘華語廣播員，將華語廣播次數增多，延長每次廣播的時間，贊助各民族新年、大節日的慶祝經費，贊助各地興辦「華文中心」，贊助「越、中友好協會」，主辦華人畫家畫展。此外，編纂及拍錄一部錄影片專集，描述該市華人對文教及在社會上多方面的活動，又配合「市教育暨造就廳」、「華文教育輔助會」、「華語教師俱樂部」及西貢解放日報設立「教師及學生文藝創作獎學金」，激勵老師及學生從事華文寫作。
2.在胡志明市第五郡設有文化中心華語文藝俱樂部，讓喜好華文文藝者參加，該俱樂部從 1989 年即舉辦華語歌唱比賽，至 2002 年已舉辦 13 屆，造就不少華語歌唱人才。[45]
3.華人劇團、歌舞團、樂隊

　　胡志明市華人擁有自己的兩個劇團，一個為統一粵語歌劇團，除了上演正統粵劇外，也有改編越南名劇為粵劇公演，介紹越南劇給華人欣賞；另一個為統一潮語歌劇團，專演潮州古劇。

　　古樂隊有：蓮花古樂團、友誼歌劇及團結歌劇社等。

---

[44] 西貢解放日報（胡志明市），2002 年 11 月 13 日。
[45] 西貢解放日報特刊，2002 年春，頁 35。

此外，華人也組織很多樂隊、歌舞團，專為娛樂事業服務，特別是在各大酒樓舞廳演奏、演唱、表演助興節目，稍有名氣的有：1976 年成立的廣潮統一歌劇團、1985 年成立的荷花綜合歌劇團、1984 年成立的第五郡「華語俱樂部」歌舞樂團，[46]以及海燕樂隊、青春樂隊、鳳凰女子歌舞團等。通常這些歌舞音樂團集中在各個「華語俱樂部」，或各郡的文化宮，主要在第五、六、十一郡。例如第五郡「華語俱樂部」成立於 1984 年，集合了當時的海燕、海山、湄公、日先、海洋、青春、籃星等樂團共 150 位華人演員，他們專長於古樂、時代曲、舞蹈和戲劇。第六郡「華語俱樂部」則成立於 1987 年 8 月，集合了五支文藝隊，其中以蓮花歌舞古樂團、藝明古樂團為台柱。第十一郡的華人藝術活動不如第五、第六郡的那麼豐富，主要的有太平文藝隊。[47]

在胡志明市第五郡文化宮設有華語歌舞台，每晚都有華語歌星演唱華語歌曲，以娛觀眾。

越南政府自 1982 年起，允許華人成立「樂社」。例如，屬於全體華人的「仁義堂」。[48]潮裔人士組織了一個陣容雄厚的「潮群業餘音樂社」，專門使用古樂器的百餘人樂隊，在各大慶典中演奏並為治喪、送殯隊伍服務，師竹軒父母會樂隊，新梨園音樂社也是充滿著古色古香的樂隊。其他專為治喪、送殯服務的還有很多西樂隊、古樂隊、紅袍樂隊等十餘隊，都是業餘性質。

體育方面，勵志體育會已恢復活動，精武體育會原址改為體育俱樂部，內有好多項體育運動，健身體操、籃球、乒乓球、羽

---

46 [越]陳慶著，游明謙譯，「現代越南華人的文化要素及其與社會的融合」，八桂僑刊，廣西華僑歷史學會出版，2001 年，第 1 期，頁 45-49。該文說第五郡「華語俱樂部」歌舞樂團成立於 1983 年，此與越南學者阮祿的說法不同，本文採阮祿的說法。

47 [越]阮祿，「胡志明市華人文化生活」，發表於 1994 年 6 月 3-4 日淡江大學歷史學系主辦的「中國政治、宗教與文化關係國際學術研討會」，頁 6。

48 [越]陳慶著，游明謙譯，前引文，頁 48。

毛球、網球、女子健身、健美柔操等，精武室內球場有時也邀請
外國籃球隊到來作友誼賽，多姿多采，極其活躍。

藝術方面，胡志明市有許多頗為成功的華人畫家：例如，張
漢明、李松年、李克柔、文錫蜀、盧崇道、張路、黃獻平、關強、
關承志、易映娥（女畫家）、鄭輝、陸金、陳權、陳德明、黃俊樺
等人，其中大半是從嶺南派梁少航畫師習畫（直接或間接的）。
[49]

4.龍、獅團的組織

越南政府自 1982 年起允許華人會館重建舞龍團、舞獅團。
[50]在胡志明市華人武術界成立了 17 個龍、獅團，在文化宮內組成
了龍、獅團俱樂部，在各大慶典中以及農曆新年出動義演，舞龍、
舞獅，並表演國術，劍術、內功，為慈善機構籌款。

該 17 個龍、獅團是：（1） 衡英堂；（2） 聯義堂（正館及
分館）；（3） 林明堂（有龍有獅）；（4） 聯勝堂；（5） 團勝堂；
（6） 合英堂；（7） 國威堂；（8） 勝英堂；（9） 勝義堂；（10）
正英堂；（11）國雄堂；（12）鴻勇堂；（13）正義堂；（14）醉義
堂；（15）精英堂。（16）鈞義堂。（17）崇英堂。

此外，尚有福建金龍團、潮州瑞獅團、客屬友誼麒麟團、寧
江金龍團等都是業餘性質，有表演需要時才集訓。

（六）政治活動

越南華人從政者，極少。目前國會議員只有一位華人。中央
部會，則沒有華人出任要職。胡志明市政府貿易廳副廳長為華人。
在大學入學方面，沒有種族限制，各族人皆可透過考試入學。在
正規軍和公安（即警察），則限制華人參加，不過華人仍須服兵

---

[49] 阮祿的文章特別介紹了張漢明、李松年、李克柔、盧崇道的生平，參見前引文，
　　頁 7。
[50] [越]陳慶著，游明謙譯，前引文，頁 48。

役，只能服地方民兵役，時間 2 年。[51]華人不加入公職或軍警工作，跟華人的身份背景和傳統的觀念有關，過去華人在東南亞地區，包括在越南，只是外僑身份，而外僑身份是不被允許參政和加入軍警行列。另一個原因是，即使取得當地國籍者大都亦不願出任這些工作，因為這類工作薪水少，不如從事工商業賺錢較多。第三個原因可能也是當地政府排斥華人出任這些工作。越南自1975 年起曾進行排華運動，因此受到政治影響而導致華人沒有出任上述工作，應該是一個重要的原因。

第五節　同化問題

　　從明朝以來，開始有大量華人移居到越南中部和南部，出現所謂不忘明朝故鄉的「明鄉人」，他們保留華人的文化和社會地位，阮氏王朝（指越南最後一個由阮福映建立的王朝）對「明鄉人」給予特殊地位，使之介於華人和越南人之間。「明鄉人」變成半越南人，這樣的身份地位一直持續到 1950 年代，南越政府才與我國政府談判，讓他們擁有自由選擇國籍的機會。他們在一段很長的時間裡，出現認同的問題。他們和其他在越華人有許多人選擇中華民國的國籍，有些則選擇再移民，前往美洲大陸或澳洲定居。

　　1975 年後，留在越南的華人，包括「明鄉人」，全部改為越南籍，沒有華文學校、報紙和社團活動，華人就成為沒有根的族群，因此很快的就被吸納入越人社會。1975 年後出生的新一代華人，從小接受越化教育，與越人一起上學和工作，已經沒有種族的界線。最重要者，他們與 1975 年以前的老一代華人不同，因為老一代華人從小讀華文學校，參加華人的社團，長大後與華人

---

51 以上資料係筆者於 2002 年 6 月 22 日訪問西貢解放日報記者楊迪生先生所得。

之間共同工作，老一代華人與當地越人幾乎形成兩個社群，彼此互動不多。由於經濟條件不同，華人大都是華人圈內通婚，很少與當地越人通婚。

　　在 1975 年以前，華人與越人之間存在著社會鴻溝，有一種微妙的差異存在兩個民族之間。這種差異的形成，主因是華人經濟條件較好以及在文化上貶抑越人。此外，衣著和舉止品行也存在著差異，華人甚至認為越南女性性觀念較為開放、文化水平低於華人女性，華人瞧不起華、越通婚生的混血兒，他們被稱為「la gan」（一種溫和的廣東話和越南話混合的對「混血種」的稱呼），或稱為「jap jon」（是一種強烈批評的說法，廣東話指「骯髒的」和「雜種」）。華人女性若嫁給越南男性，就會被視為「逐出家門」（outcast）。相反地，華人男性並不願娶越南女性，但一旦該男性無法娶到華人女性時，則他娶越南女性也是可以被接受的。[52]

　　就經濟條件而言，華人認為越人為出眾的很會用錢的人（conspicuous spenders），不像華人那樣勤儉。一位逃難到美國的越南華僑鄺（Cuong）先生回憶說：他曾聽到華商在背後嘲笑越南鄉下人很容易受騙。諷刺地，許多華人視住在城裡的越南人為沒有操守的（unscrupulous）。不過，華商很容易成為越人攻擊的目標，鄺先生歷經越戰以來的情況，對此留下深刻的印象。[53]對於華越族通婚，筆者曾在 2002 年 6 月 22 日訪問一位高齡 85 歲的老華僑林覃祥先生，他說了一個故事，即來自各地的華人與越女通婚的情況有別，儂族人不與越女通婚，潮州人、廣東人幾乎很少與越女通婚，海南人、客家人只有少許人與越女通婚，福建人則約有半數人與越女通婚。造成這種不易通婚的主要原因是

[52] 引自網路的 http://huaren.org/diaspora/asia/vietnam/Odyssey of the Boat People, p.2.htm

[53] 引自網路的 http://huaren.org/diaspora/asia/vietnam/Odyssey of the Boat People, p.2.htm

越人較窮，越女嫁進華人夫家門後，常將家財拿回娘家，甚至捲款與越南男子私逃，因此廣東人視此為畏途。至於福建人何以會娶越女？乃因福建人經濟條件不是很好，他們認為做生意就需要懂越南話，所以娶越女來幫忙。[54]

自 1975 年以後，越南的局勢發生了重大變化，新一代華人則從學校就學到進入社會工作，都與越人在一起，華人的經濟條件與越人相差無幾，在近年胡志明市出現許多越南新富翁，因為他們售賣土地而賺了大錢。因此，年輕一代華人的觀念改變了，他們並不排斥與越人通婚，有些人出於經濟的考慮，認為與越女通婚並無不好，因為聘金較少。年輕一代華人因為不懂華文，也逐漸不參加華人社團活動，他們與當地人同化的情況正平緩地在進行。

越南華人同化入當地，除了 1975 年後那幾年有強烈的抗爭和不滿外，幾乎再也見不到抗爭，他們在共黨的高壓統治之下，順利地融入當地社會。以後很少見到有種族衝突的報導。這在東南亞國家是極為少見的例子。印尼採取的排華措施，正是越南學習的榜樣，但印尼卻一再發生排華衝突。菲律賓雖沒有採取如此嚴厲的限制華人政策，但華人卻成為盜匪劫掠綁架的對象。越南同化華人如同泰國一樣成功，但泰國華人躍居政府及各階層的高層，而越南華人則成為小市民和小商人，幾乎與政治絕緣。無論如何，今天越南華人已無認同上的困擾，他們已成為越南社會的一份子。

第六節　結論

---

[54] 這是筆者於 2002 年 6 月 22 日訪問林覃祥先生所獲得的資料。

　　越南在1975年後政局出現重大變化，南越淪陷，為數眾多的華人如何納入其政治社會系統之下，成為越南當局一個重要的課題，幾經摸索後，卻採取最不科學的方法，採取中國共產黨當權後的老套作法，開始清算資產階級，將華人驅逐到鄉下所謂的「新經濟區」勞改，要不然就是逼迫他們流亡外國。為完成「越南化」政策，對留在越南的華人強迫入越南國籍，企圖透過政治手段將華人納入同化軌道上。最有趣的，印尼也是強迫華人同化，但印尼卻採取嚴格入籍，這一點兩國有所不同。至於越南採取的關閉華文學校、禁學華文、限制華文報章雜誌、禁止華人宗親社團、禁止華文招牌、禁止華人舞籠舞獅等等的政策，卻與印尼如出一轍。

　　但越南在1979年2月遭到中國的武裝攻擊後，與中國關係惡化，反華勢力充斥社會各階層，再加上重兵派駐柬埔寨和寮國，軍費耗盡國庫，以致經濟日趨衰退，困頓不前，通貨膨脹甚至高達350%。越南為因應經濟局勢需要，在1982年開始放寬對華人文化社會活動的限制，意圖讓華人帶動南越地區的經濟活力。至1986年越南更換領導人，改由主張革新的南方人阮文靈出任越共總書記，逐步改變想法和政策作法，華人獲得更大的活動空間，透過華人的海外關係，越南南方開始展現新的經濟活力和面貌。

　　從上述可知，越南華人在社會主義架構下，成為被同化的一個少數民族，華人和越人一樣，都是貧窮階層，被同化對華人而言，是社會政治制度下的必然，毫無選擇，除非離開越南。但時間不很長，至1982年後，隨著越南改革開放，越南經濟出現轉機，華人逐漸取得經濟優勢，其「華人特性」又獲得越南政府部份允許，台商大舉在南越投資以及越南京族和華人女子大量嫁到台灣，都可能增強南越地區華人的「文化特性」，過去「被同化」的桎梏一一解除。在可見的未來，華人將會與越人「包容」，華人將以其獨特的華人特性推動南越地區經濟的發展。

　　雖然越南學者潘安曾說：「華人從原是『客住』、『請叔』的地位，今天已經轉變為越南多民族國家的『主人翁』之一員。前幾個世紀，歷代的華人，當離鄉別井時，總抱著『葉落歸根』的心願，但在越南定居的過程中，已深深感受到『鳥棲良木』，從而轉變為『就地生根』或『落葉生根』。」[55]但這種描述仍只把華人看成被越南同化的一個小民族。事實上，越南華人已從「同化」逐步邁向「包容」，但步履還小，跟其他東南亞國家的華人相比，遠遜於馬來西亞、泰國、印尼，甚至柬埔寨，越南華人的處境大概近似緬甸華人。不過，隨著越南經濟好轉，以及越南加入國際社會，它對華人的政策將愈為開放。

---

[55] 潘安，「胡志明市的華人」，發表於1994年6月3-4日淡江大學歷史學系主辦的「中國政治、宗教與文化關係國際學術研討會」，頁3。

第九章　新加坡的華人與政治之關係

　　新加坡是個多元種族構成的國家，華族占74%，馬來族14%，次為印度族及其他混血種人。該一種族結構，從第19世紀起就沒有多大改變，呈現穩定的構造。在英國殖民統治時期，還看不出來該種種族結構對其政治之影響，因為是在英國統治之下，其他族群都是被統治者。直至新加坡獨立後，該種種族結構對其政治產生直接影響，因為統治族群是華人。

　　從歷史來看，以華人為主體的政權，幾乎未曾在東南亞出現。華人從殖民地時期起就是客卿地位，是外來的從事工礦商行業的少數民族，不得參與當地政治。華人大都為不識字的工農階級，在西人優勢政治統治下，華人僅能從事工商業，華人與當地土著一樣，成為被治者，不能與聞政治。新加坡獨立成為一個華人政權，與周邊的馬來西亞和印尼顯得突兀和不自然。它之所以會變成一個獨立國家，並非新加坡華人有通天本領，搞革命撒熱血造就而成，而是當年印尼反對新加坡併入馬來西亞聯邦，稍後馬來半島上的菁英，包括馬來人和華人與新加坡的執政者李光耀不和，逼他退出馬來西亞聯邦。雖然李光耀獨自潸然淚下，但新加坡人卻歡欣鼓舞，放鞭炮慶祝。

第一節　華人抵新島

　　第14世紀元朝汪大淵的島夷志略一書曾提及單馬錫（或寫為淡馬錫(Tamusik)），不過有關該島之詳細情況則沒有介紹。惟當時可能有華人登島，航海家對該島有所口耳相傳，才會被記載在島夷志略書上。三佛齊王子拜里米蘇拉於1397年從巴鄰旁逃亡到新加坡島，約住了5年，遭暹羅軍隊驅逐，逃出新加坡島，遷徙到馬六甲。以後很長一段時間，就沒有新加坡島之記載。

　　直至英國人萊佛士（Stamford Riffles）為了替英屬東印度公司在東方尋找合適的港口，在 1819 年 1 月 28 日，萊佛士和法夸爾（Captain William Farquhar, R. E.）登陸新加坡島南部新加坡河口海岸，派遣船上華人木匠曹亞志[1]到島上調查，發現當地有 50 間馬來人茅屋，150 名馬來居民，由柔佛天猛公（Temenggong）阿布都爾拉曼（Abdu'l Rahman）管轄，另外河邊有海人（Orang Laut）30 人和住在內陸的華人 30 人，島上總人數有 210 人。[2]證實該島很早就有華人居住，他們在島上從事農耕。他們何時在島上活動，沒有記載。

　　跟代表英屬東印度公司的賴特（Francis Light）船長開發檳榔嶼一樣，萊佛士開發新加坡島也採用類似的自由港貿易政策，藉以吸引和歡迎大量華人移入。1819 年 2 月 6 日，新加坡開埠後，在半年間，人口已增加至 5,000 人。這些新增的華人人口可能是來自檳榔嶼。因為從中國開至新島的第一艘中國帆船是在 1821 年 2 月 18 日從廈門抵達新加坡港。[3]以後陸續有許多中國帆船前往東南亞者，第一站都會在新加坡停靠，然後再搭其他船

---

[1] 曹亞志為廣東台山人，是一位木匠，20 多歲時僑居檳榔嶼，為萊佛士招募到新加坡。當萊佛士船隊於 1819 年 1 月 28 日抵達新加坡河口時，曹亞志為先遣，登岸調查，並豎旗為號。後英國給予其兩塊免稅土地，為族人建立曹家館，為同鄉建立寧陽館。參見許雲樵，馬來亞近代史，頁 131-132。另據吳宏硯的說法，曹亞志又名曹有珠、亞枝，族譜名為曹符義，廣東台山人。早年到澳門習藝，為木匠。20 歲到南洋謀生。萊佛士招募船工時，曹亞志應徵為船上木工。該文對於曹亞志是否在新加坡河或梧槽河登陸、其真實名字是哪一個、為何在英國史上沒有曹亞志的紀錄，尤其是在航海日記中沒有記載曹亞志登陸之事跡？做了討論。參見吳宏硯，「引起爭論的歷史事跡：曹家館與曹亞志」，南洋星洲聯合早報（新加坡），1987 年 8 月 30 日，頁 9。

[2] 邱新民認為當萊佛士登陸新加坡島時，當時島上人口數約有 500 人，而且馬來人、華人和海人的人數相近。參見邱新民，「萊佛士登陸時的新加坡：關於中國帆船航運事業的一段史實」，載於邱新民，東南亞古代史地論叢，南洋學會出版，新加坡，1963 年，頁 235-247。

[3] 李業霖，「中國帆船與早期的新加坡」，載於柯木林、吳振強編，新加坡華族史論集，南洋大學畢業生協會，新加坡，1972 年，頁 1-9，4。

隻前往印尼蘇門答臘、爪哇島、婆羅洲和檳榔嶼。因為此種航行航班的首站關係，抵達新島的華人很多就留下來，沒有繼續他們的行程，所以新島的華人人數激增。相對地，從中國直航爪哇巴達維亞的船隻數目則開始減少，新加坡逐漸成為南洋群島一帶的人口和貨物集散中心。

英國在統治新加坡初期，為了使各族裔能自行管理族內事務，而於 1819 年 6 月 25 日向駐紮官法夸爾發出訓令說：「關於公安和司法方面的問題，凡是華人、武吉斯人及其他外國居民，將受到閣下所委任的各族首領直接監督。此等首領，對於所管轄區域內的公安問題將直接向閣下負責。」[4]1820 年 5 月 11 日，新加坡當局授權華人甲必丹負責監督賭館（共 95 間），並徵收賭館稅，將所得款項用以保持街道的清潔。

萊佛士將華人分為三類：商人、工匠與熟練工人、種植人，然後按其方言群（廣東和福建）將他們分別安排住在不同的社區，華人是集中住在大坡海邊，俾便由華人頭目管理。

柔佛天猛公同意華人和馬來人在新加坡島上開墾種植甘蜜（Gambier）（為皮革染料之用）。該名種植甘蜜的華人姓名為陳顏夏，他在 1822 年將其甘蜜園賣給英國船主詹姆士・柏爾上尉（Captain James Pearl）。

1824 年 1 月，估計新島人口有 1 萬到 1 萬 1 千人，半數稍少一點為馬來人，三分之一為華人。[5]1844-1845 年，從中國帆船載運移民至新島有 10,680 人，1853-1854 年有 13,096 人。[6]

1826 年 11 月 27 日，英皇頒賜予英屬東印度公司一份新的「司法敕書」（Charter of Justice），將檳榔嶼高等法院的司法權擴

[4] 黃存燊著，張清江譯，華人甲必丹，新嘉坡國家語文局，新加坡，1965 年，頁 31。

[5] J. Kennedy, *A History of Malaya, A.D. 1400-1959*, St. Martin's Press, New York, 1967, p.97.

[6] 李業霖，前引文，頁 7。

展到新加坡與馬六甲。此一新制取消了各族頭目（華人甲必丹）
之簡易裁判權，甲必丹制在新加坡與馬六甲二個殖民地正式宣告
中止。[7]華人沒有了自行管理自己族人的甲必丹。以後新加坡開
始有司法制度，由英人法官負責審理華人的訴訟案。

圖 9-1：1900 年到新加坡的苦力

資料來源：Hsu Chung-mao, "An album of rare photos: From
Chinese coolies to Singaporeans," *ThinkChina*,
https://www.thinkchina.sg/album-rare-photos-chinese-coolies-
singaporeans　2023 年 1 月 2 日瀏覽。

圖 9-2：1900 年新加坡華人婦女

---

[7] 黃存燊著，張清江譯，前引書，頁31-32。

資料來源：" Chinese Singaporeans," *Wikipedia*, https://en.wikipedia.org/wiki/Chinese_Singaporeans　2023 年 1 月 2 日瀏覽。

圖 9-3：薛有禮（See Ewe Lay）於 1881 年 12 月創辦叻報

資料來源：" From Lat Pau to Zaobao: A History of Chinese Newspapers," *biblioasia*, https://biblioasia.nlb.gov.sg/vol-15/issue-4/jan-mar-2020/from-lat-pau-zaobao　2023 年 1 月 2 日瀏覽。

第二節　治理華人的機關：華民護衛司

　　在海外的華人，為了保護個人及本方言族人的商業利益、聯絡感情，會成立以方言為主的同鄉會館和商業公會組織，還有為了鞏固商業利益會組織地下幫會的私會黨，通常該類私會黨仍以方言群為基礎，在馬來半島上有成立義興公司、和勝（Ho Seng）公司和海山公司，這三個都是「三合會」（Triod）的分支。華人社會充滿各種方言、宗族、和秘密會社，所以華人甲必丹很難完全掌控其服務地區之華社。義興公司是由說廣東話的廣東四邑人組成，而海山公司是以說客家話和福建話的人組成。彼此競爭，

甚至械鬥。[8]

新加坡亦存在著私會黨，只是沒有像馬來半島如此明顯。魏恩（M. L. Wynne）曾指出陳金鐘、李清池和陳明水的商業利益和「三合會」有關，但沒有確實的證據證明他們是「三合會」的首領。[9]不過，像陳志生僑領就無法撇開和私會黨的關係。他們利用私會黨積斂財富是存在的。[10]

由於華人私會黨經常發生械鬥和衝突，造成社會治安問題，1851年，新加坡華人天主教徒因為不肯加入私會黨，而遭到私會黨的報復，其田地和房屋皆受到破壞，遇難者約有500人。1854年和1863年，新加坡街頭爆發兩次私會黨的械鬥，持續一星期之久，華人死1百多人。卡文那赫（Sir Orfeur Cavenagh）總督對於這類私會黨的械鬥，想出了一個制止的方法。每當發生械鬥時，他就召集表面上體面的華人紳商而實際上是私會黨的頭子前來，命他們宣誓就任臨時警官，要求他們採取行動平息亂事。他們就會順利的解決糾紛。不過，華人私會黨的械鬥還是經常發生。[11]

1872年10月爆發暴動，新加坡總督克拉克爵士（Sir Andrew Clarke）提出一項對付私會黨的措施，主張恢復「甲必丹（頭目）」制度。但遭其繼任人哲菲斯爵士（Sir W. Jervois）反對，認為此一方法在新加坡行不通，因為新加坡的華人有各種方言幫群團體，若各幫設一頭目，將增加「（新加坡）鎮」政委員的工作負擔。

新加坡政府設立的「暴動調查委員會」在提出的「1872年10

---

8 黃存燊著，張清江譯，前引書，頁73。

9楊進發撰，陳萬發譯，「十九世紀新加坡華族領導層」，載於柯木林、吳振強編，前引書，頁32-47。

10楊進發撰，陳萬發譯，前引文。

11 G. P. Dartford，前引書，頁124。

月暴動調查委員會報告書」（The Report of the Commission Appointed to Enquire into the Riots of October, 1872）亦認為管理華人的最佳辦法是由華人自行管理，猶如荷蘭屬地東印度和法國屬地越南西貢的華人一般。故新加坡、檳榔嶼和馬六甲的市區應各劃為數區，每區委派一名華人頭目或本古魯（村長）。此項報告書於 1873 年提交「海峽殖民地」立法委員會審議，結果未獲通過。無論如何，新加坡華人社會為了維持華人社會的秩序，還是透過其名譽的華人甲必丹（僑長）來處理華人事務，這些名譽甲必丹包括陳篤生、陳金聲、陳金鐘等人。[12]

1876 年，潮州商人自行組織票局，專門辦理潮州人匯款回中國的業務。而新加坡政府正在開始辦理郵匯業務，準備從事該匯款工作，立即遭到潮州人的抗議，以致於發生暴動，暴民攻擊政府郵局。政府迅即鎮壓，涉案商人被捕，首謀者被驅逐送回中國。以後郵局重新開放。[13]

長期以來中國習慣於其長久的朝貢貿易體系關係，無意派駐駐外使節，1842 年南京條約下中國被迫讓英國在中國五個港口設領。中國仍遲疑未有在英國採取相對應的設領動作，直至 1876 年才決定派遣第一位駐英公使郭崧燾，他向英國建議欲在新島設立中國領事館。英國擔心一旦中國在新島設立領事館，新島眾多的華人會歸由中國領事館管轄。所以在 1877 年設立中國領事館的同時，英國在新加坡設立華民護衛司（Chinese Protectorate），將華人納入英國管理系統內。5 月 3 日，英國任命畢麒麟（William Pickering）為首任華民護衛官（Protector of Chinese）。護衛司的政策是對華人採取父權式的、人際直接接觸的方式，放棄以前的放任政策。畢麒麟在 1872 年在新加坡擔任翻譯官以前

---

[12] 黃存燊著，張清江譯，前引書，頁 33-34。

[13] C. M. Turnbull, *A History of Singapore, 1819-1975*, Oxford University Press, Kuala Lumpur, 1977, p.88.

8 年曾在中國服務。他能說和讀中文，懂得廣東、閩南、潮州和客家方言，他對於法院翻譯官的貪污現象感到震驚。[14]

圖 9-4：畢麒麟

資料來源："William A. Pickering," *Wikipedia*, https://en.wikipedia.org/wiki/William_A._Pickering　2022 年 12 月 30 日瀏覽。

華民護衛司的第一項工作是處理苦力移民的問題。在 1877 年公布華人移民令（Chinese Immigration Ordinance）和誘拐令（Crimping Ordinance）。該兩項命令授權華民護衛官擁有發給甄選代理人（是指代理商派遣到中國福建和廣東招工及將他們運送到新加坡之負責監督的人員）[15]和進港船隻之執照。對已支付旅費的旅客，給予放行，並送其他已簽訂有官方雇用契約的旅客至

---

[14] "William A. Pickering," *Wikipedia*, https://en.wikipedia.org/wiki/William_A._Pickering　2022 年 12 月 30 日瀏覽。

[15] 「代理商租船派『代理人』（agents）到閩粵兩省鄉下招工。貧困村民買不起船票和代理人的仲介費，只好簽訂契約或合同，用一年或兩年的工資還款。根據殖民地政府的規定，這些代理商將賺取豐厚的利潤，並將任何盈餘轉嫁給船公司和代理商。代理人會向工人收取昂貴的船費預付款，並根據還款期限收取利息。當工人登陸後，殖民地政府或代理商將他們賣給錫礦公司、橡膠種植園主或其他需要勞動力的生產公司。簡單的說，從殖民地政府到代理商，從船公司到代理人，每一個實體都賺得盆滿缽滿。而處於這條食物鏈底部的是苦力——『豬仔』。參見 Hsu Chung-mao, *op.cit.*

政府接待站。以後管理苦力移民的程序漸上軌道，糾紛也減少。

　　「海峽殖民地」總督史密斯（Clementi Smith）嚴格取締華人私會黨。他在 1889 年成立華人諮詢委員會（Chinese Advisory Board），作為政府和華人之間的溝通橋樑。在該年通過社團令（Societies Ordinance），規定所有社團均需向政府登記，壓制有害的私會黨，無害的社團則需登記。1890 年開始推動，未發生暴動。然而私會黨並沒有因此消失，他們仍對華人的賭館、鴉片館、妓院、商店和街上小販強收保護費。

第三節　參與立法委員會和其他政治活動

　　在 1867 年以前，新加坡華人沒有參政的管道，隨著英國政府在該年將「海峽殖民地」歸屬英國殖民部直接管轄，並在新加坡設立立法委員會（Legislative Council）、行政委員會（Executive Council）和華民諮詢局，新加坡華人才得以參與這些機構的事務，協助殖民當局對新加坡的治理及策劃。英國在 1867 年 4 月 1 日在「海峽殖民地」設立立法委員會，有 4 位非官方議員，其中有 3 位來自新加坡，但沒有亞洲人委員。第一位亞洲非官方議員是 1869 年任命的胡亞基（胡璿澤）。1880 年代為佘連城，1890 年代為陳若錦。1882 年，新加坡總督提名華人富商陳明水為立法委員會議員，因其未諳英語而婉辭。至 20 世紀，受過英文教育的僑領，如林文慶、宋旺相、陳紀仁、黃瑞朝、林漢河和鄭連德都成為立法委員會非官方議員。[16]

　　除了參與立法機構外，有些華人領袖亦透過其他方式在政治上發揮影響力，諸如陳金聲、陳明水、胡亞基、章芳琳和陳成寶

16　楊進發撰，陳萬發譯，「十九世紀新加坡華族領導層」，載於柯木林、吳振強編，前引書，頁 32-47。

等有時舉行盛大的宴會，邀請各族領袖、政府官員，齊聚一堂，彼此交換意見，有促進社會和諧之作用。在排難解紛方面，這些僑領亦作出貢獻，例如陳金聲在 1854 年暴亂中協助政府與各私會黨頭子會談。余有進亦協助政府鎮壓 1854 年暴亂。陳金聲和胡亞基協助政府恢復 1857 年暴亂後的社會秩序。殖民政府委任陳成寶和陳明水為警庭推事（Magistrate of Police），審訊 1871-1872 年騷亂時期的不法份子。1876 年曾爆發福建和潮州兩幫私會黨的械鬥事件，亦是由僑領干預和協調下平息。[17]

圖 9-5：林文慶與其華文課的學生
說明：第二排右三為林文慶
資料來源：" One hundred year's history of the Chinese in Singapore," *NUS Libraries*,
 https://blog.nus.edu.sg/linus/2019/02/27/one-hundred-years-history-of-the-chinese-in-singapore/ 2023 年 1 月 2 日瀏覽。

在外交領域方面，新加坡華人亦有傑出的表現，例如胡亞基在 1867 年受委為俄羅斯駐新加坡領事、1877 年受委為中國駐新加坡第一任領事、1879 年受委為日本駐新加坡副領事。陳金鐘於 1874 年簽訂邦喀條約（Pangkor Treaty）時，亦發揮他的影響力，

---

[17]楊進發撰，陳萬發譯，前引文。

他勸服霹靂州的「三合會」領袖和馬來人領袖接受他的意見，接受政府的仲裁。1886 年，陳金鐘受委為暹羅駐「海峽殖民地」總領事和特派專員。暹羅國王封賜給他「披耶」（Phya Anukul Siam-Kitch Upanich Sit Siam Rath）榮銜。1888 年，日本也頒給他「勳三等旭日章」（3rd Class Decoration of the Order of the Rising Sun），以酬謝他安排日本小松宮親王（Komatsu）經由新加坡前往暹羅處理外交事務。[18]

新加坡政府對於這些有貢獻的華人領袖，都頒予太平局紳的頭銜，以示榮崇，例如陳篤生（1846 年）、陳金聲（1850 年）、陳金鐘（1865 年）、陳成寶（1871 年）、佘有進（1872 年）、胡亞基（1872 年）、陳明水（1872 年）、章芳琳（1873 年）、佘連城（1885 年）、陳若錦（1891 年）、林文慶（1897 年），等獲頒太平局紳，括弧內為獲頒頭銜的年代。另外，宋旺相分別在 1927 年獲頒英帝國三等勳章、1936 年獲頒英帝國二等勳章。林文慶在 1918 年獲頒英帝國四等勳章。胡亞基在 1876 年和陳若錦在 1912 年分別獲頒聖麥各及聖喬治三等勳章。[19]上述華族領袖都是土生華人的「峇峇」（Baba），其中陳篤生和陳金鐘是父子關係，佘有進和佘連城也是父子關係。

第四節　禁止工會和政黨活動

新加坡政府在 1914 年廢除華人契約工制，隨後於 1920、1923、1930 年頒佈法令對華人工人給予更大的保障。華工可以將其工資爭執呈送華民護衛司，尋求解決，而且是免費的。但殖民地政府不同意在新加坡成立工會，所以在日軍於 1942 年 2 月佔

---

[18]楊進發撰，陳萬發譯，前引文。
[19]楊進發撰，陳萬發譯，前引文。

領新加坡前都沒有工會。

負責管轄華人的華民護衛司官員大都通曉華人方言,與華人維持友好關係,有助於殖民統治的順利。因此,英國在新加坡所建立的行政和法律制度很快就生根,穩固其統治基礎。英國進而在教育制度上進行英式教育,華人社會中的中上階層的子女都接受英式教育,他們構成與英國合作的菁英份子。這批早期的華人,有些是來自檳榔嶼或馬六甲,被稱為「峇峇」,就是海峽僑生或海峽華人。他們創辦事業,例如橡膠、莊園、錫礦場等,以及辦學校。不過,「新客」華人移入新加坡後,成為新興勢力,他們與中國維持較密切的關係,也具有較強烈的華人意識和特性。他們的人數也是超過峇峇。但在英國刻意政治安排下,峇峇的政治和商業影響力超過「新客」華人。幸好,在英國統治之下,這兩個族群並沒有發生嚴重的衝突。

在第 20 世紀初,中國國民黨在新加坡就有黨部活動,鬥爭的對象是保皇派。新加坡的無政府主義者胡篤初、范章甫於第一次世界大戰期間在新加坡成立無政府主義社團「真社」。1919 年巴黎和會後,為了抗議日本取得德國在山東特權,他們在新加坡鼓動日資工廠工人罷工,結果遭新加坡當局驅逐出境,並終生不得入境。中國共產黨員董方成、包惠僧、袁支、Thong Hung、Lei To-wang、Han Kuo-hsiang、Hon Kwok-hs'eung 七人,於 1923 年在吉隆坡發行了共產主義期刊南洋評論(*Nanyang Critique*)。他們透過中華學校、南寧(Nan Ning)夜校、Pheng Man 夜校與南洋評論組織青年、學生以及勞工。1926 年 5 月,中共黨員在新加坡成立「南洋總工會」,屬於地下組織。1926 年 10 月,中共兩廣區委派遣何炎之、葉博真、廖獨航等三人到南洋成立中國共產黨南洋臨時委員會,受「第三國際」領導。1927 年 3 月 12 日,新加坡的左派國民黨員舉行孫中山逝世兩週年紀念活動,他們舉辦演說,並發動遊行,違反與官方約定沒有演說、遊行的條件。

遊行隊伍在牛車水警局前與警察發生衝突，警方開槍鎮壓，造成六死 14 傷，史稱「牛車水事件」（Kreta Ayer Incident）或「南洋312 慘案」。事件後共產黨員在新加坡發起對新加坡電車公司的抵制。[20]

圖 9-6：1920 年華人聚居的牛車水區

資料來源：Hsu Chung-mao, "An album of rare photos: From Chinese coolies to Singaporeans," *ThinkChina*,

https://www.thinkchina.sg/album-rare-photos-chinese-coolies-singaporeans　2023 年 1 月 2 日瀏覽。

中共於 1926 年 10 月在新加坡成立共產黨南洋臨時委員會，隔年改為南洋共產黨（Nanyang Communist Party）。1930 年 4 月召開第 2 次黨員代表大會，正式成立馬來亞共產黨，原南洋共產黨成員亦大部分轉入馬共。[21]以後在新加坡和馬來半島活動的共黨份子都是馬共黨員或同情者。在新加坡，馬共之地下組織「南洋總工會」亦在 1930 年改名為馬來亞總工會（Malayan General Union），並加入泛太平洋工會秘書處（Pan-Pacific Trade Union

[20] C. F. Yong. "Origins and Development of the Malayan Communist Movement, 1919-1930," *Modern Asian Studies*, Vol.25, No.4, 1991, pp.625-648.
[21] 「共產黨南洋臨時委員會」，華人百科，
https://www.itsfun.com.tw/%E5%85%B1%E7%94%A2%E9%BB%A8%E5%8D%97%E6%B4%8B%E8%87%A8%E6%99%82%E5%A7%94%E5%93%A1%E6%9C%83/wiki-08036101-7326189　2022 年 12 月 30 日瀏覽。

Secretariat）。後者是「共產國際」（Comintern）的一個分部。馬來亞總工會吸收的是非技術工人，特別是海南人。[22]無論是中國國民黨員或中共黨員，他們在新加坡都受到社團法令之限制，故都是以地下活動進行。

1912 年 12 月 18 日，中國國民黨在新加坡獲准註冊。翌年在馬來亞各地也建立中國國民黨支部。1914 年被英國殖民當局封閉，但仍秘密活動。1925 年又被取締。1930 年再次遭英國當局取締。

新加坡總督金文泰（Sir Cecil Clementi）與時任中華民國外交部長王正廷和英國駐華大使藍浦生爵士（Miles Wedderburn Lampson）多番交涉，促成「海峽殖民地」立法委員會在 1931 年 10 月通過修訂「社團條例」，收緊對社團的管制，但仍准許華人擁有中國國民黨黨籍。馬來聯邦和屬邦隨後跟隨了「海峽殖民地」的做法，相繼立法作出同樣的規定。1932 年，金文泰又仿傚他在港督任內的做法，決定任命華人到「海峽殖民地」行政委員會，任職執業大律師的立法委員會非官方議員黃瑞朝為首位出任行政委員會的華人委員。[23]

華人移入新加坡的人口數日益增加，從 1840 年到 1927 年之間，華人移入新加坡的人數高達 120 萬人。其移入的情形如表 9-1 所示：

表 9-1：1840-1927 年華人移入新加坡人口數

年代	人口數
1840	2,000
1850	10,000
1870	14,000

---

[22] C. M. Turnbull, *op.cit.*, pp.143-144.

[23] 「金文泰」，*Wikiwand*，https://www.wikiwand.com/zh-hk/%E9%87%91%E6%96%87%E6%B3%B0　2022 年 12 月 30 日瀏覽。

1875	31,000
1880	50,000
1890	95,000
1895	190,000
1900	200,000
1912	250,000
1927	360,000

資料來源：K. G. Tregonning, *A History of Modern Malaya*, David McKay Company, Inc., New York, 1964, p.174.

第五節　日本佔領時期

日軍於 1942 年 2 月 15 日佔領新島，統治新加坡初期，日軍對華人採取報復屠殺手段，約有 5,000 名華人被殺害，但非正式統計約有 25,000 名華人被殺害。[24]

華人領袖林文慶組織「昭南島華僑協會」（Overseas Chinese Association），擔任主席，副主席為銀行家黃兆珪（S. Q. Wong, Wong Siew Qui）。戰前日本駐新加坡總領事館新聞專員篠崎護（Mamoru Shinozaki）居間協調，勸告憲兵隊承認「華僑協會」，並釋放有名望的華人，例如陳六使（Tan Lark Sye），勸他們加入「華僑協會」。有 250 名華人領袖在吾廬俱樂部（Goh Loo Club）集會，軍政部發給他們華人聯絡員的徽章，他們組成了「華人維持和平委員會」。

渡邊渡上校對「華僑協會」採取嚴格控管政策，利用該組織威脅華人，甚至壓榨其財富。渡邊渡上校威迫華人在 3 月 5 日至 4 月 20 日一個半月內籌集 5,000 萬元叻幣「奉納金」交給日本政府，結果新加坡華僑銀行負責籌募 1,250 萬元叻幣，其他 3,750

---

[24] C. M. Turnbull, *op.cit.*, p.194.另據李業霖主編的奉納金資料選編，新加坡華人被日軍殺害的有 5 萬人。參見李業霖主編，奉納金資料選編，華社研究中心，吉隆坡，馬來西亞，2000 年，頁 2。

萬元叻幣則由馬來半島華人負責。[25]

圖 9-7：林文慶

資料來源：亞谷，「林文慶與廈門大學」，翼報，
http://www.ebaomonthly.com/ebao/readebao.php?eID=e04713
2023 年 1 月 12 日瀏覽。

　　1942 年 6 月 6 日，在日本監督下，新、馬兩地華人成立華
人的最高組織「馬來亞華僑總協會」，由林文慶擔任總會長，檳
榔嶼的連裕祥和雪蘭莪的黃鐵珊擔任副總會長。

　　日本統治新島後將之改名為昭南島，在 1943 年 12 月成立昭
南顧問委員會，其成員包括 1 名日本人（擔任主席）、6 名華人、
4 名馬來人、3 名印度人、1 名歐亞人、1 名阿拉伯人。該委員會
無權主動集會，完全由日本人市長決定，會中只接受市長的指示，
不能提出諮詢意見。

　　在日本統治新、馬時期，當地沒有民族主義領袖要求獨立或
自治，其情況與印尼不同，主要原因是新加坡多數族群華人並沒
有出現自主性政黨，要求獨立自主。在以前英國統治時，新加坡
華人就不是統治族群，且多數不是英國籍民。在日本統治時，大

---

[25] 李業霖主編，前引書，頁 9。

多數是外僑的華人，依然是依附族群。

第六節　戰後參政

（一）參與立法委員會

英國在 1945 年 9 月重回新島統治，1946 年 4 月 1 日通過廢止「海峽殖民地」法案（Straits Settlements (Repeal) Act），新加坡成為皇家殖民地（Crown Colony），檳榔嶼和馬六甲則併入「馬來聯盟」（Malay Union）。英國為便於推行自治管理，在新加坡成立行政委員會和立法委員會。行政委員會中官員委員人數占多數。1947 年 7 月 3 日，通過 1947 年立法委員會選舉法令，同年 7 月 18 日實施。立法委員會中官委委員有 9 位，非官委委員有 13 位，其中 4 名由總督提名、3 名由商會選出、其餘 6 名由成年英國籍民選出。民選選區是將新加坡分為四個選區，市區有二個兩席位選區，鄉村區有一個兩席位選區，總共 6 席。

1948 年 3 月 20 日，舉行首次立法委員會選舉，選出 6 名民選代表，另由華人、馬來人和新加坡商會（以英國人居多數）選出 3 名代表，以及由政府委任的 4 名代表。選舉是採取成年普選制，但限制需取得英國國籍，即在英國屬地（包括以前的「海峽殖民地」和印度）出生的亞裔和歐裔，而排除受英國保護之地區的人民，指在馬來半島各邦出生的亞裔，他們屬於馬來蘇丹的臣民。選民需在新加坡居住滿 1 年。合格選民有 100,000 人，其中有 22,395 人登記（其中華人 5,627 人，占 25%；印度人 10,141人，占 45%；馬來人 3,146 人，占 14%；其他 3,481 人，占 16%）[26]。

---

[26] Yeo Kim Wah, "A Study of Two Early Elections in Singapore," *Journal of the Malaysian Branch of the Royal Asiatic Society*, Vol. 45, No. 1 (221), January, 1972, pp. 57-80.

左派組織，例如馬來亞民主聯盟（Malayan Democratic Union）以
及馬來亞共產黨控制的新加坡工會聯盟（Singapore Federation of
Trades Unions）抵制選舉，他們反對將新加坡和馬來亞分開來、
反對保障馬來人之特權及反對限制華人取得公民權。有 63% 的選
民前往投票，結果選出 1 名英國人、1 名海峽出生華人、3 名印
度人和 1 名馬來人。唯一參選的政黨是陳才清（C. C. Tan）領導
的新加坡進步黨（Singapore Progressive Party），當選 3 席，另 3
人是獨立人士。4 月 1 日，新立法委員會正式開議。[27]

　　左傾的馬來亞民主聯盟是在 1945 年 12 月 21 日於新加坡成
立的第一個政黨，主張反殖民主義，結合各反殖民主義勢力達成
馬來亞獨立，新加坡應併入馬來亞。在 1945-1948 年期間，該黨
領導層之種族組成，包括華人 8 人、印度人 1 人、馬來人 2 人、
其他 4 人。[28]

　　1947 年 8 月 25 日，陳才清和雷寇克（John Laycock）和馬
拉爾（N. A. Mallal）成立新加坡進步黨，主張「新加坡人第一、
馬來亞人第二（Singaporeans first, Malayans second）」，反對新加
坡立即併入馬來亞聯邦，應逐漸朝自治政府發展；建議由新加坡、
馬來亞聯邦、英屬婆羅洲領地組成邦聯，這樣就不會由馬來人主
導政治。在 1945-1955 年期間，該黨領導層之種族組成，包括華
人 9 人、印度人 5 人、馬來人 1 人、其他 5 人。[29]

　　1948 年 9 月 1 日，新加坡出現第三個政黨新加坡勞工黨
（Singapore Labour Party），創黨人是新加坡海員聯盟（Singapore
Seamen's Union）主席馬吉德（M. A. Majid）。該黨主張類似英國

[27] *Keesing's Contemporary Archives*, April 17-24, 1948, p.9236.
[28] Yeo Kim Wah, "A Study of Three Early Political Parties in Singapore, 1945-1955," *Journal of Southeast Asian History*, Vol. 10, No. 1, Singapore Commemorative Issue 1819-1969 (Mar., 1969), pp. 115-141.
[29] Yeo Kim Wah, "A Study of Three Early Political Parties in Singapore, 1945-1955," *op.cit.*

工黨的社會福利政策，公平分配財富，透過立法保障勞工的權益。
該黨在 1949 年爭取進步黨的林有福（Lim Yew Hock）[30]之支持，
林有福後來成為勞工黨的主席。該黨在 1954 年主張新加坡自治，
透過加入馬來亞聯邦達到獨立，馬來亞建立社會主義社會，國有
化錫礦和橡膠業，增加所得稅和遺產稅，實施最低工資率和失業
保險。在 1948-1953 年期間，該黨領導層之種族組成，包括華人
4 人、印度人 10 人、馬來人 0 人、其他 4 人。[31]

　　林有福是第三代海峽華人，1914 年於新加坡出生，曾做過書
記，擔任過新加坡書記與行政職工聯合會（Singapore Clerical and
Administration Worker's Union）秘書長，是新加坡工會大會創建
人之一。1948 年，新加坡總督提名他出任立法委員會議員。勞工
黨之宗旨在追求勞工之利益，防止共黨勢力滲透進入勞工運動中，
追求新加坡在 1954 年以前完成自治政府，繼而透過與馬來亞聯
邦合併以達成獨立。在馬來亞建立社會主義社會，橡膠和錫礦改
為國營。該黨為一多元種族政黨，其黨員比進步黨更多中下階層

---

[30]林有福於 1914 年 10 月 15 日在新加坡出生，其父為工人，為移民第三代。唸過
　　華校兩年，後轉入珍珠山英校。中學唸歐南中學，畢業後入萊佛士書院，成績優
　　異。1931-33 年失業。1933 年，在英商公司工作。1936 年，在新加坡冷藏公司任
　　速記員。1947 年任新加坡書記與行政職工聯合會秘書，獲英國文化協會獎學金
　　前往英國研究職工運動。1948 年，參加進步黨，並被新加坡總督委任為代表職
　　工會的非官方立法議員。1949 年，退出進步黨，加入勞工黨。在加入進步黨之
　　前，他是馬來亞民主同盟的會員，到該同盟解散為止，他一直是該同盟的會員。
　　1951 年，獲美國政府獎學金前往美國考察。1955 年 4 月 2 日，代表勞工陣線當
　　選立法委員會議員，任勞工及福利部長。1956 年 3 月，隨同馬紹爾前往參加談
　　判。6 月 7 日，馬紹爾因談判失敗，憤而辭職，林有福出任第二任首席部長。1958
　　年 11，組織人民聯盟。1959 年 5 月 30 日，林有福雖然當選立法議員，但其領導
　　的人民聯盟競選失敗，只贏得 4 席，他遂下台。1964 年，任駐澳洲、紐西蘭最
　　高專員。1966 年 11 月，任馬來西亞外交部副秘書。1968 年 8 月，被免職。同年
　　11 月，被最高元首撤銷「敦」的頭銜。該頭銜是 1958 年 8 月 31 日受封的。此
　　後過隱居生活，搬到馬六甲居住，以打麻將、乒乓球度日，還改信伊斯蘭教，1984
　　年 11 月 30 日，逝於沙烏地阿拉伯。南洋星洲聯合早報，1984 年 12 月 2 日，頁
　　8。

[31]　Yeo Kim Wah, "A Study of Three Early Political Parties in Singapore, 1945-1955,"
　　op.cit.

收入者。其大多數領袖是受英文教育，且多係印度裔。領導層只有少數人受過大專教育，社會聲望不夠，大多數是工會主義者和書記。該黨黨紀鬆弛、經費不足，內部時有衝突而減弱力量。林有福屬溫和派，而威廉斯（Peter Williams）屬激進派，1951年雙方為了提名鎮議員人選而發生爭論。1952年，威廉斯取得黨的控制權，驅逐林有福，該黨趨於名存實亡。[32]

立法委員會議員任期3年，1951年4月10日，新加坡立法委員會9名非官員議員，舉行改選，結果進步黨獲得6席、勞工黨2席、獨立人士1席（為印度人）。這9人中包括3名華人、3名印度人、1名歐洲人、1名歐亞人、1名錫蘭人。這次選舉選民資格僅限於英國籍者，沒有財產和識字的限制規定，選民人數有50,000人，投票率為67%。在這之前，非官員議員是6位。新加坡立法委員會除了9名非官員議員外，尚包括由總督委任的4名非官員議員、由新加坡商會推選的3名非官員議員和9名官員議員（包括「殖民部」部長、檢察總長、財政部長、鎮專員（Municipal Commissioner）主席和5名提名的官員議員），總人數達到25人。總督為該委員會主席。至於行政委員會的非官員委員亦在同時從4名增加到6名，其中4人是由總督提名，2人是由立法委員會選出。[33]這4名官員議員被稱為「女王黨」（The Queen's Party），是殖民地的傀儡，而商會選出的3名代表，亦被批評為商業資本主義的代言人。[34]

在1955年以前的新加坡政黨，大多是由受過英文教育的菁英組成，未能獲得普羅大眾之支持。新加坡進步黨著重說英語的印度人，而忽略非英語系統的人。勞工黨也是一樣。它們與殖民政府合作，採取不受華人歡迎的華人教育、選舉權、移民控制及

---

[32] C. M. Turnbull, *op.cit.*, p.239.

[33] *Keesing's Contemporary Archives*, May 26-June 2, 1951, p.11490.

[34] C. M. Turnbull, *op.cit.*, p.244.

在議會只使用英語的政策。華人要求不歧視華文教育、給予在中國出生的華人政治權利和公民權以及開放的移民政策。無論如何，在該一時期，這些政黨的主張偏離不開英國當局的統治政策。

（二）立法委員會普選

　　1954 年 2 月 24 日，「林德委員會」公布了一項該委員會的報告 -- 林德憲制報告書（*Report of Rendel Constitutional Commission*, 簡稱 *Rendel Report*），提出修憲主張包括：現行的立法委員會應改為立法議會（Legislative Assembly），由 32 人組成，其中 25 人由非官方人員選出，3 人具有部長職位，4 人提名非官員議員，議長是由總督從立法議員之外提名的 3-5 人中選出；以「部長會議」（Council of Ministers）取代現行的行政委員會，其中 3 人由總督提名，6 人由立法委員會中最大政黨領袖提名。部長會議形同內閣，負集體責任，除了對外關係、內部安全和國防之外，擁有所有權力。民選議員出任商業、工業、勞工、移民、社會福利、教育、住宅、交通、公共工程和衛生等部部長。財政部長、總檢察長和首席秘書則由官員出任。市議會由「市與島嶼委員會」（City and Island Council）取代；英語仍為官方語言，在立法議會和「市與島嶼委員會」中僅能使用英語。該「林德委員會」反對讓新加坡獨立，理由是匆促獨立，將給予共黨份子和其他破壞份子滲透進入政府之機會，製造社會混亂和不安全，最後使新加坡落入共黨獨裁統治之下。[35]商會喪失了選舉立法議員的權利。選民應自動前往登記，根據居住區而非種族區參與投票。[36]

　　1955 年 4 月 2 日，新加坡舉行首次立法委員會普選，議員總數有 32 名，其中民選議席有 25 席。另外 7 名議員中，由總督

---

[35] *Keesing's Contemporary Archives*, April 10-17, 1954, p.13511.
[36] C. M. Turnbull, *op.cit.*, p.243.

指派的議員有 4 人，以及指派 3 名殖民地官員擔任議員。總共有 79 人參選，其中 2 人是女性。無黨派的參選人有 10 人。就種族別而言，華人參選人數有 56 人，印度人 13 人，馬來人 5 人，其他 5 人。[37]投票人數有 160,395 人。結果由大衛·馬紹爾（David Marshall）領導的左派的勞工陣線贏得 10 席，進步黨 4 席，人民行動黨 3 席，馬來聯盟同盟（Malay Union Alliance）3 席，民主人民黨（Democratic People's Party）2 席，獨立人士 3 席。就種族別而言，華人當選人數有 15 人，印度人 4 人，馬來人 3 人，其他 3 人。華人有 56 人參選，占所有候選人的 71%，結果當選 15 席，占當選席次的 60%。[38]大衛·馬紹爾從 1955 年起擔任新加坡首席部長。

勞工陣線的主張是溫和的社會主義，包括交通工具國有化、失業保險、贊成新加坡和馬來亞聯邦合併、立即自治以及最後達成獨立、為「大英國協」一份子。

由李光耀領導的人民行動黨首次參選，該黨係在 1954 年 10 月成立，主要領導人包括林清祥、方水雙等人，李光耀出任秘書長。該黨初期主張各族政治地位平等、新加坡自治、反對新加坡併入馬來西亞聯邦以獲得獨立地位，因為林清祥、方水雙等人具有左傾思想，影響了黨的政策。1962 年，李光耀派系獲勝，透過公民投票，新加坡同意加入馬來西亞聯邦。李光耀在 1964 年整肅黨內林清祥等左派份子，該黨逐漸向右轉。

（三）市長和市議會選舉

由政府任命成立的地方政府委員會，在 1956 年 2 月 6 日建議設立一個市議會和四個區委員會。1957 年 7 月，立法議會通

---

[37] Yeo Kim Wah, "A Study of Two Early Elections in Singapore," *op.cit.*
[38] Yeo Kim Wah, "A Study of Two Early Elections in Singapore," *op.cit.*

過地方政府法案（Local Government Bill），將設立三個區議會（district council）和一個由 32 個行政區（ward）組成的市議會。

　　1957 年 12 月 22 日，舉行新加坡市議會選舉，通曉四種官方語言中任何一種的候選人都有資格參選。所有成年人都自動登記為選民。這有效地將投票擴大到大約 50 萬非英國人的新選民。首次取消所有委任議席，開放所有議席直接普選。總數有 81 名候選人競爭 32 席，結果人民行動黨贏得 13 席，自由社會主義黨 7 席，勞工陣線 4 席，工人黨 4 席，巫統 2 席，獨立人士 2 席。人民行動黨的議席沒有過半，所以與巫統合作，組成聯合政府。[39]在所有候選人中，華人候選人有 58 人，占 71.6%。在當選議員 32 席中，華人有 21 人當選，占 65.6%。[40]

　　12 月 24 日，市議會舉行首次會議，人民行動黨的財務長王永元無異議的被選為市長。他建議市議會將議會中的權標廢棄不用，因為這是殖民主義的象徵。1958 年 7 月 26 日，在加冷（Kallang）區舉行補選，人民行動黨的候選人是一位馬來人，他勝過勞工陣線的華人候選人，以 4279 票對 3566 票贏得勝選。[41]

[39]　Nadirah Norruddin, "1957 City Council Election, " *Singaporeinfopedia*, https://eresources.nlb.gov.sg/infopedia/articles/SIP_2022-02-11_110259.html 2022 年 12 月 31 日瀏覽。

[40]　"1957 Singapore City Council election," *Wikipedia*, https://en.wikipedia.org/wiki/1957_Singapore_City_Council_election　2022 年 12 月 31 日瀏覽。

[41]　*Keesing's Contemporary Archives*, October 4-11, 1958, p.16427.

圖 **9-8**：李光耀

資料來源："1957 Singapore City Council election," *Wikipedia*, https://en.wikipedia.org/wiki/1957_Singapore_City_Council_election 2022 年 12 月 31 日瀏覽。

（四）自治時期的立法議會選舉

　　1956 年 4 月，大衛・馬紹爾辭去首席部長，由林有福繼任。林有福於 1959 年 3 月 27 日發出命令，所有市議會的權力，除了公共工程之外，皆移轉到地方政府部長手裡。在正式執行該命令之前，地方政府部長阿布都・哈米德譴責市議會在建造人民法庭和蓋世太保（Gestapo）體系。他說他的責任在監督市議會是否在為民服務，而非為特定的政黨或其丑角服務。當市議會在 3 月 31 日集會，已減少權力，人民行動黨的新加坡市長王永元強烈地抗議政府的作法，譴責阿布都・哈米德濫權，破壞責任地方政府的原則。4 月 19 日，王永元及另外 12 名人民行動黨市議員辭去議員職務，準備參加即將來臨的選舉。王永元暗示假如人民行動黨獲勝，將廢除該市議會。1959 年 7 月 16 日，立法議會決議廢止市議會，其職權移轉至邦政府。[42]

　　1959 年 5 月 30 日，新加坡舉行自治政府第一次立法議會選舉，採強制投票，投票率為 90%。人民行動黨在馬共份子及左傾份子的支持下贏得 51 席中的 43 席，林有福領導的新加坡人民聯盟（Singapore People's Alliance）4 席，巫統與馬華公會聯合起來的「聯盟」（Alliance）3 席，獨立人士 1 席。僅有兩位前任部長當選，一位是林有福，另一位是副首席部長阿布都・哈米德。就立法議會的種族結構來看，華人有 33 人、馬來人 10 人、印度人7 人、歐亞人 1 人。婦女代表有 5 人。選後，人民行動黨宣稱他

---

[42] *Keesing's Contemporary Archives*, July 11-18, 1959, p.16909.

們不會就職，除非政府釋放該黨自 1956 年以來被捕的黨員。李光耀與新加坡總督顧德（William. A. Goode）（1957 年 12 月 9 日到 1959 年 6 月 2 日擔任總督）會談後，於 6 月 2 日宣布釋放被捕的 8 人。6 月 2 日，顧德宣布新加坡新憲法正式生效。6 月 3 日，顧德宣誓成為邦元首（Yang di-Pertuan Negara），代表英國女王。該日成為新加坡自治邦之起始日。6 月 4 日，被捕的 8 人獲釋。6 月 5 日，李光耀就任總理。[43]

（五）華人主導的一黨獨大體制

在 1960 年代中葉，人民行動黨利用嚴峻的法律和政治的手段限制反對黨，原先是用來對付親共的社會主義陣線，後來連非共的反對黨也受到影響，[44]導致反對黨自 1968 年後一蹶不振。

試從歷屆選舉中各政黨參與競爭的情形，來了解新加坡一黨獨大形成的軌跡。1959 年，有 12 個黨參選，在國會 51 席中，人民行動黨獲 43 席；1963 年，有 5 個黨參選，在 51 席中，人民行動黨獲 37 席；1968 年，只有人民行動黨和工人黨參選，其他政黨抵制不參選，結果人民行動黨囊括全部 58 席；1972 年，有 6 個黨參選，人民行動黨囊括全部 65 席；1976 年，有 7 個黨參選，人民行動黨囊括全部 69 席；1980 年，有 8 個黨參選，人民行動黨囊括全部 75 席；1981 年安順區補選，工人黨領袖惹耶勒南當選，突破人民行動黨長期獨佔議席局面，惟他在 1986 年被判刑而喪失國會議員資格；1984 年，有 9 個黨參選，在 79 席中，人民行動黨獲 77 席，工人黨和民主黨各獲 1 席；1988 年，在 81 席中，人民行動黨獲 80 席，民主黨獲 1 席。從而可知，人

---

[43] *Keesing's Contemporary Archives*, June 20-27, 1959, pp.16861-16862.

[44] Chan Heng Chee, "Political Parties," in Jon S. T. Quah, Chan Heng Chee, Seah Chee Meow(eds.), *Government and Politics of Singapore*, Singapore, Oxford University Press, 1985, pp.146-172.

民行動黨自1959年起至1968年間並非獨大政黨,其他政黨仍有抗衡餘地。自1960年代中葉鎮壓最大反對黨社會主義陣線後,人民行動黨才成為獨大地位。[45]

由於國會內長期沒有反對黨之聲音,人民行動黨認為此對新加坡政治不利,乃在1984年實施非選區議員制,讓3名反對黨議員進入國會;1988年又實施集選區制,讓少數民族進入國會,保障少數民族之代表性及其權益。

吳作棟在1997年大選後的記者會上亦強調說:「我們並不是華人國家,我們也絕不容許華人沙文主義者把我們變成一個華人國家。」政治評論家帕特里克・丹尼爾也強調「在一個華人選區裡,堅持多元種族主義。」[46]吳作棟所講的新加坡不是一個華人國家,意思是說新加坡不是一個以說華語的華人為主的國家,而是一個以說英語為主的新加坡人的國家。吳作棟此一現代國家之觀點,應是建構新加坡民族主義最好的理論途徑,其與底層華人之沙文主義情感有段距離。

在此多元種族結構下,政府部長之選任就必須考慮種族因素。首先觀察其外交部長的人選。新國從建國以來至今,總共有七位外交部長,依序為拉惹勒南(S. Rajaratnam)、丹納巴南(Suppiah Dhanabalan)、黃根成、賈古瑪(Shunmugam Jayakumar)、楊榮文、尚穆根(K. Shanmugam)、維文(Vivian Balakrishnan),除了黃根成和楊榮文為華人外,其他五位都是印度裔,維文為印度裔父親和華裔母之混血兒。新國基於政治上的考慮,不任用馬來裔為外長。事實上,新國其他部長也極少任用馬來裔。如果任用馬來裔為外長,難免會引發新國國際地位的問題,萬一該名馬來裔

---

[45] 關於人民行動黨之發展過程,可參考 Thomas J. Bellows, *The People's Action Party of Singapore: Emergence of a Dominant Party System*, Yale University Southeast Asia Studies, New Haven, Connecticut, 1970.

[46] 南洋星洲聯合早報,1997年1月8日,頁16。

外長發表跟新國獨立主權不一樣的言論，或者跟馬來半島上的馬來人唱和，要求新加坡馬來人跟馬來半島上的馬來人一樣擁有優先權，則會帶來政治上的困擾。因此，從一開始，李光耀就不考慮任用馬來裔出任外長及駐外大使。

第七節　平衡華人居多數之相關的制度設計

（一）華人人口數增長

在 1960 年代，新加坡華人有 1 百萬人，其併入馬來西亞將帶來種族間的緊張關係。因為 1960 年馬來亞的馬來人人口數有 310 萬人，華人有 230 萬人，印度人有 70 萬人。羅教授（Albert Lau）認為若新加坡併入馬來亞聯邦，則華人人口數超過馬來人。[47]在 1946 年成立「馬來亞聯盟」時，就因為新加坡華人人口過多，所以英國當局未將新加坡納入該一聯盟。[48]

佛雷裘（Nancy McHenry Fletcher）亦認為 1963 年新成立的馬來西亞聯邦中，馬來人占 39.4%，華人 42.3%，土著 6.7%，印度人和巴基斯坦人 9.5%。[49]華人人口數遠超過馬來人，導致馬來西亞政府要將東馬的土著視同馬來族，1963 年修改憲法第 153 條規定給予馬來人和砂拉越、沙巴的土著服務和許可之特權保障。另外據基辛斯當代檔案（*Keesing's Contemporary Archives*）之資料，馬來西亞聯邦成立時總人口為 1 千萬，其中華人 4 百萬，馬

---

[47] Albert Lau, *A Moment of Anguish, Singapore in Malaysia and the Politics of Disengagement*, Times Media Private Limited, Singapore, 2003, p.11.

[48] Albert Lau, *op.cit.*, p.280.

[49] Nancy McHenry Fletcher, *The Separation of Singapore from Malaysia*, Data paper: Number 73,Southeast Asia Program, Department of Asian Studies, Cornell University, Ithaca, New York, July 1969, pp.56-57. 另外據馬來西亞董教總全國華文獨中工委會課程局主編的書籍，馬來亞的馬來人占人口的 49%，華人占 31%。若將新加坡和馬來亞合併計算，則馬來人占 40%，華人占 42%。參見馬來西亞董教總全國華文獨中工委會課程局主編，馬來西亞及其東南亞鄰國史，益新印務有限公司，吉隆坡，1999，頁 289。

來人將近 4 百萬，印度人和巴基斯坦人 1 百萬，婆羅洲的土著約 50 萬人。截至 1960 年底的統計，馬來半島的總人口為 6 百萬，其中馬來人 350 萬，華人 260 萬，印度人和巴基斯坦人 787,000 人，其他歐洲人和歐亞人 126,000 人。截至 1961 年 6 月底的統計，新加坡總人口 1,670,000 人，其中華人 1,270,000 人，馬來人 237,000 人，印度人和巴基斯坦人及其他人 142,000 人。

砂拉越在 1960 年底的總人口約 750,000 人，海達雅克人（伊班人 Iban）300,000 人，華人 230,000 人，馬來人 130,000 人，其餘為土著。沙巴總人口約 455,000 人，土著有 307,000 人，華人 104,000 人。[50]將上述各地的人口數計算，則馬來人人口數有 386.7 萬人，華人有 420.4 萬，華人人口數顯然多過馬來人。

新加坡併入馬來西亞，華人人口數超過馬來人，而馬來人主張保障馬來人特權，此跟李光耀主張的各族平等的觀念背道而馳，最後新加坡退出聯邦，而使種族人口問題迎刃而解。新加坡為一多元種族國家，其中以華人佔居多數。

表 9-2：1960-2020 年新加坡人口數

人口數 \ 年代	1960	1970	1980	1990	2000	2010	2020
總數	1,633,130	2,072,283	2,411,688	3,012,966	4,028,871	5,131,172	5,850,342

資料來源：" Singapore Population," *Worldmeter*, https://www.worldometers.info/world-population/singapore-population/ 2023 年 1 月 1 日瀏覽。

截至 2022 年 6 月，在新加坡總人口 407.2 萬人口中，華人有 301.8 萬人，佔總人口 74.1% ，馬來人有 55.4 萬人，佔總人口 13.6% ，印度人有 36.6 萬人，佔總人口 9% ，其他人 13.4 萬人，

---

[50] *Keesing's Contemporary Archives*, November 2-9, 1963, p.19720.

佔總人口 3.3%　。[51]

（二）保障馬來人出任總統

　　從獨立以來至 2017 年，新加坡總共有七位總統，依序為尤索夫·賓·伊薩（Yusof bin Ishak）、本傑明·亨利·薛爾思（Benjamin Henry Sheares）、琴加拉·維蒂爾·德萬·奈爾（Chengara Veetil Devan Nair）、黃金輝、王鼎昌、塞拉潘·納丹（Sellapan R. Nathan）、陳慶炎。尤索夫為米南加保和馬來混血裔，薛爾思為英國人和華人混血裔，奈爾為印度裔，納丹為印度裔，黃金輝、王鼎昌和陳慶炎為華裔。因此，除了第一任總統尤索夫具有馬來血統外，其他六位總統均非馬來裔。

　　至 2016 年新國為了平衡種族關係，改變觀念，讓馬來人成為總統。新國國會在 2016 年 11 月 9 日通過修憲案，新修憲案第 19B 條(1)款規定：「總統職位將保留給最近五屆總統都沒有擔任過總統的族群。」過去五屆唯一沒有出任總統的族群是馬來族，故 2017 年的總統候選人必須是由馬來族出任。新國在 2017 年 9 月 13 日舉行總統選舉，唯一的候選人是哈莉瑪（Halimah Yacob），因為沒有競爭對手，她自動當選總統。她是馬來族，曾任國會議長。

（三）集選區制保障少數民族參政

　　新加坡政府為了平衡各種族在政治上的權力和利益，李光耀在 1982 年 7 月曾提出議員雙人集體當選制的構想，即在特定選區的候選人必須兩人一組參選，其中一人必須是馬來族，後因若干議員及政府官員擔心「雙人一組」的選舉方式，將損害馬來人

---

[51] "Resident population in Singapore as of June 2022, by ethnic group," *statista*, https://www.statista.com/statistics/622748/singapore-resident-population-by-ethnic-group/　2023 年 1 月 1 日瀏覽。

的自尊和信心,而擱置此項建議。1984 年選舉後,發現選民的投票傾向種族因素,而且少數民族散居各地,不易使其候選人有中選的機會,乃覺得必須採取措施,以確保少數民族候選人得以中選。新加坡政府遂在 1988 年初建議採行集選制,經廣徵各界意見及國會聽證後,國會於 5 月 18 日通過國會選舉修正法案和憲法修正法案,規定集選區制的辦法如下:(1)在集選區當選的議員人數,不得少於全體國會議員人數的四分之一,但也不得超過半數;(2)在集選區參加競選的政黨候選人或獨立人士,都必須是 3 人一組,其中每組必須至少有 1 名馬來人或其他少數種族;(3)以政黨旗幟競選的一組候選人,都必須來自同一個政黨,而選民投票是投給整組候選人,不是個別候選人。[52]無黨派人士亦可以 3 人一組在集選區競選。1996 年 10 月,將集選區候選人數目改為 3 到 6 人。

新加坡這種保障少數民族參政的方式,主要是基於不讓少數民族變成一股種族利益集團,而將之摻雜在多元種族選區制內,藉以稀釋少數民族之特殊集團性,堪稱是一個政治傑作。

(四)組屋民族融合政策

新加坡將國民住宅稱作「組屋」,實施「居者有其屋」政策,其辦法是將大部分土地歸屬政府所有,由政府蓋屋租賣給人民。租賣條件會考慮收入、居住家庭人數和種族因素。高收入者及三代同堂者,可租買較大坪數的房子。新加坡大概有 80%的人都住在組屋。

新加坡在 1989 年引入組屋和種族掛勾的政策,即組屋民族融合政策(HDB's Ethnic Integration Policy),以確保組屋中的種族群體均衡混合,並防止形成「種族聚居區」(racial enclaves)。

---

[52]南洋星洲聯合早報,1988 年 5 月 19 日,頁 1。

它旨在通過允許不同種族的居民在 80% 的人口居住的公共住房中共同生活和定期互動來促進新加坡的種族融合。[53]

　　依據組屋民族融合政策規定，不同族群團體的鄰里（neighbourhoods）內的組屋比例：馬來人為 22%，華人為 84%，印度人和其他少數族裔為 10%。（此一數字加總超過 100%，此乃因為各族百分比是指最高限額，例如華人不可超過 84%。）在每個街區（block）內的組屋比例：馬來人為 25%，華人為 87%，印度人為 13%。（此一數字加總超過 100%，此乃因為各族百分比是指最高限額，例如華人不可超過 87%。）這些配額隨著時間而有變化，例如在 2010 年，印度人和其他少數群體的鄰里和街區層級限制分別提高到 12% 和 15%。儘管如此，原則仍然相同。[54]

　　新加坡的組屋居住政策，不是單純的是為了解決人民的居住問題，同時也納入照顧老人和小孩的三代同堂以及種族和諧問題，強調每個組屋應包括各族群，禁止單一族群居住在同一棟組屋中。

（五）種族語言政策

　　新加坡雖然是華人居多數，但不以華語文為官方語文，而是以馬來語為國語，英語文為官方語文，故官方文件係以英文印製。選票上會印上英文、華文、馬來文和印度文姓名資訊。街道名稱使用英文。商店招牌以英文為主，可附帶使用各族文字。各族群可學習自己的母語，各族群在法律上平等。

　　新加坡將所有中小學改為以英語為教學媒介語，華語文成為第二語文。但為了保留華人文化的價值，特別是尊師重道、守紀

---

[53] "HDB's Ethnic Integration Policy: Why it still matters," *gov.sg*, https://www.gov.sg/article/hdbs-ethnic-integration-policy-why-it-still-matters 2023 年 1 月 2 日瀏覽。

[54] "HDB Ethnic Integration Policy (1989),"*SG101*, https://www.sg101.gov.sg/social-national-identity/examples/hdb 2023 年 1 月 2 日瀏覽。

律、講禮貌，所以李光耀推出「特選中學計畫」，保留九所最優秀的華文學校（稱為特選中學）。這些學校錄取全新加坡小學畢業考成績最佳的 10%的學生。基本上他們仍是接受英語教學，惟他們需學習與英語一樣水平的華語。

由於新加坡華人來自中國南方各地，使用數種方言，在溝通上有困難，因此，李光耀在 1978 年推動「講華語運動」，每年為期一個月。此一政策已見成效，今天新加坡華人都能講華語，有助於其人民至中國和台灣經商。此外，新加坡也取消了電視台和電台所有的方言節目。[55]

第八節　結論

自古以來，華人前往東南亞經商及旅遊者，不計其數，亦有不少建國者和政治領袖，從 1779 年到 1854 年，在西婆羅洲坤甸出現的「蘭芳共和國」，是個華人與當地土著達雅克族（Dayak）共治的政權，最後被荷蘭瓦解。地方政權領導人具有華人血統者，是爪哇島最早的伊斯蘭王國淡目（Demak），巴達（Raden Patah）約在 1478 年建立該伊斯蘭政權，其母親為華人。[56]1350 年建立暹羅阿瑜陀耶（Ayuthaya, Ayudhya）王朝的烏通（U'tong）王子是華商的兒子。[57]1767 年暹羅的鄭信政權，鄭信父為華人，其母為傣人。1225 年，大越國王陳日煚、1400 年大越國王黎季犛，均為華人。近代的華人政治領袖，例如菲律賓的馬可仕、艾奎諾夫人、泰國的塔信（Taksin Chinnawat）、川立沛（Chun Leekpai）、柬埔寨的洪森（Hun Sen）、緬甸尼溫（Bo Ne Win）、馬來西亞馬

---

[55] 李光耀，李光耀回憶錄（1965-2000），頁 177-178。

[56] 參見陳鴻瑜，印度尼西亞史，鼎文書局，臺北市，2008 年，頁 165-167。

[57] David K. Wyatt, *Thailand: A Short History*, Yale University Press, Thai Watana Panich Co., Ltd., 　　1984, p.65.

華公會和民主行動黨的領袖等。

　　新加坡華人從 1867 年以後開始擁有局部參政權，1957 年起擁有普選權，英國還派有總督治理，1959 年起取得自治領地位，自選總理和議會議員。1965 年脫離馬來西亞聯邦獨立，才獲得完全的政治權利。由於其週鄰的馬來西亞和印尼是信奉回教的馬來國家，故新國統治者處理種族問題非常謹慎，其所採取的政策亦十分具有創意，避免被譏評為華人優勢霸凌少數民族的國家。因此無論在政府首長任命、語言政策、組屋政策都經過一番審慎研究後定案，與馬來族和印度族和睦相處。新加坡高度的國民所得，2021 年的平均每人所得為 72,794 美元，[58]應該是所有種族的人民共同努力的成果。

　　新加坡華人是幸運的，從其建國以來沒有遭到排華運動，沒有發生種族間的衝突動盪，他們在和平的環境下經商致富建國，堪稱是史上最成功的華人政權典範。

---

[58] "GDP per capita (current US$) – Singapore," *The World Bank*, https://data.worldbank.org/indicator/NY.GDP.PCAP.CD?locations=SG　2023 年 1 月 2 日瀏覽。

第十章　馬來西亞的華人與政治之關係

第一節　前言

　　早期中國文獻記載中國與馬來半島的來往始於第 7 世紀，隋朝派遣使節訪問赤土，「隋煬帝大業 3 年(607 年)10 月，屯田主事常駿、虞部主事王君政等請使赤土，帝大悅，賜駿等帛各百匹、時服一襲，而遣賚物五千段以賜赤土王。」[1]

　　常駿應是從北大年步行了三十多天到達吉打。赤土國，即吉打國，其首府在今吉打。

　　「隋煬帝大業 12 年(616 年)，丹丹、盤盤二國亦來貢方物。」[2]

　　「唐高宗乾封元年(666 年)7 月，單單國、訶陵國各遣使獻方物。」[3]單單，亦寫為丹丹，在今馬來半島上的吉蘭丹（Kelantan）。[4]

　　唐朝時和尚義淨也經由海路訪問吉打，「唐高宗咸亨 2 年(671 年)，義淨…….. 至 11 月遂乃面翼軫，背番禺，指鹿園而遐想，望雞峰而太息。于時廣莫初飆，向朱方而百丈雙挂，離箕（按指起風）創節（按指冬至），棄玄朔（按指北方）而五兩（按指孤單）單飛；長截洪溟，似山之濤橫海，斜通巨壑，如雲之浪滔天。未隔兩旬，果之佛逝，經停六月，漸學聲明（註：梵文文法），王贈支持，送往末羅瑜國。復停兩月，轉向羯荼（註：吉

---

[1] [唐]魏徵撰，隋書，卷八十二，列傳第四十七，赤土條，收錄在欽定四庫全書，頁 5-7。

[2] [唐]魏徵撰，隋書，卷八十二，列傳第四十七，婆利條，頁 10。

[3] [宋]王欽若、楊億等奉敕撰，冊府元龜，卷九百七十，外臣部，朝貢第三，收錄在欽定四庫全書，頁 19。

[4] 許鈺，「丹丹考」，載於姚枏、許鈺編譯，古代南洋史地叢考，商務印書館，上海，1958 年，頁 14-15。

打之異譯）。」[5]義淨再從吉打航海至東南印度和斯里蘭卡，然後再前往印度求法。

「唐昭宗天祐元年(904年)12月，廣州劉隱進佛哲國、訶陵國、羅越國所貢香藥。」[6]羅越國，應為馬來半島南部的柔佛。宋國趙汝适在1225年所寫的諸蕃志（卷上，三佛齊條）之記載，巴林馮（即巴鄰旁）為三佛齊之屬國，所以三佛齊應已將首府遷至占卑。[7]三佛齊勢力最強大時，範圍包括「蓬豐（彭亨）、登牙儂（丁加奴，登嘉樓）、凌牙斯加（狼牙修）、吉蘭丹、佛羅安（馬來半島西岸Langat河上）、日羅亭（在馬來半島上）（括弧內的地名為馮承鈞的考證。[8]）惠特里（Paul Wheatley）認為佛羅安位在丁加奴河上游20英里的Berang。[9]許雲樵認為佛羅安位在馬來半島東岸的龍運（Dungun）。[10]黎道綱則認為佛羅安在泰國宋卡府（Songkla）乍汀泊（Zatingpra）稍北的越帕鵠（Wat Pagu）。[11]

「洪武8年(1375年)，以占城以下（蘇門答剌、西洋、爪哇、彭亨、百花、三佛齊、浡泥）諸國來朝，時內帶行商，多行譎詐，沮之。至12年，乃得止。載祖訓。」[12]

但至「明太祖洪武11年(1378年)秋7月，南番諸國來朝。南番彭亨國及百花國各遣使來，奉金葉表文來朝貢。二國前代皆未嘗通中國。」[13]中國和彭亨國又恢復貿易關係。

---

5 [唐]義淨原著，王邦雄校注，大唐西域求法高僧傳校注，卷下，義淨自述，中華書局，北京，1988年，頁152-154。
6 [宋]王欽若、楊億等奉敕撰，冊府元龜，卷一百六十九，帝王部，納貢獻，頁7。
7 參見蘇繼廎，南海鈞沈錄，台灣商務印書館，台北市，民國78年，頁335。
8 參見[宋]趙汝适原著，馮承鈞校注，諸蕃志校注，卷上，志國，三佛齊條，臺灣商務印書館，台北市，1986年，頁15-17
9 Paul Wheatley, op.cit., p.70.
10 許雲樵，馬來亞史，上冊，新嘉坡青年書局，新加坡，1961，頁194-196。
11 [泰]黎道綱，「嶺外代答佛羅安方位考」，海交史研究，2009年第1期，頁34-44。
12 [明]徐學聚編，國朝典彙，卷一百六十八，兵部三十二，安南附東南亞諸夷，占城國，頁5-6。
13 [明]譚希思撰，明大政纂要（一），卷五，頁11。

接著，「明永樂元年(1403 年)10 月丁巳(13 日)，遣內官尹慶齎詔往諭滿刺加、柯枝諸國。賜其國王羅銷金帳幔及傘，並金織、文綺、彩絹有差。」[14]

永樂九年(1411 年)7 月乙亥(16 日)，彭亨國王巴剌密鎖刺達羅息泥、急蘭丹國王麻哈剌查苦馬兒遣人奉表、貢方物。賜其使冠帶、鈔錠，仍命禮部賜宴。[15]急蘭丹，即今馬來半島的吉蘭丹（Kelantan）。

「武宗正德 4 年(1509 年)，急蘭丹國來貿易出產。」[16]

「雍正 7 年(1729 年)後，柔佛與中國通市不絕。丁機奴、單咀、彭亨，皆其屬國，亦與中國通市不絕。」[17]丁機奴，即今馬來半島上的丁加奴（Trengganu），現稱登嘉樓。單咀，可能為今柔佛的首府哥打丁宜（Kota Tinggi）。

以上這些馬來古國與中國通貢貿易，顯然它們很早就跟中國有來往，可能已有華人居留在馬來半島的各個港口。明國鄭和曾在馬六甲駐軍，可能就有華人居留沒有回中國。葡萄牙在 1511 年佔領馬六甲時，城內即有華人居住。當地的華人還協助葡萄牙軍隊攻入該城。[18]以後葡萄牙統治末期，在馬六甲也設有華人的頭目（甲必丹）。

華人前往馬來半島做生意並且居留，甚至與當地婦女通婚，最早的中文紀錄是 1618 年明國張燮所著的東西洋考一書卷三吉蘭丹條曾記載：「華人流寓甚多，趾相踵也。舶至，獻果幣如他國。初亦設食待我，後來此禮漸廢矣。貨賣彼國，不敢徵稅，惟

---

[14] [明]楊士奇等纂修，明實錄（太宗文皇帝實錄），中央研究院歷史語言研究所校勘，台北市，1984 年，卷二十四，頁 5。

[15] [明]楊士奇等纂修，明實錄（太宗文皇帝實錄），卷一百十七，頁 2。

[16] [明]姚虞撰，嶺海輿圖，廣文書局重印，台北市，民國 58 年，頁 104。

[17] [清]清高宗敕撰，清朝文獻通考，新興書局，台北市，民國 52 年重印，卷二百九十七，四裔考五，柔佛條，頁考 7464。

[18] G. P. Dartford，不著譯者，馬來亞史略，聯營出版有限公司，新加坡，1959 年，頁 38。

與紅毛售貨，則湖絲百斤，稅紅毛五斤，華人銀錢三枚，他稅稱是。若華人買彼國貨，下船，則稅如故。」[19]

東西洋考卷四麻六甲條亦記載：「男女椎髻，肌膚黑漆間有白者華人也。」

早期華人前往馬來半島大都以經商為主，屬於短期居留，僅有少數是定居者。直至 19 世紀初葉馬來半島大量開採錫礦以及英國人開發橡膠園和甘蔗、甘蜜、靛青、胡椒等經濟作物，引入華人勞動力，華人人數才大量增加。

1800 年，馬來人在馬來亞總人口占 90%。1911 年，馬來半島進行第一次人口普查，馬來人占 51%。1929 年，英國政府公佈移民限制令（Immigration Restriction Ordinance），對華人移入馬來亞有所限制。1933 年，英國另公佈外僑令（Aliens Ordinance），取代移民限制令。[20]

據 1939 年底統計，馬來亞人口有 5,444,833 人，其中包括「海峽殖民地」1,406,120 人、馬來聯邦（Federated Malay States）2,169,313 人、馬來屬邦（Unfederated Malay States）1,869,400 人。若以族群來分，則華人人口最多，有 2,882,058 人、馬來人有 2,259,331 人、印度人有 744,283 人、歐洲人有 30,319 人（包括軍人）、歐亞人（Eurasians）有 19,046。[21]

截至 1960 年底的統計，馬來半島的總人口為 6 百萬，其中馬來人 350 萬，華人 260 萬，印度人和巴基斯坦人 787,000 人，其他歐洲人和歐亞人 126,000 人。

砂拉越在 1960 年底的總人口約 750,000 人，海達雅克人（伊班人 Iban）300,000 人，華人 230,000 人，馬來人 130,000 人，其

---

[19] 張燮撰，東西洋考，臺灣商務印書館，台北市，民國 60 年重印，吉蘭丹條，頁 35。

[20] Harry Miller, *A Short History of Malaysia*, Frederick A. Praeger, Inc., New York, 1966, pp.148-149.

[21] *Keesing's Contemporary Archives*, December 21-28, 1940, p.4377.

餘為土著。沙巴總人口約 455,000 人，土著有 307,000 人，華人 104,000 人。[22]

2008年，華人人口數有639萬9千人，佔總人口比率為24.6%。[23]馬國在 2020 年人口普查，華人人口比例下降為 22.4%。[24]2023 年 1 月，馬國總人口概估為 33,445,319 人，[25]華人人口以 22.4% 計算，則應為 749 萬人。

第二節　在馬來半島的華人甲必丹

1511 年底，葡萄牙駐印度總督阿布奎克（Alfonso de Albuquerque）委派一名陸軍統領（Captain of the Fort）為馬六甲最高指揮官，並撥給他 600 名軍人，在陸軍統領之下設一名海軍統領（Captain of Sea），統帥海軍駐守在馬六甲。印度人、阿拉伯人和爪哇人都選出一名頭人為領袖。初期並無華人社區，所以沒有華人頭人。[26]華人沒有設立頭人，可能是人數不多的緣故。1548 年，在三寶山丘上興建聖保羅耶穌會學院（Jesuit College of St. Paul）。城內有馬來人、淡米爾人、爪哇人和華人的社區（後期才有），有一個中央市場，大多數是爪哇人在販賣食物。

土著和華人各有頭人管理，頭人稱為甲必丹（Capitan, kapitan），他們負責處理簡易案件。嚴重案件則由主政官及其助理處理。有些決定尚須經過孟加拉（Bengal）政府同意。歐洲人

---

[22] *Keesing's Contemporary Archives*, November 2-9, 1963, p.19720.

[23] 中華民國僑務委員會編，各國華人人口專輯，第三輯，中華民國僑務委員會出版，台北市，2009 年，，頁 43。

[24] 「馬來西亞華人」，維基百科，
https://zh.wikipedia.org/wiki/%E9%A6%AC%E4%BE%86%E8%A5%BF%E4%BA%9E%E8%8F%AF%E4%BA%BA　2021 年 10 月 4 日瀏覽。

[25] "Malaysia Population," *World meter*, https://www.worldometers.info/world-population/malaysia-population/　2023 年 1 月 12 日瀏覽。

[26] G. P. Dartford，前引書，頁 42。

犯重罪者，需送交孟加拉法庭審理。華人社區的「甲必丹」，負責華人的法律執行和維持秩序，負責審理罰款最高 10 元的民事案件、登記華人的出生、死亡和結婚事宜、調整華人的稅務、對華人的宗教習俗及禮儀表示權威的意見、華人家庭如留外人住宿，需向甲必丹報告。華人如對甲必丹的判決不服，可在次日向歐人法庭推事提起上訴。[27]

以下分述馬來半島各地設立的華人甲必丹情況。

一、馬六甲的華人甲必丹

據現有資料，在葡萄牙統治馬六甲末期，才只設立一位華人甲必丹鄭啟基（鄭甲）（Tin Kap）（1572-1617）。關於當時的甲必丹之功能，記載缺乏。[28]

荷蘭在 1641 年驅逐馬六甲的葡萄牙人，在 1641 年以前，馬六甲人口約一萬多人，在遭荷蘭軍隊圍城時，因戰死、飢饉、傳染病死者有數千人，存活者有許多人外逃，城破時，城內僅剩 2 千 1 百多人。1678 年，人口增加至 4,884 人，包括荷蘭人 145 人、葡人 1,469 人、華人 426 人、印度人 547 人、馬來人 588 人、武吉斯人（Bugis）102 人及各籍奴隸 1,607 人。[29]

華人甲必丹鄭芳揚（又名鄭啟基）和李為經（李君常）在 1673 年在三寶山創立「青雲亭」，作為甲必丹的辦公處所。李為經亦購買三寶山，做為華人的公塚。李為經是荷蘭統治馬六甲時任命的甲必丹。繼李為經之後，其子李正壕出任甲必丹。在其後繼任者為李正壕的妹夫曾其祿（曾六官）。1718 年曾其祿去世，由其

[27]黃存燊，「北馬華人甲必丹的史實一些有相關資料的搜索集」，星洲日報（新加坡），1962 年 1 月 8 日，頁 11；聞見，「華人甲必丹制度」，星洲日報（新加坡），1972 年 8 月 31 日，頁 20；吳華，「華人甲必丹」，星洲日報（新加坡），1974 年 4 月 23 日，頁 20。

[28] 黃存燊著，張清江譯，華人甲必丹，新加坡國家語文局，新加坡，1965 年，頁 1。

[29] 鍾敏璋，馬來亞歷史，東南亞出版有限公司，吉隆坡，1959 年，頁 259；許雲樵，馬來亞近代史，世界書局，新加坡，1963 年，頁 54。

子繼任。以後繼任者有曾〇〇、陳承陽、蔡士章、陳起厚。荷治時期總共有 8 位華人甲必丹。1795 年，英國短暫佔領馬六甲，華人甲必丹繼續存在，最後一位甲必丹是曾烏林（曾烏霖），做到 1825 年。英國並未任命華人甲必丹。至 1825 年英國正式取得馬六甲控制權，才廢除甲必丹制。[30]

馬六甲的華人甲必丹制被廢止後，華人在馬六甲另成立青雲亭，作為華人活動之場所，薛文舟成為青雲亭亭主，華人稱呼他為華人甲必丹。

1777 年，在馬六甲華人甲必丹的合作下，甄選華工到霹靂開發錫礦。[31]

除了馬六甲有甲必丹外，其他諸如檳城、雪蘭莪、霹靂、吉打、玻璃市、吉蘭丹等州亦實施甲必丹制。

二、檳榔嶼的華人甲必丹

英國東印度公司官員法蘭西斯・賴特（Francis Light）在 1786 年 7 月 16 日從吉打出發前往檳榔嶼。7 月 18 日，辜禮歡（有寫為辜禮寬）偕同數名印度基督教徒從吉打的高仔武勝（Kota Kuala Muda）前往檳榔嶼，並贈送法蘭西斯・賴特一條漁網，歡迎法蘭西斯・賴特登陸檳榔嶼。他們在兵營附近開闢一小型市場。8 月 11 日，在檳榔嶼舉行升英國國旗儀式（Union Jack），該日適為英國威爾斯太子誕辰，他命名該島為威爾斯太子島（Prince of Wales Island）〔威爾斯太子為喬治三世(George III)長子〕，並將英人居住地區命名為喬治城（Georgetown）市。[32]

---

[30] 吳華，前引書。

[31] Barbara Watson Andaya, "Melaka under the Dutch, 1641-1795," in Kernial Singh Sandhu and Paul Wheatley(eds.), *Melaka: The Transformation of a Malay Capital c.1400-1980*, Vol. One, Oxford University Press, Kuala Lumpur, 1983, pp.195-241, at p.213.

[32] 關於檳榔嶼之市鎮名稱，有下列幾種：(1)喬治鎮（George Town），此為檳榔嶼開

　　英國在統治檳榔嶼時，採取類似荷蘭的制度，任命各族群的頭目為甲必丹，第一任華人甲必丹是辜禮歡，是福建泉州同安峰山人。他獲得法蘭西斯‧賴特的貸款，於 1790 年前後將吉打的胡椒移植到檳榔嶼。[33] 1794 年，檳榔嶼之華人有 3 千人，從事木匠、泥水匠、鐵匠、商業、店夥、農民。[34]開始時法蘭西斯‧賴特，鼓勵種胡椒和甘蜜，辜禮歡從印尼亞齊引進胡椒種籽在檳榔嶼種植。幾年後，胡椒的產量就與摩鹿加群島差不多，形成競爭，但不久胡椒價格下跌，所以檳榔嶼就減少種植。

　　檳城的甲必丹除了辜禮歡外，尚有胡始明和叫 Tikoo 的甲必丹（1800-1803 年）。[35]檳榔嶼在 1808 年 5 月以前沒有設立法庭或明確的法律體系，完全由法蘭西斯‧賴特及以後的總督個人決定罪刑。[36]

　　英王於 1807 年 3 月 25 日頒發皇家特許狀，同意在檳榔嶼設立獨立法庭。1808 年 5 月 31 日，英王頒佈司法特許狀，設立主簿法庭（the Recorders' Court）。至此甲必丹制度宣告結束。惟大

　　埠時，為紀念當時英王喬治三世而名之。(2)檳城，此指檳榔嶼之市鎮。(3)丹戎，為馬來文 Tanjong 之對音，意為「海角」，指其突出海中，成一銳角，所謂「關仔角」，即在此銳角之頂點。(4)新埠，為清朝謝清高所著的海錄一書對檳榔嶼之稱呼。姚枬、張禮千，檳榔嶼志略，商務印書館，上海，民國 35 年，頁 3。

[33]黃存桑著，張清江譯，前引書，頁 13-14。辜禮歡於 1787 年 5 月 7 日被法蘭西斯‧賴特委任為華人甲必丹，管理當時的一二百名華人。辜禮歡以經商及種植起家。1806 年，承包雅各市（James Town）（今稱 Sungai Kluang）的酒稅。1810 年，又標得喬治市的酒稅餉碼，遂成大富。1826 年去世。參見鍾錫金，前引書，頁 465-466。黃存桑的著作說辜禮歡是漳州人。陳劍虹亦說辜禮歡是漳州人。（參見陳劍虹編，檳榔嶼華人史圖錄，鳳凰印務有限公司，檳榔嶼，馬來西亞，2007 年，頁 29。）但張少寬說是泉州同安峰山人。（參見張少寬，檳榔嶼華人史話續編，鳳凰印刷有限公司，檳榔嶼，馬來西亞，2003 年，頁 269。）從辜禮歡墳墓上刻的「峰山」兩字，應可確定他是福建泉州同安人。

[34]書蠹編，顧因明、王旦華譯，檳榔嶼開闢史，台灣商務印書館，台北市，民國 59 年，頁 138。

[35]　黃存桑，「北馬華人甲必丹的史實一些有相關資料的搜索集」，星洲日報(新加坡)，1962 年 1 月 8 日，頁 11。

[36]書蠹編，顧因明、王旦華譯，前引書，頁 142。

多數華人之糾紛案件仍由華人長老解決，而非上主簿法庭。[37] 檳城華人受甲必丹之管理是從 1787 年至 1808 年。

三、雪蘭莪的華人甲必丹

華人最早到巴生河和鵝麥河交叉口的吉隆坡做生意的是丘秀（Hui Siew）和亞四（Ah Sze）。丘秀成為雪蘭莪第一任華人甲必丹，他是由當地馬來蘇丹所委任。1862 年，丘秀去世，由其衛隊長劉王光（Lau Ngim Kong）（有寫為劉錦春）繼任甲必丹。劉王光邀請在森美蘭州的雙溪芙蓉（Sungai Ujong）擔任甲必丹的葉亞來（Yap Ah Loy）前往吉隆坡，管理礦場。葉亞來是廣東惠陽人，於 1854 年抵達馬六甲，時年僅 17 歲，初在蘆骨（Lukut）為礦工，後在礦區買賣豬隻，成為礦場老闆。1860 年，在盛明利麾下任副隊長，參與該年 8 月 26 日雙溪芙蓉械鬥。1861 年，任雙溪芙蓉華人甲必丹。1862 年，應劉王光之邀前往吉隆坡，任劉王光錫礦事務總管。1865 年，葉亞來在吉隆坡創立「德生號」藥材店。此時拿律（Larut）爆發華人「義興公司」（Ghee Hin, Ngee Heng）和「海山公司」（Hai San）之間的械鬥，海山公司敗走檳城。海山公司與葉亞來都是廣東惠陽人，所以劉王光派遣船隻將他們接到吉隆坡，協助開採錫礦區。[38]1868 年 6 月，劉王光去世，葉亞來在 1869 年 6 月繼任為華人甲必丹。1873 年 5 月到 1880 年再度任吉隆坡華人甲必丹。[39]

---

[37]黃存燊著，張清江譯，前引書，頁 12。

[38] 張集強，英參政時期的吉隆坡，大將出版社，吉隆坡，馬來西亞，2007 年，頁 19-20。

[39] 李亞霖主編，吉隆坡開拓者的足跡：甲必丹葉亞來的一生，華社研究中心，吉隆坡，1997 年，頁 63、115、125、274-278。1870 年，葉亞來獲蘇丹沙末（Sultan Abdul Samad）軍援，出兵攻打張昌，造成嘉應州人 1 百人死亡。9、10 月，在安邦擊退張昌之軍隊。1872 年 8 月，馬來土酋拉惹亞沙佔領吉隆坡，葉亞來退守巴生，派其弟返回故鄉招募鄉勇。1873 年 3 月，光復吉隆坡。5 月，任吉隆坡華人甲必丹。11 月 8 日，光復瓜拉雪蘭莪，雪州十年內戰結束。1880 年，吉隆

　　當時吉隆坡的另一個華人礦區間徵（Kanching），由張昌領導，他因嫉妒葉亞來的成就，加入拉惹瑪迪一邊。葉亞來支持庫丁，包圍巴生（Kelang）（為 Klang 的古名），庫丁派遣軍隊進入吉隆坡，與拉惹瑪迪在吉隆坡進行數次攻防戰。此一戰爭從 1867 年開始，到 1873 年結束。在戰爭期間，張昌曾一度佔領吉隆坡，葉亞來敗走巴生，後來在庫丁和彭亨軍隊的協助下，1873 年 4 月收復吉隆坡。[40]

　　1885 年，葉亞來去世，由海山公司頭目葉錫（葉錫勳）繼任，其後繼任者為葉觀盛（葉傑良）。

四、其他州的華人甲必丹

　　霹靂州的第一位華人甲必丹是陳亞漢，時間在 1830-1840 年。拿律海山公司老闆鄭景貴和陳聖炎（陳亞炎）曾在 1877 年以華人甲必丹的身份出席殖民地政府由休羅（Hugh Low）所召開的霹靂州首次政治會議。其後的甲必丹為許武安。鄭景貴的四子鄭太平是該州最後一任甲必丹。[41]

　　吉打第一位華人甲必丹是辜禮歡（辜禮寬），後來辜禮歡前往檳榔嶼定居，成為檳榔嶼的首任甲必丹。吉打另四位華人甲必丹是峇峇成、戴春桃（戴春華）、趙亞爵和羅啟立。

坡共有 224 間建築物，葉亞來擁有其中 64 間。1882 年，獻一塊地興建仙四師爺廟。1885 年 4 月 15 日，病逝。許雲樵的書說葉亞來在 1873-1880 年由蘇丹委任為吉隆坡行政官（administrator）。參見許雲樵，*馬來亞近代史*，頁 176。
　　葉亞來娶了兩位妻子，一位是在中國的童養媳，另一位是在馬來亞娶的。葉亞來去世後留下了 147 間位於吉隆坡的店舖給 6 個兒子和 4 個女兒。到葉亞來與中國妻子生的第三代時，財產幾乎敗光。葉亞來與中國妻子生的第四代葉木春，3 歲隨母親到吉隆坡定居。他的父親於日本侵華時期為日本人工作，1945 年日本投降後，父親也失蹤。葉木春不曾受過馬來文教育，戰後從事建築業，無法取得馬來西亞公民權。參見世華媒體，2010 年 12 月 28 日。http://www.mediachinese.com/sciMCIL/node/19322　　2011 年 1 月 1 日瀏覽
40　Harry Miller, *op.cit.*, p.92.張集強，前引書，頁 20-21。
41　吳華，前引文。

　　吉蘭丹的第一位華人甲必丹是張保存，1918-1933 年為劉進福，以後就沒有任命甲必丹。[42]

　　雙溪烏戎僅有一位華人甲必丹盛明利。

五、青雲亭主

　　當英國於 1826 年在「海峽殖民地」實施法律後，就廢止了在馬六甲和新加坡的甲必丹制度，每個人都接受法律的保護和規範。鄉村的頭人或村長仍負責收稅、維持秩序和人口登記記錄。村長可以免繳地租。然而各族仍有其各自的頭目，在馬六甲三保廟的亭主（teng-chu）（按：指青雲亭亭主）成為華人的頭目。[43]

第三節　私會黨和港主

一、私會黨

　　自第 18 世紀從中國移民到馬來半島的華人大多居住在「中國甘榜」。1820 年代後，華人更大批移民進入馬來半島，他們集中住在雙溪芙蓉（Sungei Ujong）、雪蘭莪和霹靂。他們之所以集中在這些地區，與錫礦開採有關。印度人較少，他們都分佈在西海岸，他們從事種植業工人。

　　1850 年代，華人大量外移，主要原因是中國遭逢太平天國之亂、1860 年中、英北京條約和中、法北京條約規定允許契約勞工出國工作、尋求更好的生活等。這些外移的契約勞工被稱為「苦

---

[42] 吳華，前引文。

[43] C. M. Turnbull, "Melaka under British Colonial Rule," in Kernial Singh Sandhu and Paul Wheatley(eds.), *Melaka: The Transformation of a Malay Capital c.1400-1980*, Vol. One, Oxford University Press, Kuala Lumpur, 1983, p.249.青雲亭為馬六甲三寶山華人的祭祀場所，後來變成有錢華人的商業公所，有亭主、副亭主、總理等領導人。參見今堀誠二，劉果因譯，馬來亞華人社會，檳城加應會館擴建委員會，馬來西亞檳城，1974 年，頁 19-22。

力」（coolie），他們在馬來半島大都從事開採錫礦和莊園的種植工作。為了獲得保護，這些勞工大都加入秘密會社（私會黨），成為其會員，或者同情者。華人礦工大都為秘密會社的成員，秘密會社提供物資需要以及安全，社員若去世，會代為埋葬及照顧其家屬。

在馬來半島的華人，每個方言群從事的職業各有其領域，例如，廣東人從事礦主和技術工作，客家人從事礦工，福建人和潮州人則從事農業、小商販和船民。在砂拉越，客家人控制礦業，古晉的華人大多數為福建人、潮州人或廣東人。

在 19 世紀，華人在柔佛、雪蘭莪、馬六甲、森美蘭種植甘蜜和胡椒，在馬六甲、森美蘭和柔佛附近種植樹薯。20 世紀初，由於這類產品價格下跌，所以華人改種茶葉、橡膠和咖啡。華人之種植業被馬來人認為不利其利益，因為耗盡地力，而且砍伐森林，使用木材蓋許多小工廠。華人（主要為潮州人）在威利斯（Wellesley）省種植甘蔗，且受到歐洲人的鼓勵。此外，華人的經濟作物主要有三種：樹薯（主要在馬六甲附近）、胡椒和甘蜜。甘蜜主要是製作皮革的染料及染製成褐色。為了鼓勵種植甘蜜，在 1834 年取消甘蜜的關稅。[44]

1825 年，在「海峽殖民地」的華人秘密會社有三個：義興會、和勝會（Ho Seng）和海山會，這三個都是「三合會」的分支。華人社會充滿各種方言、宗族和秘密會社，所以華人甲必丹很難完全掌控其服務地區之華社。葉亞來是客家人，1868 年被吉隆坡地區的客家人、廣東人和福建人選為甲必丹，當時巴生的領導人瑪迪拉惹給予支持。但他仍然難以掌控客家人社區，彼此間常有鬥爭。[45]

---

[44] Barbara Watson Andaya and Leonard Y. Andaya, *A History of Malaysia*, Second Edition, Basingstoke, Hampshire (English): Palgrave, 2001, p.139.

[45] Barbara Watson Andaya and Leonard Y. Andaya, *op.cit.*, p.147.

　　1840 年，霹靂的拿律地區進行大規模錫礦開發，拿律靠近太平（Taiping）。1848 年，馬來酋長嘉化（Long Ja'afar）在該地區收稅，在該地發現大量錫礦蘊藏，並獲霹靂蘇丹特許享有收稅權。他從檳榔嶼邀請華人企業家前往開採。礦區人口很快增長到數千人。因為這些華人具有黑社會「三合會」背景，他們可分為兩派，一派是義興公司，另一派是海山公司。這兩派的分別是根據語言和來源地。義興公司是說廣東話的廣東四邑人，而海山公司是說客家話和福建話。義興公司集中住在新港門（Kamunting）（現稱甘文丁），而海山集中在太平。該兩派團體因為爭奪礦區及河流分界線而爆發衝突。嘉化酋長於 1857 年去世，由其子恩嘎‧伊布拉欣（Ngah Ibrahim）繼位。1862 年，義興公司人員不智地進入太平地區，兩派人因為賭博而爆發衝突，義興公司派被趕出其礦區，而逃回檳榔嶼。恩嘎‧伊布拉欣支持海山公司。義興公司派請求「海峽殖民地」總督加文那赫（Sir William Orfeur Cavenagh）的協助，加文那赫要求霹靂馬來政府給義興公司賠償叻幣 17,447 元，[46]隨後派遣一艘軍艦到拿律河口，封鎖錫的貿易。霹靂蘇丹將加文那赫的要求傳給恩嘎‧伊布拉欣，恩嘎‧伊布拉欣最後同意該一條件。為了回報恩嘎‧伊布拉欣，蘇丹給予恩嘎‧伊布拉欣管轄拿律和吉連（Krian）的更大權力，使之成為該地的獨立統治者，並賦予門德里（Mantri, Menteri,Mentri）（部長）的封號。隨後義興公司人員重返拿律。

　　1824 年，在雪蘭莪發現拿律礦區。1840 年，接著在雪蘭莪河谷的間徵也有華人煤礦區，1857 年，在巴生河谷發現安邦（Ampang）礦區。1880 年，開採近打（Kinta）礦區。在 19 世紀末葉，在霹靂的華人礦工達 8 萬人，錫礦主大都是「海峽殖民地」出生的華人，他們的資金很多是來自新加坡和彭亨的歐洲商

---

[46] 黃存燊著，張清江譯，前引書，頁 73。

人。1898 年，採用蒸氣機器和碎石輸送機，使得錫礦生產量高達
4 萬公噸。[47]

　　安邦礦區的居民後來形成吉隆坡，主要華人居民是海山派。
至於間徵和拿律則是義興會派。在 1860 年以前，拿律礦區趨於
沒落，以後形成間徵和吉隆坡的競爭，兩地時有衝突發生。

圖 10-1：吉隆坡唐人街
資料來源：”China Town Malaysia,” *iStock*,
https://www.istockphoto.com/photos/china-town-malaysia　　2023
年 1 月 20 日瀏覽。

　　「海峽殖民地」政府為了管理私會黨，在 1865 年頒佈私會
黨註冊條例，規定所有會黨都需註冊，呈報他們的組織章程、幹
部及會員名冊、經費收支表。私會黨因為必須註冊，而有效加以
控制。各華人社團若有疑問，即被宣布為非法。為避開政府對該
類私會黨領袖驅逐出境，初期私會黨都會請土生華人擔任重要職
位。後來「海峽殖民地」政府下令禁止土生華人入私會黨，違者
以犯法論，才遏止私會黨的擴張。英國當局亦任命華人仕紳為警
官，斷絕了上層華人支持私會黨的路。1890 年 1 月 1 日，「海峽
殖民地」政府宣布解散私會黨，所有已註冊的私會黨勒令解散，

---

[47] Barbara Watson Andaya and Leonard Y. Andaya, *op.cit.*, p.214.

清理財產。若干具有秘密活動性質的私會黨黨員都逃到「海峽殖民地」之外的其他馬來半島各地。[48]

1877 年，英國當局為了控制「海峽殖民地」的華人秘密會社，通過法令加以限制，並任命一位通曉各種華人方言的英國官員畢麒麟（William Alexander Pickering）為首任的華民護衛官（Protector of Chinese），其主管機關為華民護衛司（Chinese Protectorate）。華民護衛司設在新加坡，在檳榔嶼設立華民護衛司署，由一名護衛官和副護衛官主理。[49]

圖 10-2：1874 年 6 月，在雪蘭莪的海山會的「華人甲必丹」和他的追隨者
資料來源：" Malaysian Chinese," *Wikipedia*, https://en.wikipedia.org/wiki/Malaysian_Chinese 2023 年 1 月 20 日瀏覽。

以後在檳榔嶼、馬六甲、霹靂（1884 年初）、雪蘭莪（1890 年）和其他華人眾多的馬來土邦也都設立該一機構。英國之所以在該年設立華民護衛司，主因是中國清朝於該年在新加坡設立領

---

[48] 許雲樵，馬來亞近代史，頁 162-163。
[49] 姚枬、張禮千，前引書，頁 77。

事館，英國殖民政府為了防範中國政府對當地華人有過大的影響力，所以設立華民護衛司專門管理華人事務。其職權是登記所有華工雇用人、設置華工停息站、簽署華工合約等。負責該一機構的英籍官員，都被送至中國學習南方各省的方言，英國政府透過此一機構和華人參事局（Chinese Advisory Boards）（供諮詢之用），直接處理華人事務。華民護衛司利用勞工法令處理華工問題，並取締壓榨。以後華人每遇有困難，都向華民護衛司申訴，而不願到法院。[50]

　　畢麒麟贏得華人的尊敬，在他於 1890 年退休時，華人私會黨已解散。[51]「海峽殖民地」政府設華文副提舉官（Assistant Director of Education, S. S.）一人，秉承提舉官與華民護衛官之命，管理華僑教育行政事宜，由英人主持。其下設督學官與督學員若干人，均由華人擔任。檳榔嶼有督學官和督學員各一人。[52]

　　1902 年，英國殖民政府訂立「海峽殖民地」移民新律，擴大華民護衛司署權限，可隨處檢查華人移民之受虐情事。1914 年，馬來亞各地廢止契約華工，惟吉蘭丹在兩年後才廢止。1931 年，華民護衛司署改為華民政務司署（Secretariat for Chinese Affairs）。在第二次世界大戰前，一般人還是稱呼華民護衛司署，俗稱「大人衙」。戰後始改稱為華民政務司署。

二、華人港主

　　1860 年代，天猛公（Temenggung）[53]伊布拉欣住在新加坡，他所統治的柔佛，人口約 2 萬 5 千人，大部分住在舊柔佛或柔佛河兩岸。他招攬新加坡華人到柔佛開發，將土地租給華人，華人

---

[50] G. P. Dartford，前引書，頁 160。

[51] Virginia Matheson Hooker, *A Short History of Malaysia, Linking East and West*, Allen & Unwin, Australia, 2003, p.149.

[52] 姚枬、張禮千，前引書，頁 77。

[53] 天猛公的職位猶如內政部長、警察首長或禮賓首長。

的頭目稱為港主（kangchu），負責每條河流的開發。天猛公給予
港主文書港契（surat sungai）授權，港主有權在其開發的土地徵
稅，維持地方秩序，擁有拘留審問、鞭笞不超過 6 下的懲罰權，
得發行貨幣、開採礦藏、砍伐木材、專賣菸酒、開設賭場、徵稅
等權力。隨港主進行墾殖的人，稱為港腳。港主每年要奉獻一些
金錢給天猛公。港主大都是來自新加坡的有錢華人。

　　伊布拉欣死於 1862 年，由其兒子繼承蘇丹。阿布‧巴卡登
上蘇丹後，進一步使江河文書更具西方式的契約，他常將江河文
書給予住在新加坡的商人，港主變成「不在地主」（absentee
landlord）的經理人。柔佛的華人仍由華人甲必丹管轄，而甲必丹
要向天猛公負責，所以最後的負責人是天猛公。阿布‧巴卡蘇丹
的 24 名顧問委員會中，有兩名華人委員。1870 年代，柔佛的華
人人數達到 10 萬人。柔佛政府和華人關係融洽，很少發生衝突。
以潮州人為主的義興公司，雖是地下幫會，柔佛政府允許其活動，
直至 1916 年才加以限制。[54]

第四節　參與英屬領地地方行政

一、檳城華人參與地方公共事務

　　第 19 世紀末，檳榔嶼華人經濟條件普遍提高，英國為了便
於統治檳榔嶼的喬治市，自 1857 年 1 月後委任傑出的華人出任
工部局局員，以監督市內公共事務之管理措施。1885 年 6 月，
英國殖民政府設立保良局，1890 年 3 月設立華人參事局（Chinese
Advisory Boards），使得受到英文教育的華人有機會參與當地的
公共事務。

---

[54] Barbara Watson Andaya and Leonard Y. Andaya, *op.cit.*, p.144.

二、組織「英籍海峽華人聯合會」與新客華人

英國在 1867 年公布歸化令（Naturalization Ordinance），「海峽殖民地」華人可依此令歸化為英國臣民，因此，「海峽殖民地」華人形成一個社群，組織「英籍海峽華人聯合會」（Straits Chinese British Association）。海峽華人效忠英王，支持英國對「海峽殖民地」之統治。「海峽殖民地」出生的華人通稱為「峇峇」（Baba），[55]他們說中國方言、馬來語、英語的混合語，認同當地英國統治。他們與英國人有密切的商業關係。[56]

在「海峽殖民地」，土生華人「峇峇」〔1906 年稱為「國王的華人」（King's Chinese）〕[57]靠著他們的語言能力，他們說「峇峇」馬來語（Baba Malay），以及對於當地情況的熟悉，而能在種植業和錫礦業有所發展。他們大都住在新加坡，從新加坡控制其在馬來半島上的企業。在 1881 年的統計，「峇峇」約佔華人人口數的14.53%。而各地的「峇峇」具有其特色，例如檳榔嶼的「峇峇」說的閩南語具有馬來語和泰國語的成分，雖然「娘惹」（Nyonya）（閩南語對媽媽的稱呼）婦女穿著馬來式衣服，但馬六甲「娘惹」婦女使用三個髮簪，檳榔嶼「娘惹」婦女則使用六個小髮簪。[58]

---

[55] 關於峇峇的定義，有各種不同的說法，陳志明將各學者有關峇峇的意思歸納如下：第一，一般的用法，是指當地出生的「外國人」，例如華人、歐洲人和歐亞人父母生的孩子，它不是指土著的兒子。第二，特定的用法，是指當地出生的華人，特別是華人的子女和華人與馬來人聯姻生的子女，因此是「一半種姓（half-caste）」、「華人混血兒」（creole Chinese）。第三，它是指當地出生的觀念，因此「峇峇馬六甲」（Baba Melaka）是指歐洲人、歐亞人或華人父母在馬六甲生的孩子。今天「峇峇馬六甲」僅指在馬六甲出生的華人。參見 Tan Chee Beng, *The Baba of Melaka, Culture and Identity of a Chinese Peranakan Community in Malaysia*, Pelanduk Publicatons(M) Sdn Bhd, Malaysia, 1988, p.12.

[56] Collin E. R. Abraham, *Divide and Rule: The Roots of Race Relations in Malaysia*, Insan, Kuala Lumpur, 1997, pp.42-43.

[57] Barbara Watson Andaya and Leonard Y. Andaya, *op.cit.*, p.206. 「國王的華人」指海峽僑生、富有及受英文教育。

[58] Barbara Watson Andaya and Leonard Y. Andaya, *op.cit.*, p.142.

圖 10-3：檳榔嶼三名土生娘惹

說明：其服飾受到暹羅影響。

資料來源：" 3 Penang Peranakan Nonyas..Penang was influence by theThai/Siamese," *Pinterest*,
 https://www.pinterest.com/pin/44895327508328651/ 　2023 年 1 月 20 日瀏覽。

　　至於受華文教育的華人則關心中國的政治動向，由於受到中國政局的影響，檳城華人分為兩派，一是保皇派，例如富商張弼士在 1893 年被中國清朝政府委任為駐檳榔嶼副領事，其他富人亦向中國清朝購買官銜，文官官銜上至正一品光祿大夫，下至從九品登仕佐郎；武官則為都尉、騎尉和驍尉。另一派是革命派，他們支持孫中山的革命運動，孫中山從 1910 年 8 月起即以檳城為基地，由吳世榮、黃金慶、陳新政、邱明昶等人於 1908 年 12 月發起召集成立檳城閱書報社，1909 年 1 月 31 日正式成立。1910 年 12 月 2 日，創辦光華日報，成為革命的喉舌。孫中山在檳城數次舉行公開演講，抨擊清朝政府，檳城英國殖民當局遂在 1910 年 12 月 7 日將孫中山驅逐出境。[59]

---

[59] 陳劍虹，前引書，頁 127-133。

圖 10-4：1919 年古晉華人苦力拉三輪車

資料來源："Malaysian Chinese," *Wikipedia*, https://en.wikipedia.org/wiki/Malaysian_Chinese　2023 年 1 月 20 日瀏覽。

三、參與馬來半島的州委員會

英國為了協助馬來各土邦蘇丹的行政管理，從 1874 年開始在霹靂州派駐駐紮官（Resident），以後接著於 1875 年在雪蘭莪州、1885 年在森美蘭州、1887 年在彭亨州派駐駐紮官。駐紮官對於土邦的諮詢是透過設立州委員會（State Council），它成為唯一的立法機關。該州委員會共由 10 名成員組成，包括統治者、委任的親王和酋長、有限的華人代表和駐紮官。出席的華人代表就是甲必丹。這些成員都是由駐紮官提名，經由「海峽殖民地」總督同意，再正式由蘇丹任命，其任期常是終身的。該州委員會每年開會七次，由駐紮官或蘇丹主持會議，駐紮官在與總督諮商後提出議案，及準備議程。州委員會除了是立法機關外，也是上訴案的終審法庭，及審理所有的死刑案，也決定一般行政事務。[60]

---

[60] E. Sadka, *The residential System in the protected Malay States, 1874-1895*, Ph.D. thesis of the Australian National University, December 1960, p.208. file:///C:/Users/Tan/Downloads/b16497600-Sadka.pdf　2023 年 1 月 7 日瀏覽。

四、華人參政馬來聯邦

　　1896 年 7 月 1 日，英國與雪蘭莪、森美蘭、霹靂和彭亨四州蘇丹簽署協議，正式成立馬來聯邦（The Federated Malay States），首都設在吉隆坡。在聯邦政府下設一名法律顧問、一名華人事務官員（Secretary for Chinese Affairs）、一名財政專員、一名司法專員、一名警察專員，以及公共工程、鐵路、森林等署長。吉隆坡成為立法與行政中心。州委員會和蘇丹的權力日漸下降。[61]

　　1932 年後，馬來亞公務員體系趨於健全，公務員來源更有彈性。公務員在馬來半島服務，可學習馬來語或華語。但華人完全被禁止擔任公務員，英國政府的理由是馬來各邦不歡迎華人官員；馬來人僅有少數人擔任公務員。[62]

　　1934 年，金文泰（Sir Cecil Clementi）總督設立「海峽殖民地公務員署」（Straits Settlements Civil Service），開放最底層公務員給英國人之外的其他族群的人擔任，包括華人以及在「海峽殖民地」出生的非英國人，而且將任官條件定得較低，因為第一代華人很多沒有受過大學教育，他們的第二代才開始接受高等教育。[63]

　　「馬來屬邦」包括吉打、玻璃市、吉蘭丹、登嘉樓和彭亨等州，在法律上是獨立的，華人參與當地政務的機會很少。

第五節　二戰後公民權問題

　　英國鑑於在二戰期間，馬來各土邦蘇丹拒絕撤退，且與日軍

---

[61] Richard Allen, *Malaysia: Prospect and Retrospect*, Oxford University Press, London, 1968, p.55.

[62] K. G. Tregonning, *A History of Modern Malaya*, David McKay Company, Inc., New York, 1964, pp.225-227.

[63] K. G. Tregonning, *op.cit.*, p.227.

合作，馬來人參加日軍的「祖國防衛軍」，而引起英國人的不滿。
英國認為華人和印度人菁英仍效忠英國，例如華人領袖陳禎祿
（Tan Cheng Lock）[64]隨英軍避難到印度，而留在馬來半島上的
華人參加「馬來亞人民抗日軍」，故在戰後英國有意給予華人和
印度人較平等的公民權。

　　在「馬來聯邦」和「馬來屬邦」時期，在當地出生的人，無
論是馬來人、華人、印度人或歐亞混血種人，就無法成為英國臣
民，因為這些土地雖是英國保護的土邦，但並非英國自治領領土
的一部份。馬來人和當地出生的華人（土生華人）是當地土邦統
治者的臣民。土生華人仍有雙重國籍的問題，無論在「海峽殖民
地」或馬來土邦出生的華人，中國採取血統主義（jus sanguinis），
將他們視為其國民。[65]因此，「馬來亞聯盟」要給予各族群平等的
公民權，遂引起馬來人的不滿。

　　據 1946 年 3 月 28 日時代週刊（*The Times*）之報導，1911
年，馬來亞總人口有 2,672,800 人，其中馬來人占 51%，華人 33%，
印度人 11%。1931 年，馬來亞總人口有 4,385,346 人，其中馬來
人占 45%，華人 39%，印度人 14%。在 1931 年，總人口中有 57%
的人是在馬來亞出生，而華人只有 31%、印度人只有 21% 的人是
在當地出生。基此，馬來人有所顧慮，希望採取單一國籍政策，
以限制那些效忠他國的人取得馬來亞國籍。

　　1947 年 7 月 24 日，公布馬來亞聯邦憲法草案之白皮書，引
起馬來各民族、各階層之不滿，9 月 9 日，馬六甲和柔佛北部各
行業罷業一天，以示抗議。9 月 21 日，泛馬政團聯合行動委員
會、馬來人聯合陣線召開新加坡各民族擁護人民憲法群眾大會，

---

[64] 陳禎祿於 1883 年 4 月 5 日生於馬六甲，逝於 1960 年 12 月 21 日，為馬華公會第
　　一任總會長。

[65] F. G. Carnell, "Malayan Citizenship Legislation," *The International and Comparative Law Quarterly*, Vol. 1, No. 4 (Oct., 1952), pp. 504-518.

反對憲法草案白皮書。9月25日，霹靂各民族也總罷業一天。9月28日，雪蘭莪各民族群眾大會也反對該白皮書。泛馬政團聯合行動委員會、馬來人聯合陣線和全馬中華商會聯合會採取一致行動，號召在10月20日舉行全馬各民族總罷市一天。全馬中華商會聯合會還發表聲明，在新政制未解決前，絕不委派代表參加立法委員會（Legislative Council）。[66]10月20日，華人和印度人發動罷市，吉隆坡、檳榔嶼和新加坡的商店關閉，抗議馬來亞聯邦違反民主精神及各族平等原則。

英國在 1948 年通過馬來亞公民權法（*Malayan citizenship law*），規定對於公民權之取得，有兩種方法，第一是依出生取得公民權，規定「海峽殖民地」的英國臣民和過去25年間持續在馬來亞居住滿15年的住民、馬來統治者之下的馬來臣民、在馬來土邦出生的英國臣民（包括印度人和錫蘭人）等人之父母之一在馬來亞聯邦出生者；在馬來土邦出生的非英國臣民（例如華人），其父母均在馬來亞聯邦出生者，是永久的住民。第二是申請取得公民權，在馬來土邦出生的非馬來人，其父母均為在外國出生者；在外國出生的非馬來人；在「海峽殖民地」和馬來土邦居住的非馬來人，假如是在馬來土邦出生，則在過去12年中連續居住滿8年；或者假如是在外國出生，則在過去20年中連續居住滿15年，即可提出申請；亦可申請取得公民權。[67]

在談判期間，華人對於公民權問題相當冷淡，甚至不太關心。直至該項規定通過了，才感到事態嚴重，認為該一公民權資格規定歧視非馬來人。華人和印度人遂指控該一憲法親馬來人，是顯示了英國帝國主義和馬來封建主義再度結合。[68]

---

[66] 許雲樵，馬來亞近代史，頁229。
[67] F. G. Carnell, *op.cit*., p.508.
[68] Norman Parmer, "Constitutional Change in Malaya's Plural Society," *Far Eastern Survey*, USA, Vol.26, No.10, October 1957, pp.145-152.

聯邦政府在 1949 年公布統計數字，全馬來亞華人總共有 1,952,682 人，只有 37 萬 5 千人成為聯邦公民。[69]

1949 年 2 月 24 日，聯邦立法委員會正式成立，由 75 人組成，包括由高級專員從各種族委任的 61 名非官員、14 名英國官員和 9 名馬來邦的馬來人部長。其中華人議員有李長景醫生(代表檳城)、余有錦(代表馬六甲)、李孝式、胡家濂、梁長齡、杜榮和、伍瑞琴、楊旭齡、邱德懿、廖光漢、王宗鏡、李煥文、邱觀發、溫林鳴鳳與陳修信等人。[70]

英國為了對抗馬共的叛亂活動，1948 年在馬來半島推行「新村」（New Village）計畫，即是將散居鄉下靠近森林地帶的華人集中在「新村」中，限制其居住和出入，人員及貨物進入「新村」必須登記，以阻止馬共的交通人員透過華人而獲得經濟來源。住在「新村」的華人受到居住環境之限制，生活困苦，像陳禎祿等華人領袖同情華人處境，葛尼（Sir Henry Gurney）遂建議華人領袖組織一個團體，以謀求華人的利益。1949 年 2 月 27 日，陳禎祿組織「馬華公會」（Malayan Chinese Association）。[71]馬華公會成立初期是以謀求華人社會福利為目標，包括推動申請公民權運動、決議通過發行福利彩票籌募基金數百萬元，以援助受緊急狀態令影響而遷移到「新村」的華人。

[69] 魯白野，馬來亞，星洲世界書局有限公司，新加坡，1958 年，頁 143。
[70] 魯白野，前引書，頁 143。
[71] Harry Miller, *op.cit.*, p.178.

圖 **10-5**：陳禎祿

資料來源：" Malaysian Chinese Association," *Wikipedia*, https://en.wikipedia.org/wiki/Malaysian_Chinese_Association 2023 年 1 月 20 日瀏覽。

　　1951 年 1 月 22 日，新的人力局長沙騰宣布第一次徵調人員參加安全武力，年滿 18-24 歲之男性被徵調參加警察、森林隊和再徙置工作，被徵調者中有 40%為華人，華人社會的代表充分保證將與政府合作。預估每月徵調 1 千人，最後目標為 2 萬人，每人服務期間為兩年。[72]

　　1950 年，英國殖民當局頒佈「地方政府選舉令」（Local Authorities Election Ordinance），該令規定州統治者或殖民地高級專員（馬六甲或檳榔嶼）可以頒給每個市（Municipal）一部憲法，使之實施自治。根據該法令，檳榔嶼市議會〔1960 年改為市（City）議會〕在 1951 年 12 月 1 日舉行選舉，在 9 名議員中，有 6 名是任命的，另外 3 人則是每年選舉產生。吉隆坡市議會在 1952 年舉行選舉。在選出的 12 名議員中，華人有 6 人，馬來人 4 人，印度人 2 人。[73]

　　聯邦立法委員會在 1952 年通過馬來亞聯邦協議（修正）敕令（The Federation of Malaya Agreement (Amendment) Ordinance）〔或稱聯邦公民權敕令（Federal Citizenship Ordinance）〕，對 1948 年馬來亞公民權法加以修正，規定取得公民權之方式有二：
第一是依法取得公民權，其條件如下：
　　(1)在檳榔嶼或馬六甲出生的任何英國與殖民地公民（包括馬來人、華人、印度人或歐亞混血種人）；

---

[72] *Keesing's Contemporary Archives*, March 10-17, 1951, p.11334.
[73] Alvin Rabushka, *Race and Politics in Urban Malaya*, Hoover Institute Press, Stamford, University Stamford, California, 1973, pp.73-75.

(2)成為統治者之臣民且在馬來土邦出生的任何馬來人或土
　　著；

(3)在馬來土邦出生的非馬來人，成為英國和殖民地的公民
　　（如印度人、錫蘭人），其父母之一在馬來亞聯邦出生者；
　　或者，假如不是英國和殖民地的公民（如華人、歐亞混血
　　種人），但其父母之一在馬來亞聯邦出生者，均有資格成
　　為統治者的臣民。

　　第二是登記取得公民權，其條件是在馬來土邦出生的非馬來
人，其父母非在外國出生，在申請以前的 10 年連續 5 年居住在
馬來亞者。[74]

　　依據上述聯邦公民權敕令和 9 州國籍法（Nationality
Enactments），華人若出生於馬來各州，將自動成為蘇丹的子民，
有資格成為聯邦公民。假如華人父母之一出生於聯邦任何地方，
他也有資格成為聯邦公民。此一規定使得許多第二代華人成為聯
邦公民。它亦使得英國王國及其殖民地的公民成為聯邦的公民。
但透過歸化或登記成為公民者，須宣佈放棄其原先的國籍。然而，
取得聯邦公民權者，並非取得聯邦國籍，因為聯邦尚非一個獨立
的國家，而是英國的一個自治領地。1952 年 5 月，有 346,935 名
外僑歸化取得公民權，其中華人有 300,000 人。當時馬來亞聯邦
馬來人有 2,650,000 人、華人 1,100,000 人（佔總人口 28%）、印
度人 180,000 人。[75]

第六節　參與聯邦立法議會

　　1955 年 6 月 2 日，立法委員會解散，另成立聯邦立法議會

---

[74] F. G. Carnell, *op.cit.*, pp.512-513.

[75] Cheah Boon Kheng, *Malaysia: The Making of a Nation*, Institute of Southeast Asian Studies, Singapore, 2002, p.29.

（Legislative Assembly）。7 月 27 日，馬來亞聯邦舉行聯邦立法議會選舉，登記選民數有 1,280,865 人，其中馬來人有 1,077,562 人，占 84.2%；華人有 142,947 人，占 11.2%；其餘 4.6%為印度人。華人有 350,000 人因為政治冷漠而沒有去登記，而且相信一旦馬來亞獨立後，馬來人會獨佔政權，僅允許華人經商。巫統要求候選人數上馬來人應占多數，行政委員東姑阿都拉曼（Tunku Abdul Rahman）則堅持若巫統作此要求，他將辭職。他認為族群合作是馬來亞獨立之要務。[76]

此為第一次聯邦選舉，選民投票踴躍，投票率達 85%。巫統、馬華公會和馬來亞印度國大黨三黨聯盟獲得 818,013 張票，占 79.6%，在 52 席中贏得 51 席。唯一 1 席由反對黨贏得的席次是泛馬來亞伊斯蘭教黨（Pan-Malayan Islamic Party）。國家黨只獲 7.6%得票率。「聯盟黨」獲得大勝的主因是華人挹注大筆資金，獨立口號也很吸引人，馬來人居多社區支持華人和印度人，導致全部 17 名非馬來人候選人當選。[77]新的聯邦議會包括 50 名馬來人、25 名華人、7 名印度人、2 名錫蘭人、5 名歐洲官員、7 名非歐洲官員、1 名馬六甲代表。東姑阿都拉曼被選為首席部長兼內政部長。[78]

第七節　1969 年「513」種族衝突

在 1969 年 5 月 10 日舉行國會選舉，各政黨競爭激烈，相互攻訐。民主行動黨雖標榜是多元族群的政黨，但主要組成份子是華人，它與馬華公會形成競爭局面，它批評馬華公會將華人權利出賣給巫統。它在 1967 年 7 月 29 日在吉隆坡附近的文良港

---

[76] Harry Miller, *op.cit*., p.193.
[77] Harry Miller, *op.cit*., p.194.
[78] *Keesing's Contemporary Archives*, August 13-20, 1955, p.14376.

（Setapak）發表「文良港原則宣言」（Setapak Declaration of Principles），該宣言成為民主行動黨的政綱，主要內容包括：反對種族霸權、支持「馬來西亞人的馬來西亞」（Malaysian Malaysia）概念、馬來西亞應該成為多元種族、多元語言和多元宗教的社會。該黨之競選宣言是「邁向一個馬來西亞人的馬來西亞」（Towards a Malaysian Malaysia）。「聯盟黨」則批評民主行動黨是一個反馬來人特權及反馬來人的族群政黨，是人民行動黨的隱身政黨。[79]

圖 10-6：群眾抬著林順成的棺木抗議示威

說明：工人林順成在 1969 年 5 月 4 日遭警察槍殺身亡

資料來源：Tashny Sukumaran, "Malaysia's May 13 racial riots: 50 years on, they couldn't happen again, could they?," *This week in Asia*, May 13, 2019, https://www.scmp.com/week-asia/society/article/3009804/malaysias-may-13-racial-riots-50-years-they-couldnt-happen-again　2023 年 1 月 20 日瀏覽。

---

[79] Leon Comber, *13 May 1969, A Historical Survey of Sino-Malay Relations,* Heinemann Educational Books(Asia) Ltd., Selangor, Malaysia, 1983, p.65.

圖 10-7：「513」事件街頭動亂

資料來源："Racial Riots (1964 and 1969)," *SG101*, https://www.sg101.gov.sg/social-national-identity/examples/racialriots 2023 年 1 月 20 日瀏覽。

　　在這次選戰中，民主行動黨和民政黨（Gerakan）、人民進步黨（People's Progressive Party, PPP）結成競選同盟，以與執政的「聯盟黨」對抗。民政黨是在 1968 年成立，由一些知識份子和政客組成，政客是 1968 年解散的聯合民主黨（United Democratic Party）的政治人物轉過去的，另外還有從馬來亞勞工黨（Labour Party of Malaya, LPM）轉過去的黨員。民政黨是主張跨族群的政黨，其政綱是「所有人平等、公道和平等機會」。雖然贊成憲法有關馬來文的地位，但主張應合法使用所有語言；支持成立獨立大學（Merdeka University），使用華文、馬來文和淡米爾文教學；保留華文和淡米爾文的中學教育；組成一個共同形象和命運的馬來西亞社會。[80]

　　5 月 10 日，舉行國會議員選舉投票，在 103 個競選選區中，「聯盟黨」只贏得 66 席，其中巫統佔 51 席，馬華公會 13 席，印度國大黨 2 席，其總得票率佔 48.4%，而反對黨的總得票率雖佔 51.4% 強，但是只贏得 37 個國會議席，其中民行黨獲 13 席，泛馬伊斯蘭黨 12 席，民政黨 8 席，人民進步黨 4 席。反對

---

[80] Leon Comber, *op.cit.*, p.67.

黨成功的否決了「聯盟黨」政府的三分二執政優勢，並且在總得票率方面還超過「聯盟黨」。[81] 5月11-12日，數千名民行黨和民政黨人在吉隆坡舉行選舉勝利大遊行，與馬來人發生衝突。[82]13日，一些激進的巫統黨員認為華人行為過份囂張，乃在雪蘭莪州首席部長拿督哈倫（Dato Harun bin Idris）官邸商討對策。下午5時許，反對黨的隊伍又遊行經過哈侖官邸叫囂，要求其下台，聚集在官邸前的憤怒馬來人立即衝出與遊行隊伍展開打鬥，一場種族流血大衝突於焉展開，3名華人當場被毆斃。[83]

政府宣佈戒嚴，所有對外海空交通暫時中斷，報紙也停刊數天。直至5月20日吉隆坡才恢復正常社會秩序。

馬國官方於10月8日公佈傷亡數字：死亡196人（華族143人，巫族24人，印族13人，無法辨認15人），受傷439人（其中180人受槍傷），被捕9,143人（華族5,126人，巫族2,077人，印族1,874人，其餘為外國人，包括巴基斯坦、歐洲、泰國、新加坡人等），被捕者5,561人被提控法庭，罪名包括攜帶武器、破壞宵禁等等。財物損失包括車輛221輛、房屋753棟。根據西方記者和民間消息來源的估計，死亡1,160餘人（華族870餘人，巫族220餘人，印族60餘人），受傷4,000餘人，汽車及房屋被毀數字與官方公佈者相同。[84]吉隆坡約有6,000人的住家和財產遭到破壞，大多數是華人的房子。馬共的「馬來亞革命之聲」在該年6月30日報導稱從5月13日到6月中旬，被殺害人數有3

81　Gordan P. Means, *Malaysian Politics—The Second Generation,* Oxford University Press, Singapore, 1991, p. 6.

82　馬斯里‧阿曼（Masli Arman），「印尼華裔應對暴亂負責」，南洋星洲聯合早報（新加坡），1998年8月26日，頁14。

83　http://www.ericsoo.com/archiver/tid-100019-page-2.html　　2008年8月9日瀏覽。

84　http://www.ericsoo.com/archiver/tid-100019-page-2.html　　2009年8月9日瀏覽　另外據李光耀的回憶錄，外國通訊員的估計有800人被殺。參見李光耀，李光耀回憶錄（1965-2000），世界書局，台北市，2000年，頁265。

千多人，大多數是華人，也有馬來族和印族。受傷者更多，有 1
萬多人流離失所。被警方逮捕者有 1 萬多人。[85]

自馬來亞獨立以來，曾發生數起孤立的華人和馬來人種族衝
突事件，例如 1959 年 5 月在邦喀島（Pangkor）、1964 年 7 月在
檳城大山腳（Bukit Mertajam）地區、1965 年初在吉隆坡、1967
年 11 月和 1969 年 4 月在彭亨等地，這些小規模的孤立的種族衝
突，對於馬國政治影響不大，也很少引起重視。不過，這次「513」
種族衝突事件最為嚴重，引發兩大族群動員械鬥，成為馬來西亞
國家發展史上的一個重要分水嶺。

馬國政府在 1970 年承認爆發衝突的原因是「種族極化和憎
恨」，說明華人和馬來人相處不友善，與華人相較，馬來人經濟
地位處於不利。[86]

基於調整馬來人和華人的經濟地位，馬國在 1971 年實施「新
經濟政策」，目的在 20 年內達到使馬來土著佔經濟股權 30%，非
土著 40%，外國人 30% 之目標。1970 年，馬國財富的分配極其
不平等，馬來人的財富占全國的 2.4% ，華人占 27.2% ，印度人
占 1% ，外國人占 63.4% ，馬國信託公司 6%。據 1990 年的統計，
華人的經濟股權並沒有減少，反而從 27.2% 增加到 32.6%。到 1995
年，華人經濟股權才出現降低。如表 10-2 所示。[87]

[85] 方山主編，馬泰邊區風雲錄，第二集，萬水千山密林情：南下、北上、肅反、分裂、
土地和民族，21 世紀出版社，吉隆坡，馬來西亞，2005 年，頁 284。該書寫為
「馬來亞民主之聲」，其實應該是「馬來亞革命之聲」，因為設在中國湖南省之衡
陽市的「馬來亞革命之聲」運作到 1981 年 7 月 1 日結束，改為設在泰南的「馬
來亞民主之聲」，至 1990 年 1 月 2 日也停播。

[86] Leon Comber, *op.cit.*, p.74.

[87] 鍾天祥，「馬來西亞華人富有嗎？」，南洋星洲聯合早報（新加坡），1996 年 7 月
16 日，頁 12。

表 10-1：馬來半島各種族人口比例（1835-1970）

單位：%

年代 種族	1835	1884	1921	1931	1947	1957	1965	1970
馬來人	85.9	63.9	54.0	49.2	49.5	49.8	50.1	53.2
華人	7.7	29.4	29.4	33.9	38.4	37.2	36.8	35.4
印度人	-	-	15.1	15.1	10.8	11.3	11.1	10.6
其他	6.3	6.7	1.5	1.8	1.3	1.8	2.0	0.8

資料來源：Leon Comber, *13 May 1969, A Historical Survey of Sino-Malay Relations*, Heinemann Educational Books(Asia) Ltd., Selangor, Malaysia, 1983, p.89.

表 10-2：1970-1995 年馬來西亞各種族經濟股權比率

年代 類別	1970(%)	1990(%)	1995(%)
馬來土著	2.4	19.3	20.6
馬來個人和機構	1.6	14.2	18.6
信託公司	0.8	5.1	2.0
非馬來土著	28.3	46.8	43.4
華人	27.2	45.5	40.9
印度人	1.1	1.0	1.5
其他人	-	0.3	1.0
信託公司 (Nominee Companies)	6.0	8.5	8.3
外國人	63.4	25.4	27.7
合計	100	100	100

資料來源：E. T. Gomez and K. S. Jomo, *Malaysia's Political Economy: Politics, Patronage and Profits*, Cambridge University Press, UK, 1997, p.168.

第八節　1987 年種族衝突

　　1987年9月，馬國教育部長安華（Anwar Ibrahim）擬將54名未具華文資格的教師調派至42間華小擔任高級行政職位，受影響的華小，檳州有26間，馬六甲9間，雪隆7間。對於此一新措施，馬來西亞華文學校董事聯合會（董教總）首先發難，嚴加批評。10月9日，民主行動黨秘書長林吉祥[88]、民行黨柔佛州主席宋新輝、馬六甲州州議員郭金福、民行黨笨珍支部主席唐長坤因非法集會示威反對印尼非法移民，而遭警方以內部安全法加以逮捕。在同一天，民行黨國會議員黃生財醫師、國會議員陳國偉及其他八名黨員，在馬大校門口因抗議馬大評議會最近就馬大文學院選修課一律改用馬來語授課之新規定，遭警方逮捕。10月11日，華團政黨，包括馬華公會、民行黨、人社、社民和砂拉越人民聯合黨在吉隆坡天后宮舉行「全國政黨華團抗議大會」，抗議華小高職決策，通過決議要求政府在10月14日收回派任各華小任高職的不具華文資格教師，將於10月15-17日號召受影響的華小實行罷課抗議。內閣成立小組，檢討及處理該項問題。「全國政黨華團聯合行動委員會」雖決定取消罷課，但來不及通知各華小，全馬多間受影響的華小有5萬名學生在10月15-16日仍舊採取罷課行動。

　　10月17日，巫青團在體育館所舉辦的一場集會中，大肆渲染種族主義思想，公開說：「513事件已經開始了，讓短劍浸浴在

88　林吉祥於1941年2月20日生於柔佛州峇株巴轄，父為自學成功的獸醫，他有兄弟姊妹四人，排行第四。曾就讀華小兩年，後轉入峇株英校就讀。畢業後在新山擔任一年臨時教師。1961年，在新加坡擔任海峽時報記者。1963-1965年，任新加坡電台記者。1969年5月18日至1970年10月1日，遭內安法扣留在獄中，通過函授課程，攻讀倫敦大學校外法學學位。1976年8月，考獲倫敦大學學位。同年11月，進入林肯法學院，1977年5月畢業。以後在吉隆坡開律師樓，執業律師。他曾任民行黨組織秘書，1967年吳福源辭去黨秘書長後，他就接任該職。1968年參選州議員，結果失敗。1969年，當選馬六甲市區國會議員。參見南洋星洲聯合早報（新加坡），1987年10月30日，頁19。

華人的鮮血裡。」[89]該一主張明顯是在煽動族群情緒，挑激對華人的仇恨。群眾又高呼革除馬華公會署理總會長李金獅勞工部長職務。

10月24日，李金獅因被批評挑激種族言論，而被雪蘭莪蘇丹褫奪「拿督」（Dato）及「雪蘭莪皇室效忠勳銜」（Setia Mahkota Selangor, SMS）。[90]同一天，全國華青協調理事會在馬青署理總團長葉識樂的帶領下向警方報案，要求針對新聞部長莫哈默拉末（Mohamed Rahmat）在10月18日在太子世界貿易中心一項由巫統主催的公民覺醒集會上所發表的極端言論展開調查。他們指控莫哈默拉末的言論侮辱華人和印度人公民為「外來移民」，企圖挑起種族間的敵意、擾亂社會秩序和威脅國家安全，此已觸犯1948年煽動法令。馬國內閣在1986年7月亦已做成決定，任何人都不可以稱華人和印度人為「外來移民」。[91]

從10月27日起至11月4日，爆發族群衝突，10月28日馬國警方依據內安法逮捕63人，同時宣佈禁止集會，包括巫統預定在11月1日的集會。馬來語將此大逮捕行動稱為「茅草行動」（Operation Lalang, Weeding Operation, Ops Lalang）。10月28日，宣布四家報紙不定期停刊，包括英文的星報（*The Star*）（屬馬華公會所有）、星期日星報（*Sunday Star*）、華文的星洲日報和馬來文的雙週刊祖國（*Watan*）。被捕的人中有16人是反對黨的民主行動黨黨員，包括秘書長林吉祥，馬華公會有8人被捕，包括霹靂馬青團長陳立志、馬青總團長葉炳漢、陳財和、鄧詩漢。此外，巫統有3人（巫統國會議員依布拉欣阿里、巫青團中委達祖汀拉曼和巫青教育局主任兼州議員化米依布拉欣）、民政黨有5人（包括能源電訊及郵政部政務次長王添慶）、伊斯蘭教黨有9

---

[89]方山主編，馬泰邊區風雲錄，第二集，前引書，頁346-347。
[90]南洋星洲聯合早報（新加坡），1987年10月25日，頁15。
[91]南洋星洲聯合早報（新加坡），1987年10月25日，頁15。

人、馬來亞社會主義人民黨（Parti Sosialis Rakyat Malaya）有 1 人被捕。其他被捕者包括社會改革運動（Aliran）的主席詹德拉·穆札法（Chandra Muzaffar）、華文教育者董教總主席沈慕羽及其兒子沈同欽（民行黨州議員）、基督教徒、穆斯林教師等人。[92]此次族群衝突起源於馬國教育部要派遣 100 名不懂華文的教師擔任華小的校長，引起華社的不滿。10 月 17 日，巫統青年在吉隆坡集會，發表反華人的言論，使族群問題更是火上澆油。至 11 月中旬，被捕人數增加到 119 人。[93]

12 月 26 日，有 55 人獲釋。詹德拉·穆札法等 8 人向法庭申請人身保護令（habeas corpus），理由是錯誤逮捕，但遭最高法院駁回。其中三人再向最高法院上訴，12 月 23 日，遭最高法院駁回。12 月 26 日，被捕的 33 人被判入監 2 年，8 人被判軟禁，2 人被判處逐出其居住的州，8 人繼續接受調查。林吉祥被判處兩年徒刑，其理由是他從 1983 年 1 月起數度挑起種族敏感問題。[94]

馬國之所以爆發此次族群衝突，並非憑空發生，而是有其歷史背景。馬國在獨立後曾頒佈三個教育法令。1957 年教育法令，又稱敦拉薩（Razak）報告書。它廢除 1952 年教育法令，所有小學須有共同的課程內容，但可用不同的語文，包括英文、馬來文、華文和印度文（淡米爾文）作為教學媒介語。[95]1961 年教育法令，其中第 21(b)條文，賦予教育部長可以在他認為適當的時刻，改

---

[92]南洋星洲聯合早報（新加坡），1987 年 10 月 29 日，頁 1。

[93] 正義之聲：「茅草行動你不知道的真相」，
http://fbzhengyizhisheng.wordpress.com/category/%E8%8C%85%E8%8D%89%E8%A1%8C%E5%8A%A8-%E4%BD%A0%E4%B8%8D%E7%9F%A5%E9%81%93%E7%9A%84%E7%9C%9F%E7%9B%B8/　2023 年 1 月 19 日瀏覽。

[94] *Keesing's Contemporary Archives*, March 1988, p.35772.

[95]崔貴強，新馬華人國家認同的轉向(1945-1959)，南洋學會出版，新加坡，1990，頁 395。

變任何學校的教學媒介語。

　　1961 年教育法令第 21 條(2)是馬國社會的敏感問題，困擾華人社會。該條文是授權教育部長，在必要時將華文及淡米爾文國小改制為國民小學。自國會通過該教育法令後，華社不斷的要求政府廢除這一條文，而一直沒有獲得政府的正面回應。

　　1985 年，馬國教育部開始草擬新的教育法令。至 1991 年，馬國政府召集所有政黨、團契及教育人士，成立「國家教育諮詢理事會」，目的在收集各界對於教育敏感問題的看法。1995 年 12 月 17 日，馬國華校董事會總會（董總）和馬國華校教師總會（教總）、馬國中華大會堂聯合會（堂聯）、馬來亞南洋大學校友會、馬來西亞留台校友聯合總會、雪蘭莪中華大會堂及馬來西亞華校校友聯合總會等馬國 7 大華團，召開了千人參加的「全國華團爭取華教權益大會」，希望修改政府擬定的教育法令草案中若干封閉的條文，也就是應該採取更開放的、符合多元種族、文化、國文及國情的教育政策。馬華公會和民政黨認為該法草案可以接受，但華團認為不能接受。民行黨指責馬華公會和民政黨沒有落實承諾，並沒有在內閣極力爭取，以便改善這項草案裡限制華文教育發展的條文。20 日，國會通過該法案。該法案刪除了 1961 年教育法令第 21(b)條文的內容。新法案第 151 條文規定那些在 1961 年教育法令下註冊的教育機構獲得承認；而政府也將附加條款，進一步保證華小和獨中的地位。但馬國 7 大華團認為新法案比舊法更為封閉，出現更令人不安的條文，例如第 16、17、19、43、143 條，因為這些條文都有把華文國小改制為馬來文國小的功能。尤其是第 143 條，授權教育部長在他認為適當的時刻，可以取消法案內任何一項獲得豁免權的條文。在強調馬來文教育的新法裡，華小和獨中的地位就是獲得豁免權而存在的。第 17 條，規定以

國語作為教學媒介語。但華團主張該條文不適用於私立高等教育機構。[96]換言之，獨中仍可使用華語作為教學媒介語。

第九節　華人政黨的消長

一、西馬

在第 20 世紀初，馬國華人參加的中國國民黨和 1930 年成立的馬來亞共產黨，都是非法政黨組織，遭英國殖民當局取締。1945 年 8 月，馬共成為合法政黨。1948 年進行叛亂活動，遭英國當局禁止，參加馬共份子大多數是華人，不是被政府殺害、逮捕，就是躲藏在馬、泰邊境進行反英游擊戰。1989 年 12 月 2 日，馬共代表總書記陳平、阿都拉 C.D、拉昔邁丁；馬國政府代表為內政部秘書長丹斯里・溫西迪（Wan Sidik Wan Abdul Rahman）、警政署長丹斯里・韓矗夫；和泰國代表陸軍總司令查瓦利（Chaovaslit Yongchaiyuth）上將在泰國南部合艾市蟲園酒店簽署聯合公報與和平協議，[97]結束馬共 59 年的革命事業。投降的馬共成員總數有 1,114 人。[98]

陳禎祿、李孝式、李光前、黃樹芬、伍瑞琴、劉伯群等人在 1947 年在新加坡中華總商會召開會議，並邀請英駐馬、新最高行政專員堅特（Sir Gerard Edward James Gent）出席，討論爭取馬

---

[96] 南洋星洲聯合早報（新加坡），1995 年 12 月 10 日，頁 17；1995 年 12 月 17 日，頁 19；1995 年 12 月 21 日，頁 14；鍾天祥，「輕舟已過萬重山，馬國國會通過教育法案」，南洋星洲聯合早報（新加坡），1995 年 12 月 23 日，頁 14。

[97] 關於聯合公報內容請參見蘇麗雅妮・阿都拉（應敏欽），第十支隊與獨立：荊棘滿途的馬來民族鬥爭史，永聯印務有限公司，吉隆坡，2005 年，頁 164。

[98] 「馬國警察總長談馬共始末：時代狂潮終歸平息（八）」，南洋星洲聯合早報（新加坡），1998 年 8 月 25 日，頁 12。但劉鑑銓主編的書卻有不同的記載，該書說放下武器的馬共份子有 1,188 人，其中有 670 名泰國人、494 名馬國人、21 名新加坡人和 1 名日本人。參見劉鑑銓主編，青山不老：馬共的歷程，星洲日報，吉隆坡，2004 年，頁 128。

來亞華人權益的問題。馬共叛亂後，陳禎祿等人提議成立馬來亞華人公會的組織。

英國殖民當局允許馬國華人在 1949 年 2 月成立純由華人組成的馬華公會，初期參加馬華公會的成員主要是海峽華人、華商和會館的領袖，其中有些是中國國民黨黨員，首任總會長是陳禎祿，他是峇峇。由於該黨早期的組成份子大多數是海峽華人，所以與英國當局是合作的關係，不是忠誠的反對黨。後來馬來亞獨立，該黨也是與巫統合作，在 1952 年與巫統合組「聯盟黨」參選。基於雙方有合作的歷史關係，它與華人普羅大眾有所距離，無論是華人公民權問題、華文教育問題、國語問題，華人普羅大眾批評該黨未能站在華人的立場進行交涉，即使有交涉也是態度軟弱。該黨因為與巫統合組「國民陣線」（National Front），在聯合政府中通常財政部長和教育部次長、工業及貿易部或交通部次長會由該黨的領袖出任。例如，馬來西亞第一位財政部長是李孝式（曾是中國國民黨陸軍上校），陳修信也擔任財政部長。

由於時局變化，面臨日益興起的民主行動黨的挑戰，馬華公會的勢力日漸衰弱，可從其國會議席數看出來。1955 年第一屆馬來亞大選，馬華公會在 52 席中贏得 15 席。足見馬華公會還獲得相當大的支持。至 1999 年，該黨達最高峰，在 193 席中贏得 31 席國會席次，2004 年也維持該一席次，以後走下坡，2013 年在 222 席中只贏得 7 席，2018 年和 2022 年均只贏得 1 席，其泡沫化至為明顯。

林蒼佑醫生原是馬華公會第二任會長，因為與東姑阿都拉曼為了國會議席分配出現歧見，未獲該黨保守派之支持而於 1961 年退出馬華公會。他在同年在芙蓉創建民主聯合黨。該黨在 1964 年參選，只有林蒼佑一人當選，地盤僅限於檳城。新加坡退出聯邦後，林蒼佑試圖與民主行動黨的吳福源合作，但未被吳福源接受。所以他與勞工黨內失意的受英文教育領袖，包括陳志勤醫生、

維拉板、大衛及陳樸根等，再加上學術界名士賽胡申阿拉達斯教授（新加坡大學馬來語文教授）和王賡武教授（馬來亞大學歷史系教授）、專業人士及職工會領袖等，於 1968 年 3 月 24 日成立馬來西亞民政運動（Gerakan Rakyat Malaysia）（簡稱民政黨）。該黨是一個以華人為主的跨族群政黨，根據地在檳城及其附近城市。

民政黨目標在努力爭取民主、經濟與社會公正的原則，提高工農階級的生活條件，建立一個非種族性的溫和社會主義政黨。賽胡申阿拉達斯出任主席，林蒼祐為副主席。該黨在 1969 年第一次參選國會，贏得 8 席。民政黨成為檳州執政黨，林蒼祐當上檳州首席部長。1974 年大選，該黨加入「國陣」，贏得 5 席。1978年大選，該黨贏得 4 席。該黨最好的成績是在 2004 年，贏得 10席國會議席。以後就走下坡，2018 年沒有獲得任何席次。2018 年6 月 23 日宣佈退出「國陣」。2022 年大選，民政黨加入「國民聯盟」（Perikatan Nasional），只獲得 305,025 張票，沒有贏得議席。[99]

新加坡退出馬來西亞聯邦後，原任馬來西亞聯邦議員的蒂凡那（Chengara Veetil Devan Nair）出任馬來西亞人民行動黨的領導人。後來馬來西亞社團註冊官認為人民行動黨是「外國的政黨」，所以蒂凡那將黨名改為民主行動黨（Democratic Action Party），並向馬來西亞政府登記。該黨是以華人為基本再加上印度人的跨族群政黨，以主張各族平等及民主社會主義為號召，獲得中下層華人和印度人之支持。該黨長期以來都是反對黨，2008 年之得票率節節升高，2018 年大選贏得 42 席，該黨加入「希望聯盟」（Hope Pact, Pakatan Harapan），首次成為執政黨。馬哈迪首相在 2021 年

---

[99] "2022 Malaysian general election," *Wikipedia*, https://en.wikipedia.org/wiki/2022_Malaysian_general_election　2023 年 1 月 11 日瀏覽。

下台，該黨再度成為在野黨。2022 年 11 月，「希望聯盟」獲勝，安華組織聯合政府，民行黨再度成為執政黨。安華內閣任命五位華人部長，包括陸兆福（馬華公會總會長）出任交通部長，倪可敏（民行黨）為地方政府發展部部長，張麗康（人民公正黨）為科學、技術和創新部長，張景星（進步民主黨(PDP)）為旅遊、藝術和文化部長，楊巧雙（民行黨）為青年和體育部長。華人出任副部長者有 6 位，包括：劉鎮東（民行黨）為國際貿易與工業部副部長，沈志強（民行黨）出任財政部副部長，林慧英（民行黨）為教育部副部長，陳鳳軒（民行黨）為農業和糧食安全部副部長，黃忠時（砂拉越聯合人民黨(SUPP)）為自然資源、環境和氣候變化部副部長，張念卿（民行黨）為通信和數字部副部長。從上述分析可知，華人當選國會議員的人數大概在 40 位左右，從 2008 年選舉以來，可看出來華人選票往民行黨集中，馬華公會和民政黨的得票數逐次減少。

表 10-3：1969-2022 年馬華公會與民主行動黨國會席次比較

年代 政黨	'55*	'59	'64	'69	'74	'78	'82	'86	'90	'95	'99	'04	'08	'13	'18	'22
馬華公會	15	19	27	13	19	17	24	17	18	31	29	31	15	7	1	2
民主行動黨（DAP）				13	9	16	9	24	20	8	10	12	28	38	42	40
民政黨				8	5	4	5	5	5	7	6	10	2	1	0	0

資料來源：作者自行整理。

二、東馬

　　早期華人移入東馬的砂拉越，主要目的是為了採掘金礦。華人約在 1760 年代移至西婆羅洲的三發（Sambas）和坤甸（Pontianak），他們主要是客家人，在這一帶從事開採金礦。至

1820 年代，控制西婆羅洲的荷蘭提高徵稅，加上在砂拉越也發現金礦，所以有不少華人往北遷移到砂拉越河上游的石隆門（Bau）。詹姆士・布魯克（James Brooke）對於華人經營的行業擬定新的管理辦法，例如，擬增加賭博、鴉片和黃金出口業的稅率，禁止鴉片和酒直接與外國貿易，禁止黃金和銻礦直接出口，及要求華人退出秘密的天地會（後稱三合會）。1856 年，詹姆士・布魯克許可在石隆門設立婆羅洲公司（Borneo Company），進行開發金礦。上述各項措施引起華人的不滿，1857 年 2 月 18 日，在石隆門的 600 名客家華人金礦礦工在首領王甲率領下划船順著砂拉越河而下攻擊古晉，兩名英國人小孩和 5 名大人被殺，多名英國人被捕。古晉的馬來人住區遭到破壞。詹姆士・布魯克游泳越過砂拉越河，獲得歐洲人礦業公司的一艘船隻的營救，逃過一劫。

王甲等華人領袖召喚牧師也是婆羅洲公司經理黑爾姆斯（L. V. Helms）、英國商人魯派爾（Rupell）、馬來人酋長萬達（Datu Bandar）至官署，王甲高坐在砂拉越王位上，宣佈獨立，命黑爾姆斯、魯派爾管理歐人事務，萬達管理馬來人事務，同在其全權治理之下。[100]

詹姆士・布魯克率領砂拉越的馬來人和伊班人進攻華人住區，迫使約 2 千名華人越過邊境逃到荷蘭領地西卡里曼丹的三發，遭荷蘭逮捕。[101]躲在山區山洞中的華人亦被放火燒死或悶死。25 日，石隆門的華人住區被放火燒毀，動亂始弭平，以後華人社區被孤立，華人的權力被削減，被禁止參與政府的工作。據粗略估計，該次事件約有 1 千名華人被殺。[102]詹姆士・布魯克在鎮壓石隆門

---

[100] 宋哲美編纂，北婆羅洲、婆羅乃、砂拉越華僑志，華僑志編纂委員會編印，台北市，民國 52 年，頁 206-207。

[101] Mary F. Somers Heidhues, *Golddiggers, Farmers, and Traders in the "Chinese Districts" of West Kalimantan Indonesia*, Cornell Southeast Asia Program Publication, New York, 2003, pp.102-103.

[102] Virginia Matheson Hooker, *op.cit.*, pp.144-145.

的華人動亂時，亦獲得不少華人之支持，其總管劉直是華人。此一事件亦涉及華人之間利益衝突的問題。

　　查理士·布魯克為了開發新領地，積極鼓勵移民，尤其是歡迎華人移入開發。福州人黃乃裳在其女婿新加坡華僑林文慶之資助以及華民裁判廳廳長泉州人王長水介紹下，於 1900 年覲見查理士·布魯克，商准貸款撥地，訂約章 31 款，從事墾荒。黃乃裳向查理士·布魯克貸款 3 萬元，為招募華工 3 千人之川資，新墾地選擇在詩巫（Sibu）。該年 11 月帶領第一批移民 72 人抵詩巫。12 月，率美以美教會移民 500 多人到詩巫。1902 年秋又招募 540 人到詩巫，種植甘蔗、甘薯、蔬菜、胡椒。1906 年，黃乃裳因為招墾移民及開發未如預期，而離開詩巫，返回中國。以後福州人仍源源前往詩巫拓墾，人數達 2 萬多人，而有「新福州」之稱號。1911 年 4 月，福建興化基督教美以美教會亦有移民 107人、1912 年 6 月有 40 人抵新福州開荒，成立興化墾場。[103]

　　由於砂拉越共產黨活動頻繁，造成社會動亂，英國在 1952年宣布砂拉越緊急狀態法令。砂拉越第一個共產主義組織是1951 年成立的「砂拉越海外華人民主青年聯盟」（Sarawak Oversea Chinese Democratic Youth League），它在華文中學煽動學生反對保守反共的教師。1952 年，一名警察遭共黨份子殺害，砂拉越英國當局宣布緊急狀態，逮捕共黨份子，「砂拉越海外華人民主青年聯盟」瓦解。1954 年，繼之而起的共黨組織是「砂拉越解放聯盟」（Sarawak Liberation League）。兩年後，該組織瓦解，取而代之者是「砂拉越先進青年協會」（Sarawak Advanced Youths' Association），它在學生、工人和農民間活動，爭取他們的支持。[104]

---

[103] 關於華人在砂拉越之開墾，請參見宋哲美編纂，前引書，頁 207-216。

[104] Alastair Morrison, *Fair Land Sarawak: Some Recollection of an Expatriate Official*, Cornell Southeast Asia Program, Cornell University, USA, 1993, p.95.

1959 年 6 月,成立多元種族性政黨砂拉越人民聯合黨(Sarawak United People's Party, SUPP),主要是由華人領導。該黨在 1960 年分裂,另成立砂拉越國家黨(Party Negara Sarawak, PANAS),其成員包括馬來人、伊班人和少數華人。[105]

當 1963 年討論成立馬來西亞聯邦議題時,砂拉越的華人大多數是持反對意見的。這些反對大馬計畫的華人社團,包括第一省的中華商會及其他同鄉會;第二省的中華公會、福州公會、峇丹魯巴碼頭工友聯合會、小販公會、德士車主公會;第三省詩巫市 19 個社團;第四省的 9 個社團,包括美里中華商會、大埔同鄉會、福州公會、嘉應五屬同鄉會、龍州公會、瓊州公會、廣惠肇公會、紹安公會、客屬公會;第五省的中華商會、華僑俱樂部、福州公會、碼頭工友聯合會、中華校友會。[106]

當聯合國調查團於 1963 年 8 月 27 日抵達詩巫、8 月 30 日抵達美里(Miri)時,有數千名華人示威反對併入馬來西亞聯邦。在詩巫一所學校,當聯合國調查團舉行公聽會時,遭華人打破教室窗戶,警察對示威者開槍示警。在美里,警察對華人暴民開槍及施放催淚瓦斯。這兩地的暴動並無馬來人和土著參加。但聯合國調查團在北婆羅洲首府吉賽爾登(Jesselton)的待遇則不同,它受到 1 萬名民眾的歡迎,民眾高呼「支持東姑,反對蘇卡諾」(Tunku yes, Sukarno no)。

砂拉越人民對於馬來西亞聯邦計劃的態度之所以和北婆(沙巴)不同,乃因為砂拉越在詹姆士家族統治下是一個獨立的國家,華人想成立一個獨立的國家;而北婆在英屬北婆公司的統治下,受英國的影響較深,支持英國對於馬來西亞聯邦計劃之立場。

砂拉越沒有純華人政黨,多是跨族群的政黨。其中以華人為主體的政黨是砂拉越人民聯合黨(Sarawak United Peoples' Party,

---

[105] Harry Miller, *op.cit.*, p.221.
[106] 民眾報(砂拉越),1962 年 8 月 20 日-8 月 22 日。

or SUPP），成立於 1959 年，創黨黨主席是王基輝（Ong Kee Hui），他主張砂拉越獨立。從 1970 年到 2018 年 6 月，該黨曾是「國陣」的成員之一。2018 年 6 月 12 日，該黨決定脫離「國陣」，另組建一個砂拉越政黨聯盟（Gabungan Parti Sarawak）。[107]

黃順舸（Wong Soon Koh）於 2014 年脫離砂拉越人民聯合黨，另外成立聯合人民黨（United People's Party, UPP），總部設在古晉，是一個以華人為主的跨族群政黨。2018 年 12 月 8 日，該黨更名為砂拉越聯合黨或砂拉越團結黨（United Sarawak Party, PSB）。[108]

北婆羅洲於 1888 年成為英國殖民地。1912 年，英國在北婆設立立法委員會（Legislative Council），由 7 名官員和來自華人、商界、東海岸和西海岸的種植者的 4 名委員組成。

沙巴在 1951 曾進行人口普查，總人口數為 334,141 人，其中華人 74,374，佔 22.3%。[109]1955 年年底統計，擔任警察的華人有 24 人，佔所有警察 987 人的 2.4%。另外該年有 3 名外籍的華人檢查員加入，其中 2 人是有經驗的汽車檢查員，分別派駐在吉賽爾登和山打根（Sandakan），負責車輛登記和檢查。第 3 人則當時刻在新加坡警察訓練學校受訓。[110]從 1954 年 7 月 1 日起，哥打毛律（Kota Belud）鎮停止稱為都市地區，被併入鄉村行政地區，英國任命華人加入地方行政署（Local Authority）的一員，

[107] "Sarawak United Peoples' Party," *Wikipedia*, https://en.wikipedia.org/wiki/Sarawak_United_Peoples%27_Party　2023 年 1 月 11 日瀏覽。

[108] "Parti Sarawak Bersatu," *Wikipedia*, https://en.wikipedia.org/wiki/Parti_Sarawak_Bersatu　2023 年 1 月 11 日瀏覽。

[109] *Colonial Reports: North Borneo 1955*, London, Her Majesty's Stationery Office, 1956, Designed, printed and bound by the Technical Staff of the Government Printing Department, North Borneo, 1956, p.9. https://seadelt.net/Asset/Source/Document_ID-433_No-01.pdf　2023 年 1 月 11 日瀏覽。

[110] *Colonial Reports: North Borneo 1955*, p.88.

在此之前，該地方行政署都是由土著擔任。該項實驗成功，所以在 1955 年 1 月 1 日在實必丹（Sipitang）設立第二個地方行政署。該署最初由一名外籍行政官員擔任主席，但後來任命助理地區官員（Assistant District Officer），如哥打毛律地方行政署，是一名土著，隨後被任命為主席。[111]

羅思仁（Peter Lo Su Yin）於 1961-62 年被任命為北婆羅洲立法議會的代表。他在 1962 年成立聯合黨（The United Party），後來與民主黨合併稱婆羅洲北方國民黨（Borneo Utara National Party, BUNAP）。1963 年沙巴併入馬來西亞聯邦，該黨更名為沙巴國民黨（Sabah National Party, SANAP）。1965 年，該黨併入沙巴華人公會（Persatuan Cina Sabah，SCA）。沙巴華人公會於 1962 年 10 月成立，羅思仁是 1965 年至 1967 年的第二任沙巴首席部長。該黨在 1967 年沙巴州議會選舉中贏得 5 席，1969 年和 1974 年分別贏得國會議席各 3 席，當時它是「國陣」成員。1976 年，競選州議員失敗，該黨即解散。[112]

沙巴進步黨（Sabah Progressive Party, SAPP）成立於 1994 年，創黨黨主席是前沙巴首席部長拿督楊德利（Yong Teck Lee），該黨是多元種族政黨。在 2008 年 3 月 8 日舉行的大選中，該黨贏得兩個國會議席。2008 年大選後，許多沙巴政黨呼籲從馬來西亞聯邦政府獲得更多自治權。

沙巴進步黨主席楊德利於 2008 年 6 月 23 日在下議院對首相巴達威（Abdullah Ahmad Badawi）提出不信任動議，要求他下台。該黨批評政府對沙巴問題的麻木不仁，並表示為了沙巴的利益，它主張沙巴自治、納閩回歸和 20%的石油收入歸屬沙巴。

---

[111] *Colonial Reports: North Borneo 1955*, p.146.
[112] "Sabah Chinese Association," *Wikipedia*,
https://en.wikipedia.org/wiki/Sabah_Chinese_Association 2023 年 1 月 11 日瀏覽。

2008 年 9 月 17 日，該黨退出「國陣」。2016 年，該黨成為聯合沙巴聯盟（United Sabah Alliance, USA）的一分子。[113]

第十節　結論

自第 7 世紀以來，馬來半島上的古國即與中國發展商貿活動，像吉打、馬六甲、柔佛、彭亨、登嘉樓、吉蘭丹等地的港口，都有華人的蹤影。華人大量移居，是英國在第 19 世紀殖民開發之需要，而引進華工。英國為了統治的需要，設立立法機關，才委任華人擔任議員。華人加入海峽公民之人數少，談不上華人參政之權利。

二戰後馬來亞成為自治地位，華人才真正參與政治，組織馬華公會。1957 年馬來亞獨立後，馬華公會和巫統組成「國民陣線」，獲得大部分華人之支持。1965 年新成立的民主行動黨成為反對黨，吸引中下層華人參加和支持，2008 年其勢力超過馬華公會，後者逐漸泡沫化。2018 年，「國陣」敗選，馬哈迪組織的「希望聯盟」政府，民行黨首度成為執政黨。2020 年馬哈迪下台，民行黨成為在野黨。2022 年安華組織「希望聯盟」聯合政府，民行黨再度成為執政黨。在馬來人優先政策沒有改變前，華人政黨仍將是馬來人政黨的配角，無法公平的分享政權。

---

[113] "Sabah Progressive Party," *Wikipedia*, https://en.wikipedia.org/wiki/Sabah_Progressive_Party　2023 年 1 月 11 日瀏覽。

第十一章　柬埔寨的華人與政治之關係

第一節　前言

　　柬埔寨古稱扶南，西元第 3 世紀東吳曾派遣朱應、康泰出使扶南。第 5 世紀以後，扶南跟中國進行了貿易，由於扶南能造大船，有許多大船到中國，於是中國人就稱呼這類大船為「舶」，取其扶南人稱大船的音。

　　在第 3 世紀時，航行中國與南洋之間的船隻可能還是以外國船隻為主，因為當時外國船隻較大，載重量大，例如扶南船就是主要的航行船隻。根據太平御覽的描述：「[萬震的]南州異物志曰：『外域人名舡曰舡[應為舶]，大者長二十餘丈，高去水三二丈，望之如閣道，載六七百人，物出萬斛。』」[1]

　　太平御覽卷 769 引述康泰撰的吳時外國傳亦說：「扶南國伐木為舡，長者十二尋，廣肘六尺，頭尾似魚，皆以鐵鑷露裝，大者載百人，人有長短橈及篙各一，從頭至尾，約有五十人作或四十二人，隨舡大小，立則用長橈，坐則用短橈，水淺乃用篙，皆當上應聲如一。」[2] 從上可知，康泰出使扶南，可能係乘扶南船。在第三世紀時，扶南船尚未使用風帆，而使用橈及篙。

　　此後，中國商人在朝貢貿易下應經常往來於中國和扶南之間的貿易路上。至於華人移居柬埔寨則無明確的史書記載。

　　直至第 13 世紀，元國為了攻打柬埔寨（當時稱為真臘），而在 1296 年派遣周達觀前往柬埔寨探查該國虛實。周達觀在柬埔寨住了一年多，回國後寫了返國報告真臘風土記。經過一百多年

---

[1] [宋]李昉等編撰，太平御覽，卷七百六十九，舟部二，敘舟中，新興書局，台北市，1959 年，頁 3543。

[2] [宋]李昉等編撰，太平御覽，卷七百六十九，舟部二，敘舟中，頁 3543。

後,該書才被刊刻出版。該書中曾記載華人已在首都吳哥(Angkor)居住及從事商業活動。1431 年,暹羅軍隊攻進吳哥,毀滅該城,柬埔寨被迫在 1434 年將首都遷到金邊後,華人亦跟著遷移到金邊,據估計在 1540 年代,金邊華人有 3 千人。跟華人在暹羅的情況一樣,華人可能與柬埔寨上層階層通婚,以強化雙方的關係。3

關於早期華人到柬埔寨的情況,在古史中均沒有記載。造成這種情況的主要原因,是柬埔寨缺乏重要的天然資源,與中國的貿易往來有限。在第 15 世紀到 16 世紀,中國重要的貿易對手國是安南、暹羅、爪哇和印度。因此,本文擬探討的是第 17 世紀以後華人移入柬埔寨的背景及以後華人參與柬埔寨政治的情況。

第二節　越南移殖華人至柬埔寨

柬埔寨人原先居住在湄公河下游三角洲,包括今天南越 6 省地區。從大越國到湄公河三角洲地區,中間隔著占城國,直至大越國在 1471 年滅了占城國後,越族勢力開始南下,因為原先占城國的峴港、會安和歸仁等港口是當時重要的中、印航路上的港口,在這些港口以南到湄公河出海口之間的區域,則大都尚未開發,也沒有重要物產,在潘朗地區尚有賓同龍國,占城的殘餘勢力還在該地活動,所以越族往南移動的速度緩慢。直至第 17 世紀,越族才將賓同龍地區殘餘的占城勢力加以消滅。

一位葡萄牙探險家在 1609 年到過金邊,他說該城市有居民 2 萬人,其中華人有 3 千人。4

3　David P. Chandler, *A History of Cambodia*, O. S. Printing House, Bangkok, Thailand, 1993, p.80.

4　Bernard. P. Groslier, *Angkor et le Cambodge au XV le siècle d'après les sources portugaises et espagnoles* (Annals du Musèe Guimet, vol. lxiii), Paris: Presses Universitaires de France, 1958, p.152; William E. Willmott, "History and sociology of

　　明國張燮於 1618 年撰的東西洋考的卷三柬埔寨條記載:「籬
木州,以木為城,是華人客寓處。」又記載:「船至籬木,以柴
為城。酋長掌其疆政,果幣將之,遂成賈而徵償。夷性頗直,以
所鑄官錢售我,我受其錢,他日轉售其方物以歸。市道甚平,不
犯司疏之禁,聞有鯁者,則熟地華人自為戎首也。」「土人見唐
人,頗加敬畏,呼之為佛,見則伏地頂禮,近亦有欺負唐人,由
去人之多,故也。」[5]籬木州,為今日之金邊。[6]從該書和前述葡
萄牙探險家之記載可知,當時金邊已是華人聚居處。

　　1672 年,廣南國阮主將以前占城的領地改名為順城營,後來
改為平順府。阮主也將勢力伸展到柬埔寨。1673 年,柬埔寨發生
王位繼承戰爭,阮主進行干涉,柬國分裂為二,一是以烏東
(Oudong, Udong) 為中心,一是以西貢為中心,後來西貢的統
治者安農被迫承認阮主的宗主權,西貢落入阮主的勢力範圍。

　　1679 年,阮主阮福溙 (Nguyên Phuóc Tān) 同意中國明朝的
逃難將領高雷廉總兵陳上川、龍門總兵楊彥迪率領的 3 千多人、
戰船 50 餘艘前往湄公河下游開發,楊彥迪在美湫 (My Tho);
陳上川在邊和和西貢等沼澤地帶建設城市,這些地方原屬於真臘
東浦 (嘉定別名),[7]同時拓展商業關係網絡,以後發展成華人聚
集的堤岸 (Cholon)。阮主賜封陳上川和楊彥迪官爵,令他們到
柬埔寨的土地上開墾,最後將之兼併入阮主的領土。

---

the Chinese in Cambodia prior to the French Protectorate," *Journal of Southeast Asian History*, Vol.7, No.1, March 1966, pp.15-38; William E. Willmott, *The Chinese in Cambodia*, University of British Columbia, Vancouver, Canada, 1967, p.5.

5 張燮,東西洋考,臺灣商務印書館,台北市,民國 60 年,頁 32-33。

6 「籬木州」條,南溟網,http://www.world10k.com/blog/?p=1219　2021 年 7 月 26 日瀏覽。

7 Nguyên Dinh Dâu, *From Saigon to Ho Chi Minh City 300 Year History*, Land Service Science and Technics Publishing House, Ho Chi Minh City, 1998, pp.9-12. [越]張登桂等纂,大南寔錄,第一冊,前編,卷五,越南國家圖書館,河內,1844年,頁82。

1698 年，阮主阮福淍（Nguyên Phuóc Chu, Chúa Minh）派遣阮友欽（Nguyên Hūu Kinh）到湄公河下游調查土地，設立嘉定縣以及福隆縣（Phuóc Long）和承平縣（Tân Binh）（現在已納入胡志明市內）。設置鎮邊營（即邊和）和藩鎮營（即嘉定），派官治理，鼓勵越族從廣南、廣義和歸仁移入湄公河三角洲地區，同時允許他們自由取得土地。[8]居住在鎮邊營的華人，則立為「清河社」，居住在藩鎮營的華人則立為「明鄉社」。越南在該年將普瑞諾科鎮改名為柴棍（西貢之早期譯名）（柴棍位在嘉定城南 12 里處）[9]。

另一支明國軍隊由鄭玖率領 4 百多人於康熙 19 年（1680 年）前往高棉南榮府（越南對金邊之稱呼），「見高棉柴末府華民（按指越南人）、唐民（按指華人）、高棉、闍婆（按指爪哇人）諸國湊集，開賭博場，徵課，謂之花枝，遂徵買其稅。又得礦銀，驟以致富。招越南流民於富國、隴綦、芹渤、淎薑、瀝架、哥毛等處，立七社村以所居。相傳常有仙人出沒於其間，因名河仙。」[10]按當時越南史書所講的唐人，指的是中國人，華民，指的是越南人，因為越南認為中國已亡於清，故以漢人自居，遂自稱華民。

依據越南大南寔錄之記載，「大越黎顯宗 17 年(1708 年)8 月，以鄭玖（Mac Cuu(Mo Jiu)）為河僊[11]鎮總兵。玖，廣東雷州人，明亡留髮而南投于真臘為屋牙，見其國柴末府多有諸國商人輳集，乃開賭博場徵課，謂之花枝。又得坑銀致富，因招流民於富國、芹渤、架溪、隴棋、香澳、哥毛等處（均地名，今屬河僊）。立七

8　Nguyên Dinh Dâu, *op.cit.*, p.12.

9　鄭瑞明，「十九世紀越南南圻的華僑及其事業」，國立臺灣師範大學歷史學報，第七期，1979 年 5 月，頁 253-282, 263。

10　[越]鄭懷德，嘉定通志，河僊鎮，出版年代不詳，頁 14。漢喃古籍文獻典籍數位化計畫。https://lib.nomfoundation.org/collection/1/volume/973/

11　河僊，又寫為河仙，位在暹羅灣，原屬柬埔寨領土，因為鄭玖控制及開發該地，他尋求順化阮主（廣南國）命其為河仙總兵，致成為廣南國的領土。

社村，以所居地相傳，有僊人出沒河上，因名河僊。至是玖委其屬張求、李舍上書求為河僊長。上許之，授總兵，玖建立營伍，駐於芳城，民日歸聚。20 年 4 月，河僊鎮總兵鄭玖詣闕謝恩。上厚賞之。」[12]

鄭玖在越南西南部河仙開發，開設賭場，以所得的錢招募流民，建立 7 社。河仙原屬於柬埔寨人居住地區，是中國到暹羅航路一個重要的中途補給休息站，因此有許多華人聚居。1708 年 8 月，鄭玖請求臣屬於阮主，阮主授以河僊鎮總兵之職，令其鎮守河仙，使得今日越南西南地區（包括富國島(Phu Quoc)）也隨之納入阮主控制。[13]由於這些地區原先的住民是高棉族，主要從事農耕和漁業為生，華人加入後，商業日漸發達，故吸引越南中部和北部的越族移入，其人數日漸超過原住民高棉族，甚至將高棉族驅趕至內陸地區，使高棉族退回至今天柬埔寨領土本部。

1736 年，鄭玖去世，由其兒子鄭天賜繼承總兵職，有一段時間河仙被暹羅佔領，很快又歸由鄭天賜控制，直至 1818 年，河仙都是由鄭家控制。1847 年，早年鄭玖所控制的封地，除了河仙鎮歸屬越南外，其他都歸還柬埔寨。[14]

柬埔寨國王在 1693 年在烏東公布土地法（Kram Srok, Law of the Land），該法第 100 條規定：「對於外國人，應選擇其領袖作為該一族群的領導人。寮族人、安南人、占族人、馬來人、華人和日本人應各自選擇其領導人，以管理各自族群的事務。」[15]

---

[12] [越]張登桂等纂，大南寔錄，第一冊，前編，卷八，頁 4。

[13] 但根據威爾莫特（William E. Willmott）之著作，1657 年，鄭玖時年 17 歲，他到柬埔寨的首都烏東，後來到河仙（Hatien），發展貿易、礦業和賭業，使該地成為一個重要的港口，1708 年被柬埔寨國王匿秋（闍耶吉塔四世）授以省督之職。因為柬埔寨力量衰弱，所以他在 1715 年改效忠阮主。1724 年，阮主封他為河仙總督。William E. Willmott, "History and sociology of the Chinese in Cambodia prior to the French Protectorate," op.cit., pp.26-27.

[14] William E. Willmott, "History and sociology of the Chinese in Cambodia prior to the French Protectorate," op.cit., pp.26-27.

[15] William E. Willmott, The Chinese in Cambodia, p.66.

該法對於如何選任各族群之領袖、任期及負責何項任務，均沒有規定。但可確定的，柬埔寨跟當時世界的習慣一樣，對外僑是採取間接統治。華人跟其他外國人一樣，無須像土著一樣要服每年3個月強制勞役。但華人跟其他外國人不同，可充任柬國官員，該法第103條規定，華人可擔任金邊港口官員。華人鄭玖在1708年成為總兵。1841年，一位中、棉混血兒因為協助安敦（Ang Duong）取得王位，而被任命為貢布（Kampot）省長（oknha）。該法第104條規定，「各種工作可委託華人擔任。」因此柬國國王給予華人各種專有權，包括稅收、鴉片、酒類、捕魚及伐木等。[16]華人領袖負責華人之間的糾紛的裁判和調解，例如法國人抵達貢布時，發現該地有一位曾經做過海盜的華人領袖文水（Mun-suy），是當地華人糾紛的裁判者。[17]

　　根據嘉定通志，「真森山，在高蠻（按即高棉）真森府地，土產降香（按：應為降真香）、白木香、砂仁、梢木諸珍貴物，華民、唐人列屋以居，結村會市，以從事山林川澤之利。」「茶溫江，在後江下流之東，市肆稠密，華民、唐人、高蠻會集之地。」「波忒江，在後江下流之南，距永清鎮兩百十七里，江口行六十里到䑯場，乃洋商停舶之所。華民、唐人、高蠻雜居，街市絡繹。」「波淶海門，在後江末流，溯西北上六十里至鎮夷道，沿邊江河灌莽叢雜，內皆土阜，唐人、高蠻多栽芬烟、蘿蔔、果瓜，殊甚美碩。」「美清海門西岸守所，華民、唐人、高蠻店舍稠密，栽植芬煙、瓜果，晒作乾蝦。」[18]

　　根據嘉定通志，城池志，「農耐大舖開拓初，陳上川將軍招

---

16 William E. Willmott, *The Chinese in Cambodia*, pp.67-68.
17 William E. Willmott, *The Chinese in Cambodia*, p.68; William E. Willmott, *"History and sociology of the Chinese in Cambodia prior to the French Protectorate,"* *op.cit.*, p.32.
18 [越]鄭懷德，嘉定城通志，卷二山川志，頁39、46、60、62。

致唐商營建舖街，瓦屋粉牆，岑樓層觀，眩江耀日。」[19]

　　1714 年，年輕的斯里坦瑪拉惹（Sri T'ammaraja）繼任為柬埔寨國王，他的叔叔已退位的國王基歐法（King Keo Fa）對年輕的國王宣戰，號召交趾支那的軍隊協助他復位，斯里坦瑪拉惹被推翻，夥同其弟弟逃到暹羅的阿瑜陀耶求援。暹羅嘗試以和平方式解決問題，結果失敗，遂派遣兩支軍隊攻打柬埔寨，大軍由卻克里（P'ya Chakri）指揮，路經暹粒（Siemreap），另一支小軍由華人柯沙狄菩提（P'ya Kosa T'ibodi）指揮，沿海岸前進，佔領班替密斯（Bantéay M'eas）（位在柬埔寨南部，靠近越南邊境），並燒城。但在該處遭到柬埔寨和大越阮主聯軍的攻擊，後勤補給不足，士兵吃隨軍動物，而且生病，最後失敗而歸。

　　在北方的卻克里軍隊則進展順利，攻進首都烏東，基歐法致送「金銀花」，以示臣服。不過，暹羅仍允許基歐法在位，並未恢復斯里坦瑪拉惹的王位。[20]

　　另據陳重金的著作，他說匿深軍隊攻擊匿淹，匿淹派人到嘉定求救。阮主派遣藩鎮營都督陳上川和鎮邊營副將阮久富出兵，圍匿秋和匿深於羅碧城（即祿兀），匿秋和匿深棄城逃至暹羅。陳上川乃立匿淹為真臘國王。[21]

　　1833-35 年，在南越嘉定爆發黎文傯據城叛亂，獲得華人天主教徒之支持。在該叛亂案弭平後，大概有 1 千多清人遭殺害，另有數百人逃至柬埔寨避難。

　　1835 年 7 月，越南政府重新規劃南部各省之管轄體制，改真臘巴忒府為巴川府，設按撫使一，以吏部員外郎阮嘉儀調領。初張明講奏，巴忒雖是藩地，而實界於安江、河僊兩省之間，西接安江永定縣，南接河僊龍川縣與南榮處間隔。其地清人聚居以

---

[19] [越]鄭懷德，嘉定城通志，卷六城池志。
[20] W.A.R. Wood, *A History of Siam*, Chalermnit Press, Bangkok, 1982, pp.227-228.
[21] [越]陳重金著，戴可來譯，越南通史，商務印書館，北京市，1992 年，頁 243。

數千計，漢民（指越南人）雜處。建議請安江派弁兵 1 百駐防，漢民、清人須建邑里、定幫籍，使之各有統屬。[22]

為了開發湄公河三角洲的商業和農業，越南鼓勵清人移入，以彌補因亂事而死亡或逃離的人口。1836 年 12 月，「命南圻 6 省，凡在轄貧乏清人及新來搭客情願留居者，派送鎮西城（越南將金邊改稱鎮西城），擇地安插，分立邑里，令墾治。間曠之士（按指清閒無事者）無力者，官給以秄秧、田器，3 年後照人數、田數，彙冊奏聞。」[23] 從而可知，19 世紀中葉後有許多華人移居南越地區，然後越南再將之移入柬埔寨開墾，越南政府之鼓勵措施有以致此。

1839 年 8 月，鎮西城臣張明講等奏言：「住在鎮西的清人有產業者有 220 餘人，請立為 5 幫，徵收稅例。隸從糧儲道，俾有統屬。帝可其奏。」[24] 1843 年，「增立安江省清人幫籍。安江省泊僚、茶糯二冊（在豐盛縣），清人居者百餘戶，省臣奏請別立幫號（在泊僚冊號潮州第 15 幫，在茶糯冊號第 16 幫），各設幫長，稅例以來年起科。」[25]

1859 年，法國博物學家摩哈特（Henry Mouhot）訪問金邊，他說該城市人口有 1 萬人，大多數是華人。[26]

第三節　法國統治下的華人政策

法國在 1863 年統治柬埔寨，結束了越南對柬埔寨的一半宗主權關係。此時華人在柬埔寨應有數萬人，他們在經濟上越來越

---

[22] [越]潘清簡等纂修，大南寔錄，第十冊，正編第二紀，卷一百五十六，頁 15-16。

[23] [越]潘清簡等纂，大南寔錄，第十一冊，正編第二紀，卷一百七十六，頁 12。

[24] [越]潘清簡等纂修，大南寔錄，第十二冊，正編第二紀，卷二百五，頁 1。

[25] [越]陳踐誠等纂修，大南寔錄，第十三冊，正編第三紀，卷二十七，頁 29。

[26] William E. Willmott, "History and sociology of the Chinese in Cambodia prior to the French Protectorate," *op.cit.*, p.27.

有影響力,甚至介入柬埔寨政治。

　　1864 年 4 月,諾羅敦(Phra- Norodom)的哥哥傅康布(Phou-Kambo)聽說他父親去世,以及諾羅敦在法國海軍中尉德洛伊格瑞(M. de Loigree)之支持登基為王,並獲得華人的支持,於是發動叛亂,他獲得暹羅人和寮國國王的支持,奪占烏東,並將之焚燬。諾羅敦則在法國協助下,逮捕傅康布、華人領袖和官員,皆予以砍頭處死。諾羅敦將首都暫時遷到農雷恩(Nuoum-Rhein)。柬埔寨因為財政困難,無力恢復重建烏東。[27]

　　柬埔寨主要居民是高棉人,他們從事種稻、宗教活動和政府職務。工商業則由華人或中、柬混血兒在做。牛隻買賣、紡織、魚貨買賣由信仰伊斯蘭教的爪哇人和占族人在做。在柬埔寨北部的郭姓(Kui)家族,則從事鐵礦冶煉。16 和 17 世紀從葡萄牙來的葡人後裔,在首都擔任國王的翻譯以及武器維修。在法國統治柬埔寨之前,僅有極少數的越南人住在柬埔寨。在法國統治期間,柬埔寨政府由法國人操縱,法國亦引進越南人進入官僚機構及種植業工作,商業則由華人和柬人混血兒控制,柬人都從事農業,工匠則由越南人充任。

　　法國引進橡膠種植,連同稻米出口,使得當地華商和法國商人獲益,他們控制了這些商品的出口。

　　越南嘉隆王在 1814 年下令將華人納入各方言群的「幫」,例如福建幫、廣東幫等。法國在 1871 年將在交趾支那的華人和印度人稱為「亞洲外僑」。但柬國國王諾羅敦(King Norodom)不喜歡該名稱,而在 1873 年 4 月 1 日公布一項法令,規定在柬埔寨的所有亞洲人應被視為國王的臣民。面對法國威脅要以他的弟弟西梭瓦特(Sisowath)取代他的威脅,諾羅敦國王在 1884 年 6

---

[27] J. G. G. D'Abain, "Report to the American Geographical Society of New York on the Kingdom of Cambodia, the Ruins of Angkor and the Kingdom of Siam," *Journal of American Geographical Society of New York*, Vol.7, 1875, pp.333-356, at p.334.

月 17 日簽署金邊條約（Convention of Phnom Penh），該約第一條規定：「柬埔寨國王陛下接受了法蘭西共和國政府提出的今後將考慮進行的所有行政、司法、財政和商業改革，這些改革將有助於實現其保護國之地位。」柬人不滿該一規定，進行抗爭。法國鎮壓該一動亂後，重整柬埔寨政府行政制度，進行稅制改革，對華人增加額外的稅。[28]

　　柬埔寨國王在 1891 年 12 月 31 日公布敕令，除了暹羅人、寮國人和安南人之外，所有亞洲人（包括華人和印度人）都應加入「幫」。若未獲得幫領導的同意，華人無法進入柬埔寨居住；若未持有幫領導發出的合法文件，任何華人不得到他省旅行居住；若無幫領導發出的完稅證明，任何華人不得離境。為了維持華人社區的秩序，幫領導有權召喚軍警。幫領導有權將不良份子逐出幫。每位華人都持有他屬於某幫的證明文件。[29]

　　法國在 1898 年 5 月 6 日發佈命令，所有在交趾支那適用於華人的法律，亦適用於柬埔寨的華人。因此，1880 年在安南頒佈的商法和刑法，亦適用於柬埔寨的華人。在金邊的高級駐紮官（Resident- Superior）亦享有如同交趾支那的副總督（Lieutenant Governor）一樣的拘留華人和沒收其財產的權力。1904 年，諾羅敦國王放棄其對王國內所有土地的權利主張，依照法國法律將土地讓渡給法國。該法律也允許華人公民購買土地。1919 年 12 月 12 日，西梭瓦特國王頒佈敕令，再度確認該項法律。

　　1921 年，金邊高級駐紮官致函印度支那總督，關切華人在都市擁有的財產日增。他建議法國政府應該採用類似荷蘭在爪哇施行的禁止將都市土地賣給華人的政策。因此，印支總督在 1924 年 10 月 31 日下令，唯有法國公民、屬民或受保護者，才能擁有土地所有權，不可賣給外僑，除非經過政府之同意。1929 年 7 月

---

[28] William E. Willmott, *The Chinese in Cambodia*, pp.69-70.
[29] William E. Willmott, *The Chinese in Cambodia*, p.71.

13 日，摩尼萬（Monivong）國王發佈敕令，進一步限制華人擁有鄉下土地，規定唯有柬埔寨人、法國公民、屬民、受保護者或者上述人等擁有超過半數股權的公司，才能擁有鄉下土地。[30]

另一方面，法國亦限制華人不可擁有礦場和橡膠種植園的權利，只有法國人才可擁有。此外，華人可從事任何行業。華人是外僑中唯一允許可跟政府簽署公共工程合約以及提供軍隊和政府機關所需的物資。[31]

由於該種幫制度是將華人和高棉人予以區別，柬埔寨王國政府是企圖同化華人，將華人視同其人民，而法國卻視華人為外僑，二者出現矛盾，所以該一制度沒有多久就取消了。娶高棉妻子的華人家庭，其子女大都不會講父親的方言，而無法登記入幫，久之遂融入高棉社會內。[32]

由於柬埔寨菁英對商業沒有興趣，他們從事官職，[33]一般柬人則從事農業活動，所以法國大量引入外來人口，例如越南人，他們擔任橡膠園的工人、政府的文書人員，亦有從事商業活動和漁業活動。另一個大量移入的是華人，他們大都從事商業，控制當地的經濟和金融。法國對華人的職業並沒有加以限制，使得華人的商業活動發展迅速。其實，這也是法國繁榮當地經濟的一個策略，而華人正是該一勤勞民族對於法國殖民經濟做出貢獻，而為法國所歡迎。

1914 年，潮州幫創辦第一所華文學校端華學校。後來福建幫亦成立民生學校、廣肇幫設立廣肇學校和南華學校、海南幫的集成學校、客家幫的崇正學校。1948 年，金邊一地的華文學校有 12 所，包括廣肇惠學校、民生學校、集成學校、華僑公學、崇正學

[30] William E. Willmott, *The Chinese in Cambodia*, pp.71-72.
[31] William E. Willmott, *The Chinese in Cambodia*, p.72.
[32] William E. Willmott, *The Chinese in Cambodia*, p.43.
[33] David P. Chandler, *op.cit.*, pp.159-160.

校、端華學校、煥文學校、真華學校、通志學校、道南學校、南華學校、三民學校。1956 年，通過「柬埔寨私立學校開辦條例」，1957 年，頒佈關於外僑私立學校規則的 NS201 號法令，規定外僑私立學校中小學教學科目必須與公立學校相同，否則需經教育部批准；每週上 10 小時柬文；升學必須通過柬文考試。至 1960 年代，華文學校有 212 所，中小學學生數有 5 萬人。[34]金邊華校有 50 所，端華學校學生有 3 千多人，教職員 1,100 人。廣肇學校學生 1,200 人，民生學校學生 1,000 人，集成學校學生 450 人，崇正學校學生 500 人。[35]

圖 11-1：金邊端華學校

資料來源：「世界上最大的華校竟然在柬埔寨，傳承中國文化，影響柬埔寨社會」，每日頭條，https://kknews.cc/zh-tw/education/nmqmpp3.html　2023 年 1 月 29 日瀏覽。

中華民國在 1947 年在金邊設立領事館。中華民國駐金邊副領事代理館務許鼐在 1948 年 3 月鑑於高棉僑社需要成立商會組織，才能推進商業之發展，乃與法國駐高棉專員畢戎商洽組織金邊中華商會。渠並在 4 月 16 日前往西貢拜見最高專員波拉埃，

---

[34]莊國土，「二戰以來柬埔寨華人社會地位的變化」，南洋問題研究，2004 年 3 期，頁 1-7。

[35] 邢和平，「柬埔寨的華人華僑」，東南亞縱橫，2002 年，第 9 期，頁 25-28。

請其給予同意。法國駐高棉專員於 7 月 1 日來函表示同意設立金邊中華商會。駐金邊領事館並將商會組織章程及職員名單報部備案。[36]

1948 年 9 月 28 日，法國當局應中國政府要求，取消由幫長治理華僑社區的規定，法國當局取消幫所制度，原有的潮州、廣肇、海南、客家和福建五幫，建立自己的同鄉會館，並由五個同鄉會館的正副理事長共同成立中華理事會館。而中華理事會館的正副理事長之任免需經中國駐柬領事館的同意。[37]

第四節　獨立後華人受壓制和迫害

柬埔寨於 1953 年獨立後，有些華人開始參政，出任國會議員、政府官員和軍官。跟泰國的情況一樣，華人和高棉人通婚者不少，中、棉混血兒進入政界很多。

柬埔寨之國籍法跟泰國很類似，採取屬地主義和屬人主義混合制，國王施亞努（Norodom Sihanouk）在 1954 年 9 月頒佈外僑歸化的第 NS904 號法令柬埔寨，規定凡在柬國出生或妻子為柬籍，並在柬國有固定地址和居住 2 年以上，或者在入籍前本人在柬國居住滿 5 年並且行為良好，會說柬國語言，可申請入籍。11 月 30 日，頒佈新國籍法，第 22 條規定：父母之一為柬國人者，其子女不論在何地出生，均為柬國人。父母之一在柬國出生者，其在柬國出生之子女均為柬籍。另亦規定柬國婦女跟外國人結婚，不會喪失其柬籍。根據 1955 年 4 月 18 日發布之通函，凡

---

[36] 國史館藏，〈越南僑務（三）〉，外交部檔案，中華民國駐金邊副領事代理館務許蕭呈外交部，事由：呈報高棉華僑籌組商會事已邀法方允准由，邊字第 1171 號，1948 年 7 月 5 日。數位典藏號：020-011007-0170。

[37] 莊國土，「二戰以來柬埔寨華人社會地位的變化」，南洋問題研究，2004 年 3 期，頁 1-7。

在 1954 年 11 月 13 日以後在柬國出生之子女，也均為柬國人。[38]此項規定之目的在將境內出生者或父母之一為柬人，其子女即為柬籍人，以擴大國家人口數為宗旨。

在如此寬鬆的入籍條件下，若不申請入籍，則對於外僑身份者就有以下的限制措施。

第一，1956 年 3 月 19 日，柬國政府頒佈新移民法第 26 條，禁止外僑從事 18 種行業，包括：1.稅關員；2.輪船承辦人及海員；3. 情報員、私家偵探；4.移民局職員；5.職業介紹所主持人；6.當鋪店主；7.軍火及軍需品供應商；8.收音機電器製造者或賣收音機零件商；9.印務；10.男性理髮師，不論其為理髮店主或雇員；11.押商或銀項放息員；12.內河輪船領港員；13. 金飾商店或金銀首飾匠，不論其為店主或雇員；14.汽車司機、計程車司機及運輸車司機；15.碼頭工人；16.森林開拓者；17.五穀商人；18.鹽商。[39]違反該項法令者，將被遣送出境。

儘管外僑從事上述行業受到限制，但因為華人新移民者人數少，所以受到限制者有限。此外，仍然有外僑華人從事印刷、收音機商、黃金和珠寶店、湄公河航運等行業，因為管制不嚴。[40]

第二，外僑身份證每年需重新申請，否則將遭到罰款。

第三，新移民法第 37 條規定，「為了因應在與有關國家簽訂條約期間而可能帶來的干預，已經居住在柬埔寨的外國人和幫團體，應繼續受現行法規的約束，特別是有關幫的組建和運作。」該一條款係施亞努擔任首相時親自起草，當時預期柬國可能與中國和印度簽署條約，但最後並未簽署。[41]

第四，1957 年，規定外僑匯回祖國的錢，最高不得超過本人

---

[38] William E. Willmott, *The Chinese in Cambodia*, p.79.
[39] William E. Willmott, *The Chinese in Cambodia*, p.46.
[40] William E. Willmott, *The Chinese in Cambodia*, p.47.
[41] William E. Willmott, *The Chinese in Cambodia*, p.80.

在柬國月收入的 30%。[42]

第五，1958 年，頒佈「管制外僑資產法案」，規定外僑在柬國的不動產所有權年限為 99 年，外僑不動產僅能以成本價或免費移轉給具有柬籍的個人或團體。[43]在此嚴厲的法令限制下，華人唯有加入柬埔寨國籍。

第六，1958 年 4 月 12 日，彭諾斯（Penn Nouth）內閣總辭，24 日國會選出辛瓦（Sim Var）為首相，他表示將採取中立的外交政策。同時修憲，將內閣部長由 12 人增加至 16 人。5 月 2 日，柬政府下令取銷中華理事會，在政府設立管理華人的「華人事務管理處」。[44]華人會館至此結束其管理華人事務的自治權。7 月 10 日，辛瓦辭職，施亞努接任首相。

施亞努在 1958 年 7 月與北京建交；10 月，臺灣關閉在金邊的領事館。

1963 年 1 月，施亞努宣佈柬埔寨銀行、進出口貿易國有化，同時設立國營企業。此一新經濟政策並未遭到大多數經商的華人的反對。因為華人可從跟國營企業之官員之關係而獲得好處，以及他們轉而投資不動產和工廠生產，故不會受到影響。[45]

第七，柬埔寨從 1950 年代到 1960 年代華文報紙先後有 30 家，其中金邊有 5 家。1966 年，中國爆發文化大革命，推行世界革命的浪潮襲擊金邊，柬國華人立場傾向越共和「紅色高棉」（Khmer Rouge）（為柬埔寨共產黨）。施亞努於 1967 年 3 月 9 日訪問法國返國後，碰到金邊左派份子示威，他們要求改組政府、解散國民議會、重辦選舉。9 月 1 日，施亞努下令解散蘇年（So Nem）領導的「柬埔寨與中國友誼協會」（Cambodian-Chinese

---

[42]莊國土，「二戰以來柬埔寨華人社會地位的變化」，頁3。

[43]莊國土，「二戰以來柬埔寨華人社會地位的變化」，頁3。

[44] 「柬埔寨政府下令撤銷華僑組織 將設華僑事務管理處」，中央日報，民國47年5月3日，版2。

[45] William E. Willmott, *The Chinese in Cambodia*, pp.100-101.

Friendship Association），理由是其涉嫌顛覆活動。在北京的「中國與柬埔寨友誼協會」則激烈批評柬埔寨的帝國主義、修正主義和反動主義，呼籲「柬埔寨與中國友誼協會」與中國同志繼續並肩鬥爭。9月11日，施亞努解除左派的國家經濟部長趙森（Chau Sen）、健康衛生部長蘇年的職務；停止發行所有柬埔寨文和外文報紙（包括華文報紙）；將於1968年初舉行公投，讓人民就施亞努政府和親中國份子之間作一選擇；譴責中國官方批評柬埔寨國家和政府，以及干涉柬國內政。[46]

中國外交部以「中、柬友協」名義致電支持「柬、中友協」的反帝行動，柬埔寨的華文報紙轉載該一電文，所以施亞努在1967年9月13日下令關閉所有華文報紙。

柬國首相龍諾（Lon Nol）在1970年3月18日發動政變推翻施亞努政權，華人被視為係施亞努和越共之支持者，當天立即下令關閉所有華文學校，當時華校有200間，學生人數15萬人；[47]並禁止商店懸掛華文招牌。華人出門要攜帶特別的身份證。對華人徵收特別稅。龍諾在1971年成立「柬埔寨華人聯合會」（Federated Association of Chinese of Cambodia），作為控制華人的機構。其宗旨在協助華人在社會、文化、公共衛生和醫療領域的發展，管理華人在金邊和其他地區的華社共有財產，促進柬人和華人之友好關係。[48]華人被批評為「破壞高棉文化與道德」的族群，而遭到迫害，在金邊等城市爆發排華浪潮，華人商店被燒毀，有些華人遭殺害。[49]

---

[46] *Keesing's Contemporary Archives*, Sept. 30-Oct.7, 1967, p.22283.

[47] Paul Marks, "China's Cambodia Strategy," *Parameters*, Autumn 2000, pp.92-108, at p.3.
https://dev.landmatrix.org/media/uploads/strategicstudiesinstitutearmymilpubsparametersarticles00autumnmarkshtm.pdf　2021年7月28日瀏覽。

[48] "Chinese Cambodians," *Wikipedia*,
https://en.wikipedia.org/wiki/Chinese_Cambodians　2022年11月18日瀏覽。

[49] 傅曦、張俞，「柬埔寨華僑華人的過去與現狀」，八桂僑刊，2000年第3期，頁

　　柬埔寨華人的厄運達到最高峰，是在「紅色高棉」統治時期。1975 年 4 月 17 日，「紅色高棉」（高棉共產黨）的軍隊控制金邊，龍諾政府垮臺。「紅色高棉」控制金邊的當天中午，就下令將 200 萬人民從城市驅趕至鄉下，進行勞改。不論老幼或在醫院的患者均被強迫遷移到鄉下。所有下鄉者均不得使用車輛，而需步行，以減少私人車輛和石油消耗。當時金邊市人口大概三分之一是華人。[50]

　　「紅色高棉」在 1975-78 年統治期間，柬國華人有 42,500 人，但因被執行死刑、飢餓和疾病而死了一半的人，其中從 1976 年到 1978 年，約佔全國華人 20 萬死亡人數中的三分之二因處死、飢餓和疾病死在柬國西北部地區。波布（Pol Pot）政權禁止華人說華語，且視華人為資產階級份子，他們遭歧視或被屠殺。[51]波布還禁止華人的農曆新年活動，仍禁止華文報紙和華文學校。

　　越南在 1979 年 1 月出兵佔領金邊，推翻「紅色高棉」政權，另扶植橫山林（Heng Samrin）政權。2 月 17 日，中國對越南發動懲罰戰爭，控制金邊的越南當局禁止在柬埔寨的華人入黨，禁止他們從事商業活動，城鎮也被禁止進入。[52]然而，華人還是從事秘密商業活動，以後金邊政權對華人政策稍舒緩，允許華人經商、復辦華文報紙、取消在家裡講華語的禁令。1987 年，金邊政府步隨越南之後塵採取改革開放政策，允許私營企業，華人才可經營企業。

34-38,35。

[50] William E. Willmott, *The Political Structure of the Chinese Community in Cambodia*, University of London, Humanities Press Inc., New York, 1970, pp.1,7. Willmott 曾在1962-63年在金邊進行田野研究，他說金邊人口中有三分之一是華人，約有13萬5千人。到1975年，該城市的華人人口比例變動應該不大。

[51] Ben Kiernan, "Kampuchea's ethnic Chinese under Pol Pot: a case of systematic social discrimination," *Contemporary Southeast Asia*, Vol.16, No.1, 1986, pp.18-29.

[52] Jean-Michel Filippi, "A history of the Chinese in Cambodia," *The Phnom Penh Post*, February 8, 2013. https://www.phnompenhpost.com/post-plus/history-chinese-cambodia　2023 年 1 月 28 日瀏覽。

　　1990 年 8 月，金邊洪森（Hun Sen）政府准許華人恢復社團、開辦華文學校。12 月 26 日，柬埔寨華人理事總會開始活動，在各省設立分會。海南會館在 1992 年 8 月、廣肇會館在 1993 年 1 月、福建會館在 1993 年 3 月、客屬會館在 1993 年 8 月、潮州會館在 1994 年 4 月恢復活動。[53]

圖 11-2：柬華理事總會會長方僑生(2023)
資料來源：「柬華理事總會」，*Facebook*，
https://www.facebook.com/assoc.khmer.chinese/?locale=zh_TW
2023 年 1 月 29 日瀏覽。

　　1991 年 9 月，恢復設立華文學校，最早復校的是磅占（Kompong Cham）省棉末的啟華學校。[54]其次為海南人在金邊復校的集成學校。潮州人在 1992 年 9 月 1 日在金邊復校的端華學校，學生有 2 萬人，成為東南亞最大的學校。洪森政府在 2022 年 11 月 9 日與中國簽署備忘錄，將由中國協助柬埔寨在國中開設中文課。目前柬埔寨在中學開設的外文課有英文和法文，將來會增加中文課程。[55]

---

[53] [日]野澤知弘，司韋譯，「柬埔寨的華人社會」，南洋資料譯叢，2007 年第 3 期，頁 61-65。
[54] 趙和曼，「柬埔寨復興華文學校」，華人月刊，香港，1995 年 11 月號，頁 8-11。
[55] Lay Samean, "Chinese language set for secondary school curricula," *The Phnom Penh Post*, November 10, 2022.

華文報紙亦開始復辦，1993年創辦華商日報。[56]2000年8日，柬華總會出版柬華日報。此外，亦出版新時代日報、大眾日報和星洲日報。1998年，國營電視台也增加華語新聞節目。

圖11-3：金邊的唐人街—金街廣場

資料來源：「Golden Street (Cambodia China Town) 金界廣場-柬埔寨金邊的中國城」，*Youtube*，https://www.youtube.com/watch?v=9CgDXkzRM9M　2023年1月29日瀏覽。

第五節　華人人口數與參政

關於柬埔寨人口，直至1890年代，很少有統計資料。1890

---

56 周中堅，「柬埔寨華僑華人史主要事件述略」，東南亞，2003年第4期，頁42-50，49。

年,柬埔寨人口有 126 萬 1 千人。1926-1930 年,人口增長兩倍,達 269 萬 5 千人。1945 年,二戰結束,人口達 249 萬人。1952 年,柬埔寨獨立前一年,人口達 425 萬人。法國曾在 1921 年對柬埔寨進行一次人口普查,華人人數有 91,200 人,其中有 19,920 人是住在金邊。[57]然而該項普查並不完全可靠,對華人人口數低估了。在該項普查的前言中曾記載:「金邊的華人人口尤其被低估,它應該是 50,000 人而不是 20,000 人;因此,這個城市的總人口,官方確定為 75,000 人,事實上可能超過 100,000 人。」[58]平均而言,上述各年代華人人口數約佔總人口的 8-10%,例如,1890 年華人有 13 萬人,1931-1934 年,華人人口增長兩倍,有 26 萬人,1952 年有 42 萬 5 千人。[59]

　　1957 年 3 月,臺灣外交部呈報高棉華僑人口統計,總數有 26 萬人,其中在金邊就有 12 萬人。以華僑之祖籍來分,潮州籍者有 17 萬 4 千人,廣肇籍者約有 4 萬人,海南籍者約有 1 萬 8 千人,福建籍者約 1 萬 5 千人,客家籍者約 1 萬 2 千人,[60]

　　根據威爾莫特(William E. Willmott)之著作,他說在 1962-63 年柬埔寨華人總數有 425,000 人。[61]此一數字跟前述臺灣外交部的記載相差很大,將近有 16.5 萬人。

　　據杭特(Guy Hunter)之著作,1950 年中、柬混血兒有 68,000 人,[62]足見華人和柬人通婚者不少。在各項統計中,這些混血兒是被計算入華人或非華人,不得而知。

---

[57] William E. Willmott, *The Chinese in Cambodia*, p.12.

[58] William E. Willmott, *The Chinese in Cambodia*, pp.12-14.

[59] William E. Willmott, *The Political Structure of the Chinese Community in Cambodia*, Humanities Press Inc., New York, 1970, p.6, table 1.

[60]國史館藏,「高棉(柬埔寨)華僑暨僑校統計表等」,外交部,1957/03/16。數位典藏號:020-011306-0006。

[61] William E. Willmott, *The Chinese in Cambodia*, p.18.

[62] Guy Hunter, *Southeast Asia: Race, Culture and Nation*, Oxford University Press, London, 1966, p.25.

表 11-1：1957 年 3 月高棉華僑人口統計表

高棉華僑人口統計表

省市別	華僑人數	備考
金邊市（佛邊）Phnom-Penh	十二萬人	
干拉省 Kandal	一萬二千人	
馬德望省 Battambang	一萬八千人	
磅湛省 Kampong-Cham	二萬二千人	
噴呼省 Kampot	一萬九千人	
桔井省 Kratie	九千五百人	
茶膠省 Takeo	一萬三千人	
波羅勉省 Prey-Veng	九千人	
碑清揚省 Kampong-Chhnang	七千五百人	
磅通省 Kampong-Thom	六千人	
暹粒省 Siem-Reap	六千人	
柴楨省 Svay-Rieng	五千五百人	
實居省 Kampong-Speu	六千人	
菩薩省 Pursat	五千人	
上丁省 Stung-Treng	一千八百人	
合計 十五省市	二十六萬人	

資料來源：國史館藏，「高棉（柬埔寨）華僑暨僑校統計表等」，外交部， 1957/03/16。數位典藏號：020-011306-0006。

表 11-2：1962-63 年柬埔寨華人方言群之人數

方言群	都市		鄉下		合計		百分比	
	人數	%	人數	%	人數	%	都市	鄉下
潮州	170,000	68	154,000	88	324,000	77	52	48
廣東	36,000	14	7,000	4	43,000	10	84	16
海南	25,000	10	8,000	5	33,000	8	76	14
客家	10,000	4	4,000	2	14,000	3	71	29
福建	9,000	4	1,000	1	10,000	2	90	10
北方人	1,000	0	-	-	1,000	0	100	-
總計	251,000	100	174,000	100	425,000	100	59	41

資料來源：William E. Willmott, *The Chinese in Cambodia*, p.18.

表 11-3：柬埔寨各種族人口比例

種族別	人口數	佔總人口比
高棉族	13,684,985	90%
越南族	800,000	5%
華人	152,055	1%
其他	608,222	4%

資料來源："Ethnic groups in Cambodia," *Wikipedia*, https://en.wikipedia.org/wiki/Ethnic_groups_in_Cambodia　　2021年7月29日瀏覽。

　　另外據臺灣僑委會 2014 年之資料，目前華人人數約在 14 萬人左右，其中廣東人占有 8 成左右，其次是福建人，多數集中於金邊市，約超過 10 萬餘人，所使用的語言有潮州話、廣東話、海南話、客家話及閩南話五種，惟潮州話與廣東話在柬埔寨華僑中較為流行。[63]僑委會的資料比較保守，其統計對象可能是指純粹的華人，不包括混血兒。

　　據 2019 年的人口普查，柬埔寨國人口有 15,288,489 人。[64]根據維基百科之資料，柬埔寨主要族群和人口數是：高棉族（Khmer）佔 90%，人口有 13,684,985 人，其次為越南族，佔 5%，人口有 800,000 人，華人佔 1%，人口有 152,055 人、其他少數民族 4%。[65]華人由 5 大方言群組成，潮州人約佔 60%，廣東人占 20%，福建人占 7%，客家人和海南人各占 4%。

　　華人大都集中在像金邊、馬德望、暹粒、磅占等大城市，從事商業和金融業，也是柬埔寨經濟的主要推動力量。

63　「柬埔寨地區僑情報告」，僑委會內參資料，2014 年 1 月，頁 1。

64　"Cambodia," *Embassy of Cambodia*, https://www.embassyofcambodia.org.nz/cambodia.htm　　2021 年 7 月 29 日瀏覽。

65　"Ethnic groups in Cambodia," *Wikipedia*, https://en.wikipedia.org/wiki/Ethnic_groups_in_Cambodia　　2021 年 7 月 29 日瀏覽。

　　從歷史來看，華人進入柬埔寨經商活動的人數少，構不成族群的威脅，所以在 1960 年代以前，柬國沒有排華運動。威爾莫特曾對於華人和柬人相處和諧做了很好的解釋，他說第一個原因是華人是一個處於中間地帶的少數民族，猶如緬甸的印度人，成為促成緬族和華人友好的催化劑，因為緬族和華人不喜歡印度人。在馬來亞的華人則充當馬來人和印度人之間的緩衝地位。在柬埔寨的高棉人不喜歡越南人，而與華人友好。第二，法國人偏愛越南人，不喜歡華人積極工作賺錢，也不喜歡高棉人懶惰、動作緩慢，而促成高棉人和華人關係和諧，因此柬埔寨未發生排華事件。有些有勢力的華人跟柬埔寨王室關係密切，獲得商業專利特權。第三個原因是許多華人同化入高棉文化和社會，此乃因為他們遠離祖國，減少對華人特性的資源之依賴。這一點跟越南人不同，越南人仍保留其文化特點。華人多娶高棉女為妻，加速兩族的同化。[66]

　　早期華人前往柬埔寨者，大都是從越南南部輾轉遷徙到金邊等大城市，基本上，是在越南未能獲取經濟利益者，才會繼續深入到內陸的金邊謀生。而且他們大都沒有受過良好教育，不像越南南部還有明鄉人辦的學校，子弟可受教育。因此到柬國者大都經營土產或相關的賭業、鴉片業等。只有極少數經商致富者跟柬國政府有來往，甚至通婚，然而史料很少記載。這一點跟泰國不同，泰國華人很早就有跟當地統治者通婚的記載。

　　暹羅從第 12 世紀直至 19 世紀對中國一直有派遣使節，這些使節十之八九都是華裔，華人也出任稅務、港務官員。此一現象在柬國幾乎很少記載，柬國（古名真臘）最後對中國朝貢時間是在 1499 年 11 月，以後就跟中國沒有貢使來往，因為國力衰落，淪為越南和暹羅的朝貢國地位。華人自無從因緣際會出任政府官

---

[66] William E. Willmott, *The Chinese in Cambodia*, pp.40-42.

員。

近代以來，有華人成為柬國高官者，宋國誠（Son Ngoc Thanh）是個特例。宋國誠在越南出生，父親為高棉人，母親為中、越混血兒，在法國受教育。嚴格而言，他僅有少許的華人血統，不能算是完全的華人。宋國誠在 1936 年是法官，投入創辦吳哥寺報（*Nagara Vatta, Angkor Wat*），該報是站在柬埔寨立場，沒有反對法國，但反對華人控制經濟、反對越南人控制柬埔寨政府部門以及受過教育的高棉人就業機會不大。該報批評華商在鄉下剝削農民、法國延誤教育現代化、柬埔寨農民缺乏貸款、柬埔寨公務員薪資低；進而意圖區別柬埔寨史和越南史之關係，強調越南自第 19 世紀以來對柬埔寨進行領土侵略。該報之報導內容逐漸呈現反越的情緒，此一反越情緒一直持續到 1979 年越南入侵柬埔寨。1945 年 3 月 9 日，日本軍隊控制柬埔寨。3 月 13 日，經日本的要求，施亞努國王宣布柬埔寨是一個獨立的國家。5 月 30 日，宋國誠結束在日本的流亡生涯，返回柬埔寨，出任外長。8 月 14 日，施亞努任命宋國誠為首相。

柬埔寨獨立後，施亞努政府沒有任用華人出任政府高層職務的紀錄。

施亞努的夫人，就是莫妮克（Norodom Monineath Sihanouk, Paule Monique Izzi），莫妮克出生於西貢，其父親是華人翁英（Ong Eng），母親是越南人唐氏豐（Thang Thi Phung）。[67]

鄭亨（Cheng Heng），是高棉共和國時期 1970-1972 年的總統（國家元首），祖籍潮州。[68]

---

[67] Harold, "Queen Mother Norodom Monineath Sihanouk Of Cambodia," *Cambodia Travel*, https://www.cambodia-travel.com/queen-mother-norodom-monineath-sihanouk-of-cambodia/ 2022 年 11 月 19 日瀏覽。 雖然該文舉出莫妮克的父母親姓名，但可靠性還有待查證。

[68] "Cheng Heng," *Wikipedia*, https://en.wikipedia.org/wiki/Cheng_Heng 2022 年 11 月 19 日瀏覽。

龍諾和他的太太都是中、柬混血兒。[69]龍諾的外祖父是福建人，後來成為波羅勉（Prey Veng）的省長。[70].

值得注意的，「紅色高棉」最高權力機關政治局常務委員會的 8 名成員中有 4 人具有華人背景，羅斯尼姆（Ros Nhim）和齊天（莫）（Chhit Cheoun (Mok)）是高棉族；波布（Pol Pot）、農謝（Nuon Chea）、溫威（Vorn Vet）、邵賓（Sao Phim）是華裔；宋申（Son Sen）、英薩利（Ieng Sary）是越南裔。杜赫（Kaing Kek Eav (Duch)）是臭名昭著的杜爾司郎（Tuol Slaeng）（代號為 S-21）監獄的典獄長，是中、越混血兒。[71]

波布，他的家族擁有華人與高棉人混血的血統，但他一家完全不懂中文，並且完全以高棉人的方式生活。[72]

喬森潘（Khieu Samphan）的外祖父是華人，他是中、柬混血兒。[73]他曾出任 1975-1979 年民主柬埔寨的國家元首，2018 年 11 月 16 日，被柬埔寨特別法庭以違反人類罪、種族滅絕罪和其他違反「日內瓦公約」的罪行，而判決無期徒刑。[74]

農謝，於 1926 年 7 月出生於柬埔寨西北部馬德望省富裕家庭，父為華人，經商和種植玉米，母為廣東汕頭人。其華文姓名為劉平坤。早年留學泰國，在曼谷讀中學，後唸法政大學法律系，

---

[69] Paul Marks, *op.cit.*, p.3.

[70] "Lon Nol," *Wikipedia*, https://en.wikipedia.org/wiki/Lon_Nol#Early_life 2021 年 7 月 29 日瀏覽。

[71] Bora Touch, "Debating Genocide," *Phnom Penh Post*, Issue 14/02, January 28 - February 10, 2005.
https://web.archive.org/web/20071125044923/http://www.phnompenhpost.com/TXT/letters/l1402-2.htm 2021 年 7 月 29 日瀏覽。

[72] "Pol Pot," *Wikipedia*, https://en.wikipedia.org/wiki/Pol_Pot 2021 年 7 月 29 日瀏覽。

[73] "Khieu Samphan," *Wikipedia*, https://en.wikipedia.org/wiki/Khieu_Samphan 2021 年 7 月 29 日瀏覽。

[74] "Press release," *Extraordinary Chambers of the Courts of Cambodia, Kingdom of Cambodia,*, November 16, 2018,
https://legal.un.org/ola/media/info_from_lc/mss/speeches/MSS_Phnom-Penh-November%202018-ECCC-2-2-press-release.pdf 2021 年 7 月 29 日瀏覽。

並在泰國外交部半工半讀。1950 年加入泰國共產黨，隔年加入柬埔寨人民革命黨（Revolutionary Party of Kampuchea People），該黨後來改名為柬埔寨共產黨（Kampuchea Communist Party），1962 年被選為副總書記。在民主柬埔寨執政時期，他被視為僅次於波布的二號人物。[75]同樣地，他亦在 2018 年 11 月 16 日被柬埔寨特別法庭以違反人類罪、種族滅絕罪和其他違反「日內瓦公約」的罪行，而判決無期徒刑。

溫威，出生在富裕家庭，曾留學法國。「紅色高棉」奪取金邊後，溫威被任命為副總理，主管經濟事務。1978 年 11 月，涉嫌政變而被處決。[76]

第 21 世紀後出任政府高官的華裔，日漸增加，首相洪森、副首相兼內政部長蘇慶（Sar Kheng）、國務部長吳和順（Ngor Hong Srun，Chan Sarun）、經濟財政部長、新聞部部長楊（呂）來盛（Lu Lay Sreng）、公共工程與運輸部部長、參議院主席謝辛（Chea Sim）、國務部長占比塞（Cham Prasidh）、內閣部長索安，均是華裔。[77]

首相洪森的曾祖父母係潮州人，為富有的地主。後來遭到搶劫，以致於變賣家產，家道中落。洪森的父親在磅占省一家寺廟當廟公，洪森在 13 歲時離家前往金邊，就讀寺廟學校。[78]洪森的妻子文菊香（Bun Rany），是磅占省富有的林姓廣東人的女兒，

---

[75] "Nuon Chea," *Wikipedia*, https://en.wikipedia.org/wiki/Nuon_Chea 2021 年 7 月 29 日瀏覽。

[76] 「溫威」，維基百科，https://zh.wikipedia.org/wiki/%E6%B8%A9%E5%A8%81 2021 年 7 月 29 日瀏覽。

[77] 莊國土，「二戰以來柬埔寨華人社會地位的變化」。

[78] "Hun Sen," *Wikipedia*, https://en.wikipedia.org/wiki/Hun_Sen#Early_life 2021 年 7 月 29 日瀏覽。

[79]另一說她是海南人的後裔。[80]

圖 11-4：首相洪森

資料來源："Hun Sen," *Wikipedia,*
https://en.wikipedia.org/wiki/Hun_Sen#Early_life　　2021 年 7 月 29
日瀏覽。

蘇慶，又譯為韶肯，為現任柬埔寨副首相兼柬埔寨內政部大
臣，是已故的柬埔寨參議院議長、柬埔寨人民黨主席謝辛親王的
妹夫。[81]

吳和順，又名曾仕倫，為柬埔寨農林漁業部部長和國務部長，
柬華理事總會第三屆顧問團最高名譽顧問。其父祖籍為廣東梅縣，
其母為高棉人。[82]

---

[79] "Bun Rany," *Wikipedia,* https://en.wikipedia.org/wiki/Bun_Rany#Early_life　　2021
年 7 月 29 日瀏覽。

[80] 邢和平，「柬埔寨首相洪森訪談錄」，東南亞縱橫，2000 年第 1 期，頁 10-11。

[81] 「韶肯」，維基百科，https://zh.wikipedia.org/wiki/%E9%9F%B6%E8%82%AF
2021 年 7 月 29 日瀏覽。

[82] 「曾仕倫」，維基百科，
https://zh.wikipedia.org/wiki/%E6%9B%BE%E4%BB%95%E4%BC%A6　　2021
年 7 月 29 日瀏覽。

呂來盛，本姓楊，祖籍為廣東汕頭，仍會講潮州話。[83]

謝辛，為柴楨省（Svay Rieng）羅梅縣（Romeas Hek）人，祖籍中國廣東潮州。[84]

占比塞，曾任工業、科學、科技和創新部長，中文姓名為黃裕德虎，祖籍福建省邵武市，清光緒年間，其祖父黃天仙從廈門出發，移居到柬埔寨謀生發展。其父黃友誼和母親還會說流利的閩南話，能寫漂亮的漢字。[85]

索安（Sok An），又名宋安、曾安，柬埔寨茶膠省人，祖籍廣東梅縣客家人。[86]曾任柬埔寨國客屬會館最高名譽會長、柬埔寨副首相兼內閣大臣，主管首相府，電信、法律、投資領域。其長子宋布提武是柬埔寨首相洪森的女婿。[87]

蘇昆（So Khun），祖籍梅州，曾任郵政和電信部長。[88]

" Chan Sarun," *Wikipedia*, https://en.wikipedia.org/wiki/Chan_Sarun　2022 年 11 月 19 日瀏覽。

[83] 「華人支配柬政治經濟，訪柬埔寨新聞部長呂來盛」，搜論文，2016 年 7 月 30 日。http://www.soulunwen.com/jj/zzjjx/180933.html　2021 年 7 月 29 日瀏覽。

[84] 「謝辛」，維基百科，https://zh.wikipedia.org/wiki/%E8%B0%A2%E8%BE%9B　2021 年 7 月 29 日瀏覽。

[85] 「占蒲拉西」，維基百科，https://zh.m.wikipedia.org/wiki/%E5%8D%A0%E8%92%B2%E6%8B%89%E8%A5%BF　2021 年 7 月 29 日瀏覽。

" Cham Prasidh," *Wikipedia*, https://en.wikipedia.org/wiki/Cham_Prasidh　2022 年 11 月 19 日瀏覽。

[86] 「宋安」，維基百科，https://zh.wikipedia.org/wiki/%E5%AE%8B%E5%AE%89　2021 年 7 月 29 日瀏覽。"Sok An," *Wikipedia*, https://en.wikipedia.org/wiki/Sok_An　2022 年 11 月 19 日瀏覽。

[87] 「柬埔寨华裔客家人、柬埔寨前副首相──索安亲王及其家族」，梅江夜话，2020 年 11 月 2 日，https://xw.qq.com/partner/vivoscreen/20201102A04MVS/20201102A04MVS00?vivoRcdMark=1　2021 年 7 月 29 日瀏覽。

[88] "So Khun," *Wikipedia*, https://en.wikipedia.org/wiki/So_Khun　2022 年 11 月 19 日瀏覽。

胡倫迪（Hok Lundy，或寫為 Hok Lundi 或 Hoc Lundy），曾任 1994 年到 2008 年柬埔寨警察首長、柴楨省省長。其女兒嫁給洪森的兒子。其父親是華人和越人混血兒。[89]

橫波（Heng Pov），曾任首相洪森私人顧問、金邊市警察首長、內政部長助理、國務副部長。其父為華人和越人混血兒。[90]

柬國最大反對黨領袖沈良西（Sam Rainsy），是前沈良西黨主席、救國黨主席，約在一百年前其曾曾祖父從中國移民到柬埔寨。[91]

第六節　結論

柬埔寨先天條件不是很好，它侷限於內陸，只要湄公河下游三角洲的經濟發展很不錯，華人就不會到偏向內陸的柬埔寨，這也就是華人在柬國人數少的原因。在柬國於 1953 年獨立以前，柬國沒有排華問題。1954 年頒佈國籍法後，就開始分清柬國人和非柬國人，華人不願入籍者，便是外僑，外僑就不能享有經營企業的權利。據此可知，該項法令之頒佈反映了當時華人的經濟力量強大，華人人口數少，但控制其經濟，不得不使掌權者有所顧忌。

---

[89] "Hok Lundy," *Wikipedia*, https://en.wikipedia.org/wiki/Hok_Lundy　2022 年 11 月 19 日瀏覽。

[90] "Heng Pov," *Wikipedia*, https://en.wikipedia.org/wiki/Heng_Pov　2022 年 11 月 19 日瀏覽。

[91] "Sam Rainsy urges Cambodia to support China's claims to South China Sea," *The Cambodia Herald*, January 24, 2012, https://web.archive.org/web/20140222003440/http://www.thecambodiaherald.com/cambodia/detail/1?page=11&token=Mjk3NDJiOTY4MDdhMDE1NzY1NjEzMWJkNzcxYWJm　2021 年 7 月 29 日瀏覽。

"Message de Vceux du President Sam Rainsy A Tous Les Cambodgiens de Descendance Chinoise a L'Occasion du Nouvel an Chinois," *Sam Rainsy Party*, https://web.archive.org/web/20120415002049/http://www.samrainsyparty.org/en/2012/01/21/english-message-de-voeux-du-president-sam-rainsy-a-tous-les-cambodgiens-de-descendance-chinoise-a-loccasion-du-nouvel-an-chinois/　2021 年 7 月 29 日瀏覽。

　　當左派思想傳入柬國後,具有前進思想的華人或中、柬或中、越混血兒加入了「紅色高棉」(柬埔寨共產黨),背後獲得中共之支持,1975 年取得政權,「紅色高棉」領導層的半數是華裔,他們學習中國的作法推行了違反人類罪的極左路線,導致 170 萬人死亡。這批華裔菁英執政,學習中國失敗的極左路線,犯下嚴重的錯誤。

　　1993 年由聯合國協助建國的柬埔寨王國,由洪森執政,他是「紅色高棉」出身,也是華裔,但跟波布等極左共黨不同,他施行寬鬆的華人政策,華人社團、學校和報紙逐一開放,其政府高層部長也任用許多華裔。這批華裔執政走的是穩定發展路線,經濟成長很好。世界銀行(World Bank)在 2016 年 7 月 1 日宣布,柬埔寨正式脫離最不發達國家(LDC),晉升為「中等偏下收入國家」後,國際貨幣基金組織(IMF)亦於 2017 年 6 月表示,柬埔寨是近 20 年來經濟發展速度最快的國家之一。亞洲開發銀行(ADB)則認為,柬埔寨平均 GDP 年成長率超過 7%,2019 年為 7.1%,其經濟正悄然崛起,儼然成為「亞洲經濟新老虎」。但 2020 年受到武漢肺炎影響,平均 GDP 年成長率下降為-3.1%。預估 2021 年會升高為 4%。[92]

　　柬國近 5 年經濟發展出色,2016 年人均收入為 1,302 美元。2020 年,人均收入為 1,512.7 美元,將在 2030 年晉升為中高收入國家。不可諱言,柬國經濟好轉,跟華人有很大的關係,柬國對華人的開放政策,讓華人在經濟上發揮長才,再加上外來中國、臺灣和新加坡的華人資金投入,都是促進柬國經濟發展的主要原因。柬國華裔不僅控制了經濟,也控制了政治,若能持續使經濟成長以及財富分配更為公平,則其政局穩定應是可期。

---

[92] "Economic indicators for Cambodia," *Asian Development Bank*, https://www.adb.org/countries/cambodia/economy　2021 年 7 月 29 日瀏覽。

第十二章　緬甸的華人與政治之關係

第一節　前言

　　華人移入緬甸的時間，並無翔實的紀錄。比較確定的時間和記錄是見於第 17 世紀中葉。明國最後一任皇帝永曆因兵敗退入緬甸，其隨從數千人亦散居緬甸各地。

　　1645 年 11 月，隆武帝封朱由榔為桂王。1646 年 8 月，清軍佔領汀州。12 月，丁魁楚等擁立朱由榔在廣東肇慶登基為帝，改元永曆。[1]

　　順治 9 年（1652 年）1 月，孫可望派狄三品率軍 3 千迎接永曆帝至貴州的安隆所（今安龍布依苗族自治縣），改為安龍府。孫可望派督捕張應科為總提塘，駐守在安龍府，陰制永曆帝，挾帝以自重。

　　順治 10 年（1653 年）1 月，李定國歸誠投効永曆帝。李定國軍攻湖南、廣西，因與孫可望出現罅隙，被迫退入廣西和雲南。1654 年，李定國與鄭成功相約會師於廣東新會，以謀攻取廣州，但因鄭軍屆期未至，又值瘟疫流行，以致於雖攻佔肇慶，而敗於攻廣州之戰役。

　　順治 15 年（1658 年）6 月，清軍入滇，李定國戰敗。12 月，清軍入曲靖。永曆帝與諸臣會商退路，李定國表示應往南走，緩出粵西，急入交趾，他認為大清兵過雲南黃草壩，臨沅廣南道路

---

[1] [清]陳夢雷撰，古今圖書集成（電子版），明倫彙編官常典 ／宗藩部／列傳，桂恭王常瀛，官常典第 101 卷，第 265 冊第 34 頁之 1。「按明外史・本傳：桂恭王常瀛，神宗第七子。母李貴妃。萬曆二十九年封。天啟七年之藩衡州。張獻忠之陷衡也，常瀛出走，賊移桂邸殿材至長沙，為偽殿。常瀛同吉、惠二王入廣西，居梧州。南都告覆。大臣陳子壯等，以王神宗子宜立，會唐王立於福建，乃止。常瀛流離播遷，憂悸致疾，薨。世子已先卒，次安仁王由櫻嗣。未幾，卒。次永明王由榔，時唐王已亡，諸臣擁立之，僭號永曆。」

阻絕，必不可行。陳建舉、劉文秀遺表請入蜀。但馬吉翔恐其權為蜀中諸將所奪，力阻之。沐天波說，走迆西，則地近緬甸，事急退入阿瓦、太公諸城。緩則據守兩關，猶不失為蒙、段[2]也。永曆帝贊同其意見。行人任國璽力爭請留在雲南，為社稷而死之計。永曆帝沒有接受。15日，永曆帝從昆明出發往西走，跟隨者有數十萬人。「但甫出城，兵馬即有他遁者。慶陽王馮雙禮、廣平伯陳建、武功伯王會即挾延安王長子艾承業走建昌（今四川省西昌市及附近地區）。」[3]他們不願隨永曆帝前往緬甸。

　　順治16年（1659年）1月，清軍佔領昆明。永曆帝前往茶山（雲南省西雙版納州勐臘縣中北部），李定國斷後，在昆明市南邊的磨盤山（即高黎貢山）兵敗，走孟艮（中國與緬甸邊境的傣族土司，今景東）。4日，永曆帝進入永昌（今雲南省保山市）。15日，離開永昌，前往孟賽（Mongsi）（或稱芒市）（包括今天德宏、騰越(今雲南騰衝)）。「兵科給事中胡顯與戶部尚書龔彝潛去山中，大學士扶綱、御史陳起相、文選主事薑之璉、禮部侍郎鄭逢元皆遁去。騰越山中，散亡載道。晉王退保磨盤山，清人追及，大戰於山半，所殺相當。」[4]

　　28日，永曆帝從鐵壁關（今雲南隴川縣西北）[5]進入緬境。緬酋遣使迎之，謂眾多軍隊壓境，為免百姓驚懼，軍隊不能攜帶武器才能入境。馬吉翔矯詔從之，眾臣力爭不聽。是日，大軍抵芒漠（即八莫(Bhamo)）。[6]

---

[2] 指蒙、段二氏據有大理6百多年。參見張紞，「感通寺記」，收入周季鳳纂修，雲南志，卷43，「外志」，收於方國瑜主編，雲南史料叢刊，卷6，頁495。

[3] 高國強，狩緬記事校注，雲南大學歷史文獻學碩士研究生學位論文，2011年5月，頁32。狩緬記事一書之作者為清朝之劉茝。

[4] 高國強，前引書，頁37。

[5] 梁晉雲，「緬甸果敢的歷史與現狀」，中國邊疆史地研究，第10卷，第2期，2001年6月，頁87-94。

[6] [清]謝儼、張毓碧，雲南府志，卷之五，沿革，頁26-38。收錄在中國哲學書電子化計畫。

1659 年 2 月,清軍進攻孟賽,永曆帝率大臣 50 餘、駿馬 600 餘、隨從 700 人沒有攜帶武器進入八莫。到達後,製造美麗的船舫,然後搭乘船舫沿著伊洛瓦底江駛往赭硯(今之實階(Sagaing),或實皆)[7],600 匹駿馬則在河西岸護送。然後停駐在實階的信妙辛地區。[8]

1661 年 12 月 1 日,平西王吳三桂派遣 1 萬 8 千名軍隊進抵曼德勒的翁賓勒(Aungbinle),要求緬甸交出永曆帝朱由榔。

1662 年 1 月 11 日,緬王將永曆帝及一子一孫送交吳三桂軍。太后王氏絕食餓死,戶部尚書龔彝頭觸地死。[9]1 月 18 日,清軍統領安迪文撤軍回中國。[10]

康熙元年(1662 年)3 月,吳三桂送永曆帝回昆明。李定國率 5 千多人停駐景線。4 月,吳三桂派固山楊坤、章京夏國相等縊殺永曆帝及其子於昆明箆子坡,焚其屍,揚之。其家屬送京。6 月,李定國自緬甸移兵猛臘,亦病死。[11]

李定國去世後,其部下四散,明朝遺臣之後裔稱為桂家或貴家,有些遷移到果敢地區。「桂家波龍銀廠始末。桂家一作貴家,相傳明永曆帝入緬時,為緬酋所俘,其家人及侍從皆散駐沙洲,蠻不之逐。謂水至盡漂矣。已而水至,洲不沒,蠻共神之。百餘年,生聚日盛,稱桂家。」[12]

果敢原土司楊家的家譜記載,他家先世是南京應天府上元縣

---

[7] 南溟網,「赭硯」,http://www.world10k.com/blog/?p=1400　2022 年 6 月 26 日瀏覽。

[8] 李謀、姚秉彥、蔡祝生、汪大年等譯注,琉璃宮史,下卷,商務印書館,北京市,2017 年,頁 990-991。

[9] 錢基博修訂,清鑑(上冊),卷三,世祖順治,啟明書局,台北市,民國 48 年 7 月初版,頁 176。

[10] 李謀、姚秉彥、蔡祝生、汪大年等譯注,前引書,頁 1003。

[11] [清]謝儼、張毓碧,雲南府志,卷之五,沿革,頁 41-42。收錄在中國哲學書電子化計畫。

[12] 錢基博修訂,清鑑(上冊),卷七,高宗乾隆,頁 426-431。

柳樹灣大石板人氏，明初隨沐英征南，落籍于順寧。桂王入滇，高祖楊高學跟隨。到緬甸，勤王失敗後，避地隱居于麻栗壩（即果敢）火燒寨。那裡尚有楊氏祖墳。從楊高學起已傳十一代。果敢聲名赫赫的「鴉片大王」羅星漢的家譜記載，其高祖係李定國麾下副將。永曆蒙難後，率部屬潛入麻栗壩。[13]

南明之殘餘勢力流落在緬甸北部的八莫、臘戌，緬甸東部的景東、猛撒，以及泰北的景線一帶。也有可能少數人往北遷移到緬北的果敢一帶。不過，這一部份的歷史記載較少。以後緬甸王朝的首都都在阿瓦、勃固或者東吁，對於緬北沒有實質控制力，而是由少數民族的土司控制，因此流亡的華人都聚集在果敢一帶，以致於形成華人聚集的地區。

以上移入緬境者，並非多是雲南人，而是來自福建和廣東之流亡者居多。以後移入者才以鄰近緬甸的雲南人居多。

至於華人移入下緬甸的時間，應該是英國在 1852 年佔領下緬甸的仰光和巴生港（Bassein）後，為了開發該一地區，而引入華人。這批華人大多數來自英國所統治的檳榔嶼、馬六甲和新加坡，大多數是福建人和廣東人。福建人的緬語暱稱為「長袖」（leq-she (longsleeves)），廣東人的緬語暱稱為「短袖」（leq-to (short-sleeves)）。顯示前者擅長於做生意，而後者擅長於工藝和手工工作。惟實際情況並非如此的印象。[14]

2014 年 3-4 月，緬甸進行人口普查，要求被調查者說出其屬於八個大種族之一以及 135 個次級族群之一。意圖隱瞞及不誠實者將被處以 5 萬緬幣罰款或一個月徒刑。這是緬甸自 1983 年以來的再度人口普查。其調查結果有關宗教的資料在 2016 年 7 月

---

[13] 李必雨，「史海一瞥：流落緬甸的永曆皇帝遺臣後裔」，貴州文史天地，2001 年 2 月 28 日，頁 55-58。

[14] Yi Li, "Governing the Chinese in multi-ethnic colonial Burma between the 1890s and 1920s," *South East Asia Research*, Vol. 24, No. 1, March 2016, pp. 135-154.

公布，種族數目及各種族人口數迄未公布，引發質疑，懷疑以前政府公佈的緬甸 135 個族群之可靠性，其分類及各族群的名稱拼音各界有不同的意見。[15]

2022 年，緬甸總人口推估為 55,095,219，總共有 135 個種族，以緬族（Barmar）為最大，占總人口的 68%。撣族（Shan）佔 10%。克倫族（Karen, Kayin）佔 7%。若開族（Rakhine）佔 4%。華人佔 3%。印度人佔 2%。孟族（Mon）佔 2%。其他佔 4%。[16]緬甸華人被稱為「突佑」（Tayoke），指在緬甸出生長大的華人。該詞緣起於第 13 世紀蒲甘王朝時大理國人對中國人的稱呼「突厥」的轉音，直到 19 世紀，才採用 Tayoke 作為漢族的外來語名稱。1940 年代後，使用「胞波」（paukphaw）稱呼華人，以示親如同胞之意。在孟族（Mon）語，對華人稱呼「克勞克」（Krawk）或 krɜk。撣族則稱呼華人為「克」（Khe）。在雲南和撣邦邊境的瓦族（Wa）稱呼華人為「華」（Hox/Hawx）。[17]

上緬甸的華人主要是雲南人，約佔全緬華人的 30-40%；下緬甸的華人主要是福建人和廣東人，約佔全緬華人的 45%。其餘為華、緬混血兒，他們被稱為「突佑卡比亞」（tayoke kabya）。[18]

第二節　英屬緬甸時期的華人

---

[15] San Yamin Aung, "Still No Date for Release of Census Findings on Ethnic Populations," *The Irrawaddy*, 21 February 2018, https://www.irrawaddy.com/news/burma/still-no-date-release-census-findings-ethnic-populations.html 　2022 年 7 月 21 日瀏覽。

[16] "Myanmar Population 2022 (Live)," *World Population Review*, https://worldpopulationreview.com/countries/myanmar-population 　2022 年 3 月 15 日瀏覽。

[17] "Chinese people in Myanmar," *Wikipedia*, https://en.wikipedia.org/wiki/Chinese_people_in_Myanmar 　2022 年 7 月 16 日瀏覽。

[18] "Chinese people in Myanmar," *op.cit.*

　　英國在 1852 年 4 月透過戰爭手段佔領馬塔班和仰光。1883年，英國在仰光市政府採取民選制，有三分之二是民選產生。市委員會（City Council）的 17 名民選代表中僅有 5 人是緬族人、1 人是克倫族人。另外 5 人是英國人、2 人是華人、2 人是印度人、1 人是回教徒代表、1 人是英國商會代表。[19]華人開始參與仰光的政治事務。

圖 12-1：英國人 Willoughby Wallace Hooper 於 1886 年在曼德勒拍攝的一家華人麵包店
資料來源："File:Baker's shop, Mandalay Chinatown.jpg," *Wikimedia commons*,
https://commons.wikimedia.org/wiki/File:Baker%27s_shop,_Mandalay_Chinatown.jpg　2023 年 1 月 30 日瀏覽。

　　1880 年代，英國倫敦的一位研究中國問題的學者道格拉斯（Robert Douglas）在中國領事館工作多年後，向英國政府建議在英屬緬甸政府內設立一個華人顧問，來處理緬甸和中國的關係。英國於 1891 年在緬甸設立「華人事務顧問」（Adviser on Chinese Affairs），專門從事有關華人事務的諮詢工作。首任顧問是瓦里

---

[19] Robert H. Taylor, *The State in Burma*, University of Hawaii Press, Honolulu, 1987, p.117.

（W. Warry）。瓦里也曾在中國領事館工作，故也懂得華語。他在
1885年被派至印度政府任職，在印度、西藏、緬甸和中國的邊境
工作，對於該一地區的寶石礦特別注意。該華人顧問的地位，猶
如荷屬東印度的甲必丹（Kapitein）之角色。1904年，瓦里退休，
英屬緬甸政府決定廢止該職位。英國改派低層官員處理跟中國雲
南的關係，例如舉辦華語考試、處理跟中國法律和習慣有關的事
情、中國罪犯或債務人逃到雲南之外的中國其他省分及其他雜務。
[20]

圖 12-2：1895 年緬甸仰光華商夫婦
資料來源：" Chinese people in Myanmar," *Wikipedia*,
 https://en.wikipedia.org/wiki/Chinese_people_in_Myanmar　2022
年 7 月 15 日瀏覽。

　　英屬緬甸政府亦設立有華語考試官，該官職是由考古學家杜
成誥（Taw Sein Ko）所擔任，他是英緬政府的首席考古學家。杜
成誥很少出現在社區的文化活動中，1903 年他成為緬甸中華義
學的校董。該學校是由支持滿清政府的仰光華人所創設，此與杜
成誥的想法一致。杜成誥的父親是廈門人，1840 年代在緬甸海岸

---

[20]　Yi Li, *op.cit.*

從事航運業。他母親是孟族人，杜成誥於 1864 年出生於毛淡棉
（Moulmein）。[21]

英屬緬甸政府在 1909 年 10 月於仰光成立「華人顧問委員
會」（Chinese Advisory Board），作為諮詢機構。英國早先在 1890
年在檳榔嶼、1899 年在新加坡也成立類似的機構。「華人顧問委
員會」與仰光警察機構密切合作，仰光警察局長是該委員會主席，
出席會議進行協調。警方與華人菁英有溝通的平台。「華人顧問
委員會」的委員由仰光警察局長推薦給英屬緬甸副總督任命，任
期兩年。1924 年，該委員會共有 13 名委員組成，他們都是福建
人和廣東人的商界名人或社團負責人。1931 年，仰光發生反華人
暴亂，「華人顧問委員會」派遣陳楚欽（Chan Chor Khine）前往
處理，他騎馬加入仰光警方，在唐人街街上巡邏，以恢復社會秩
序。[22]

英國於 1897 年設立屬於顧問性質的立法委員會（Legislative
Council），都是委任英國人出任，只有兩席是其他歐洲人出任，
代表商界利益。1909 年，該立法委員會共有 15 名代表，其中 4
人為緬族人、1 人為印度人、1 人為華人，皆是由首席專員委任。
在 15 名代表中，有 6 人是官員，英屬緬甸商會可推選一名代表。
1915 年，立法委員會人數增加至 19 人，克倫族和英國仰光商業
協會（British Rangoon Trades Association）可各推派一名代表參
加該立法委員會。1920 年，立法委員會人數增加至 30 人，其中
10 人是緬族人、2 人是印度人、1 人為華人，這 13 人都是委任。
該立法委員會委員中商業代表占大多數，其主要功能是供備總督
諮詢之用，不能討論預算案以及質詢官員之行為。[23]

---

[21]　Yi Li, *op.cit.*
[22]　Yi Li, *op.cit.*
[23]　John F. Cady, *A History of Modern Burma*, Cornell University Press, Ithaca, New York, 1958, p.152.

1928 年 11 月 28 日，舉行第三次立法委員會選舉，「緬甸各協會大會」對於是否參選發生歧見，結果契特藍（U Chit Hlaing）一派決定參選。只有 20%的投票率。人民黨贏得多數的席次。非緬族（包括英國人、克倫族、印度人、華人、英國-印度混血種人的立法委員組成獨立黨（Independent Party），為了對抗緬族的民族主義而投票支持英屬緬甸政府。在下緬甸地區，民族主義情緒日益高漲，要求緬甸脫離印度。

1931 年 9 月，英國選派 33 人出席緬甸圓桌會議，包括 9 名英國國會議員、12 名緬族人及從印度人、克倫族、華人、撣族、英國-印度混血種人、英國人等少數民族各選派兩名代表。緬族代表中的 6 人是從立法委員會中的分離主義派選出，5 人是從反分離主義派選出，包括領導人吳普（U Pu）[24]和契特藍，1 人是從非立法委員會中選出，她是瑪耶盛（Ma Mya Sein），英國人喜歡稱呼她為梅溫（May Oung）小姐，她雖是分離主義派，但在會議期間保持中立。[25]

在英國統治緬甸期間，為了需要華人之勞動力和經商才能，對於華人給予行政和立法上的代表權，故華人在政治上和社會上的地位是獲得保障的。

依據 1894 年中、英續議滇緬條約，中國人民前往緬甸，並無需領用護照之明文規定，實際上歷來中國人之由陸路經滇入緬者，均不用護照。至 1938 年 4 月 1 日，緬政府頒佈護照條例，其第五條規定中國人赴緬，得免持護照。1940 年 10 月，緬政府修改護照條例第五條，規定「僅限於自中、緬邊界由陸路來緬之

---

[24] 吳普生於 1881 年，其父為瑞因（Shwegyin）的木材商。1903 年，他獲得仰光學院的大學士。1908 年，中殿律師（Middle Temple）邀請他到英國學習法律。他在倫敦成立佛教協會，返回仰光後，成為「青年佛教協會」（Young Men's Buddhist Association）和緬甸各協會大會（General Council of Burmese Associations）的活躍份子。參見 Robert H. Taylor, *op.cit.*, p.171.

[25] John F. Cady, *op.cit.*, p.328.

華籍季候移民且需從事於馱運事業或為季候前來尋覓工作之勞工」。緬甸並定同年 12 月起實施，中國因該時間甚為急促，而進行交涉，緬方同意展延至隔年 4 月 1 日實施。1947 年 6 月 13 日，緬甸公布緊急移民法，規定外國人非持有移民入口證或具有簽證之護照者，不得入緬。當時中國駐仰光總領事館即行提出異議，並做保留聲明。以後緬甸獨立後，中國駐緬大使館亦與緬方交涉。[26]

在抗日戰爭期間，有緬甸華僑捐助中國政府抗日。1940 年 2 月，緬甸華僑救災特別委員會常務委員洪渭水等呈國民政府主席林森為獻機一架表示擁護領袖抗戰建國之誠。[27]

1940 年 10 月，中國外交部為瞭解各地華僑概況，特請各地使館按照「華僑概況調查大綱」一份進行調查。中國駐仰光總領事館在 1941 年 2 月 28 日呈報外交部調查結果，由於並未完成辦理登記，難以確知華人人數，惟估計約在 30 萬人以上。以省籍分，以滇人最多，閩人次之，粵人又次之。上緬甸多滇人，下緬甸多閩人。緬甸國會有華商商會代表名額一名，均屬於不限種族之議員名額。擔任緬甸政府部長者有數人。擔任地方政府首長亦有數人，例如仰光市長。此外，所得稅務廳、仰光大學董事會、港務局、鐵路局等亦有華人代表參加。在華僑社團方面，早期粵僑有義興武市廟，閩僑有和勝公司和建德堂。1940 年代則成立許多不同性質的社團。華僑發行的報紙有覺民日報（為國民黨黨報）、仰光日報（為緬甸閩僑所辦，立場傾向中共）、中國新報（無特別政治立場），另有其他小報，如仰光的紫電報、土瓦導報等。僑校約有 3 百多所。在僑委會編訂之教科書未完成之前，暫以教

---

[26]國史館藏，〈我國與緬甸交涉移民待遇經過節要，1948/01/04〉，「華僑返緬（一）」，外交部，數位典藏號：020-011107-0030。

[27]國史館藏，「中南半島華僑捐款」，國民政府，1940/02/21。數位典藏號：001-067140-00024-012。

育部審定通過之由商務印書館出版之復興教科書及中華書局出版的新中華教科書作為全緬華文學校之教科書。就法律及事實而言，緬政府對華僑之居留待遇尚為寬大，並無歧視。即有限制，亦係對所有外僑一體實施，並非針對華僑。舉凡華僑在緬之財產所有權、教育經商均是如此。唯有華僑入境之手續較他國人為繁難，如由海路入境緬甸者，需向英國各地使領館或香港政府申請簽證，並需由緬甸個人或商店保證，獲緬甸政府同意，此一程序需時兩三個月。[28]

　　緬甸華僑協會常務理事會於 1945 年 7 月 29 日召開全仰光僑團間代表大會，決議領導全僑擁護抗戰建國國策直至日寇投降。[29]

　　1946 年 1 月，中國國民黨派遣李竹瞻到緬甸宣慰華僑，他在 1 月 25 日的回國報告中稱，日軍佔領緬甸期間，有白圻章、馬仁心、曾順續、陳洪安、盧仰民等組織「緬甸華僑聯合會」，會長為白圻章，副會長為曾順續、譚炯裳。在該會下又成立「捐助緬甸國防軍需委員會」，由謝金材為主任委員，周禎祥、陳洪安、曾順續、謝金材、王啟宗、何輝煌、陳資京、譚炯裳、鍾循初為委員。他們還成立「緬甸華僑購機大會第一隊」，主任委員為馬仁心，委員陳洪安，何明、黃深、謝金材、黃福皇、李志遠。第二隊主任委員譚炯裳，委員為雷群學、麥克、曾順續、許乃徐、宋福泉、陳清錦。第三隊主任委員為陳盡忠，委員為黃鰲、余明、梁發、鄭瀛洲等。第四大隊主委為蘇金克。第五隊主委為王啟宗。該報告中稱白圻章、馬仁心、曾順續、陳洪安、盧仰民等人係甘心為日敵服務，危害僑胞，「若不有相當之處分，僑務前途殊難

---

[28] 國史館藏，「緬甸華僑概況」，外交部，終華民國駐仰光總領事館快郵代電外交部，地字第 2223 號，1941 年 2 月 28 日。數位典藏號：020-011107-0048。
[29] 國史館藏，「擁護政府抗戰及致敬與祝捷案（四）」，國民政府，1945/08/20。數位典藏號：001-072470-00014-042。

樂觀。」[30]

第三節　緬甸獨立後華人的地位

　　緬甸在 1948 年 1 月 4 日獨立，不數月爆發內戰，緬共及白志願軍相繼叛亂。1948 年底，緬北的吉仁民族發動叛亂。1949 年3 月，緬甸共黨叛亂，繼則白志願軍叛變，內戰地區日趨擴大，少數民族叛軍亦趁機活動，克倫族叛軍攻佔臘戍。仰光和瓦城華僑受損嚴重，雲南省政府籲請外交部向緬甸政府交涉保僑。[31]外交部訓令駐緬大使館進行交涉保僑。2 月 21 日，眉苗（Maymyo）為叛軍佔領。3 月 11 日，瓦城政府軍有部分倒戈，投向叛軍，以致於為吉仁叛軍和紅白緬共攻佔。中國駐緬大使館盡力交涉保僑工作。[32] 經三星期後，政府軍才收復瓦城。後又被白志願軍佔領，4 月初，政府軍將之光復。4 月 17 日又光復眉苗。華僑生命和財產略有損失。[33]

　　中國駐緬大使館為因應緬局，團結仰光華僑，在 1948 年 8月指導仰光各僑團成立「緬華僑團聯合會」，從事籌備志願警察，並籌募款項，救濟從緬甸其他地區逃至仰光之華僑，並救濟緬北

---

[30]國史館藏，「華僑宣慰」，國民政府，1946/01/28。數位典藏號：001-067160-00002-021。

[31]國史館藏，「要求緬甸政府保護華僑生命財產」，外交部，雲南省政府代電外交部，事由：緬甸內戰地區日趨擴大旅緬滇籍華僑受到生命財產威脅事向緬甸政府交涉要求切實保護緬甸華僑安全，督部秘一(4)2357 號，1949 年 3 月 12 日。數位典藏號：020-011107-0014。

[32]國史館藏，「要求緬甸政府保護華僑生命財產」，外交部，外交部駐雲南特派員公署代電外交部，事由：代電外部准涂允檀大使電復關於保護旅緬僑商茂恆等一案由。（照抄駐緬甸國大使館代電光(38)字第 652 號，1949 年 4 月 2 日。）海外字第 381 號，1949 年 4 月 7 日。數位典藏號：020-011107-0014。

[33]國史館藏，「要求緬甸政府保護華僑生命財產」，外交部，中華民國駐臘戍領事館呈外交部，事由：為呈報眉苗、瓦城二城戰事中僑民受損情形，仰祈鈞察由，成(38)字第 0121 號，1949 年 5 月 19 日。數位典藏號：020-011107-0014。

戰區逃難之華僑，對緬政府軍所造成之華僑財產損失，向緬甸外交部交涉賠償。[34]中國駐緬大使館在 1949 年 6 月 14 日致函緬甸外交部稱，與緬外交部交涉卑突（Pitoot）地區華僑在 5 月 16 日遭到緬政府軍劫殺事件，要求緬甸政府保護華僑及懲兇賠償。緬政府稱吉仁叛軍從華人住宅屋頂射擊政府軍，引起政府軍懷疑當地華人與吉仁叛軍勾結，所以釀禍，華人被殺、住宅店鋪被焚燬。[35]

　　緬甸政府在獨立後公布分級公民制度，華人被視為外僑，必須登記為外僑。1950 年代，緬甸對華僑的歧視政策包括公民身份、政府就業、商業法規和許可審批、貸款延期和匯款限制等。

　　1948 年 9 月，中國外交部訓令駐緬大使館舉辦臨時華僑登記，以因應緬甸政府公布將華人視同外僑之新公民權法。

　　1952 年，根據慶福宮（Kheng Hock Keong Temple）的出版物估計，居住在仰光市西諾丹（Sinohdan）、拉塔（Latha）和茂光（Maung Khaing）街沿線地區的華人（廣東人通常居住在瑪哈班都拉(Maha Bandula) 路上方，福建人居住在下方）佔仰光人口的 9.5% 。在此期間，緬甸私立華文學校的數量急劇增加，主要教授北京話，從 1935 年的 65 所增加到 1953 年的 259 所，至 1962 年亦維持 259 所，其中許多此類學校參加中國國民黨或中國共產黨的運動。然而，只有不到 10% 的適齡緬甸華人就讀於華文學校。同樣地，在 1950 年代，約有 80 個宗族社團在運作。[36]

---

[34]國史館藏，「要求緬甸政府保護華僑生命財產」，外交部，中華民國駐緬甸國大使館呈外交部，事由：呈送本館緬亂護僑工作報告由，光(38)字第 0352 號，1949 年 5 月 7 日。數位典藏號：020-011107-0014。

[35] 國史館藏，「要求緬甸政府保護華僑生命財產」，外交部，中華民國駐緬甸國大使館呈外交部，事由：續報卑突事件交涉情形由，光(38)字第 1134 號，1949 年 6 月 18 日。數位典藏號：020-011107-0014。

[36] "Chinese people in Myanmar," *op.cit.*

1962 年，尼溫（Ne Win）發動政變取得政權。1963 年 2 月，頒佈「企業國有化法」（Enterprise Nationalization Law），政府將各種經濟企業收歸國營，學校和文化組織亦由政府直接管理。軍政府宣布在一年後禁止賽馬，選美、音樂和舞蹈競賽亦被禁止，撣邦禁止賭博。當時占據經濟主力的印度人和華人在此一國有化政策下，無法在緬甸生存，因此約有 30 萬印度人和 10 萬華人離開緬甸。[37]當時緬甸華僑約有 40 萬人。由臺灣政府安排到臺灣居住者有 1,817 人，自行逃往泰國北部謀生者有 2 千多人。臺灣在 1964 年 11 月派遣農技專家一人、食品加工專家一人協助其墾殖一年。僑委會並發給緬甸流亡泰北之難僑每人慰問金新台幣 200 元、伙食費 400 元、建屋費 400 元。並於 1964 年 11 月至 1965 年 6 月間派遣醫師章仕忠前往泰北難民村施行防疫醫療、改善環境衛生、衛生教育及訓練醫療人員。臺灣為協助緬甸難僑總共支出新台幣 7,818,133 元 7 角 5 分。[38]緬甸政府亦禁止華文報紙和華人會館的活動、華文招牌。約有 6,700 家華人商店遭到關閉。[39]

　　尼溫具有華人血統，但其國有化政策同時限制非公民的華人擁有土地所有權、匯款、取得商業執照和執業醫生。華文學校在 1962 年達到 259 所。尼溫在 1966 年將華文學校國有化，禁止教華文。

　　1964 年 6 月，中國獲得情報稱緬甸軍方有人陰謀發動政變

[37] Aung Lwin Oo, "Aliens in a bind," *The Irrawaddy*, Vol.12, No.7, July 2004. http://www2.irrawaddy.org/article.php?art_id=3795&page=2　2022 年 7 月 18 日瀏覽。

[38] 行政院檔案，事由：「為緬甸專案小組結束事呈請鑒核備查由」，僑務委員會呈行政院，(58)台僑移，1969 年 1 月 20 日。僑委會於 2 月 22 日呈報行政院，表示前緬甸專案小組所報之支出數字有錯誤及遺漏，辦理該案總支出為新台幣 7,818,133 元 7 角 5 分

[39] Hongwei Fan, "The 1967 anti-Chinese riots in Burma and Sino-Burmese relations," *Journal of Southeast Asian Studies*, Vol. 43, No. 2, June 2012, pp. 234-256.

推翻尼溫,指中央軍區司令盛溫(Sein Win)可能涉嫌發動政變,中國將該情報通知其駐緬甸大使耿飆,轉告尼溫三件事:1.緬甸軍中有人陰謀政變推翻他。2.詢問尼溫需要中國緊急援助的項目。3.通知尼溫周恩來或陳毅將前往仰光與他交換意見。隨後周恩來在 7 月 10-11 日密訪仰光。周恩來和尼溫會談三次,前後共 11 小時,他勸告尼溫如何鎮壓國內的動亂。[40]1965 年,尼溫破獲另一起政變陰謀。

中國在 1966 年爆發文化大革命,其影響力逐漸擴散到緬甸。緬甸的華人學生和教師配戴毛澤東的徽章到學校,及讀毛語錄。緬甸政府禁止學生和教師這樣做。1967 年 6 月 22 日,仰光的第三國立小學(以前為華文女子中學)因為學生和教師配戴毛澤東的徽章,而引發口角。雖然口角很快平息,但華人學生在中國大使館館員之支持下繼續配戴該徽章。25 日,出現有關暴民攻擊華人的報導。

1967 年 6 月 26 日,緬甸發生排華事件,暴民攻擊華文中學、唐人街和中國大使館,有不少華人房子遭焚燬或破壞。「新華社」、中國民航局、中國大使館在仰光的商務和經濟領事館的辦公室遭到掠奪。當地數十家華人會館遭到焚燬或破壞。會館的人有 31 人被害。唐人街及其他華人聚集地區的店鋪和房舍遭到焚燬和破壞。[41]在仰光地區有支持中國的紅派和支持台灣的白派不同政治立場的華人學生爆發衝突,他們受到當時中國正在進行的文化大革命之衝擊。紅派學生配戴「毛主席」的胸章,白派學生感到不快,兩派人馬爆發衝突,有 2,000 名示威群眾拆下中國駐仰光大使館的招牌。

隔天,中國教師聯盟大樓遭焚燬。28 日,暴民再度攻擊中國大使館,中國援助緬甸專家劉毅被殺害,另一名官員受傷,毆打

---

40 Hongwei Fan, *op.cit.*

41 Hongwei Fan, *op.cit.*

數名中國外交官員。中國群眾亦在緬甸駐北京大使館前示威，並焚燒尼溫芻像。緬甸政府在 6 月 29 日在中國大使館地區及唐人街地區實施戒嚴。

　　6 月 28 日，中國要求緬甸道歉、懲兇、賠償受害人、保護在緬甸的華人、確保中國使館的安全。29 日，中國再度發表措辭強硬的抗議，直指緬甸軍政府唆使及鼓勵暴民攻擊中國大使館及華人。中國召回駐緬大使，直至事件獲得解決。同一天，紅衛兵攻入緬甸駐北京大使館，破壞緬甸國旗和國徽。在上海和昆明也有反緬示威活動。緬甸政府則反稱緬甸並沒有暗中鼓動反華、中國無權干涉緬甸內政。8 月，緬甸召回其駐北京大使、終止中國經濟援助計畫、要求中國在 10 月召回其援助專家和技術人員。11 月 4 日，中國撤回其援助緬甸的 412 名專家和技術人員。從 1967 年 7 月到 1968 年 1 月，「新華社」4 名記者遭驅逐出境。1968 年 3 月 19 日，緬甸警方逮捕親北京的華人會館的領導人，有些則被驅逐出境。[42]

　　激進的紅派份子在廣播系統中批評尼溫將軍的施政，緬甸政府遂將矛頭轉向華人，逮捕激進華人，有大批華人逃離緬甸或逃往山區躲藏。中國協助緬甸共產黨成立諾森（Naw Seng）的東北司令部（North-East Command），在 1968 年 1 月 1 日在撣邦活動。中國在沿著中、緬邊界設立儲藏軍火的倉庫，「克欽獨立組織」（Kachin Independence Organization, KIO）的代表邵都（Zau Tu）和布藍森（Brang Seng）前往中國訪問，周恩來和林彪遊說他們和緬共合作，並未成功。[43]排華事件結束後，緬甸換發身份證，華人只能拿到綠色的居民證，在就業、購買不動產、外出等諸多領域均受到限制。此後，緬甸政府不准華人社團組織集會，直到

---

[42] Hongwei Fan, *op.cit.*

[43] Martin Smith, *Burma: Insurgency and the Politics of Ethnicity*, Zed Books Ltd., London, 1991, pp.226-227.

1980 年代才稍微放寬，惟需向政府申請批准後才能進行。許多華人家長不僅在公開場合不敢表明自己是華人，隱藏其華人身份，甚至不講華語，在家也不教小孩講華語。[44]

最重要者，有許多華人離開緬甸，搬到中國、香港、澳門、台灣和歐美國家。

1971 年，尼溫訪問北京，兩國關係逐漸恢復。周恩來向尼溫說：「當時我們駐仰光的大使館向緬甸外交部致送很多抗議照會，都未經中國外交部同意，到底有多少抗議照會，都無從知道。」周恩來又說：「我們不同意 1967 年緬甸華文學校的作為，他們應當遵守當地法律和生活習慣。」[45]

1982 年緬甸軍政府公佈公民權法（Citizenship Law），規定申請公民權者需出示其祖先在 1823 年以前居住緬甸的證明，該年剛好是英、緬戰爭前一年。1982 年緬甸公民權法規定公民的三種取得方式，分別是完全公民（指在西元 1823 年以前在緬甸國內某一地區定居的克欽、克耶、克倫、欽、緬、孟、若開、撣等族及其支族人民）、準（associate）公民（指根據 1948 年緬甸聯邦公民法提出申請入籍者）和歸化公民（指 1948 年 1 月 4 日前到達緬甸居住者及其子女，尚未根據 1948 年緬甸聯邦公民法提出申請入籍者）。沒有完全公民權的華人及持有外僑居民卡（Foreign Resident Card, FRC）者被禁止讀大專院校，包括醫學、工程、農業和經濟等院校。富有的華人將小孩送去仰光市讀英語小學和中學，或者送至新加坡、馬來西亞、泰國讀書。念大學者則到新加坡和台灣。[46]

緬甸在 1983 年進行人口普查，全國約 5 千萬人，其中少數

---

[44] Peng Qinqin, "A new generation of Burmese-Chinese," *Mizzima*, 31 December 2012, https://web.archive.org/web/20130103033417/http://mizzima.com/edop/features/8665-a-new-generation-of-burmese-chinese.html　2022 年 7 月 17 日瀏覽。

[45] Hongwei Fan, *op.cit.*

[46] "Chinese people in Myanmar," *op.cit.*

民族約占 30%，華人約佔全部人口 3%，印度人約佔 2%。華人和印度人並未具有充分緬甸公民權，他們僅持有外僑居民卡，華人與緬人通婚，其子女即可取得緬籍。緬甸並未簽署聯合國消除種族歧視國際公約（UN International Convention on the Elimination of Racial Discrimination, or CERD），故仍有歧視少數民族，特別是外來移民。

　　1988 年，「恢復國家法律和秩序委員會」（State Law and Order Restoration Council, SLORC）採取開放政策，放寬政府對經濟的控制角色，允許私人企業及外國投資。華人獲得經商的機會，以致於以後緬甸的零售業、批發業和發貨網點都被華人控制。例如，1985 年成立於仰光唐人街的盛嘎哈（Sein Gayha），是一家客家人經營的商店。緬甸前 5 大銀行的其中 4 家銀行是由華商經營，包括緬甸環球銀行（Myanmar Universal Bank）、佑瑪銀行（Yoma Bank）、緬甸五月花銀行（Myanmar Mayflower Bank）和亞洲財富銀行（Asia Wealth Bank）。1990 年代後，由於緬甸遭到美國等西方國家的經濟制裁，給予中國商人趁機進入緬甸經商的機會，中國人在緬甸的投資也隨之增加。有些中國商人為了經商的便利，透過黑市、賄賂或通婚而取得緬甸歸化公民權證，即可經營旅館業和商店。如今，曼德勒和仰光的零售店鋪、旅館、酒店、金融服務業、優質住宅和商業地產都操在華人手中。曼德勒市中心的地塊有 50% 是由華人控制。估計約有雲南人 25-30 萬人非法進入緬甸，大都集中在曼德勒市。該市 1980 年的人口約 50 萬人，2008 年增加到 100 萬人，華人約佔曼德勒市人口的 30-40%。[47] 1989 年，緬甸政府規定所有公民需取得公民安全卡，完全公民者取得粉紅色卡，藍色者為準公民，綠色者為歸化公民。而外僑居民則為白色卡。非公民禁止讀高等學府，譬如不能讀醫學院和技

---

[47] "Chinese people in Myanmar," *op.cit.*

術學院。他們也不能擁有土地，前往居住地之外的地區需申請許可。他們可以擁有選舉權，但沒有被選舉權。2001年底，移民與人口部發出一項命令，給予住在仰光和曼德勒的停火族群團體（指與政府達成和平協議的族群）公民權。後來也發給瓦族和科康族（Kokang）公民權證。據稱有不少新近從中國來的新移民賄賂緬甸政府官員而取得公民權，而原先就居住在緬甸的被視為外僑的華人對此感到不滿。[48]

由於華人大量進入曼德勒，控制當地的經濟，引起當地人之不滿。2011年6月底，因為小衝突，導致暴民攻擊一家華人開的珠寶店。緬甸軍政府包庇中國在緬甸的經濟利益，致使中國經濟勢力在曼德勒和仰光逐漸增強，緬甸人開始出現反華的態度。[49]

圖12-3：仰光的緬甸華僑圖書館館長 U Tun Mint
資料來源：Tiffany Tang, "A vault to Sino-Burmese history, meet the chief librarian of Chinatown," *iDiscover*, https://i-discoverasia.com/burmese-history/　2023年1月30日瀏覽。

---

[48] Aung Lwin Oo, "Aliens in a bind," *The Irrawaddy*, Vol.12, No.7, July 2004. http://www2.irrawaddy.org/article.php?art_id=3795　2022年7月18日瀏覽。

[49] Kyi Wai, "Dangerous Anti-Chinese Discontent Growing in Mandalay," *The Irrawaddy*, July 8, 2011, https://web.archive.org/web/20110723050000/http://irrawaddy.org/article.php?art_id=21656&page=1　2022年7月17日瀏覽。

第四節　參與政治

　　華人在緬甸的人數不多，在曼德勒和仰光大城市的華人大多數經商，在英國統治時期，華人屬於外僑，從政者人數屈指可數。緬甸獨立後，從政者具有華人血統者，列舉如下。

　　杜成誥（Taw Sein Ko）是緬甸考古學家。他是中、緬混血兒，祖先來自中國閩南的廈門。父親是緬甸華人杜成孫，母親杜努（Daw Nu）是孟族（Mon）。其父在八莫經商致富。1881 年，畢業於仰光學院，翌年進入英國的內殿律師學院（Inner Temple, Inns of Court）學習。他於 1884 年擔任印度文官。1893 年，他出任英屬緬甸助理部長。1897 年，他以考古學家和中國事務顧問的身份由英屬緬甸政府派赴中國北京擔任通譯兩年。1899–1900 年，爆發義和團事件，他出任「前線地區的守望人」（Warden of the Frontier Areas），並成立「英、中學校」。1902 年，他回任助理部長職。他是緬甸大學教育和女性教育的著名宣導者。[50]

圖 12-4：杜成誥

---

[50] Taw Sein Ko," *Wikipedia,* https://en.wikipedia.org/wiki/Taw_Sein_Ko　2022 年 3 月 2 日瀏覽。

資料來源：Taw Sein Ko," *Wikipedia,*
https://en.wikipedia.org/wiki/Taw_Sein_Ko　　2022 年 3 月 2 日瀏
覽。

　　陳楚欽（Chan Chor Khine），父為華人，母為緬人。他唸仰
光的聖保羅高中（St Paul's High School）。他經營石油、食米和香
菸出口有成，捐資興建中華高中。[51]他最有名的行動是在 1931 年
仰光發生反華人暴亂，「華人顧問委員會」派遣他前往處理，他
騎馬加入仰光警方，在唐人街街上巡邏，以穩定局勢。

圖 12-5：仰光唐人街第十九街（燒烤街）
資料來源："The exciting 19th street, Chinatown, Yangon,"
Yangon Day Tours, https://yangondaytours.com/exciting-19th-street-
chinatown-yangon/　　2023 年 1 月 30 日瀏覽。

　　尼溫具有華人血統，他原名為蘇茂（Shu Maung），在加入「三
十志士」後改名為尼溫。對緬人而言，尼溫是華人的名字。革命
委員會的許多委員也具有華人血統，例如翁吉准將（Brigadier

51　"Chan Chor Khine," *Wikipedia,* https://en.wikipedia.org/wiki/Chan_Chor_Khine
　　2022 年 7 月 21 日瀏覽。

Aung Gyi）、山友（San Yu）、陳于勝（Tan Yu Saing）和東基（Thaung Kyi）。尼溫結婚 7 次，其中兩位太太是英國化的女性。[52]

圖 **12-6**：尼溫

資料來源："Ne Win," *Wikipedia*,
https://en.wikipedia.org/wiki/Ne_Win　2023 年 1 月 30 日瀏覽。

　　翁吉（Aung Gyi），中文名陳旺枝，福建人，1919 年出生於英屬緬甸邦德的一個緬甸華人家庭。是尼溫將軍的第 4 緬甸步槍隊的成員，晉升為準將。1962 年，翁吉準將和貌貌（Maung Maung）準將領導的一群軍官威脅總理吳努（U Nu）下台。翁吉成為政變後成立的聯合革命委員會的二號人物，擔任副參謀長兼貿易和工業部長，直到 1963 年 2 月 8 日因與巴年（Ba Nyein）和丁皮（Tin Pe）在經濟政策上的分歧而被迫辭職。他從 1965 年到 1968 年被監禁，從 1973 年到 1974 年再次被監禁。1988 年 3 月 7 日，翁吉給尼溫寫了第一封信，建議進行經濟改革和重組新內閣。他強烈批評政府的緬甸社會主義道路，並警告可能出現社會動盪。1988 年 5 月 9 日，他寫了第二封 40 頁的公開信，重申經濟改革的必要性。他成為著名的反對派領袖，並在 1988 年 7 月 29 日至 8 月 25 日期間被監禁。「全國民主聯盟」

---

[52] Mya Maung, "The Burma Road from the Union of Burma to Myanmar," *Asian Survey*, Vol. 30, No. 6 (Jun., 1990), pp. 602-624, at p.612, note 17, p.612.

（National League for Democracy, NLD）於 1988 年 9 月 27 日成立，翁吉任黨主席，前將軍杜拉廷烏（General Thura Tin Oo）任副主席，翁山蘇姬（Aung San Suu Kyi）任秘書長。他於 1988 年 12 月 3 日辭去黨主席職，指控該黨遭共產主義份子滲透，並於 1988 年 12 月 16 日另外成立「聯合全國民主黨」（Union National Democracy Party, UNDP）。[53]

圖 12-7：曼德勒的一家華人寺廟

資料來源：” Chinese Influx Transforming Myanmar's Quintessential City,” *VOA*, May 01, 2018, https://www.voanews.com/a/chinese-influx-transforming-myanmar-s-quintessential-city/4373569.html　2023 年 1 月 30 日瀏覽。

山友（San Yu），出生於卑謬（Prome）的迪公（Thegon），父為客家人，母為緬人。他唸仰光大學醫學院兩年，1942 年輟學，在卑謬加入緬甸獨立軍，成為軍官。尼溫政變後成立的革命委員會，山友是 17 名成員之一。在 1963 年成為陸軍副參謀長。1963-1972 年，他出任財政部長。1971 年，出任憲法起草委員會主席。1972 年晉身為武裝部隊總司令。1972 年 4 月，成為緬甸社會主義計畫黨（Burma Socialist Programme Party）國務委員會

---

[53] “Aung Gyi,” *Wikipedia*, https://en.wikipedia.org/wiki/Aung_Gyi　2022 年 3 月 2 日瀏覽。

秘書長。1978 年，他從軍中退役。1981 年 11 月 9 日，他被國會選為緬甸聯邦社會主義共和國總統，一直到 1988 年 7 月 27 日下台。[54]

丹瑞（Than Shwe）夫人嘉嘉（Kyaing Kyaing），丹瑞在 1992 年到 2011 出任緬甸「國家和平與發展委員會」（State Peace and Development Council, SPDC）主席。嘉嘉出生於克倫邦（Kayin State）的固結鎮（Kaw Kyaik Township），她具有人華人血統。[55]

欽紐（Khin Nyunt）將軍，祖籍廣東梅州梅縣的客家人。是緬甸軍官和政治家。他在 1983 年擔任情報局長一職，1997 年出任「國家和平與發展委員會」第一秘書，並於 2003 年 8 月 25 日至 2004 年 10 月 18 日擔任緬甸總理。2004 年 10 月 18 日，在「國家和平與發展委員會」主席丹瑞簽署的一份公告中，欽紐獲准以健康為由退休。然而，他立即被捕並受到保護性拘留。2005 年 7 月 21 日，他因貪污罪被判處 44 年徒刑，兩個兒子也分別被判處 51 年和 68 年徒刑。欽紐於 2012 年 1 月 13 日根據登盛（Thein Sein）總統的命令從軟禁中獲釋。在解除軟禁後，欽紐搬到了馬央貢鎮（Mayangone Township）的一棟別墅裡。他開了一家咖啡店、藝術畫廊和一家紀念品商店，向遊客出售木雕等物品。[56]

覺敏（Kyaw Myint），為華裔，1940 年 1 月 22 日出生，是名醫生和前衛生部長。他曾在眾議院擔任查那耶贊（Chanayethazan）鎮選區的議員。他曾擔任前國家元首丹瑞的私

---

[54] "San Yu," *Wikipedia*, https://en.wikipedia.org/wiki/San_Yu　2022 年 7 月 22 日瀏覽。

[55] "Kyaing Kyaing," *Wikipedia*, https://en.wikipedia.org/wiki/Kyaing_Kyaing　2022 年 3 月 2 日瀏覽。

[56] "Khin Nyunt" *Wikipedia*, https://en.wikipedia.org/wiki/Khin_Nyunt　2022 年 3 月 2 日瀏覽。2022 年 3 月 2 日瀏覽。

人醫生。[57]

　　基貌（Kyi Maung）上校，是潮州和緬甸混血兒。[58]1938 年，加入全緬甸學生會，1941 年，加入緬甸獨立軍。1945 年，出任第五緬甸步槍營指揮官，1951 年，出任北方軍區司令，1953 年，出任第七塔特馬哈（Tatmaha 7）司令部司令，1960 年，出任仰光司令部司令，1962 年，出任革命委員會司令。1962 年，出任西南司令部司令。1962 年政變後，他與尼溫政見不和，拒絕參加由尼溫組織的群眾集會。一年後，他被迫辭去西南司令部司令職。尼溫在 1963 年至 1987 年間兩次將他關進監獄，共 7 年。他於 1988 年被判入獄 1 個月，從 1990 年至 1995 年被監禁 5 年。他是「全國民主聯盟」的聯合創始人。1990 年，任國會議員。1989 - 1997 年，任「全國民主聯盟」副主席。[59]1997 年，因與翁山蘇姬觀點衝突而退出「全國民主聯盟」。[60]

　　翁敏（Thakin Ohn Myint），為華裔，1934 年考入仰光醫學院（現為仰光第一醫學大學）。然而，他輟學轉而從事新聞工作，為增長（*Kyipwayay*）雜誌、進步（*Totetyay*）、覺期刊（Journal Kyaw）和緬甸新光報（*New Light of Burma*）撰稿。在尼溫首次宣布緊急戒嚴後不久，根據公共秩序保護法（Public Order Protection Act），他因左翼政治活動被關押在可可群島兩年。1960 年代中期，他再次被關押在永盛監獄（Insein Prison）。1989 年，他又被關了 5

[57] "Kyaw Myint (physician)," *Wikipedia*, https://en.wikipedia.org/wiki/Kyaw_Myint_(physician) 2022 年 3 月 2 日瀏覽。

[58] "Kyi Maung," *Wikipedia*, https://en.wikipedia.org/wiki/Kyi_Maung 2022 年 3 月 2 日瀏覽。

[59] "Kyi Maung," *Burma National News*, https://web.archive.org/web/20150404141235/http://burmanationalnews.org/burma/index.php?option=com_content&view=article&id=574&Itemid=181 2022 年 3 月 2 日瀏覽。

[60] "Kyi Maung," *Wikipedia*, https://en.wikipedia.org/wiki/Kyi_Maung 2022 年 3 月 2 日瀏覽。

年，並於 1998 年再次被捕，原因是他接受正在寫一本關於緬甸學生運動歷史一書的研究員翁通（Aung Htun）的採訪。雖然他被判處 7 年苦役，但次年在美國國會議員霍爾（Tony P. Hall）訪問緬甸後獲得減刑。他與翁山蘇姬是密切的朋友。[61]

彭家聲（Pheung Kya-shin），出生在果敢的紅石頭河附近的雲南人，1949 年，師從當時果敢的總督楊謙才（Sao Edward Yang Kyein Tsai）學習軍事，並成為楊謙才的國防軍上尉，直到 1965 年楊謙才被緬甸武裝部隊廢黜（軍政府執政時期）。當年底，他成立了「果敢人民革命軍」（Kokang People's Revolutionary Army），並開始領導一小群青年進行游擊戰反對緬甸武裝部隊。1969 年 4 月，果敢省成立，彭家聲出任省長。20 年來，他作為緬甸共產黨（Communist Party of Burma, CPB）的成員控制果敢。1989 年，緬共分裂，彭家聲另建其自己的武裝力量「緬甸民族民主同盟軍」（Myanmar National Democratic Alliance Army）。後與緬軍政府簽署和平協議，緬政府允其建立果敢自治區，成為緬甸第一個特區。[62]

1992 年 11 月，彭家聲和果敢另一組織領導人楊振聲雙方發生衝突，楊振聲請求佤聯軍協助，佤聯軍出兵 1,500 人，使得楊振聲得以控制果敢，彭家聲避難到中國。1995 年 11 月，彭家聲返回果敢，重新成為果敢的統治者。2004 年 10 月，彭家聲的後台靠山欽紐下台，彭家聲也失勢，再度逃亡中國。軍方任命彭家聲的副司令白所成（Bai Suoqian, Bai Suocheng）為「緬甸民族民主同盟軍」的新領袖，投靠白所成的「緬甸民族民主同盟軍」也被軍政府承認為邊境警衛隊（Border Guard Force）。

---

[61] "Ohn Myint," *Wikipedia*, https://en.wikipedia.org/wiki/Ohn_Myint 2022 年 3 月 2 日瀏覽。

[62] "Pheung Kya-shin," *Wikipedia*, https://en.wikipedia.org/wiki/Pheung_Kya-shin 2022 年 3 月 2 日瀏覽。

　　陳裕才（Tan Yu Sai, Tan Yu Saing），為中、緬混血兒華裔，是緬甸社會主義計劃黨時代的緬甸政府官員。1962 年 3 月 2 日至 1970 年 10 月 6 日，他擔任革命委員會的創始成員之一，同時也是貿易部長。[63]

　　張奇夫，緬甸名字坤沙（昆沙）（Khun Sa），於 1933 年生於緬甸北撣邦山城孟當（Mong Tawn），父為華人，母為緬甸泰族。20 歲時繼承其父的萊莫土司的職位，擁有自衛武裝力量。1967 年，擊敗前鴉片大王羅星漢，控制金三角鴉片生產和交易。1969 年 10 月，被政府軍逮捕。1976 年 2 月，從監獄脫逃，重返金三角重整旗鼓，勢力最強時，擁有武裝力量 2 萬人。他控制的金三角，每年生產鴉片 3,000 公噸。1995 年，張奇夫軍隊有 1 萬人分裂出去，大大削減其實力。他之所以擁有龐大的軍事武裝力量，要歸功於其參謀長張書泉，張書泉原為國民黨軍隊段希文將軍的部屬，他協助坤沙訓練軍隊，使之能在金三角雄視一方。[64]1996 年 1 月 5 日，張奇夫向緬甸政府軍投降，隨後被軟禁在仰光，2007 年 10 月 26 日，在仰光寓所病逝。

　　羅星漢（Lo Hsing Han）（或寫為羅興漢），生於 1934 年，緬甸撣邦果敢人。1948 年羅星漢考入果敢縣公立小學，畢業後進入軍事進修班，1950 年代初，曾替駐留當地的國民黨軍隊軍官跑腿打雜，而被取了「羅星漢」中國名字。從軍事進修班畢業後擔任當地楊家家族武裝的分隊長。他也加入了國民黨軍隊。1961 年 5

---

[63] "Tan Yu Sai," *Wikipedia*, https://en.wikipedia.org/wiki/Tan_Yu_Sai　　2022 年 7 月 17 日瀏覽。

[64]參見段建安，「全世界最危險的農夫：金三角毒王尋蹤」，中央日報（台北），民國 88 年 4 月 14 日，版 23。「毒梟坤沙為何放下武器」，南洋星洲聯合早報（新加坡），1996 年 1 月 21 日，頁 37。Bertil Lintner, "The Shans and the Shan State of Burma," *Contemporary Southeast Asia*, March 1984, Vol. 5, No. 4, March 1984, pp. 403-450.

「昆沙」，維基百科，http://zh.wikipedia.org/wiki/%E6%98%86%E6%B2%99　　2022 年 7 月 6 日瀏覽。

月，當國民黨軍隊第二次撤回台灣後，他帶領一部分「楊家軍」回到果敢地區，為鴉片商充當保鏢。1973 年下半年在泰國夜豐頌府被捕。爾後被引渡回仰光，判處死刑，後改為無期徒刑。其部眾有些投向昆沙集團。1980 年，他獲緬甸政府大赦，並得到了200 萬緬甸元（約 30 萬美元）的賠款，他很快重整旗鼓，東山再起，在臘戍和南泡附近重建地方武裝，取代 7 年前被解散的自衛隊。緬甸政府委託他為果敢自衛隊隊長，讓他回果敢鎮壓「叛亂」部隊。出任「果敢縣人民主席」。

　　美國政府在 2008 年 2 月 25 日宣佈新一波對緬甸的經濟制裁名單，其中一位受制裁者被美國財政部稱為「海洛英教父」的羅星漢。美國財政部外國資產管控處在 25 日宣佈的經濟制裁對象，包括羅星漢、其子羅秉忠（Steven Law, Tun Myint Naing, Lo Ping Zhong）及媳婦 Cecilia Ng、以及他們擁有的公司。美國政府凍結他們在美國之資產，並禁止美國公民和公司與他們進行金融與商業往來。美國財政部表示，羅秉忠和羅星漢不止支持緬甸軍政權，也涉及非法活動。羅星漢被稱為「海洛英教父」，自 1970年代初一直是世界主要毒販之一。羅秉忠在 1990 年代加入他父親的毒品帝國，並成為緬甸最富有的人之一。列入制裁名單的包括亞洲世界公司（Asia World Co. Ltd.）與其子公司亞洲世界港口管理公司（Asia World Port Management）、亞洲世界工業公司（Asia World Industries Ltd）、亞洲世界燈公司（Asia World Light Ltd.）。

　　羅星漢晚年在仰光居住，從事慈善活動。他於 2013 年 7 月6 日去世。[65]

65　「羅星漢」，*twwiki.com*，
　　http://www.twwiki.com/wiki/%E7%BE%85%E8%88%88%E6%BC%A2　2014 年
　　2 月 21 日瀏覽。
　　「緬甸華人首富羅興漢去世」，新浪網，
　　http://dailynews.sina.com/bg/news/int/uslocal/chinapress/20130710/03594729427.html　2014 年 2 月 21 日瀏覽。

第五節 緬甸華校和華語教學班

日軍入侵緬甸後，華校全遭停辦。二戰結束後，才一一復辦僑校。

中華民國教育部制訂有「僑民中小學規程」，規定僑校設立需要向僑委會核備。1946 年 2 月 13 日，臘戍中華學校及分校董事長楊茂廷呈報外交部該校成立經過，並請准予備案及撥款補助。[66]

9 月 19 日，仰光又有篤育小學等 16 所學校申請備案。[67]1947年 2 月 10 日，密支那華夏小學等 14 校申請備案。[68]5 月 10 日，瓦溪碼公育學校申請備案。5 月 31 日，仰光華橋女子中學暨附屬小學申請備案。7 月 2 日，仰光華橋女子中學申請改名為仰光華僑中正中學。7 月 18 日，公育小學申請備案。7 月 22 日，仰光育德小學申請備案。8 月 14 日，勃生（即巴生(Bassein)）光亞小學申請備案。8 月 4 日，仰光光華小學申請備案。以後陸續有許多華校復辦申請立案，這些華校均需同時呈送校務概況及教職員一覽表。緬甸在 1948 年 1 月 4 日獨立，在緬甸之華校仍繼續向中華民國僑委會申請備案，例如丹老（即墨吉）華僑小學、新維華夏小學。

二戰結束後，緬甸華僑約 30 萬人，華僑學校約有 300 所。一般均只有小學，唯有仰光等大城市才設有華文中學，例如緬甸

---

[66]國史館藏，「緬甸僑校登記（一）」，外交部，1946/03/20。數位典藏號：020-011107-0050。

[67]國史館藏，「緬甸僑校登記（一）」，外交部，外交部代電僑委會，主旨：緬甸篤育小學等十六校呈請備案由，歐(35)字第 10280 號，1946 年 9 月 19 日。數位典藏號：020-011107-0050。

[68]國史館藏，「緬甸僑校登記（一）」，外交部，駐仰光總領事館呈外交部，事由：學校備案事，光(36)字第 0250 號，1947 年 2 月 13 日，數位典藏號：020-011107-0050。

華僑中學、華僑女子中學、福建女子師範中學校、中國女子中學；
勃生的勃生華僑中學。[69]

　　在戰前緬甸華校有 300 多所，截至 1946 年 5 月，復校或新
創校者不及 80 所。師資尤為缺乏。[70]至 1948 年 11 月，緬甸華校
增加至 200 所以上，其中有 130 餘所已請准立案或正在申請立案
中。已獲立案者，將由僑委會給予補助經費。[71]

　　1965 年，緬甸政府關閉華文報紙；1966 年國有化私立華文
學校，禁止公立學校學習華語課。因此，有很長的時間緬甸沒有
華語課程和學習機會。1981 年，有許多華人廟宇向政府申請開辦
「講授佛教班」，實際上是教授華語。開始是由西汀穆和仰光觀
音山住持永進大師徵求新加坡佛教總會同意，將其出版的佛學教
科書由西汀穆譯成中、緬文對照本，永進大師為發行人，向革命
政府宗教部申請准許翻印出版發行。於是曼德勒上緬甸一帶的華
人開始採用該課本教授華文，在情況許可之下，亦教授其他文史
課程。然後從寺廟變成家庭式或正規學校的課後華文補習班教授
華文。[72]最早的一所仰光華文補習班是 1986 年設在唐人街的慶
福宮，距離「緬甸復興孔子課堂」（Fuxing Confucius Classroom of
Myanmar）約 300 公尺。該華文學校的首任校長基溫（Kyi Win）
說：「最早時我們使用來自新加坡的佛教書籍，現在則使用由中
國駐緬甸大使館所提供的華文書籍。所有課程和教科書都是免費，

---

[69]國史館藏，〈我國與緬甸交涉移民待遇經過節要，1948/01/04〉，「華僑返緬（一）」，
　　外交部，數位典藏號：020-011107-0030。
[70]國史館藏，「緬甸華僑教育（二）」，外交部，駐仰光總領事館代電外交部，事由：
　　電呈教師困難情形由，光(35)字第 0531 號，1946 年 5 月 2 日。數位典藏號：020-
　　990900-0029。
[71]國史館藏，「緬甸華僑教育（二）」，外交部，駐緬甸國大使館呈外交部，事由：
　　為准僑委會代電關於擬補助僑校一案，呈請核轉由，光(38)字第 0074 號，1949
　　年 1 月 13 日。數位典藏號：020-990900-0029。
[72] 西汀穆，「瀕於滅絕的緬華教育：談緬甸華教狀況及其它」，華人月刊（香港），
　　1990 年 7 月，第 108 期，頁 8-11。

我們僅收4個月的註冊費3千元緬幣。」該校有13名教師，都是緬華人。[73]以後新成立的晉江公會「城隆廟」、仰光郊區的「九新互助社」也先後跟進辦學。華文學校轉入課後補習班性質，在各舊有華文學校於課後補習華文課。

圖 12-8：仰光慶福宮

資料來源：「慶福宮」，維基百科，https://zh.wikipedia.org/zh-tw/%E6%85%B6%E7%A6%8F%E5%AE%AE　2023年1月30日瀏覽。

上緬甸的曼德勒、臘戌、東枝、眉苗、木姐等地也相繼出現華校，有些規模很大。例如曼德勒的「孔聖學校」1988年已辦到高中，學生2,000多人，1991年增加到3,000人；臘戌有8所華文補習學校，共有學生7,000多人。[74]

下緬甸的華校較接近補習班性質，仰光的九龍堂、舜帝廟、晉江公會等華人社團組織開辦10多個華文補習班。在勃生、渺

---

[73] Yizhen Jia, "Seeking out the 'hidden' Chinese language classes in Chinatown," *Mizzima*, 3 January 2017, https://mizzima.com/lifestyle-features/seeking-out-%25E2%2580%2598hidden%25E2%2580%2599-chinese-language-classes-chinatown　2022年7月15日瀏覽。

[74] 陳丙先、馮帥，「緬甸華校的發展現狀、問題與對策研究」，八桂僑刊，2017年2期，https://www.sohu.com/a/168155723_618422　2022年7月15日瀏覽。

名等城市也有 10 多個華文補習班。[75]

　　此外，緬甸當地的華文學校也和中國機構合作，開辦華語班。直至 2002 年，在緬甸福建協會及中國的「教育部中外語言交流合作中心」（Office of Chinese Language Council International (Hanban)）之協助下，在仰光的唐人街成立「仰光福星語言電腦學苑孔子課堂」（Fuxing Language and Computer School），私底下稱為華語學校。向政府申請時是以學習電腦為主，實際上是學習華語。[76]「仰光福星語言電腦學苑孔子課堂」的教師則是來自中國的志願者，也有部分是當地的教師。由於華語文教育不屬於政府的教育體系，故學習華語之人數不多。其他類似的華語課堂還有曼德勒福慶語言電腦學校孔子課堂和仰光東方語言與商業中心孔子課堂。

　　曼德勒福慶語言電腦學校是於 1993 年 11 月由曼德勒福建同鄉會創建，原名為「福慶宮托兒所」，2009 年 5 月該校與中國的雲南大學合作成立孔子課堂，是緬甸乃至東南亞華校中的第一家孔子課堂。仰光福星語言電腦學苑，由緬甸福建同鄉總會於 2002 年創辦。2009 年該校與中國的華僑大學合作，成立了仰光第一家孔子課堂。仰光東方語言與商業中心，成立於 2003 年，由緬甸華商總會、緬甸文化藝術協會、緬華婦女協會等 8 個華人社團聯合發起創辦。2013 年該中心與雲南師範大學合作創辦孔子課堂。[77]

　　緬甸華文教育發展面臨的最大問題是華文教育並不屬於緬甸教育體系，未取得合法地位，目前只有果敢華文學校是合法的。因此，除了果敢華文學校外，緬甸政府對其他地區的華校既不承認。華文教育屬於私人性質的補習教育，其與中國各大學合作的

---

75 陳丙先、馮帥，前引文。

76 Yizhen Jia, *op.cit.*

77 陳丙先、馮帥，前引文。

華語教學，也都未獲得緬甸政府承認。

總的來說，緬甸的華文學校的中文校名和校訓仍可繼續保留，可以在私人補習班學習華文，屬於課後補習性質，華文補習是不合法的，但政府視而不見，沒有加以取締。

第六節　2021年排華事件

2021年2月1日，緬甸國防軍總司令明昂萊（Min Aung Hlaing）發動政變，逮捕總統溫敏（Win Myint）和國務資政翁山蘇姬，指控2020年11月國會大選舞弊，以及總統違反防疫措施的防治國家災難辦法、翁山蘇姬因持有非法進口對講機而違反進出口法。

2月3日，聯合國安全理事會舉行緊急會議，譴責緬甸軍方發動政變，要求軍方釋放被羈押的人士，及尋求讓緬甸回歸民主的解決方法。但最終安理會沒有發佈聯合聲明，原因是安理會15個成員國中，中國和俄羅斯聯邦的代表要求將草案轉交各自的政府審核。中國和俄羅斯作為安理會常任理事國，擁有否決權，並拒絕支援該聲明；而印度和越南兩個非常任理事國也對聲明「有所保留」。中國代表在聯合國安全理事會表示緬甸軍方這次的行動不是政變，反對給予譴責，阻礙美、英等國介入，並向緬軍提供技術支援等。此外，緬甸人懷疑中國在背後幫助緬甸軍政府進行鎮壓反政府示威，3月14日，仰光多個工業區32個工廠遭到縱火和打砸，多數涉事企業為中資或中、緬合資企業，主要是服裝加工廠、服裝輔料廠和配套設備廠。縱火者大多騎著電單車，帶著鐵棍、斧頭和汽油桶，衝進工廠後先是打砸和恐嚇工廠值班人員，之後便開始縱火。多名工廠值班人員被打傷。縱火者身份未明。政治犯援助協會（Assistance Association for Political

Prisoners, AAPP）表示，緬甸安全部隊當天在主要城市仰光的哈林塔亞（Hlaing Tharyar）郊區向抗議者開槍，那裡是中國工廠所在地。當天共有 38 人死亡，還有一名員警被殺。[78]

中國在聯合國保護緬甸軍政府免受國際外交壓力，但呼籲對在仰光的數十家中國投資工廠的縱火襲擊事件採取法律行動。

3 月 14 日和 3 月 15 日，在仰光幾個鄉鎮的 32 家中資工廠遭到縱火襲擊，中國官方媒體表示造成近 2.4 億元人民幣（3,700萬美元）的損失後，北京加大了對緬甸軍事當局的壓力，以平息抗議活動並保護在緬甸之中國人之利益。[79]

3 月 14 日，一位 18 歲華裔青年林耀榮（Khant Nyar Hein 或 Lin Yaozong） 在湯偉鎮（Tamwe Township）參與示威，遭軍警射殺。其母在其子之葬禮上說，他們是出生在緬甸的華人，跟在中國的中國人不一樣，「我們充滿緬甸精神，我之所以失去兒子，乃因軍變領袖貪權。我將對軍變者懷恨在心，直至世界末日。」「我是地道的中國人，但我不喜歡你們那裡（按指中國）的政府。一點也不。」[80]被害學生的母親對記者說，顯然是針對北京的。

另一位華裔被殺者是鄧嘉曦（Deng Jia Xi，緬甸名字 Kyal Sin），也被稱為天使，在 3 月初曼德勒市中心的反政府抗議者遭到警方嚴厲鎮壓時，她的頭部中彈。這位 19 歲的跆拳道教練已成為緬甸抗議獨裁統治的青少年無視軍政權的國家偶像。在她

[78] Feliz Solomon, "Chinese Factories Burn in Myanmar's Deadliest Weekend of Protests Since Coup," *The Wall Street Journal*, March 15, 2021. https://www.wsj.com/articles/chinese-factories-burn-in-myanmars-deadliest-weekend-of-protests-since-coup-11615781205　2022 年 7 月 15 日瀏覽。

[79] "Protests Force Myanmar's Ethnic Chinese to Distinguish Themselves From China," *Radio of Asia*, 2021.03.16, https://www.rfa.org/english/news/myanmar/ethnic-chinese-03162021181531.html　2022 年 4 月 2 日瀏覽。

[80] "Myanmar's Ethnic Chinese Deny Allegiance to Beijing as They Risk Lives Against Junta," *The Irrawaddy*, 18 March 2021, https://www.irrawaddy.com/news/burma/myanmars-ethnic-chinese-deny-allegiance-beijing-risk-lives-junta.html　2022 年 4 月 2 日瀏覽。

參加抗議活動之前,她在「臉書」(Facebook)上寫道,「如果她出了什麼事,她的願望是捐出她的器官。」[81]

軍方發動政變後,華裔青年與緬甸全國青年一起走上街頭,表明他們對軍政府的立場。他們還多次聚集在中國駐仰光大使館前,要求中國停止支持政變領導人。他們用華語高呼,告訴北京他們支持釋放緬甸國務資政翁山蘇姬和其他被拘留的人,並希望看到他們的祖國恢復民主。

中國未能譴責緬甸軍方並阻止聯合國安理會對政變領導人採取行動,因此遭到嚴厲批評。數千名抗議者瞄準中國駐緬甸大使館進行抗議,指責北京在政變後支持軍政府。在民眾中引發了反華情緒,包括抵制中國產品和投資的呼聲。[82]

第七節 結論

緬甸位在中國的西南邊境外,邊境地區多崇山峻嶺,道路險阻,開發晚,所以華人很少前往。自古以來,只有中、緬邊境有少數華人居住,緬甸其他地區少有華人前往。第 17 世紀因為明國末代皇帝逃難到緬甸,才有大量中國官員和軍人進入緬境。第 18 世紀末葉,緬甸與清國戰後恢復和平,開啟邊貿,有華人前往緬甸經商,特別是寶石生意。當時主要是雲南人前往上緬甸。當英國人控制下緬甸及要開發下緬甸時,招攬英國轄下的檳榔嶼和馬六甲的華人前往開發,主要是福建人和廣東人。1949 年,中華民國政權垮臺後,再度有大量軍民流亡緬甸,主要是雲南人。

---

[81] "Myanmar's Ethnic Chinese Deny Allegiance to Beijing as They Risk Lives Against Junta," *The Irrawaddy*, 18 March 2021.

[82] "Myanmar's Ethnic Chinese Deny Allegiance to Beijing as They Risk Lives Against Junta," *The Irrawaddy*, 18 March 2021.

在印度支那半島上的國家中，緬甸華人算是最少者，經濟能力亦是最弱的，沒有大企業家和大資本家，有之就是中等規模的中小企業。在 1962 年尼溫政變之前，華人在仰光和曼德勒兩個城市具有優勢和領先的經濟力量。在國有化政策下，華人之經濟優勢不在，但因為軍政府行政效率不彰，經濟改革無方，緬人和華人同樣生活在經濟不發展的社會裡。華人不會成為社會動亂的替罪羔羊。

尼溫具有華人血統，照樣排華，其情況一如 1938 年 9 月的泰國，首相披汶具有華人血統，採取嚴厲的排華措施，緬甸和泰國彼此學習排華經驗。據此可知，華人在地化，落地生根，已是一個趨勢，恁誰也無法扭轉。他們都經歷當地國家建國過程中的民族主義情緒之洗禮，唯有入籍及融入當地社會才能安度難關。

緬甸華文教育則是東南亞國家中命運最差的，新加坡、馬來西亞、泰國和柬埔寨等國，華文教育獲得政府承認，可以立案，合法存在。越南的華文教育則僅能寄身在越文學校底下，屬於課後補習性質。可以許可存在，但未獲政府教育單位承認其學籍地位。印尼禁止華文學校，只允許華文補習班。緬甸則連華文補習班都不許成立，而需假托學習佛經和電腦教育暗中教授華語文。

緬甸自 1988 年 11 月制訂外國人投資法起就逐步採取開放政策，但因為受到西方國家之經濟制裁，所以經濟陷入困境，華人亦無從發揮其經濟才幹。直至緬甸國會在 2016 年 3 月選舉「全國民主聯盟」的丁喬（Htin Kyaw）為總統，軍人出身的登盛總統下台，西方國家也逐次解除對緬甸的經濟制裁，其經濟日漸活絡發展。沒有想到武裝部隊國防軍總司令明昂萊在 2021 年 2 月 1 日發動政變，奪取政權，大肆逮捕反抗份子，許多商店關閉，外資裹足不前，有不少華族青年投入反對軍政府的行列。已落地生根的華人跟其他緬人一樣，同受軍政府壓迫之命運。

第十三章　中國分裂與東南亞華人社會

第一節　前言

　　海外華人是中國大陸人口外移所形成的人群，就社會流動觀點而言，它單純是種人口移徙的現象，但在政治觀點上，由於海外華人仍與中國本土維持著連帶關係，而形成諸種複雜問題，如政治認同、文化歸屬感、種族主義及國籍等問題。

　　歷史上，中國移民潮與中國之政治變遷息息相關，中國本土發生戰爭、動亂、饑荒、天災，都可能促使人口往東南沿海地帶移動，如元、清兩朝入主中國、洪楊之亂、辛亥革命、抗日戰爭、國共內戰、文化大革命，都發生中國人口大量外移至東南亞之現象。中國大陸猶如孢子體一樣，在一呼一吸的過程中，將其子民推向海外，又利用各種方法吸引其子民返國定居、探親、投資及保持關係。操縱這一收一放的繩子有二條，一條是中國大陸的窮與亂，另一條是海外華人思念故鄉的懷鄉情結。數百年來，海外華人即在這二條繩子操縱下，與祖國母體保持著關係，甚而深受中國政治之影響。1949 年後，中國國民黨與共產黨的武裝對抗，導致中國分裂，兩個政黨分據台灣海峽兩岸，它們在東南亞華人中間皆有吸引力及支持者，以致將國內的衝突延伸至東南亞華人社會。

　　本文即擬從政治、文化和經濟的角度探討中國分裂對東南亞華人社會的影響、東南亞華人之反應、東南亞各國政府對當地華人之政策、及未來東南亞華人社會之可能發展。

第二節　國籍與多重認同

　　1949 年後，東南南亞華人面臨的第一個最重要的困境，是公民權之定位問題。由於中國分裂成二個政權，而這兩個政權採取不同的國籍政策，與東南亞各國亦各有邦交國，如在 1970 年代中葉以前，台灣與菲律賓、泰國、南越有邦交，與馬來西亞維持總領事館關係，中國大陸與北越、緬甸、印尼有邦交，所以東南亞華人之政治認同大都以當地政府與台海兩岸那一個政權有無邦交為定，當然亦有例外。

　　東南亞各國政府與台灣有邦交者，大都採反共政策，嚴禁當地華人與中國大陸來往，但與中共有邦交的東南亞國家並不嚴格限制當地華人與台灣來往。因此，在 1970 年代中葉以前，東南亞華人在政治上認同及同情台灣的人數超過認同及同情中國大陸者。1970 年代中葉以後，由於菲律賓、馬來西亞、泰國及印尼與中共建立政治關係，多少影響當地華人對中國大陸的看法和態度，接近中國大陸的人數較以前增加。但值得注意的是，東南亞華人增加接近中國大陸，並不同時中止對台灣的關係。

　　東南亞華人對中國兩個政權之認同雖受當地政府之外交政策之影響，但在國籍之選擇上顯然跟上述的政治認同無關。台灣實施雙重國籍制，[1]中國大陸採單一國籍制，這兩種制度對東南亞華人並未帶來明確的對中國的政治認同。因為東南亞各國的

---

[1] 中華民國國籍法第 11 條規定：「自願取得外國國籍者經內政部之許可，得喪失中華民國國籍，但以年滿 20 歲以上，依中國法有能力者為限。」中華民國政府無強制喪失國籍之規定，即凡取得外國國籍者並不當然喪失中華民國國籍，須當事人向內政部申請脫離國籍。

　　1980 年，有人向台灣高等法院請求就海外遴選立監委及國內選舉之立委者不得具雙重國籍，高等法院駁回原訴，其理由為：「我國法律並非採強制規定喪失中華民國國籍，其不願喪失中華民國國籍者，即具有雙重國籍，仍屬中華民國國民。仍享有憲法所規定選舉之權及被選舉之權。」（參考袁愈揮，「談雙重國籍華僑擔任中央民意代表問題」，華僑問題論文集，第 34 輯，中國僑政學會編印，台北，1987 年 10 月出版，頁 23-31。

國籍制大都採出生地主義（jus soli）和同化政策，[2]東南亞華人為了生存，大都在同化政策下入了當地國籍。

　　試就東南亞華人人數和入籍情況說明之。

　　關於東南亞華人之數字，各種資料說法不一。本文參考各種資料，約略統計如下：

　　印尼華人有 600 萬、大馬 453 萬、泰國 450 萬、新加坡 192 萬、菲律賓 100 萬、越南 70 萬、緬甸 70 萬、柬埔寨 5 萬、汶萊

---

[2] 泰國國籍法兼採血統主義和出生地主義，其要點為：(1)子女出生時父為泰籍，子女隨父為泰籍。(2) 若父籍不明而母為泰籍，子女隨母為泰籍。(3) 所有在泰國出生的外僑自動為泰籍。(4)外國人可申請歸化為泰籍，條件是已成年，品行端正，有固定職業，在泰居住滿 10 年，或通曉部分之泰國語文者。(參見林宏才，「泰國的種族政策」，南洋星洲聯合早報（新加坡），1990 年 6 月 18 日，版 29。)

　　印尼 1958 年國籍法規定：(1)在印尼出生的外僑，如果他們的父母是在印尼出生和居住者，年滿 18 歲後可申請獲得印尼國籍。(2)未滿 18 歲或父母非在印尼出生者，申請入籍時除必須具備一定的居住年限（如在印尼須最少居住滿 5 年，非連續居住者則需滿 10 年）、語言文化條件（包括印尼歷史知識）和有固定收入外，還須繳費 500 至 1000 盾。(3)華人必須放棄中國籍，始予受理。1980 年 2 月，印尼政府為加速選籍工作，將歸化期限從原來規定的 2~3 年，縮短為 90 天。1988 年，印尼政府規定，凡依法領有外僑身分證且在印尼已經居住 15 年以上的華人，均有資格取得印尼公民的身分。凡續持用 1959 年印尼政府發給外僑身分證的華人，一律需在 1988 年 9 月 18 日前向印尼移民局辦理登記，否則將被列為非法移民而受到法律之懲處。(參見文逸，「中印(尼)關係的變化對華人社會的影響」，華人月刊（香港），1990 年 5 月，總第 106 期，頁 10-14。南洋星洲聯合早報，1988 年 2 月 6 日，版 6。)

　　菲律賓 1981 年憲法第 3 章第 1 節規定，合於下列各款者為菲律賓國民：(1)在本憲法批准之時為菲國國民者；(2) 其父或母為菲國國民者；(3)依據 1935 年菲律賓憲法規定選擇菲國籍者；(4) 經依法歸化為國民者。至於歸化為菲籍，須符合下述條件：(1) 能吟唱菲語國歌，閱讀瞭解菲國憲法。(2) 須經下級法院、上訴法院、最高法院之批准。(3) 須經 2 年觀察期。1975 年 6 月，馬可仕總統簽署法案，讓不符上述規定的華人集體入籍。(參見陳烈甫，馬可仕治下的菲律賓，台灣商務印書館，台北，1983 年 12 月出版，頁 306-308。)

　　馬來西亞憲法第 16 條規定，在 1957 年 8 月 31 日前年滿 18 歲者，須符合下述條件才能申請為公民：(1)在申請日前 7 年住在馬國，總計不得少於 5 年；(2) 有永久住在馬國之意；(3) 品行端正；(4) 具馬來語基本知識。第 19 條有關歸化之條款，亦規定須具馬來語基本知識之條件。

　　汶萊 1961 年國籍法規正，須居住汶萊 20 年以上及通過馬來語測驗，對汶萊具效忠精神及良好的行為。(余文鎖，「汶萊決定與亞細安及英美等國建交」，南洋星洲聯合早報（新加坡），1983 年 12 月 29 日。)

4 萬、寮國 1 萬，合計為 1945 萬人。(參見表 13-1)其中大部分均已入籍，只有少部分人仍為僑民或無國籍身分。

表 13-1：東南亞華人及華社情況

國別＼項目	印尼	菲律賓	馬來西亞	新加坡	泰國	汶萊	緬甸	越南	柬埔寨	寮國
華人人數	600萬	100萬	453萬	192萬	450萬	408萬	70萬	70萬	1萬	1萬
無國籍華人（包括未入籍）	30萬	15.8萬	22萬	0.3萬	28.3萬	2.2萬	-	-	-	-
更改姓氏	有(1976年)	無	無	無	有(1953年)		有	有(1975年)	有	
華文大學（學院）（間）	無	2	3	無	無	無	無	無	無	無
華文完全中學（間）	無	28	21	17	1	2	-	-	-	-
華文初中（間）	無	28	99	-	4	1				
華文職業學校（間）	無	1	2	-	0	-				
華文小學（間）	無	154	1639	237	187	5	無	-	-	-
華文報紙	1	有	有	有	有	-	無	-	無	無
華人社團	22	1064	1656	617	336	15	337	-	-	-

資料來源：

1.有關東南亞華人數據，採自鄭民、方雄普、黃如捷、葉力平編著，海外赤子：華僑，人民出版社，北京，1985 年 6 月，頁 203。汶萊人口數採自饒尚東，「汶萊華族人口的增長與分布」，發表於 1990 年 11 月 6-8 日在新加坡召開的「邁向 21 世紀的海外華人社會」國際學術研討會。

2.有關無國籍或未入籍華人數據來源，請參閱本文註 3 至註 8。

3.有關華文學校之間數及華人社團之數字，採自僑務委員會編印，中華民國僑務統計，臺北市，1990 年 4 月，頁 92-94、105。惟據汶萊大學饒尚東博士稱，汶萊沒有華文職業學校，華文小學有 5 間，而中華民國僑務統計之記載為華文職業學校 3 間，華文小學有 8 間，今從前者。

4.附註：本文發表時馬國尚無華文大學，1990 年後陸續成立南方學院、新紀元學院、韓江傳媒學院，部分課程可使用華語教學，算是半個華文學院。

　　例如在印尼，據移民局公布之資料，1972 年印尼華人登記為外僑的有 1,010,652 人，其中 871,090 人為中共公民，66 人為台灣公民，149,486 人為無國籍。1979 年統計，中共僑民有 914,112 人，無國籍者有 129,013 人。1980 年 1 月 31 日，印尼政府頒布 2 號指示，對那些根據過去有關國籍問題的條約或法令已成為印尼籍民者，但沒有取得合法的證明文件者，給予法律上的肯定，發給正式印尼籍民證件。同年 2 月 11 日頒布總統第 13 號決定書，放寬入籍條件。同年 4 月統計，有 820,433 名外僑申請印尼籍，另有 30 萬華人未入籍。[3]

　　泰國：在 1983 年 1 月的統計，未入籍的華人有 28 萬 3561 人，其中男性 18 萬 4902 人，女性 9 萬 8659 人。[4]

　　汶萊：有 2 萬 2000 人持永久居留權。[5]

　　菲律賓：在 1975 年以前，正式向菲國移民局登記為外僑的華人有 10 多萬人。1975 年，馬可仕總統下令開放入籍之門後，

---

[3] 文逸，前引文。1990 年 8 月 6 日中共總理李鵬訪問印尼時，印尼政府也表示尚有 30 萬華人未入籍。

[4] 曼梭，「談泰國華人問題」，南洋星洲聯合早報（新加坡），1984 年 2 月 8 日。

[5] 南洋星洲聯合早報（新加坡），1990 年 6 月 12 日，版 45。

有資格的華人都申請入籍了。至 1984 年 4 月止，向菲移民局正式登記為外僑的華人只有 3 萬多人。[6]

　　馬來西亞：至 1990 年 1 月止，仍有 20 多萬華人持永久居留證。[7]

　　另外據廖建裕所著書之資料，至 1985 年為止，東南亞華人為外僑或無國籍之人數為：馬來西亞有 22 萬人，菲律賓有 157,736 人，新加坡有 3,098 人，泰國有 18 萬人。[8]

　　將上述東南亞華人中仍為外僑或無國籍者人數相加，約有 98 萬 6 千人。[9]換言之，目前，保守估計，東南亞華人中只有百分之 5 未入籍，其餘都已入籍。一般而言，華人加入當地國籍，在政治上就被看成認同當地政府。沒有入籍的華人中，屬於中共或台灣公民之人數不可知。因此，從東南亞華人百分之 95 已入當地國籍來看，其對當地政府之政治認同已是定型化。

　　雙重國籍在政治上，的確會造成效忠的問題，東南亞各國大都反對這種國籍制度，中國大陸自 1955 年起透過雙邊條約方式採取單一國籍制（例如中國和印尼之間關於雙重國籍條約），即凡取得一國國籍者，自動喪失另一國國籍。惟台灣多年來延用 1929 年通過的國籍法，採取雙重國籍制。這種制度雖不合理，但它的精神是在確保中國人民之國籍，即當本國人民在取得他國國籍時，他國政府規定須繳交放棄中華民國國籍證明者，申請人即可向本國內政部申請放棄國籍。換言之，中華民國所採之雙重國籍制是種被動形式，若本人不提出申請，中華民國政府不能

---

[6] 姚子，「菲華裔國籍問題」，南洋星洲聯合早報（新加坡），1984 年 4 月 6 日。但陳烈甫在 1986 年表示有 10 萬人持中國國籍。參見陳烈甫，「華文教育的過去現在與將來」，聯合日報（菲律賓），1986 年 11 月 3 日，版 5。

[7] 南洋星洲聯合早報（新加坡），1990 年 1 月 22 日，版 10。

[8] Leo Suryadinata, *China and The ASEAN States: The Ethic Chinese Dimensions*, Singapore: Singapore University Press, 1985, p. 16.

[9] 馬來西亞、菲律賓和新加坡之外僑或無國籍人數，以廖建裕之數字為準。

主動廢止其公民之國籍，這點與馬來西亞不同，大馬憲法第 25
條規定，大馬公民若對聯邦政府有不忠之言行，聯邦政府即可剝
奪其公民資格。無論如何，在民族文化和政治認同之間，雙重國
籍確實帶來了不少的困擾。

第三節　政治態度

　　19 世紀末 20 世紀初，當中國正進行革命運動時，東南亞華
人社會也受到中國革命之影響，出現了革命派和保皇派，而以革
命派占多數，且最後協助孫中山先生推翻滿清專制統治。[10]基於
此一歷史淵源，以孫中山先生為主導的國民黨政府，也獲得廣大
海外華人之支持，並建立密切關係。

　　1949 年後，中共取得中國大陸控制權，也吸引東南亞華人
社會中的左傾分子，如新加坡的社會主義分子、馬來西亞共黨分
子，以及泰北的泰共分子。在 1970 年代中葉以前，東南亞華人
之親國民黨或親中共，基本上是以當地國是否與中國大陸或台
灣有無邦交為分野，如南越、菲、泰、大馬等國與台灣有邦交或
政治關係，故當地華人大都親國民黨。由於東南亞國家(除印尼、
緬甸、北越外)大都採反共政策，因此在此一時期親共華人不是
被逮捕、驅逐出境，就是走入地下活動。例如，泰國在 1950 年
代採反共政策，有不少華人返回中國大陸定居，另有 200 多名學
生返回中國大陸求學，泰國政府遂禁止這些華人返回泰國。[11]馬
來亞共黨在 1948 年轉入地下活動後，一直避居在泰、馬邊界的

---

[10] 參考廖鉞，「孫中山與華僑」，華僑論文集（第二輯），廣東華僑歷史學會印，廣
　　州，1982 年 5 月，頁 1-26。
[11] 直至 1988 年 9 月，泰國政府才解除禁令，讓這批旅居中國大陸的泰國土生華人
　　返泰。參見南洋星洲聯合早報（新加坡），1986 年 6 月 26 日，版 14；南洋星洲
　　聯合早報，1988 年 9 月 17 日，版 11。

叢林中，華人約占馬共黨員總數的 80%，由於中共降低對其提供物資援助，最後不得不在 1989 年 12 月放下武器，走出叢林，返回文明社會。[12]印尼共黨在 1960 年代初，盛極一時，華人親共者日增，1965 年印尼共黨政變失敗，導致 30 萬人被殺，其中有數萬華人被殺。[13]1967 年，受中國大陸文化大革命運動之影響，中共與印尼雙方使館遭到暴民襲擊，印尼遂採排華政策，5 月，中共派船接回數千名華僑回中國大陸。[14]

　　1970 年代中葉以後，中共與馬、泰、菲三國建交，這三國有些華人轉為親共。但整體而言，東南亞華人的態度相當謹慎，不像 1950 至 1960 年代那樣躁進、狂熱支持中共，其原因可歸納三點。第一，如前所述，當地華人大都已入當地國籍，政治態度不容偏向台海兩岸的任一政權。第二，東南亞華人原與台灣有商務來往，1978 年底中共採開放政策，又增加對中國大陸之貿易機會，面對此一新經濟情況之變化，東南亞華人最好之選擇是置身台海兩岸政治爭議之外，或採消極的態度。[15]第三，東亞各國政府對中共仍持戒慎態度，不願其人民（主要為華人）與中共過份來往，以免受共產思想影響。例如馬國、印尼、新加坡和菲律賓都訂有與中共來往之限制規定。[16]

---

[12] 星暹日報（泰國），1989 年 12 月 1 日，版 4。

[13] 南洋星洲聯合早報（新加坡），1990 年 8 月 8 日，版 29。

[14] 中共派光華輪接回印尼華僑 1090 人。參見人民日報，1967 年 5 月 14 日，版 4。

[15] 有些評論家甚至認為部分東南亞華人利用台海兩岸之矛盾，從中取得利益，如新聞評論家姚子對菲律賓華社之評述：「高祖儒親台北，而不反北京。高祖儒任滿，商總親台北的人便擁起高祖儒的舊東翁莊清泉為理事長。不料莊清泉在台北的業務失敗，拖欠一身債，逃避於馬尼拉，利用商總理事長地位，漸向北京左轉，作為應付台北債務的工具。」（姚子，「菲華社會近況」，南洋星洲聯合早報，1987 年 3 月 21 日，版 24。）

[16] 關於這 4 國限制其人民與中國大大陸往來之情形，分述如下：

（一）馬來西亞：1986 年 7 月規定馬國人民需依下列條件申請訪問中國大陸：(1) 探親者，須年滿 16 歲。(2)尋醫治病，不受年齡限制，但須有公立醫院醫生之證明。(3) 參加廣州交易會。(4) 旅遊須年滿 60 歲。(5)公司或機構代表進行經濟及貿易訪問，須參加由政府有關當局組辦的貿易團，每年只能去 1 次，且每次只能

　　至於台灣與東南亞各國，雖無正式邦交，但人民交流便利，甚至有優惠措施，如印尼給台灣人民 2 個月免簽證入境，新加坡

　　到一個地方進行商業活動，期限 6 個月。

　　特別性質的訪問，另予個別考慮：

(1)前往探望在中國大陸服務超過 1 年的丈夫。

(2)參加國際性的體育比賽。

(3) 出席由國際團體主辦的研討會、工作營或會議等。

(4) 代表政府訪問中國大陸（參見南洋星洲聯合早報，1986 年 11 月 26 日，版 17。）

　　1987 年 7 月，馬國政府放寬限制，允許人民可自行組團到中國大陸訪問，也可到更多地方參觀。（南洋星洲聯合早報，1987 年 7 月 9 日，版 16。） 1988 年 5 月，降低至中國大陸旅遊年齡為 30 歲，前往中國大陸求醫者，由公立醫院醫生證明改為可由私人醫院醫生證明（南洋星洲聯合早報，1989 年 5 月 5 日，第 1 版。） 1988 年 9 月，商人在中國大陸經商期間由 6 個月延長為 1 年。（南洋星洲聯合早報，1988 年 9 月 17 日，版 9。） 1989 年 5 月，將至中國大陸探親者之年齡降為 50 歲。但仍不能個別前往中國大陸旅遊，必須參加由社團或旅行社舉辦向旅遊局提出申請，同時須由馬國內政部官員率領。（南洋星洲聯合早報，1989 年 5 月 6 日，版 11。）至 1990 年 9 月 7 日，馬國放寬條件，馬國公民前往中國大陸，不再受任何條件限制。（南洋星洲聯合早報，1990 年 9 月 8 日，版 11。）相對地，除了商業代表團外，馬國從不允許中國大陸人民到訪。（南洋星洲聯合早報，1989 年 5 月 9 日，版 7。）

(二)印尼：印尼政府規定只有參加推動印尼與中共雙邊貿易關係，參加由聯合國舉行的會議，及參加體育活動的人士才獲准前往中國大陸。到中國大陸參加經濟或體育活動的印尼人，必須取得印尼工商總會及國家體育委員會的批准，參加國際會議者則須獲得印尼外交部之核准。前往中國大陸人士，首先須通過國家情報協調局（Intelligence Coordination Board）之安全檢查。（南洋星洲聯合早報，1988 年 11 月 17 日，版 12。）

(三)菲律賓：1987 年 7 月 30 日規定中共進入菲國，須繳 10 萬披索（約合 5 千美元）保證金，待返回中國大陸後，可如數領回這筆錢。另外須有一位居住在菲國的最低年收入不少於 1 萬美元的人作保。此一規定自同年 12 月 12 日實施。菲國之所以採行此一辦法，用意在限制中國大陸人民在菲國長期滯留不歸。1988 年 3 月，因艾奎諾夫人總統欲訪問中國大陸，而於 3 月 24 日暫停這項規定。（南洋星洲聯合早報，1987 年 8 月 26 日，版 1。；1987 年 8 月 28 日，第 21 版；聯合日報，1988 年 3 月 25 日，版 1。）

(四)新加坡：新加坡在獨立後對其人民前往社會主義國家採取限制措施，欲前往中國大陸者，須向移民局申請護照加簽手續。1981 年 10 月之前，限制須年滿 35 歲者才能申請前往中國大陸，以後即取消此一限制。1984 年 5 月 1 日，取消提呈中國大陸親人之邀請函的限制。（參見「新加坡放寬到中國旅行限制」，華人月刊（香港），1985 年 4 月，第 45 期，頁 23。）但中共則給予新加坡人民免簽證停留中國大陸 5 天的優待。（南洋星洲聯合早報，1987 年 8 月 2 日，版 6。）

給予 2 個星期免簽證入境，馬來西亞也在 1989 年 12 月 16 日給予 2 個星期免簽證優惠。[17]東南亞人民與台灣之交流相當密切，據統計資料顯示，從 1966 年至 1988 年，菲國人民進出台灣者有 387,803 人，泰國有 362,495 人，馬來西亞有 904,633 人，印尼有 411,506 人，新加坡有 737,589 人，汶萊有 10,533 人，越南有 16,168 人，緬甸有 5,686 人，柬埔寨有 3,825 人，寮國有 2,605 人，[18]合計為 2,842,843 人，若不計其一人可能多次進出台灣及是否都是華人身分，則該項人數亦占東南亞華人總數的百分之 14.6。若以華僑身份進出台灣者來計算，從 1962 年到 1989 年，菲律賓有 104,578 人，越南有 50,964 人，泰國有 71,431 人，馬來西亞有 74,573 人，印尼有 84,691 人，[19]合計為 386,237 人，約占東南亞華人總數的 2%。這個數目的華人可確定在政治態度上較親台灣。

　　中國大陸的統計資料不全，筆者僅發現從東南亞至中國大陸旅遊的人數及籠統的華僑至中國大陸旅遊人數。從 1981 至 1988 年，東南亞人民至中國大陸旅遊人數共 113 萬 8,900 人。從 1978 至 1988 年至中國大陸旅遊的華僑人數合計為 56 萬 2,100 人，由於此一統計數字未細分地區，故無從知道其中東南亞華僑的人數。假定上述前往中國大陸的東南亞人民或華僑 7 成以上為東南亞華人，則亦比不上前往台灣的人數。

　　但如前面指出的，由於東南亞華人有採取中立立場之趨向，所以難以從旅遊動向判斷其政治取向。關於此一問題，筆者曾在

---

[17] 南洋星洲聯合早報，1989 年 12 月 18 日，版 9。
　　馬國給台灣人民的免簽證措施有 3 條件：(1)入境期限只有 2 星期，以巡視業務及商業用途；(2)單程入境；(3)每月 1 次，不可延長居留限，台灣旅客可經由梳邦國際機場、檳城、哥打京那峇魯、古晉、士乃機場及新柔長堤等處入境。

[18] *Statistical Yearbook of the Republic of China 1989,* Directorate-General of Budget, Accounting and Statistic, Executive Yuan, Republic of China, 1989. pp. 342-345.

[19] 中華民國僑務統計，僑務委員會編印，台北，1990 年 4 月，頁 206-207。

1986 年 7 月 3 日至 8 月底，至新加坡、馬來西亞和泰國進行一項「星、馬、泰三國知識階層對中國統一問題的態度」之問卷調查，[20]訪問對象包括學者、記者、編輯、律師及商界領袖，收回有效問卷共 123 份，其中新加坡 30 份，馬來西亞 56 份、泰國 37 份。分述如次。

甲、新加坡：在受訪的 30 人中，華族 28 人，馬來族 1 人，印度族 1 人。受訪者中有 1 人到過中國大陸，9 人到過台灣，17 人同時去過中國大陸和台灣，3 人未曾到過中國大陸和台灣。關於「無論政治意識形態如何，中國都必須統一嗎？」的問題，回答必須者和沒有意見者人數相同，各佔 43.3%，顯示新加坡人對此一問題不願表示意見。

關於「你贊同中共把即將在香港實施的一國兩制模式應用到台灣嗎？」的問題，有 46.7%的受訪者表示贊同，有 16.7%的受訪者表示反對，另外有 36.6%的受訪者不表示意見。對於贊同者，進而問其理由，有 64.3%的人認為是基於有助於中國統一的考慮，其餘則是基於可藉以「刺激中共改革其政治、經濟和社會體系」的考慮。至於持反對意見者，有 60%的人認為「一國兩制」不過是個幻想，難以實現；另有 40%的人表示不相信中共會有誠意。

乙、馬來西亞：在受訪者的 56 人中，華族 54 人，馬來族 2 人。有 1 人去過中國大陸，46 人去過台灣，4 人同時去過中國大陸和台灣。5 人從未去過中國大陸和台灣。

關於「無論政治意識形態如何，中國都必須統一嗎？」的問題，有 57.2%的受訪者表示「必須」，但有 41%的受訪者表示「不必然」，從而可知仍有相當比例的馬來西亞華人認為政治意識形態是中國統一的一個阻礙因素。

---

20 此一調查報告未發表。

關於「你贊同中共把即將在香港實施的一國兩制模式應用到台灣嗎？」的問題，有58.9%的受訪者表示贊成，26.8%的受訪者表示反對，14.3%的受訪者不表示意見。對於贊同把「一國兩制」模式應用到台灣的人，繼續問其理由，有48.5%的受訪者表示是基於「有助於中國統一」的考慮，同樣地也有48.5%的受訪者認為可藉以「刺激中共改革其政治、經濟和社會體系」。

對於反對把「一國兩制」模式應用到台灣的人，繼續問其理由，有40%的受訪者表示「不相信中共會有誠意」，40%的受訪者表示「一國兩制」會「傷害台灣及其人民」，有20%的受訪者表示「一國兩制」不過是個幻想，難以實現。

丙、泰國：在受訪者的37人中，華族有24人，泰族有13人。有7人曾去過中國大陸，11人去過台灣，9人同時去過中國大陸和台灣，10人從未去過中國大陸和台灣。

關於「無論政治意識形態如何，中國都必須統一嗎？」的問題，有56.8%的受訪者表示「必須」，有24.3%的受訪者表示「不必然」，其餘則不表示意見。

關於「你贊同中共把即將在香港實施的一國兩制模式應用到台灣嗎？」的問題，有43%的受訪者表示贊同，27%的受訪者表示反對，30%的受訪者不表示意見。對於表示贊同者，繼續問其理由，有68.8%的受訪者表示是基於「有助於中國統一」的考慮，18.7%的受訪者表示是基於「可刺激中共改革其政治、經濟和社會體系」的考慮。至於反對者的理由，有50%的受訪者表示「一國兩制」不過是個幻想，難以實現；有30%的受訪者表示是基於「一國兩制」將傷害台灣及其人民的考慮。

從以上之分析可知，新加坡、馬來西亞和泰國三國受訪者中有70%曾到過台灣，但在政治態度上並不偏袒台灣，而有持中立立場之傾向，如對「無論政治意識形態如何，中國必須統一」之問題，受訪者中有54%的人贊成，30%的人反對，16%的人不表

示意見；對「一國兩制」的問題，有 51% 的受訪者表示支持此一政策，而反對者和不表示意見者各占 24.5%。

第四節　文化關係

中國分裂對東南亞華人社會之文化活動也發生影響，如華校、華文報、華人社團都被分裂為親台派、親中國大陸派和中立派。例如在 1960 年代印尼，雅加達的「中華總會」、「亞弄公會」由親台僑胞主持，親中國大陸者另組「僑團聯合總會」、「亞弄商聯總會」。早期親台的報紙有天聲日報、自由報、中華商報，親中國大陸的報紙有生活報、新報。[21] 目前印尼只有一家官辦的印度尼西亞日報有華文版，不具政治色彩。菲律賓有 5 家華文報，聯合日報是國民黨員辦的，持中間立場；世界日報與北京有密切關係，持中間立場；菲華時報親北京；商報是無黨無派辦的，但親北京；寰球日報是國民黨員辦的，親台北。[22] 新加坡有 3 份華文報，態度中立。泰國有星暹日報、新中原報、中華日報、京華日報、工商日報、泰商日報、世界日報等 7 家華文報社，其中只有世界日報親台北。馬來西亞有南洋商報、中國報、新明日報、星洲日報、通報、光華日報等 6 家華文報社。越、柬、寮三國禁止華文報，但有 30 份華文周刊。[23] 緬甸自 1966 年 1 月起禁止華文報。[24]

關於台海兩岸的政治因素對東南亞華人寫作上的影響，江一涯曾有清楚的說明，他說：「……作為居住在外的華人，對大

---

[21] 丘正歐，華僑問題研究，國防研究院出版，台北，1965 年 2 月臺出版，頁 177。

[22] 姚子，「菲律賓華文報」，南洋星洲聯合早報，1987 年 2 月 27 日，版 25。

[23] 聯合日報（菲律賓），1990 年 6 月 27 日，版 5。

[24] 簡會元，「緬甸政局與華僑」，載於華僑問題論文集（第 34 輯），中國僑政學會編印，台北，1987 年 10 月 21 日，頁 60-80。

陸、台灣都是自己的故土的認識，他們的政治糾紛，或統治者的心態，我們又能怎麼樣呢？我個人總認為，一個政府只要他能愛民如子，國強民富，人們一定擁護他，而我們作為海外的華人為何硬要將自己擠入他們的左右政治行列呢？但是，在菲律賓，菲華社會至今就還存在著這種現象。比方說作者是針對海峽兩岸的那一方的人身自由、民主、法制的批評，作者就得選擇報社，選擇園地，有的報社的編輯就乾脆不給發表。雖然，目前菲華文藝界的作者，一般地沒有政治觀念，大家沒有政治隔膜，但由於外界其他原因也就形成了對創作的影響和制約。」[25]

　　儘管寫作會受到政治立場之影響，但值得注意的，除了新加坡外，東南亞各國華人使用的中文字都是繁體字，而非簡體字，從這點也可看出海外華人對傳統中文字仍有偏愛，不受中共文字改革之影響。

　　此外，東南亞各國對華文學校和教學之限制，似乎也跟台海兩岸有無邦交無關，因為東南亞各國即使與中國大陸或台灣有邦交，但還是實施限制華校之政策。例如印尼在 1950 至 1967 年間與中共有邦交，但印尼政府在 1958 年 4 月 17 日禁止使用中文印刷出版、散發、買賣及張貼出版之華文日報或雜誌；1958 年 9 月 18 日，下令關閉親台灣的華僑社團、報社、學校、戲院、商店，並將華僑學校改為印尼籍學校。[26]1967 年起全面禁止華校。

　　泰國在 1930 年代即開始限制華文教育。自戰後至 1975 年間與台灣有外交關係，但泰國政府對華校採嚴格控制政策，如凍結華校，不准華文中學申請立案，華文只准小學 1 年級至 4 年級

---

[25] 江一涯，「菲律賓華文文學的困境：在香港文學世界作家、詩人座談會上的書面談話」，聯合日報，1988 年 1 月 14 日，版 4。

[26] 印尼華僑誌，華僑志編纂委員會編印，華僑志編纂委員會出版，台北，1961 年 12 月，頁 113-114、209。

修習，每週上課時間為 10 小時。[27]1977 年，泰國雖已與中共建
交，但縮小華文教育每週為 5 小時。[28]泰國之所以在戰後繼續限
制華文教育，主要原因是泰國的民族主義作祟，以及在 1950 年
代採反共政策，把華文看成是「社會主義語文」，對泰國國家安
全有威脅。[29]

　　同樣地，緬甸雖與中共有邦交，但緬甸軍政府在 1963 年 4
月規定華文學校每週教授華文不得超過 6 小時。1965 年 4 月，
將私立華校收歸國有，取消華文教學，校長改由緬籍人擔任。
1966 年 1 月，禁止中文報紙出版，4 月，將未收為國有的其他華
校全部沒收。1981 年後，緬甸出現由寺廟辦理的華文補習班，
但仍有親台派和親大陸派之分。[30]

　　馬來西亞在 1960 年開始限制華文教育，規定華文國民型小
學，除以馬來文與英文為必修科外，其他各科可用華文。1985 年，
規定華小 1 年級上學期華文課每週為 660 分鐘，1 年級下學期、
2 年級及 3 年級，每週為 420 分鐘。[31]目前越南胡志明市仍有幾
家華校（屬於越文學校，華文課為補習性質），每週上 4 小時華
文課。[32]

　　泰國、印尼、緬甸和馬來西亞之排斥華文教育，與當地政府
採取同化政策有關，其中情況較為特殊的是菲律賓，菲律賓欲將
華校納入控制，而先與台北達成諒解。1955 年 8 月 6 日，菲政
府組 4 人調查委員會，調查在菲之華校情況及決定菲國政府是
否有權監管這些華校，經過 3 個月研究，菲外交部與台北駐菲大

---

[27] 陳烈甫，東南亞洲的華僑、華人與華裔，正中書局印行，台北，1979 年，頁 467。
[28] 葉素蓮，「對泰國華文教育今昔感」，星暹日報（泰國），1985 年 5 月 2 日，版
　　45。茹娃麗，「泰國華校走下坡」，南洋星洲聯合早報，1983 年 10 月 1 日。
[29] 劉振廷，「華文是違禁品？」，南洋星洲聯合早報，1988 年 4 月 2 日，版 10。
[30] 參考簡會元，前引文。西汀穆，「瀕於滅絕的緬華教育：談緬甸華教情況及其他」，
　　華人月刊（香港），1990 年 7 月，總第 108 期，頁 8-11。
[31] 南洋星洲聯合早報，1985 年 1 月 12 日，版 35。
[32] 劉振廷，「華人命運已有好轉？」，南洋星洲聯合早報，1989 年 2 月 2 日，版 13。

使於 1955 年 12 月 23 日簽備忘錄,將華校置於菲教育部私立學校局管轄下,華校須與其他私立學校一樣教授同樣的課程,中文成為額外的科目。[33]

惟自 1980 年代初起,受儒家思想影響的日本、南韓、台灣、香港和新加坡等地經濟出現驚人的成長與繁榮,引起東南亞過去排斥華文的國家重新重視華文或東方思想,如馬來西亞在 1981 年提出「東望政策」(Look East),目標在向日本、南韓學習勤奮的工作精神,新加坡也提出學習儒家思想之主張。泰國教育部長瑪納上將在 1988 年 10 月 11 日表示:華文是全球通用的商業語文,不是社會主義語文,他盼望在任內准許民間學校增加華文授課時間,並准許一般補習班增設華文部。泰國法政大學在 1989 年決定自 1990 年起開設華文學系。[34]新加坡教育部長陳慶炎在 1989 年 8 月也宣布,從 1990 年開始,將讓更多小學以華英文兩科為第一語文。在大學先修班階段,教育部將在特選的初級學院裡,提供語文專修課程,讓有語文才能的學生學習更高水準的華文課。此外,新加坡還指示新加坡國立大學研究加強中文系。[35]

最值得重視的,近年台灣商人前往馬來西亞、泰國和印尼投資的人數和金額大量增加,這三國政府為了吸引台商,特別允許台商開設華文學校,印尼並允許華文書刊進口,[36]足見台灣的經濟力量對東南亞各國之華文政策有所影響。

第五節　商業投資關係

---

[33] Yu-long, Ling, *Southeast Asian Nationalism and the Overseas Chinese,* The Franklin College Press, Franklin, Indiana, USA, 1985, p.20.

[34] 南洋星洲聯合早報,1988 年 10 月 12 日,第 10 版;1989 年 9 月 28 日,版 14。

[35] 吳定,「東南亞重新重視華文教育」,星暹日報,1989 年 8 月 8 日,版 7。

[36] 南洋星洲聯合早報,1990 年 5 月 23 日,版 1。

　　東南亞華人對近代中國最大的貢獻，除了協助孫中山從事革命事業外，就是提供大量的財政援助，這類經濟關係，包括貿易、投資、僑匯和捐款。惟由於資料不全，本文只討論貿易和投資關係。

　　在投資方面，中國大陸的資料不全，無法窺其全貌。據廈門大學南洋研究所副教授林金枝之研究，從 1979 至 1988 年上半年，海外華人在中國大陸投資共 52 億 1 千萬美元，占同期外商在中國大陸投資額的一半多。(參見表 13-2)他說，除港澳華人以外，在中國大陸投資的海外華人以東南亞華人居多。[37]

表 13-2：1980-1988 年海外華人在中國大陸投資金額表

單位：億美元

年度	外商投資額	海外華人投資額
1980	2.1	1.15
1981	4.6	2.53
1982	7.0	3.85
1983	8.2	4.51
1984	12.7	6.98
1985	14.6	8.03
1986	18.0	9.90
1987	18.3	10.06
1988	9.23	5.07
合計	94.73	52.1

資料來源：林金枝，「十年來海外華人在中國大陸的投資」，華人月刊（香港），總第 97 期，1989 年 8 月，頁 13。

　　另外根據中國經濟年鑑之資料，從 1981 至 1987 年(缺 1986 年資抖)，新加坡、菲律賓、泰國、馬來西亞和印尼等國外商在中國大陸投資額為 4 億 3 千 8 百 36 萬美元，(參見表 13-3)。雖

---

[37]人民日報（海外版），1989 年 4 月 29 日，版 1。 林金枝，「10 年來海外華人在中國大陸的投資」，華人月刊（香港），總第 97 期，1989 年 8 月，頁 13-15。

然這項投資額有很大比例是來自東南亞華人，但無法從此一資料顯示其比重。

表 13-3：東南亞外商在中國大陸投資額

年度 國別	1984 年 止累計	1985	1987
新加坡	4396	7551	22163
泰國	2272	1456	1124
菲律賓	211	4056	383
馬來西亞	14	24	13
印尼	0	173	0

資料來源：1. 至 1984 年之資料，採自中國經濟年鑑 1985，香港中國經濟年鑑有限公司（海外版），1986，頁 V-208。

2.1985 年的資料，採自中國經濟年鑑 1986，頁 VI-240。

3.1987 年的資料，採自中國經濟年鑑 1988，頁 XI-94。

　　至於東南亞華人在台灣之投資情形則有較詳盡的資料。從 1952 至 1979 年，泰、馬、新、菲、印尼 5 國華僑在台灣之投資額為 348,204,000 美元；從 1980 至 1990 年 6 月，上述 5 國華僑在台灣之投資額為 386,292,000 美元。從 1952 至 1990 年 6 月，東南亞 5 國華僑在台灣之總投資額為 734,496,000 美元，共 485 件投資案。來台投資者中以菲僑和新加坡僑最多，兩者合計將近 5 億 2 千萬美元。在投資項目中，主要集中在金融保險業、貿易業、服務業、基本金屬製造業、食品及飲料製造業。以 1990 年 1 至 6 月為例，上述 5 國華僑在台投資在金融保險業者有 28,434,000 美元，占總投資額 45,696,000 美元的 62%，投資在服務業者有 9,818,000 美元，占總投資額 21%，投資在貿易業者有 550 萬 3 千美元，占總投資額 12%。[38]

---

[38] 中華民國華僑及外國人投資、技術合作、對外投資、對外技術合作統計月報，中華民國經濟部投資審議委員會編印，臺北市，1990 年 6 月，頁 18-19。

表13-4：東南亞華僑在台灣之投資額

單位：千美元

國別\年度	泰國		馬來西亞		新加坡		菲律賓		印尼	
	件數	金額	件數	金額	件數	金額	件數	金額	件數	金額
1952-1990.6	51	32,887	122	135,218	95	259,610	169	261,474	48	45,307

資料來源：中華民國華僑及外國人投資、技術合作、對外投資、對外技術合作統計月報，中華民國經濟部投資審議委員會編印，臺北市，1990年6月，頁9-10。

　　若就全體華僑在台灣之投資額做比較，1952-1979年，海外華僑在台投資總額為742,103,000美元，而東南亞華僑之投資額約占總額的46.9%。1980-1990年6月海外華僑在台投資額為1103665000美元，而東南亞華僑之投資額約占35%，顯示東南亞華僑在台之投資比例下降。

　　由於東南亞華僑或華人在中國大陸之投資額不明，故無法與台灣做一比較。

第六節　結論

　　中國分裂的確對東南亞華人社會造成衝擊，這種衝擊不單純是中國大陸之政治變遷對東南亞華人社會之單向衝擊，而涉及東南亞華人本身的政治認同、懷鄉情感及當地政府之同化政策等反向互動。本質上，東南亞華人對於中國大陸仍具懷鄉情感，但因中國大陸實施社會主義制度及多變的政治運動，導致這種懷鄉情感受到挫折和扼抑。在1970年代中葉以前，東南亞華人在心理出路上只有2種選擇，一是繼續支持在台灣的國民黨政

府；二是屈服於當地政府之同化政策下，加入當地國籍。只有極少數華人參加親中共的當地共黨運動。1970 年代中葉以後，中共陸續與馬、泰、菲及印尼建交和復交，也採取較開放的政策，鼓勵及歡迎東南亞華人的資金和技術進入中國大陸。不過，由於東南亞華人大都已入當地國籍以及與國共兩黨有糾葛的第一代華人相繼凋零，新生代華人並不因中共政策之改變而傾向中國大陸，反而有採取中立立場之趨勢，與台海兩岸均維持良好的關係。

然而，若說東南亞華人對台海兩岸沒有立場，此也不切合實際。一般而言，東南亞華人之政治派別和政治同情，除了與個人之抉擇有關外，也與當地政府對華人實施之同化政策、與台海兩岸有無邦交、是否採取反共政策，以及台海兩岸對東南亞華人之政策有關。

固然外交承認會影響東南亞華人之政治態度取向，如王賡武教授所說的，在 1975 年以前，泰國和菲律賓與台灣有邦交，所以當地華人大都親台，[39]但這樣的觀點可能不適於解釋1967年以前與中共有邦交的印尼和緬甸的華人了，因為當地華人不見得因為住居國政府與中共有邦交，在政治態度上就親中共。

此外，東南亞國家開放與中國大陸來往，也不見得會增加東南亞華人親中國大陸，廖建裕教授曾對此有一評述，他說：「新加坡華人前往中國大陸，發現中國大陸落後及不同的價值觀念，就不會去認同中國大陸。」[40]

---

[39] 王賡武，東南亞與華人－王賡武教授論文選集，中國友誼出版公同出版，北京，1987 年 4 月第 1 版，頁 197。王賡武教授表示：「事實證明華人少數民族的政治派別和政治同情往往不是自發性的，而是和東南亞各國政府承認哪一個中國政府的問題密切相關。例如菲律賓的華人少數民族在過去 20 年中和台灣的政府有十分密切的關係。……另外一個例子是泰國華人也沒有更多的選擇。他們要不是成為泰國政府承認的台灣的公民，就是成為泰國大多數華人積極爭取認同的泰國公民。」

[40] Leo Suryadinata, "Ethnic Chinese in Southeast Asia: Problems and Projects," *Journal*

　　雖然東南亞的客觀環境已有變化，如華人在同化政策下大都已入籍及當地政府透過改善與中共政府間關係來抑制當地華人從事左傾活動，但台海兩岸因競相爭取東南亞華人之支特，在相當程度上使東南亞華人社會繼續受到國共競爭之影響。前面提及東南亞華人因世代交替而對台海兩岸漸持中立和消極態度，這是種發展的趨勢，但不能排除仍有部分人對台海兩岸持有既定的立場。

　　從最近 2 年台海兩岸關係改善之情形來看，已漸有走向和緩和法制化之趨勢，至本世紀末，料將出現更成熟的兩岸關係、此一改變對東南亞華人社會將有連動的影響。東南亞華人社會面對此一變局，如何從自我反省再重新出發，將是邁入 21 世紀時的一個重要課題。

（本文刊載於問題與研究月刊，30 卷 1 期，民國 80 年 1 月，頁70-85。）

第十四章　海外華人的文化變遷與適應

第一節　前言

　　華人外移他鄉是一長期的歷史現象，對其外移原因之研究有各種各樣的學說和論述，其中最廣為大家熟悉的是「推-拉」理論，其基本思考是因為中國國內因素，例如貧窮、人口增多、戰亂、政爭等，而迫使華人逃難到東南亞一帶，至於東南亞一帶也有吸引華人外移的魅力，例如物產豐富、需要華人勞工、謀生容易等，以致於華人爭相率領同鄉同宗前往。

　　不過，不同的歷史階段，華人外移有其個別的原因，並不可一概而論。例如，在明國以前，有很長的時間，華人外移到東南亞地區，主要是商業往來、中國內戰和政爭。中國從漢朝以來開始對東南亞地區和印度有貿易來往，華人落腳在主要航路上的港口，可能與當地女子通婚，而留有後代。但華人並不以長期居留當地為目的，而是落葉歸根。在北越地區，可能是一個例外，因為北越長期受中國的統治，將近一千多年，漢、越兩族通婚，應是普遍，也因為中國統治的關係，越南所呈現出來的文化就是漢文化。惟華人與當地越南婦女通婚後，已逐漸變成越南化，許多節慶為漢文化的呈現，風俗習慣則進入越化、說越語。亦有改越南姓者，例如 1225 年國王陳日煚。陳守度的先祖是中國福建福州長樂人，徙居越南南定省天長府即墨鄉，以捕魚為業。[1]陳守度發跡後獨攬大權，迫令李惠宗遜位給第二公主昭聖（李佛金）（年

---

[1] 「初，帝之先世閩人〈或曰桂林人〉有名京者，來居天長即墨鄉。生翕，翕生李，李生承，世以漁為業。帝乃承之次子也，母黎氏。」載於[越]吳士連、范公著、黎僖等撰，**大越史記全書**（電子版），陳紀，太宗皇帝；施益平，「越南歷史上的華裔帝王」，**聯合日報**（菲律賓），1986 年 1 月 5 日，版 7。

僅 7 歲），是為昭王，惠宗出家。陳守度迎立其侄子陳日煚為王，降昭王為昭聖王后，為陳日煚之王后。

1400 年當上大越國王的黎季犛，本姓為胡，因為認清化宣慰黎訓為義父，所以改姓黎。

在清末時，太平天國餘黨為了躲避清國政府的追捕，有許多人逃避到越北，其中以劉永福的黑旗軍最為有名，他甚至被越南國王任命為三宣提督，總管越北三個省分的軍事指揮權。海軍也是一樣，有許多華人海盜被任命為越南海軍。這些在越南入仕者，很多都被越南化。唯一一個較為例外的是「明鄉人」，他們是明國末年逃難到中越順化、會安一帶，後來有些人遷移到南越今天胡志明市的堤岸地區，形成一個重要的華埠。當法國統治初期，「明鄉人」還能維持其獨特的戶籍制度，法國在 1933 年企圖將他們納入越南籍民，並未成功。中華民國政府在 1947 年 9 月對法國致送節略，稱「明鄉人無論出生在中國或國外均屬中國國籍。」南越的越南共和國在 1955 年建立後，亦曾企圖將之納入越南國籍，後因中華民國之交涉，改為「明鄉人」可以選擇國籍，而沒有加入越南籍者，則有不少人選擇離開越南，前往台灣、港澳或其他國家。北越亦在 1970 年代初實施強迫入籍辦法，不願離開者均被迫加入北越國籍，變成被同化的一群人。在越南共黨統治下，華人已漸被同化，成為越南公民之一個族群。華人之風俗習慣僅保留在各自的家庭內，華人社團不能公開活動，華文已可以學習，但仍禁售華文書籍。華文報紙只有官方出版的**西貢解放日報**。有關華人的文物，公開場合僅剩下華人寺廟以及需事先申請的舞龍舞獅活動。

在明國以前，華人流動於中國和東南亞之間，他們沒有打算長期居留東南亞的想法，華人因為短暫居留，在東南亞地區留下的文物，也很有限。目前在東南亞地區，尚保留有明國時期的華人遺跡者，包括馬六甲的三寶山墳墓、三寶井、印尼三寶壟的三

寶公廟。亞齊首府班達亞齊有一座鄭和時期留下來的銅鐘等等。
其他華文的寺廟文物大概都是近一百多年來的建物。

圖 **14-1**：印尼三寶壟的三寶公廟
資料來源：" Sam Poo Kong," *Wikipedia,*
　https://en.wikipedia.org/wiki/Sam_Poo_Kong　2022 年 9 月
17 日瀏覽。

圖 **14-2**：印尼三寶壟的鄭和雕像和三寶公廟
資料來源：James, "Semarang and the Chinese treasure fleet,"
notesplusultra, https://notesplusultra.com/2016/02/11/semarang-
and-the-chinese-treasure-fleet/　2022 年 9 月 17 日瀏覽。

圖 **14-3**：**1405** 年鄭和贈送給蘇木達剌（**Samudera Pasai**）國王的銅鐘

資料來源："Cakra Donya bell, an ancient bell gifted by the Chinese emperor in 1524, is now on display in the courtyard of the Aceh museum," *Dreamstime*,

https://www.dreamstime.com/cakra-donya-bell-ancient-gifted-chinese-emperor-now-display-courtyard-aceh-museum-ba-very-famous-area-image193147307#　2022 年 9 月 17 日瀏覽。

在明國以後，遷移到東南亞者，人數多而且整批外移者，屬於軍人，他們主要遷移到越南和緬甸。其次就是遊民，他們成群前往印尼舊港，有數萬人之多，以海盜為生，遭到鄭和的鎮壓，殺了其頭人陳祖義，他們才歸順明國，明國封其領袖施進卿為「舊港宣慰使」，才使該港口不與中國敵對。中國遂打通了通往印度的航路。

除了商人前往東南亞居住外，因為傳教而前往東南亞定居者亦不少。他們是回教徒，原先居住在占城，因為安南在 1471 年滅了占城，促致居住在占城的回教徒，其中有不少華人回教徒遷

移到爪哇島北部各港口，例如杜並（今稱為廚閩）、三寶壟、淡目、錦石和泗水。因此，早期在這些港口地區傳播回教者，有阿拉伯人和華人，這些華人回教徒有與當地婦女通婚者，形成當地社會的上層階層，據傳淡目王朝的回教賢人有華人血統。印尼前任總統瓦希德（Abdurrahman Wahid）就具有華人血統，本姓陳，他的祖先原先從占城遷移到爪哇，住在東爪哇。

　　清國初期，華人外移者，大都是政治難民，逃避清國的統治，而遷移到東南亞地區，主要遷移地是印尼群島、越南和緬甸。

　　當 16 世紀西班牙在菲律賓發展大帆船貿易時，有許多福建廈門人遷移到菲律賓群島。這些移民主要是從事貿易和商販業。

　　18 世紀時的荷蘭和西班牙、19 世紀的英國，為了開發殖民地的需要，引入大量的華工，他們進入印尼群島、菲律賓群島和馬來半島從事莊園、種植園、礦區的開發工作。該一時期主要外移者大都為勞動階層，亦有從事小販生意者。很少知識份子。

外移定居者大都為勞工階層

　　在 19 世紀以前，雖然有不少華人前往東南亞經商貿易，這些人還抱著衣錦返鄉的想法，賺了錢就會回到他的故鄉。若是逃難的軍人或政治人物，可能就不會返回其故里，除非政治情勢轉變，使他可能平安返回故里。

　　自 19 世紀後，情況有了很大的轉變，許多勞工階層在賺了錢後，成為有錢人或有聲望的人，就留在工作地點娶妻生子，而成為當地人的一部份。印尼和泰國、馬來半島、菲律賓群島有許多混血華人，應是該種歷史演進的結果。清國有長期禁止出洋的法令，違反禁令者，將被處以死刑，後來乾隆皇帝改為流刑，充配邊疆，外國妻子和子女遣送回籍，財產被沒收。搭載其返國的船東亦會受處罰，船會被沒收。此一禁令亦造成偷渡出洋者不敢返回中國，羈留外國者人數愈來愈多。

知識份子外移者少

誠如前面的分析，外移的華人主要是商人、軍人和勞工，很少知識份子。此乃因為知識份子在中國擁有特定的社會地位，透過科舉考試可以進入官場，退休後返回故里成為鄉紳。知識份子無須遠走外國謀生，而且事實上，外國也無他們容身之地，因為他們無一技之長，外國亦無儒學教育和科舉考試，他們無用武之地。所以可以確定的說，在很長的華人外移歷史中，知識份子並非外移者，除非他們遭到政治迫害。

一直到 20 世紀初期，因為中國發生革命派和保皇派的鬥爭，各派為了宣傳他們的主張和理念，乃在東南亞地區設立學校，作為鼓吹思想主張的基地，為此，才有知識份子前往新、馬、泰等地任教。這應是第一波知識份子外移。今天東南亞的許多現代華文學校，大都是此一政治運動下的產物。

當國民黨政府在 1949 年垮台後，有許多知識份子為了逃避共黨統治，而遷移到東南亞各地，尋求安身立命之地。這一波外移的知識份子程度較高，對於東南亞華校的高中或初中教育起了促進作用。許多華校開辦了初中教育或高中教育。新加坡在 1956年還開辦南洋大學，有些師資是來自從中國避難的知識份子，有些師資來自台灣。

外移華人人口比例影響其在海外文化的呈現

根據上面的分析，在東南亞或世界其他地方的華人定居者中，佔人口比例最大部分的是知識水平不高的農民和勞工，他們在海外所建立起來的文化結構，是透過二級團體建立起來的，例如，同鄉會、同宗會等社團。此外，有些社團涉及過去的反清復明的意識形態的影響，而帶有秘密的任務，在中下層華人中結合群眾，這類組織如「三合會」、「洪門會」、「小刀會」、「海山會」、「義興會」「和勝會」、「血幹團」等。這類組織被稱為私會黨。以上這

兩類社團的成員有交叉，而且許多外移的勞工為了謀生之需要，都會選擇加入私會黨，除了獲得生活所需外，亦獲取保護。

　　由於社團的基層結構組成是由勞工組成，以及帶有私會黨色彩，而影響了它的發展，每個語言團體，如福建會館、廣東會館等，都各自形成一個保守的封閉的組織，對其他組織有排斥，最明顯的是學校教育，每個會館各自辦理屬於本身語言的學校，以方言上課，變成該類學校的特色。

　　在戰前的東南亞地區，大多數地區還是西方國家的殖民地，華人無法進入白種人的社會，亦無法與土著結合，是介在二者中間的中間人，從事轉手貿易、小型批發業，或深入到土著住區販賣日常用品、收購土產。此一工作很容易招致當地土著的不滿和疾視，認為華人是奉承白人而欺壓土著，此一觀念深植土著心中，導致以後的排華運動。

　　在職業別方面，亦呈現該種特點。相同語言團體，會在相同職業上相互提攜，例如新加坡的福清人很多人是從事車業，如板車、腳踏車業等。福州人很多是從事裁縫、廚師和理髮師的三刀業。

　　華人因為生活之需要，從事商業的小販聚集成市集，在有華人居住的地區，都會形成「唐人街」的市集。「唐人街」成為最具華人文化色彩的社區，也因為它的保守性，而使它無法與時俱進，在各城市的更新計畫上，「唐人街」或華埠往往成為不受重視之地區，也可能是華埠地區沒有華人的市議員，所以成為都市更新計畫中的例外，逐漸變成都市中最落後之地區。此一現象在東南亞尤其是如此，在世界其他大城市中的「唐人街」或華埠也是一樣。「唐人街」或華埠變成19世紀末葉時期華人社會的縮影，讓人回憶起那個留著辮子、穿著唐裝、住在擁擠不堪的社區中的華人。

「唐人街」是都市中華人的生活景象,至於鄉下地區,例如礦區、種植園、莊園、鹽田等地,華人大都是不識字的勞力階層,他們所形成的文化,可能並非完全中國化,如果他們娶了當地女子為妻,則他們的文化面貌是混合的,帶有當地色彩的半華人文化,就如同峇峇一樣,僅保留一部份的華人文化,不過,峇峇最後連華人母語都喪失了。可以如此說,在十九世紀中葉以前,住在鄉下或山上的華人,他們很容易與當地女子結婚,最後被當地人同化了。此可見於印尼和馬來西亞。

第二節　戰後華人社群改變認同

戰後,各地華人社群面臨新的轉變階段,因素有二,一是各殖民地獨立建國,修訂國籍法,華人面臨選擇加入國籍的問題。二是中國局勢的變化,國民黨政府退據台灣,中華人民共和國在北京建國,因為係採取共產主義制度,與東南亞國家的反共政策不符,東南亞各國(除少數共黨國家如北越、以及緬甸之外)禁止其人民與中華人民共和國來往。華人遂無法重回其母國故里。華人需面臨選擇當地國國籍的問題。

大概在 1974-1975 年之間,當中華民國還與馬來西亞維持領事關係、與泰國和菲律賓維持外交關係時,當地華人還有不少人持中華民國護照,但當這三國與中華人民共和國建交後,許多華人選擇加入當地國國籍。印尼和新加坡的情況也是一樣,許多華人加入當地國國籍。僅剩下很少的人不願入籍而成為無國籍人。

從上述情況的發展來看,自戰後到 1975 年之間,東南亞華人的政治認同是混雜的,他們可能對於認同中國還有期待,但在此時之後,當他們選擇加入當地國籍後,他們已認同當地國,在政治認同上已無多大問題。過去有不少著作提及戰後東南亞華人的政治認同問題,今天來看,這一問題已變成不是問題。不過,

在文化認同方面，還是存在著問題。畢竟華人血液中流著華人族群的血液，在「再中國化」的刺激下，他們很容易被勾引起文化認同問題。

建立公民社會的可能性

華人透過同化與融合過程，無論是採取強迫同化手段的泰國、印尼、越南、柬埔寨和緬甸，或者採取自願融合的菲律賓，華人已變成當地社會的一份子，除了再度移民他鄉者外，華人成為落地生根的定居者。從戰後到現在，華人已生息進入第三代，甚至有些進入第四代，他們都已被「國民化」了。他們很像過去對馬六甲華人稱呼的峇峇（Baba）和娘惹（Nyonya），成為當地出生的僑生。因此，在研究上，再使用「峇峇」和「娘惹」這類名詞去分析研究東南亞華人，意義已不大。

的確，自 1970 年代以來，眾多的華人加入當地國籍，成為當地公民之一。但他們是否因此具有當地的民族主義，或者其民族主義思想與當地土著的民族主義思想一致？是一個有趣的問題。試舉越南為例，當 1970 年代初，北越為了徵兵，企圖迫使當地華人入籍，結果有 20 萬名華人不願入籍，而離開北越，返回中國，爆發所謂的排華問題。在印尼，華人被當地土著認為是另一個不認同當地的族群，也就是不相信回教，剝削土著經濟利益的一群人，以致於一再遭到排華運動的攻擊。在馬來西亞，受華文教育的華人不想去當兵、當警察、當公務員，他們成為與馬來人明顯不同政治意識的族群。雖然最近馬來西亞在推動「新馬來西亞人」的運動，有部分華人接受此一觀念，但仍有不滿，因為該一概念並不是建立在族群平等的基礎上。馬來人一直堅持保障馬來人和其他土著的特權，是「馬來西亞人」運動的最大阻礙。最近馬國為了廢除憲法上有關保障馬來人和土著特權之問題，有所辯論，但執政當局還沒有放棄該一保障特權的態度傾向。

　　華人不認同其移居地，並不是所有華人的反應會相同，經濟能力差的華人，沒有別的辦法，只好繼續留在當地謀生，經濟條件好的，或者有特殊技能者，則繼續踏上流浪之路，遷移到更為進步發展的美國、澳洲、紐西蘭、加拿大、法國等國。因此，華人一旦脫離中國母體後，有再度遷移的習性，造成他們這種習性的因素，是中國母國的衰弱、落後所致。人口眾多的中國無法推行類似西方的民主和人權政治，使得已呼吸自由空氣的海外華人不願歸巢。

　　在 1989 年「天安門事件」後，有許多從中國前往西方國家求學的留學生，因為不滿中國鎮壓青年學生而尋求留在當地，中國亦有許多人申請移民前往美國、澳、紐等國，這一批新華人移民，人數快超過老僑，成為新華人主力，不過，他們跟其前輩一樣，以追求經濟為主，他們欠缺當地的民族主義情感。他們仍懷抱他們的「祖國中國」的觀念。

　　從另一個角度來看，海外華人可分別為兩大類，一類是初次離開母國，前往第一個移居地；第二類是從第一個移居地遷移到第二個或第三個移居地。對二者加以比較，可以發現第二類人數可能超過第一類，這種特性，毋寧可稱之為世界主義。

　　華人流徙海外，本來就具有世界主義的想法，他們在海外移動並不是只有單一地的移徙，而大都是多次移徙。在 1980 年代以前，華人外移是中國本身的問題所造成的。但是當中國在 1978 年以後改革開放後，華人繼續外移，而且世界各地赴海外工作的人數愈來愈多，逐漸出現全球化現象，華人流徙世界各地，是否也可看成是全球化的一種現象？勞工跨國移動，在東亞國家更為普遍，菲律賓、越南、印尼、泰國等勞力人口過剩國家，其人民近年外移頻繁。中國與這些國家的唯一差別是中國人口外移，是想永居外國，而東南亞國家的外移人口中，有些是移居他國，大

部分是短暫的契約工。二者相較，他們匯款回國的行為則是一樣的。

　　目前在世界各地的華人，有一個明顯的趨勢，就是落地生根，他們認同當地，並開始加入當地的社團，與當地人共同分享華人的文化活動，此一現象在美國更為明顯。舊金山或紐約的華人文化活動，常常吸引許多當地的美國人參與。其開放性比東南亞還大，在東南亞地區，華人的文化活動大都僅限於華人參加，華人與當地土著各不相干涉，各做各的。也許兩地的政治開放性不同，美國沒有華人專有的華校，而菲律賓、馬來西亞有，各有各族群的活動範圍，最後出現隔閡。其中尤其以馬來西亞最為嚴重。泰國華人與當地泰人同化程度高，所以兩族關係較為和諧。印尼最為嚴重，排華運動時有發生。自蘇哈托下台後，政治朝向開放，華人與當地土著融合成為公民社會的機會增加。

　　越南的華人則已被同化，成為越南族群之一，嚴格受到政治之限制。柬埔寨華人的自由度較越南華人高，可以自由學習華文和舉行華人文化活動。緬甸華人一樣受到嚴格限制，緬北華人比緬南華人有較大的活動空間。這些國家因為政治情勢特殊，基本構造尚未出現公民社會（civil society），所以華人也是一樣，無法成為公民社會之一員。

　　在歐美和澳、紐的華人，則已在公民社會中呼吸及生活，華人不過是該地少數族群之一，其自成的社群已成為當地極小範圍的唐人街區，而且這些唐人街區有些僅保留其名，實際店家經營者已換成其他族裔的人，例如舊金山唐人街有很多商店已變成拉丁裔的人在經營。美國華府的唐人街，情況也是一樣，許多華人都遷出到其他地方，唐人街變成隔鄰黑人的活動區，到華人商店消費者，多數是黑人。北美洲其他城市的唐人街區，大多數的華人則散居在其他地區，或形成新社區，例如紐約的法拉盛區、加拿大溫哥華的華人街區等。唐人街區和新的華人街區的文化面貌

是不同的，新的華人社區是以台灣和香港來的華人為主，其文化型態類似台灣和香港，具有現代化色彩的華人文化。

在東南亞地區，大城市中還保留有唐人街色彩的城市，有越南的胡志明市、菲律賓的馬尼拉、印尼的雅加達、三寶壟和泗水、泰國曼谷。不過，儘管如此，這些城市中的華人，還是散居在城裡各處，並非集中住在一個區域。華人散居的型態，跟華人的經濟條件改變以及城市化或都市更新的發展有關係。從戰後以來，隨著新科技的發展，都市更新是現代化的象徵，所以市鎮首長需進行現代化計畫，新開發市街或新市鎮，就成為經濟條件較好的華人選擇居住的地點。可以說都市更新和華人散居是有密切關係的。

從另個角度來看，傳統的唐人街區因為缺乏政治領導人以及當地華人缺乏現代化的觀念，墨守成規，不知都市更新的重要性，或者發財後搬遷到新社區或較好的社區，以致於變成都市中發展設施最為落後的地區。不僅街道窄狹，房屋老舊，而且充斥著華人擅於經營的南北貨的味道，舊金山、紐約的唐人街區就有此一現象。馬尼拉的唐人街區情況也是一樣，街道骯髒、溝渠淤積、房舍緊鄰、小巷縱橫，衛生條件極差。舊金山的唐人街區的公園，成為老人休閒的場所。曼谷的唐人街區商店櫛比鱗次，相當擁擠。雅加達的唐人街區也是一樣。日本橫濱的唐人街區，雖然整潔，但也是很擁擠，房舍矮小。因此，從世界各地的唐人街區的發展來看，可以這樣說，它是都市落後的象徵。

若從社會變遷的角度來看，華人散居在城市其他地區，毋寧是具有正面意義的，華人可以打破傳統的聚族而居的習慣。華人可以參與當地的活動，與當地人交流，融入當地的文化。在美國等先進國家，華人的經濟條件較好，參與當地人的社團較為頻繁。此當然與當地社會的開放有關。華人與當地人共構的公民社會較易形成。

但在其他地區，例如東南亞地區，卻有許多的困難。在印尼，因為過去蘇哈托政府的長期限制和壓制華人，華人無法與印尼土著共構公民社會。馬來西亞則因為華人自小上華人社群的學校，再加上憲法保障馬來人和土著的特權，使得華人和馬來人有猜疑，互不信任，要共構成公民社會，或所謂的「新馬來西亞人」，並非易事。泰國的華人出任政府首相或其他高官，而且普遍被接受，泰國的華人融入當地社會相當成功。菲律賓的情況較為特別，雖然菲國沒有排華運動，但因為華人經濟條件較好，引起菲人嫉妒，華人商家成為被恐嚇、勒索的對象，而且事件層出不窮，華人商家人人自危。菲國政府對此束手無策，華人社團，像洪玉華領導的華人社團（公民反罪惡行動）在艾斯特拉達總統時期曾向政府提出嚴重抗議，要求政府防止此一事件一再發生。華人商家和社團並發起募款，作為檢舉犯罪者之用。

日本的華人融入當地社會是相當成功的，過去從台灣移入日本的，因為熟悉日語和日本的文化，所以融入日本社會問題不大。至於新近從中國大陸移入者，則可能保留較大的華人文化特色。

一個族群在異文化族群內活動，儘管沒有特定的住區，他們亦可很容易形成一個社群網絡。例如我們觀察在台灣的東南亞各國來的外勞或新娘，他們並沒有特定的住區，而是散居在各地，但他們很快及很容易在特定時間和地點去聚會。從這裡可以推論，海外華人應該也會有此一群聚情況。若再加上特定的文化教育和成立的各種宗親、同鄉會館，則他們形成一個獨特的文化社群將是自然的結果。就此而言，今天在海外各地持續教育中華文化，使華人繼續保有華人特性，則其要融入當地社會，發展成公民社會就會增加困難度。這也是我們所要面對的問題，我們設有僑委會，本來是要服務僑社，但因為服務項目中有文化教育部分，會勾起海外華人的文化甚至政治認同，其結果，卻反而使得海外華人與當地社會發生認同上的困難。「再中國化」是我們研究海外

華人問題時一個最難處理的問題。也許我們應該考慮要做到何種程度，才不致造成海外華人的困擾。

試舉一個例子來說明。長期以來，我們對於馬來西亞來台灣求學的學生，都以僑生視之。但近年以來，由於馬國華人的自覺，他們已是落地生根的新生峇峇，他們自認為是馬來西亞人，對於我們將他們稱之為「僑生」非常反感，希望改以外籍生稱之。但我們保守的官員至今不願改變此一作法。據側面得知，若將來台僑生改為外籍生，則主管機關將改為教育部而非僑委會，將影響僑委會的功能，其功能弱化，甚至有可能使僑委會裁撤之聲再起。就此而言，我們面臨了一個僑務主管機關之主管業務與海外僑生之稱呼之間的兩難抉擇問題。「僑生」一詞的使用也到了該重新定義的時候了。

第三節　海外華人文物館

海外華人文物的保存，應是最近三十多年的主張和推廣。據知目前世界各地設有華人文物館的總共有 16 座博物館，包括：美國於 1974 年建的俄勒岡州約翰迪市華人博物館（又名金華昌博物館）；1991 年建的紐約華埠歷史博物館；1996 年建的紐約美洲華人博物館；2001 年建的三藩市美華歷史博物館；2005 年建的芝加哥美洲華裔博物館（又名李秉樞中心）；新加坡於 1995 年在南洋理工大學建的華裔館，2006 年建的華頌館，以及新加坡土生華人博物館；澳大利亞於 1985 年建的墨爾本澳洲華人歷史博物館，1991 年建的維多利亞州本迪哥市金龍博物館；日本於 1979 年建的神戶華僑歷史博物館；加拿大於 1998 年建的華裔軍事博物館；菲律賓於 1999 年建的馬尼拉菲華歷史博物館；在吉隆坡的馬來西亞華人文物館；馬來西亞馬六甲建的峇峇娘惹博物館。2006 年馬來西亞檳城成立客家文物館。

此外還有些博物館，例如澳大利亞維多利亞州蘇哈倫山的金礦博物館以及美國加州聖地牙哥的中華歷史博物館等，雖非專門的華人博物館，但也有不少與華人有關的文物收藏。另據有關報導，印尼的印華百家姓協會從 2004 年開始，也在著手籌建印尼華人歷史博物館。加拿大甘碌市積極籌建鐵路華工紀念館、芝加哥華埠將建華人博物館。以上的華人博物館大都是民間建造，惟墨爾本的澳大利亞華人歷史博物館，卻是州政府撥款購買的一棟 5 層的舊樓，屬於政府資產，可看出澳洲政府在推動「脫歐入亞」的政策下做了一些努力。

從上述各地設立華人文物館的情況來看，可以得出幾個觀點，第一，能設立華人文物館的國家，大都是對華人友好的國家。第二，是重視華人對當地的貢獻，所以才會興建紀念館或文物館。第三，除了澳洲有政府支助外，各地華人文物館都是由華人出錢興蓋。第四，除了檳城的客家文物館外，其他地方的華人文物館大都屬於跨方言群的性質。

最值得注意的是泰國，自 1950 年代後泰國華人並未受到歧視，華人人數也相當多，但泰國卻沒有華人文物館，是否還未有此想法？印尼華人很多，過去半個世紀有嚴重排華問題，所以不可能有華人文物館。

第四節　新華人移民與文化變化

通常在分析海外華人社群時，會給它一個刻板模式，就是華人社群是一個封閉的、自我的我群觀念很強烈、以自我的方言群為活動中心、保留返回中國的觀念、衣錦榮歸、對僑鄉提供物質回饋、延續華人風俗、語言和文化。這些特點形成所謂的「華人特性」（Chineseness）。「華人特性」是海外華人在異文化氛圍下所形成的一個對照的文化模式，是區別「華人群」和「他族群」

的衡量指標。不過,這一「華人特性」並非所有華人的文化模式,它僅是外移人口最多的福建人和廣東人的文化模式,而福建人和廣東人並不能代表所有的華人。

其次,雖然是福建人和廣東人遷移到海外,也可能因為居住地的不同,而發展出不同的文化模式。例如 William A. Callahan 研究泰國曼谷、普吉和馬哈沙拉堪(Mahasarakham)(位在泰國中部)三地的華人社會所呈現的不同的身份認同。他利用人類學的建構主義,強調文化是在認同一致和差異關係的敏感脈絡下所形成,並認為中國及泰國所共有的,並非共同身份認同,而是一套的共同差異性-在此例子中,是移民華人及西方帝國主義-在此背景下,建構了他們特別的民族身份認同。而這三地的華人卻呈現不同的認同,在曼谷地區,表現的是國際性的,普吉島表現的是區域性的,馬哈沙拉堪表現的是地方性的,對外在世界的認知差異很大。他透過對這三地的華人社會的不同認同,彰顯華人社會的差異性,即使是在泰國這一個國家內不同地區的華人身份認同也是有差異存在的。[2]

同樣地,不同國家的華人所呈現之文化模式,應也是不同的。新加坡的華人與印尼或泰國的華人所呈現的文化模式應有所不同,新加坡華人更具有效率和高度重商主義的特徵,而印尼華人可能傾向中低效率和重商主義。美國華人具有更現代化特徵,更為西化。

自戰後以來,臺灣和香港華人陸續移入北美洲和澳洲、紐西蘭,他們構成了與傳統老僑截然不同的文化模式。1980 年代從中國移入北美洲、澳洲和紐西蘭的新移民,其所形成的文化模式不僅與台灣和香港的華人文化模式不同,亦與傳統老僑的文化模式

---

[2] William A. Callahan, "Beyond Cosmopolitanism and Nationalism: Diasporic Chinese and Neo-Nationalism in China and Thailand," *International Organization*, 57, Summer 2003, pp.481-517.

不同。他們長期受到馬列思想的社會化，在轉換環境後，吸收資本主義的文化，其必然發生形質之轉變，有關這一方面的研究還沒有看到成果。因此，無從知道這種轉變的實際情況。也許我們可以假設，他們可能出現「返祖」現象嗎？也就是變成跟老僑的文化模式很接近。當然，有些離開中國的華人，是屬於真正想離開中國的移民，他們想擺脫中國的生活，而想追求個人的夢想。這些人加入了移居地的國籍，想成為新移居地的公民，他們的「返祖」觀念應該是很淡薄的。

　　從另一個角度來觀察，這些新移民無法立即進入西方人的社會中，所以他們來往的對象，還是早一步抵達的華人，他們的生活圈子仍然脫離不了華人社區，經過一段長時間，他們可能被早一批華人濡化。不過，他們應不會如此而再度恢復「返祖」的觀念，除非中國變得富強而且民主自由。

　　從台灣外移的華人，有一個很特別的現象，就是新移居地和台灣都是自由民主社會，而且台灣新移民在新移居地和台灣都有經濟和文化等的聯繫，所以他們經常兩地往來，甚至有些人重新返回台灣定居，其「返祖」現象很明顯。姜蘭虹教授稱他們為「太空人」，往來於台灣和澳洲、紐西蘭之間。除此之外，台灣的海外華人的文化模式有其獨特性，「華人特性」模式可否用來解釋他們？是一個有待研究的課題。換言之，在「華人特性」這個概念下，應該還有研究的空間存在。

第五節　結論

　　海外華人是一個總概念，也是一個通稱，很容易用「華人特性」一詞而視之為一個統一的文化族群體。誠如以上的分析，其實海外華人的主要構成族群是福建人和廣東人，中國的其他族裔，

例如滿族、回族、藏族、中國西南的少數民族等,台灣的少數民族等,他們若遷移至海外,是否一樣可被稱為「海外華人」?是一個有待釐清的問題。至少「華人特性」對他們可能就難以適用。

此外,在許多的研究裡,通常會將海外華人看成具有「華人特性」思想的群體,而很少去研究從一開始外移就不具有「返祖」想法的人群,他們亟欲脫離中國或台灣,而與異文化群體同化,這些人移居外國,可能仍過著其原先的生活習慣,具有部分「華人特性」,但他們並無「返祖」的想法,可能經過兩三代後,只有外表看起來像華人,內心已是「他文化」思想(通稱為香蕉人)。目前對這一方面的研究也是很少。

從此一觀點而言,「海外華人」和「華人特性」二者之間存在著解釋的空間,並非等號。換言之,如採廣義觀點,凡是中國人,不論其屬於哪一族裔,移到外國者,可概稱之為「海外華人」。此一觀點雖勉強可以接受,但「華人特性」確實可能因為不同的族裔而出現不同的文化特徵和模式。不同族裔,可能呈現不同的「華人特性」。就此而言,我們常使用的「華人特性」,可能會有特定的範圍和指涉族群特徵。此一問題的出現,乃因為至今尚無一項研究涉及海外滿族、海外雲南少數民族、海外台灣土著等的研究,而無法得出一個比較的觀點。至少 William A. Callahan 對泰國曼谷、普吉和馬哈沙拉堪(位在泰國中部)三地的華人社會之比較研究,給了我們許多的啟發。

最近二十年有學者從事海外臺灣人的研究,大都還是歷史研究,這些學者努力從各種檔案和文獻尋找有關臺灣人在海外活動的記載,還沒有從人類學或其他學科,例如文化學、社會學等進行研究。如果對海外臺灣人和海外華人進行比較研究,或許能有異於以前的研究發現。

的確,海外華人的研究需要從跨文化和比較的觀點進行,需要不同學科的學者從其使用的學科技術和研究方法去做研究,才

能對海外華人的文化變遷、變動的方式和結果，得出詳細的研究發現。本人在此僅提出一些觀察心得和可能的研究趨勢，拋磚引玉，願大家共同努力。

第十五章　海外華人研究工具書百科全書和辭典之比較

第一節　前言

　　就圖書出版的繁簡難易程度而言，一個時代能夠出版百科全書，一定表示該類主題已累積豐富的相關學識，且已有系統的著作和知識，才能編纂完成。法國人狄德羅（Denis Diderot）等人從 1751 年開始主編出版百科全書到 1772 年，共出了 28 卷。這部百科全書的最重要貢獻是對於知識進行整合，使人們的知識和視野擴大，以致於動搖了過去數世紀以來封建思想之基礎。

　　中國的百科全書應以古今圖書集成最為著名，該書於康熙 45 年（1706）4 月完成初稿，雍正 4 至 6 年（1726 年至 1728 年）正式出版。惟當時中國沒有海外華人的觀念，所以這類書沒有收錄有關海外華人的移動和生活資料。

　　在華文世界，對於海外華人之研究大概是從 1930 年代開始，相繼有一些著作出版，例如，劉繼宣和束世澂在 1934 年出版的中華民族拓殖史、李長傅在 1936 年出版的中國殖民史和南洋華僑史、陳達在 1937 年出版的南洋華僑與閩粵社會。

　　日本對於海外華人之研究，時間比中國還早。最早對海外華人發生興趣的是台灣總督府，其研究工作包括翻譯西文有關東南亞的著作及收集編纂書籍和發行刊物。由台灣總督府策劃出版的有關東南亞的刊物，較為著名的是 1919 年由台灣總督府內台灣時報發行所編的台灣時報，此係一月刊，刊載不少有關東南亞的社會、文化以及華僑的專論文章。[1]1930 年，華南銀行 在東南亞進行一項調查，並將調查報告出版，書名為荷屬東印度華僑商人。

---

[1] 陳鴻瑜，「台灣的東南亞研究」，東南亞季刊，第 1 卷第 2 期，1996 年 4 月，頁 66-74。

第二節　工具書簡介

　　二戰後，對於海外華人這一類的著作日益增多，尤其是對華人外移的歷史研究更有豐碩的成果。

　　經過半個世紀的知識累積，海外華人研究雖不能說已告成熟，或者自成一門學科，但它已逐漸受到重視，在高等教育已有相關的課程，在歷史學、人類學、政治學、經濟學和社會學等領域都有學者探討該一問題，使該一主題的研究漸獲肯定。

　　在這樣的背景下，出版海外華人百科全書和辭典乃告因運而生。第一本這一類的著作是由周南京主編的世界華僑華人辭典，於 1993 年出版。該書從 1987 年 10 月開始進行編輯工作，由南京大學南亞東南亞研究所的周南京教授擔任主編，其他參加的單位有北京大學、中國華僑歷史學會、全國僑聯中國華僑華人歷史研究所、新華社新聞研究所、中國社會科學院中國歷史研究所、中國近代史研究所、文化部外文局、北京師範大學、廈門大學、中山大學、暨南大學、上海師範大學、吉林省社會科學院、廣東省華僑歷史學會、福建省泉州華僑歷史學會、雲南省騰沖縣政協等單位。

　　該一詞典共收 7,093 條詞目，全書 200 餘萬字。收集的詞目範圍，包括華人、華埠概況、歷史地理、文物遺跡、著名建築、人物、社團、經濟組織、學校、文化、福利機構、政黨、政治組織、歷史事件、重大活動、法律、條例、政策、條約、協議、政府機構、制度、官職、歷史文件、報刊、著作、理論、專有名詞。就此而言，該一部辭典也可以說是一部有關華僑、華人歷史與現狀的百科全書式的詞書。書末附有詞目分類索引，並附有世界華僑華人大事年表、近年世界華僑華人人口統計表及譯名對照表等。該書總共花了三年多的時間撰寫，加上校對和排印，約五年完工。該書堪稱是海外華人辭典的一大工程，蒐羅資料相當齊全。

　　該書篇幅龐大，筆者快速過目，主要查看東南亞有關的條目，結果發現有些條目有錯誤，例如，「反共抗俄時期僑務政策」條目：它的記載為：「在已承認中華人民共和國的國家內，親台僑民應儘量取得當地公民權，以解脫困境，....在對外貿易中給于僑商便利等。」（頁 130）該一描述顯然有錯誤，因為台灣採取雙重國籍政策，對海外僑民是隨其自然，並沒有鼓勵其取得當地公民權，對於海外僑商，台灣也沒有給予貿易便利，而是鼓勵其對台灣投資，制訂有鼓勵外商及僑民投資優惠條例。

　　「施進卿」條目（頁 591），該一條目稱三佛齊在 1377 年崩潰，這是錯誤的，三佛齊亡國是在 1397 年。又說施進卿在 1421 年去世後，傳位其子施濟孫，後被進卿次女施二姐奪位。這是錯誤的，是先傳位給其女，不久再傳給其子。查繼佐的書對此有了解答，他說：「永樂 21 年（1423 年），進卿卒，女施二姐襲其職。已而子濟孫奏襲，許之。」[2]

　　「馬來亞共產黨」條目（頁 56），它記載說：「該黨成立於森美蘭州瓜拉比勞」。關於馬共成立地點，其他著作有不同的記載。根據 1998 年 8 月 18 日南洋星洲聯合早報（新加坡）的報導，[3] 馬來亞共產黨於 1930 年 4 月 30 日在柔佛州巫浮加什（Buloh Kasap）成立，出席成立大會的有「共產國際」代表胡志明（當時用阮愛國之姓名），他以英語在會上發言，由中共黨員傅大慶譯為華語。另外尚可參考楊進發（C. F. Yong）所寫的馬來亞共產主義的起源（*The Origins of Malayan Communism*）一書。[4]

---

[2] 〔清〕查繼佐撰，罪惟錄，第三冊，卷三十六，外國列傳，三佛齊國條，北京圖書出版社，北京市，2006 年，頁 631。

[3] 「馬國警察總長談馬共始末：無可避免的歷史進程（一）」，南洋星洲聯合早報（新加坡），1998 年 8 月 18 日，頁 14。

[4] C. F. Yong, *The Origins of Malayan Communism*, South Seas Society, Singapore, 1997, p.135.

「三聘街」（頁19），該條目稱泰國公主詩琳通為王儲，她在1979年被任命為女王儲，應是第二順位王儲，第一順位王儲是王子瓦七拉隆功（Prince Vajiralongkorn）。

「人民行動黨」（頁12），該文稱該黨初期綱領主張新加坡和馬來亞合併，這是錯誤的，應該是初期主張新加坡獨立，後來改為要求自治，然後與馬來亞合併。

「馬六甲抗日義士紀念碑」（頁45），僅提到當地華人為紀念抗日而建的紀念碑，沒有提及該紀念碑是為了紀念抗日殉難的國民黨人，該紀念碑上有國民黨黨徽。

「馬六甲的峇峇」（頁45），是對陳志明的專書馬六甲的峇峇的章節內容加以介紹，而沒有解釋何謂峇峇，頗為可惜。峇峇一詞則另列一條目，在頁575。不過，該條目將峇峇解釋為流行於馬來西亞、新加坡和印尼的土生華人或混血華人。在西爪哇曾有一段時間使用「峇峇」，後來不用，改為「土生華人」（Peranakan Cina）。以後印尼的土生華人大都使用「土生華人」一詞，較少使用「峇峇」。

「娘惹」（頁678），該條目說該詞源起於閩南話娘囝，指婦女。其實該詞是指閩南語對母親的稱呼，娘惹是音譯。

「素可泰」（頁615），該條目說宋朝末年陳宜中逃難到暹國，關於其地點，有待研究。宋朝亡於1279年，當時暹羅南部領土屬於真臘（柬埔寨）控制，中部為羅斛國控制，素可泰於1238年建國於泰國北部，中國史稱暹國，在1279年時，暹國的勢力尚未征服羅斛國，但其勢力可能已從今天素可泰往南延伸進入素攀河（Suphan），然後沿著該河向南控制佛統，再沿著海岸線向南控制盤盤。陳宜中從占城逃亡到暹國，登陸的港口以佛統的可能性最大。佛統是當時暹羅最大的港口，應該也有很多華人流寓於此。

　　有些條目與海外華人無關,例如「中法會訂越南條約十款」、「素可泰」、「越南條款」、「國姓爺」、「中法簡明條約」、「義淨」等。

　　第二本是潘翎主編,崔貴強編譯的海外華人百科全書,該書由新加坡南洋理工大學華裔館授權香港三聯書局於 1998 年出版。該部百科全書廣泛地包括全世界海外華人的研究著作,將各國的華人資料匯集一處,作綜合比較,所以它的編輯方式與上面的辭典不同,它分為原籍地、移民、組織、關係、社區五章撰寫。前面四章是通論,第五章則就世界各州各國的華人社會進行論述。每章的寫法,類似書籍的寫法,但文字力求簡淺易懂,加上插圖,所以閱讀性頗高。讀者可從很多老照片知道過去特定歷史時空下的華人生活樣態。

　　該書開頭有主編寫的釋義,提到華人的各種類型,第一類 A 圈是永久住在中國境內的中國人;第二類 B 圈是移居國外的中國國民、留學生、居住在台灣的中國人、香港的中國人;第三類 C 圈是海外華人。其中提到第二類 B 圈的台灣,該文說:「住在台灣的中國人,他們並非全是當地的公民,那些已經獲取外國公民權的人,宜歸納到 C 圈內。」對於這樣的描述,令人不解,為何要說「他們並非全是當地的公民」,到底想說什麼?是指住在台灣,但不全是中華民國國籍的人?還是另有所指?

　　對於該一疑義,查同一年出版的該書的英文版或能有所理解。英文版的文字是:「Chinese who live in Taiwan and who think of themselves as Taiwan People. By no means all are exclusively nationals of the Republic of China; those who have acquired foreign citizenship would be better placed in circle C.」它的中譯應是:「住在台灣的華人認為他們是台灣人。〔住在台灣的人〕並非所有人都是中華民國的公民;那些獲得外國公民權的人可放在 C 圈內。」

從以上的比較可知，英文是正確的描述，而中文版的翻譯者可能有政治上的顧忌，而作了不確實的翻譯，讓讀者搞不清楚原意。第二，該書對於南洋華人的解釋稱：「"南洋"是泛指緊挨著中國南方的地域，包括菲律賓、荷屬東印度、馬來亞與婆羅洲、暹羅、印度支那、緬甸，有時甚至包括錫蘭與印度。但是我們今天所說的南洋華人是指定居在馬來西亞、新加坡、菲律賓與印尼的華人，也就是由海路通達的地區。換言之，特別是指南中國海。總的來說，它並不包括那些在歷史上不同時期，從鄰近中國各省通過陸路移居越南、寮國、柬埔寨、緬甸與泰國的華人。」

上面這段話有許多值得討論之處，第一，中國古籍中所說的南洋並不包括錫蘭和印度，這兩處地方從明國以來就是稱為「西洋」。第二，南洋一詞並非一定指海路通達的東南亞，與南海一詞一樣，南洋一詞也包括與中國陸地相鄰的越南、占城、柬埔寨、暹羅（泰國）和緬甸。

該書反對使用「散居國外的人」（diaspora）一詞，是可以接受的，不過，該書舉述湯恩比的觀點，認為從「構成明白易懂的研究單位」的角度來看，使用「散居國外的人」一詞可以用來描述猶太人或中國人。這樣的比附就難以令人苟同了，因為該詞是指居無定所的人群，而且可能是無祖國的人群。特別是指吉普賽人以及沒有建國前的猶太人。從該一角度來看，華人在海外並非居無定所，而是有固定住所，甚至有兩個到三個家，其中一個家可能在其故鄉，而且有強烈的祖國和故鄉的觀念。

至於該書提及的「大中華」或「文化中國」等概念，都是帶有強烈的經濟和文化的華人族群主義，對於大多數已取得居住國國籍的華人而言，將使他們發生「再中國化」的認同危機，也會造成與當地國政府之間的政治緊張，使用這類名詞宜謹慎並避免。

該書第153頁提及1740年印尼發生紅溪慘案，該書說事件發生後，荷蘭總督以悔恨的口吻向乾隆皇帝報告屠殺華人的事件，

但後者不但不責怪荷蘭殖民政府，反而譴責受害的華人破壞「海禁」之法。其實，並不是譴責受害華人破壞「海禁」之法，而是認為華人不顧祖宗盧墓，出洋被殺，咎由自取。因為清朝在 1727 年 3 月已開放閩省海禁。福建總督高其倬上奏才開放海禁。「雍正 5 年(1727 年)3 月，兵部議覆。福建總督高其倬疏言：『福興、漳泉、汀五府，地狹人稠，自平定台灣以來，生齒日繁，本地所產，不敷食用。惟開洋一途，藉貿易之贏餘，佐耕耘之不足，貧富均有裨益。從前暫議禁止，或慮盜米出洋。查外國皆產米之地，不藉資於中國，且洋盜多在沿海直洋，而商船皆在橫洋。道路並不相同。又慮有逗漏消息之處。現今外國之船，許至中國，廣東之船許至外國，彼來此往，歷年守法安靜。又慮有私販船料之事，外國船大，中國船小，所有板片桅柁，不足資彼處之用，應請復開洋禁，以惠商民。並令出洋之船，酌量帶米回閩，實為便益，應如所請。令該督詳立規條，嚴加防範。從之。」[5]

另一個不譴責荷蘭的原因是為了收取南洋貿易的稅金，因為當時海關稅收有 90%是來自南洋貿易，所以諒解荷蘭屠殺華人事件。從另一個角度來看，清朝對於遠在重洋的荷屬東印度發生的屠殺華人事件，國力不足，無法派遣海軍對付荷蘭，所以採取自我限制之政策。

該書之編輯完全仿照西方國家出版書的規格，書後附有年表、中英詞彙對照表、參考書目和索引，有助於讀者查考上的便利。

華裔館在同一年也出版英文版的海外華人百科全書（*The Encyclopedia of the Chinese Overseas*），除了前面提及的有關台灣部分有出入外，編排和內容與中文版相同。

---

[5] [清]鄂爾泰、福敏、張廷玉、徐本、三泰等撰，大清世宗憲（雍正）皇帝實錄（二），卷五十四，頁 20。

　　第四本書是由台灣的華僑協會總會編的華僑大辭典，該書從1989 年開始徵稿及撰稿，至 2000 年才出版，耗時相當久。該辭典按詞目之性質，分為：「華僑歷史文化」、「華僑社團」、「華僑學校」、「華僑經濟」、「華僑名人」及「其他」等六大類。每類中又按詞目首字之筆劃順序排列，以便於檢索。

　　該書之編輯方式，與一般辭典不同，一般辭典就是按詞目的筆畫順序排列，不再分類後再按筆畫排序。該書分為六大類，其實可以不必，因為若將之打散，按筆畫順序排列，一樣可以很方便地檢索。

　　該書有許多條目之描述有錯誤，例如，「三佛齊國（印尼）」（頁 57），該詞目說：「在明國時，爪哇滿者伯夷國西侵三佛齊，國內大亂，有南海人梁道明，據此以抗，滿者伯夷屢攻不下。明史又載明神宗萬曆 5 年（1577 年），有中國商人到巨港，見廣東饒平人張璉在該地做番舶長（類似中國的市舶官），漳、泉人多依附之。由此可知，早期華僑移植印尼者，為數頗多。」

　　上段話的錯誤如下，第一，梁道明並非抗拒爪哇滿者伯夷之入侵，而是三佛齊亡國後，梁道明等人控制巨港，成為巨港的統治者，後被明國招撫。第二，1577 年的中國商人到達的三佛齊，不是位在巨港，而是位在泰國南部的猜耶（Chaiya），因為三佛齊已在 1397 年亡國了。

　　其次，張璉在 1577 年在該巨港做番舶長，這也是錯誤的。張璉所到的三佛齊，當時並不在巨港，而是在泰國南部的猜耶。因為三佛齊已亡國了。

　　猜耶過去曾為三佛齊的屬國，在三佛齊亡國後，襲用其國名，以致於在稍後的地圖，在猜耶地區的國名標示為三佛齊。利瑪竇（Matteo Ricci）和艾儒略畫的地圖都是例子。

　　艾儒略於天啟 3 年（1623 年）出版的職方外紀一書上所繪的東南亞圖（參見圖 15-1），在泰國南部猜耶到宋卡一帶標示為

三佛齊國。三佛齊國再度在泰南出現，有三種可能原因，第一，在舊港的三佛齊王朝被爪哇滅國後，其領導人流亡到泰南重新建國，亦仍以三佛齊為國名。第二，猜耶一帶原係三佛齊的屬國，當舊港崩潰後，趁機獨立，沿用以前三佛齊國號。筆者在 2004 年 7 月 10 日前往猜耶做歷史考察，發現在猜耶國立博物館左側有一座重建的三佛寺（Wat Phra Boromathat），係一座具有室利佛逝風格的廟宇，廣場前有三座坐姿佛陀呈三角形排列（參見圖 15-3）。此三佛，可能與三佛齊國有象徵性關連和意義。泰國學者曾主張三佛齊是位在猜耶一帶，其說值得研究。第三，是將三佛齊標錯地理位置。

值得注意的是，利瑪竇於 1602 年所畫的**坤輿萬國全圖**，圖中的泰南半島的盤盤南部有三佛齊國名，下面註明：「即古干陀利，今為舊港宣慰司」。從該段註記可知，明顯是將三佛齊標錯位置。如係舊港，則應在巴鄰旁。該一地圖還有幾處錯誤，例如將真臘標注在暹羅以西、緬甸南部、靠近安達曼海；將彭亨畫在大泥之上面，是錯誤的，大泥就是北大年，它應該位在彭亨的東北方。艾儒略的地圖可能參考了利瑪竇的地圖，以致於跟著錯誤。

元征爪哇之役（印尼）」（頁 73），該詞目說：「元使孟淇被爪哇黥面」，元使應是孟祺。該書又說「史弼等遂班師北返」，而沒有提及元兵此次遠征是鎩羽而歸。

「主公制（印尼）」（頁 76），該詞目說：「所謂主公，指的是當權者，特別是軍人之意。」，其實主公是閩南話，指的是有恩的人。應是印尼土著對於華人給予事業的協助，故對華人以恩人相稱。

圖 15-1：艾儒略繪的東南亞圖
資料來源：艾儒略，職方外紀，卷一，載於浦靜寄輯印
，清朝藩屬輿地叢書（二十四），廣文書局，台北
市，民國 57 年，頁 5065。

　　「諸蕃志（書）」（頁 246），該詞目說：該書作者為趙汝適，
應是趙汝适。
　　「陳守明（泰）」（頁 916），該詞目說：陳守明在英國哥泰碼
頭遭奸徒伏殺，應是在英哥泰碼頭。
　　「客頭」（頁 975），該詞目說：客頭為 1830 年至 1874 年間
之苦力貿易時代之外國人爪牙。中國開放契約工人出國是在
1860 年。所以客頭應是在該年後才出現的行業。不過也有可能在
這之前已有客頭在非法招攬勞工前往南洋。但若是在 1860 年以
前有此行為，而稱此一時期為「苦力貿易」，又與事實有違。至
於稱其為外國人爪牙，並不妥，客頭應是勞工的仲介。
　　該書的最大特色是華僑經濟和華僑人民部分，比其他百科全
書或辭典有更多的資料，是該書的優點。不過，缺點是全部用文
字敘述，沒有使用圖或照片，更沒有製作索引。

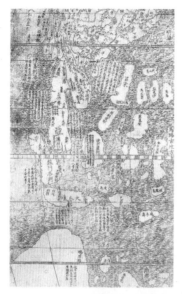

圖 15-2：利瑪竇的坤輿萬國全圖中的東南亞

資料來源：翻攝自艾爾摩沙：大航海時代的台灣與西班牙，國立
台灣博物館出版，台北市，民國 95 年，頁 90。

圖 15-3：猜耶的三佛寺(Wat Phra Boromathat)

資料來源：筆者於 2004 年 7 月 10 日在泰南猜耶三佛寺廟
（Wat Phra Boromathat）前留影

　　第五本是日本學者可兒宏明、斯波義信和游仲勳編的華僑華人事典，該書由弘文堂於 2002 年出版。該書是採用日本語 50 音字母順序排列，編輯方式採辭典方式，每一個詞目都用日語、漢語和英語三種文字呈現，最特別的是每則詞目後面都有撰者的名字，所以很容易判明該詞目的責任歸屬。有些詞目後面還列有可參考其他相關的詞目以及參考書。該書的另一個特點是使用黑白圖片或照片，增加它的可讀性。書後有參考書目。另外有按照日文事項字母筆畫順序排列的索引，以及按照日文人名筆畫順序排列的索引。亦有按照英文字母順序排列的索引。最後是按照中文筆畫排序的索引。

　　該書有些詞目有待斟酌，例如「華人馬來語（峇峇）」（頁 150），該詞目認為是流行於馬來西亞和印尼的華人使用的馬來語，其實該詞嚴格言是指海峽殖民地三個地方，包括新加坡、馬六甲和檳榔嶼的土生華人使用的馬來語，印尼土生華人較常使用 peranakan 一詞，較少使用 baba。

　　「娘惹」（頁 613），該詞目認為娘惹是混血的華人女性，此並不盡然如此，有時娘惹也包括純種的華人女性，主要是指土生華人女性。

　　「佛丕（Petchaburi）」（頁 707），該詞目認為該地在漢代稱為都元國、唐代稱為陀洹國。這是有待斟酌的，陀洹國可能位在今天緬甸南部的土瓦（Tavoy）。都元國之地點，有不同的說法，一說可能位在越南南部，另一說可能在馬來半島東南部。

　　有些詞目與海外華人無關都列進去，例如「自由泰運動」、「新華社」、「深圳親族組織」、「清邁」、「鄭和」、「武俠小說」等。

　　第六本是由周南京主編的華僑華人百科全書，該書從 1993 年 11 月開始動工撰稿，至 2002 年完成出版，總共有 12 卷，包括(1)總論卷；(2)人物卷；(3)社團政黨卷；(4)經濟卷；(5)教育科技卷；(6)新聞出版卷；(7)法律條例政策卷；(8)歷史卷；(9)著作

學術卷；(10)社區民俗卷；(11)文學藝術卷；(12)僑鄉卷。每卷字數約 100 萬字，總共有 1,500 萬字。該百科全書應是一部鉅著，卷帙規模龐大。由於各卷是單獨撰寫，所以各卷完成的時間不一，先完成的先出版，教育科技卷、社團政黨卷、新聞出版卷是在 1999 年出版。人物卷、法律條例政策卷是在 2000 年出版。總論則是在 2002 年出版。該書是由北京的中國華僑出版社出版。

由於是百科全書，所以編輯方針與辭典不同，該書係以事件為寫作大綱，對一事件的來龍去脈作敘述，所以不對單一名詞作解釋。總論的寫作方式類似專論的文集，每篇文章由學者專家執筆，使用註釋規格，亦有幾篇文章是翻譯自英文著作。可惜該書沒有製作索引，查考不易。

歷史卷的詞條目錄是按各洲各國的漢語拼音字母順序排列，詞條釋文後附有撰稿人或編者姓名。書後有華僑華人歷史大事記、近年世界華僑華人人口統計表、地名譯名對照表、中外文參考文獻目錄。可惜該書沒有製作索引。

歷史卷一書有幾處地方有待斟酌，例如，「陳怡老」條（頁69），該條稱「印尼華僑雷珍蘭陳怡老在 1749 年返回中國，遭遣戍極邊，資產皆沒入官，據傳說其家老幼男女 30 餘口盡數被害。」其實陳怡老是甲必丹，不是雷珍蘭。

「乾隆 14 年(1749 年)8 月乙酉，諭軍機大臣等，據潘思榘所稱，陳怡老私往噶喇叭，潛住二十餘年，充當甲必丹，攜帶番婦，並所生子女銀兩貨物，歸龍溪縣原籍，現經緝獲究審等語。內地匪徒私往番邦，即干例禁，況潛住多年，供其役使，又娶婦生女，安知其不藉端恐嚇番夷，虛張聲勢。更或漏洩內地情形，別滋事釁，不惟國體有關，抑且洋禁宜密，自應將該犯嚴加懲治。即使不挾重資，其罪亦無可貸。至於銀兩貨物入官，原有成例，更不待言。今觀潘思榘所奏，措詞之間，似轉以此為重，而視洋

禁為輕，未免失宜。著傳諭喀爾吉善、潘思榘，一面徹底清查，按律辦理，一面詳悉具摺奏聞。」[6]

　　至於陳怡老如何處置，文獻記載他被發配邊疆，妻子女被遣送回印尼。並無其家人被殺害之記錄。

　　「乾隆 15 年(1750 年)5 月，刑部議准，閩浙總督喀爾吉善奏稱，龍溪縣民陳怡老於乾隆元年潛往外番噶喇叭貿易，並買番女為妾，生有子女，復謀充甲必丹，管漢番貨物及房稅等項，於乾隆十四年辭退甲必丹，攜番妾子女，並番銀番貨，搭謝冬發船回籍，行至廈門盤獲。陳怡老應照交結外國，互相買賣借貸，誆騙財物，引惹邊釁例，發邊遠充軍，番妾子女僉遣，銀貨追入官，謝冬發照例枷杖，船隻入官。從之。」[7]

　　「中國人在泰國的早期移民活動」（頁 613），該條目稱「素可泰(Sukothai)王朝最後一次對中國朝貢的時間是在 1300 年。」這是錯誤的，早期的素可泰在中文文獻就是暹國，其對中國最後朝貢的時間是在 1323 年。

　　「至治 3 年(1323 年)元月癸巳朔，暹國及八番洞蠻酋長，各遣使來貢。」[8]

　　該條目又稱潮洲海盜林道乾在 1573 年被明國軍隊趕出台灣、菲律賓和越南。1578 年率 2,000 人到泰國北大年定居。該文將林鳳誤寫為林道乾。所寫的事蹟也有錯誤，林鳳是從台灣到菲律賓，被西班牙軍隊驅逐出菲律賓，不知所蹤。

　　至於福建沿海海盜林道乾為福建都督俞大猷敗於詔安，當時倭寇侵據北台灣（北港），林道乾扈從之。後懼怕為倭寇所併，又懼官軍追擊，於是從安平鎮二鯤鯓揚帆南航，至崑崙島。因該

---

[6] [清]慶桂等撰，大清高宗純（乾隆）皇帝實錄（八），卷 346，頁 14-15。
[7] [清]慶桂等撰，大清高宗純（乾隆）皇帝實錄（八），卷 364，頁 3-4。
[8] 元史，卷二十八，本紀第二十八，英宗二，楊家駱主編，元史，頁 627。

地狹小，又有颶風，乃又南航至大泥（即北大年，Patani），略其地以居，號曰道乾港，聚眾至二千餘人。[9]

郁永河所著的海上紀略也有類似的記載，該書說「……林道乾前往大崑崙（山名，在東京正南三十里，與暹羅海港相近），見風景特異，預留之，但龍出無時，風雨倏至，屋宇人民多為攝去，始棄之，前往大年，攻得之，今大年王是其裔也。」[10]但古今圖書集成一千一百九卷的說法不同：「嘉靖42年(1563年)，流寇林道乾擾亂沿海，都督俞大猷征之，追及澎湖，道乾遁入，大猷偵知港道迂迴，水淺沙膠，不敢逼迫留偏帥，駐澎湖島，時哨鹿耳外，徐俟其弊，道乾以台無人居，非久居所，恣殺土番，取膏血造舟，從安平鎮，二鯤鯓，隙間遁去占城，道乾既遁，澎之駐帥亦罷。」[11]占城在今越南中部，古今圖書集成的說法顯然與海上紀略的資料不同。

明史外國傳雞籠條之記載亦稍異，該書說：「嘉靖末，倭寇擾閩；大將戚繼光敗之，倭遁居於此，其黨林道乾從之。已，道乾懼為倭所併，又懼官兵追擊，揚帆直抵淳泥，攘其邊地以居；號道乾港。而雞籠遭倭焚掠，國遂殘破。初，悉居海濱；既遭倭難，稍稍避居山後。」文中所說的淳泥，即今之婆羅洲，與前述的大泥、大年、占城等地點均不同，可見歷史記載不甚確定。

「紅溪事件」（頁181），該條目稱該事件被殺華人近萬人。華僑協會總會編的華僑大辭典的記載：1740年在爪哇被殺華人有1萬多人。新加坡潘翎主編的海外華人百科全書的記載，1740年在爪哇雅加達有華人1萬5千多人，被殺華人有三分之二。[12]

---

9 李長傅，中國殖民史，台灣商務印書館，台北市，民國79年12月台五版，頁142。
10 郁永河，「海上紀略」，載於裨海紀遊，卷下，台灣銀行發行，台北市，民國54年7月，頁62。
11 黃玉齋主編，台灣史百講，台灣教育書局，台北市，民國39年，頁42。
12 潘翎主編，海外華人百科全書，三聯書店，香港，1998，頁153。

周南京主編的世界華僑華人辭典的記載，1740 年印尼紅溪慘案被害華人近萬人。[13]陳碧笙的世界華僑華人簡史的說法，1740 年時住在雅加達城市內外約有華人 14,962 人，被殺害華人有 4389 人。[14]

　　「印度尼西亞 1965 年排華事件」，該條目僅提及該年 9 月 30 日發生排華事件，而沒有說明為何會有排華運動發生，因為該一事件的背後是印尼共黨在中國共產黨的支持下發動政變，所以撰寫人有所顧忌。這樣的處理方式，讀者是無法知道全貌的。

　　第七本是莊炎林、伍傑主編的華僑華人僑務大辭典，濟南：山東友誼出版社，1997 年。筆者未能看到此書，無從評析。

第三節　結語

　　第一，編著大部頭的百科全書或辭典，需動員許多專家學者，而且需學有專精者，不是一件容易的事。這類書籍之出版，應給予肯定。

　　第二，每部書都有其優缺點，惟瑕不掩瑜。

　　第三，本人所閱讀的這幾本書，僅看過有關東南亞部分，因為本人對此一地區較熟悉，所以能看出哪些地方有瑕疵。至於其他地區的華人，則非本人之專長，再加上時間匆促，未能詳讀，有待其他領域的學者和專家加以評論。

　　第四，海外華人之研究要進入科學之林，必須講究精確的資料和史實，而這些工作需依賴跨學科以及多語言之研究成果，透過不同領域和研究成果的比較，才能逐步臻於完善，得出較科學的結論。

---

[13] 周南京主編，世界華僑華人辭典，北京大學，北京，1993，紅溪事件，頁 340。

[14] 陳碧笙，世界華僑華人簡史，廈門大學出版社，廈門，1991，頁 97、102。

筆者嘗試針對現在已出版的海外華人百科全書和辭典進行一次初步的比較，有不妥適之處，敬請各位專家學者指教。

（本文刊登在 2008 年 7 月,「海外華人研究工具書百科全書和辭典」，僑協雜誌，頁 52-60。）

第十六章　臺灣華人對日本同化運動之反應(1914-1937)

第一節　前言

　　華人一詞，在今天是一個通用語，泛指在海外的華裔，而不問其是否已入當地國國籍或喪失中國國籍。在一般的觀念裡，華人也大都指華人人數最多的東南亞地區的華人。最近，這種視野已有擴大，也包括在美洲、歐洲及其他地區的華人。對於這些遷徙離開中國本土以外的炎黃子孫，我們統稱之為「海外華人」。

　　然而，在過去的文獻裡我們很少看到使用「臺灣華人」這個名詞。原因很簡單，一是因為自清國在 1895 年被日本打敗而把臺灣割議給日本後，清國已把臺灣視為棄土；二是在以後的研究裡，似乎很少人把臺灣看成為所謂「海外華人」的一部分，而直覺地視臺灣為日本的殖民地或相當「日本化」的地區。儘管文獻闕如，但居住臺灣的住民，無論如何，確無法遮掩其乃為華人世界之事實。

　　依據 1895 年中、日馬關條約第五條之規定：「割讓與日本國地區之居民而欲居住於割讓地區（指臺灣全島及其附屬島嶼）以外者，得自由出售其所有不動產而退出，其猶豫期間以本約批准換文日（1895 年 5 月 8 日）起二年為限，滿期之後仍未離去該地區之居民得依日本國之決定，視為日本國臣民。」依條文之原旨，並非賦予臺灣人國籍選擇的自由，只是規定臺灣人選擇居住地的自由而已。日本政府對於未遷出的臺灣人，可強制給予加上具有限制的「臺灣籍」之名的日本國籍。[1]因為依條約之精神，選

---

[1]戴國煇著，洪惟仁譯，「日本的殖民地支配與臺灣籍民」，臺灣的殖民地傷痕，帕米爾書店，臺北，1985 年，頁 239-270。

　　據官房調查課文書於 1930 至 1931 年間的解釋：「臺灣籍民即明治 28 年領臺當時居住臺灣，依馬關條約，總括的取得我帝國籍者及其子孫，領臺後渡航支那

擇居住地即選擇國籍，想保留中國籍而住在臺灣者，似屬不可能之事。不願成為日本國籍民者，只好在限定的 2 年內遷出臺灣。然而，臺灣華人大都是在大陸因謀生不易纜渡海東來的，大部分人已在臺灣島上安家落戶，而漸與大陸故鄉疏遠往來，欲其重返大陸生活，實非易事，故 2 年期滿離臺返大陸者很少。據統計，臺北縣有 1,574 人、臺中縣 301 人、臺南縣 4,500 人、澎湖島 81人，總數才只有 6,456 人返回中國大陸。[2]

試以 1900 年人口統計計算，臺灣總人口有 2,846,108 人，若扣除 37,954 名日人，[3]則 1897 年臺灣人口將近或一定少於 280 萬人，那麼當年返回中國大陸的臺灣人，大概只占全部臺灣人的0.3%不到。足見留居臺灣的人占多數。他們雖已取得日本國籍，但本質上仍屬華人。

至於在 1897 年後從中國大陸渡海前往臺灣者，則屬「華僑」，人數亦日有增加，如 1900 年旅臺「華僑」有 5,160 人，至 1943年已增至 52,109 人。[4]惟旅臺「華僑」與前往中國大陸的臺灣人，皆非本文所稱的「臺灣華人」的範疇。[5]

同化概念在文化和政治意義上，乃是指次級或少數文化團體和政治團體變成主流文化和政治團體的一部分，而這種主從團體

定居，或完成編入臺灣籍手續歸化取得我國之國籍者。」
[2]參見臺灣省通志稿大事記，臺灣省文獻委員會彙編，卷首下，第一冊，臺北，1950年 12 月，頁 63。但戴國煇認為有 4,500 人返回中國大陸。(見戴國煇，前引文。)另據鍾孝上說有 6,356 人。(見鍾孝上編著，臺灣先民奮鬥史，下冊，自立晚報出版，臺北，1987 年第 3 版，頁 297。)
[3]李棟明，「日據時期臺灣人口社會增加之研究」，臺灣文獻，第 20 卷第 2 期，1969年 6 月 27 日，頁 1-28。
[4]李棟明，前引文。
[5]臺灣總督府對於日本據臺時期所發生的「社會運動」，認為都是由臺灣人扮演重要角色，如說：「在臺灣的華僑，由於人口居於少數，而且在臺灣的地位相當特殊，因此在臺灣社會運動上的地位，僅是屬於旁觀立場，擔任主要角色的都是佔總人口 92%強的臺灣人。」(參見正宏譯，「日本人眼中的臺灣抗日運動」，載於王曉波編，前引書，頁 11-26。)

關係主要是存在於不同的種族之間，不是軍純的同一種族內不同團體間的文化歷史生活的融合。帕克（Robert E. Park）和勃吉斯（Ernest W. Burgess）曾就同化概念作過類似的詮釋，他們說：「同化是個人或團體獲得其他人或團體的記憶、情感、以及態度的滲透和融合的過程，而且因分享他人和團體的經驗和歷史而與之過一種共同的文化生活。」[6] 辛普森（George Eaton Simpson）亦有類似的看法，他說：「同化是一種不同種族背景的人在沒有限制障礙地生活在大社群內的一種互動的過程。不同種族和文化團體的人住在一起，某些次級地位的人被同化。完全同化意即沒有基於種族觀念而成立分立的種族結構。」[7]

因此，同化概念包含著不同種族間的通婚、基於大種族團體社會發展出一種同胞感、以及各不同種族間沒有歧視、偏見和價值觀念上的衝突。此外，同化也包含著一種文化及政治上的認同感，若欠缺這種認同感，則要達到種族間的融合，將倍感困難。

如本文將討論的，日本據臺時期所實施的同化政策，實際上是「分而治之」與「同化」兼而有之，這種帶有種族中心主義的同化政策，實為其殖民主義的必然結果。

第二節 同化運動：內地延長主義之迷思（myth）

日本從前並沒有統治殖民地的經驗，臺灣是日本的第一個殖民地。日本只是把臺灣看成為其帝國土地的一部分，而非其帝國價值體系的一部份。因此，日本只想統治臺灣，而不想給予臺灣

---

[6] Robert E. Park and Ernest W. Burgess, *Introduction to the Science of Sociology*, University of Chicago Press, 2nd ed., 1921, p.735.

[7] George Eaton Simpson, "Assimilation," in David L. Sills (ed.), *International Encyclopedia of the Social Sciences*, Vol. 1, The Macmillan Company & The Free Press, 1968, pp. 438-444.

人平等地位的「同化」。日本據臺初期所以發生同化運勤，乃是少數日本民主主義者的鼓動，而引起少數臺灣知識份子附和的一種運動。當時統治臺灣的總督是極為反對「同化」運動的。

林獻堂於 1912 年 5 月訪問中國大陸，歸途經日本時會晤具有自由思想的明治維新重臣板垣退助伯爵，並敦請其訪臺，協助臺灣人爭取政治地位。板垣在 1914 年 2 月訪臺，首次提及他基於種族平等而主張同化的，他說；「日本人也是亞洲人，應該與中國人攜手合作，共同對付西方人。臺灣與中國最為接近，應該彼此親善、融合，故在臺灣的日本人，基於尊重人權的原則應充分保護臺灣人的生命、財產，余此次之訪臺，乃是為視察臺灣的治績，仔細調查臺灣人與日人間的關係，目標在促進充分的同化。」[8]同年 3 月，他到臺中演說時又提出類似的看法：「日本人一切不可以征服者姿態以臨島民，當視島民如弟弟，愛之敬之。你們島民也應自覺，自覺什麼呢？今臺灣隸屬帝國，你們島民是為日本臣民，與內地人就是同胞，當事之如兄，敬之重之，互相愛護合作……。」[9]

在板垣與林獻堂等人之鼓吹贊助下，於 1914 年 12 月成立「臺灣同化會」，其宗旨在謀求亞洲人之大同團結，要臺灣人同化於日本，呼籲日本人要與臺灣人享受平等的權利。但此一主張深為臺灣總督府所反對，[10]因為不欲臺灣人經由「同化」而享有與日本人同樣的權利和地位。臺灣總督府基本上仍把臺灣看成殖民地，而殖民地的人民是次於日本人的次等公民。換言之，當時

---

[8]喜安幸夫著，日本統治臺灣史：霧社事件至抗日全貌，武陵出版社，臺北，1984年，頁 115。

[9]高日文，「臺灣議會設置請願運動的時代背景─臺灣議會設置請願運動史稿」，臺灣文獻，第 15 卷第 2 期，1964 年 6 月 27 日，頁 24-46。

[10]蔡培火認為臺灣總督府基本上還是實施同化政策，但是因為利益上的衝突才反對板垣的「臺灣同化會」。(見蔡培火著，與日本國民書，學術出版社印行，臺北，1974 年 5 月，頁 22 。

臺灣總督府根本就反對把日本內地實施的法令延伸使用到臺灣，而在臺灣卻實施不平等待遇的統治。

圖 16-1：林獻堂

資料來源：「林獻堂」，維基百科，https://zh.m.wikipedia.org/zh-tw/%E6%9E%97%E7%8D%BB%E5%A0%82　2023 年 2 月 2 日瀏覽。

圖 16-2：板垣退助

資料來源：「板垣退助」，維基百科，https://zh.wikipedia.org/wiki/%E6%9D%BF%E5%9E%A3%E9%80%80%E5%8A%A9　2023 年 2 月 2 日瀏覽。

臺灣人受到不平等待遇，諸如規定臺灣人與日本人相互間不得自由轉籍，亦不能以身份法上之行為（婚姻、收養、認領等）

由一家進至他家。直至 1932 年（昭和 7 年），才以令 300 號規定內地人（指日本人）與臺灣人之間始得以身份上之原因而轉籍。[11]1920 年，首任文官總督田健次郎倡議「日、臺共婚制」，開始受理日本人與臺灣人之間的婚姻、養子女之戶籍申報。惟其規定亦袒護日本人，如規定日本男子須服完兵役及免服兵役之人始得入贅臺灣人之家；且日人向臺灣人請求離婚者，不必經司法程序，只需郡守、警察署長、分署長或支廳長之裁可即生效力。[12]

日本之各項同化政策中，以日語教育最為成功，蓋語文為實施政治控制最主要之手段。臺灣總督府在 1896 年下令：「土人（臺灣人）需學習現行國語（日語），以為地方行政設施之準備，並為教育之基礎。」此後在臺灣設立數所公學校，指示臺灣人學習日語，但非強迫性質。直至 1919 年 1 月，明石元二郎總督公布臺灣教育令，日語之學習始成為強迫性教育。當時學校分為二類，一是日人子弟就讀的小學校，二是臺灣人子弟就讀的公學校，這兩類學校的教材內容有所不同。1920 年 4 月，將二者統合為一，統稱為國民學校。但實質上，依然有差別待遇，只有成績優良，而且有財產的臺灣人子弟才可以依據「許可主義」就讀小學校，如 1922 年統計，就讀小學校的日人有 21,830 人，而臺灣人只有 564 人。[13]

在高等教育方面，也是以日人子弟為主，臺灣人子弟比例極少。據 1944 年統計，臺北帝國大學學生 357 人中，臺灣人只有 85 人，其中 80 人為醫學部學生，文政學部 2 人，理農學部 1 人，工學部 2 人。普通中學方面，同一年日人中學生數為 7,888 人，

---

[11]黃靜嘉，日據時期之臺灣殖民地法制與殖民統治，作者自印，1960 年 5 月初版，頁 111。

[12]林熊祥，臺灣史論，青文出版社，臺北，1977 年 10 月第 2 版，頁 172。

[13]山川均著，蕉農譯，「日本帝國主義鐵蹄下的臺灣」，載於王曉波編，前引書，頁 27-81。

臺灣人為 7,230 人，日人錄取率為 61.9%，臺灣人為 18.7%，反不如同時期之朝鮮人（其錄取比率為 83.3%）。[14]惟整體而言，日語教育是相當成功的，日語普及率在 1905 年只有 0.38%，1930 年有 12.36%，至 1944 年高達 71%。[15]

在任官方面，亦有歧視待遇。在 1929 年前後，臺灣人任高等官五級以下者只有 5 人，判任官有級者 30 餘人。另據 1945 年終戰時之統計，在敕任官 167 人中，臺灣人只有 1 人，且為與行政無關的杜聰明醫學博士，奏任官 2120 人中，臺灣人只有 29 人，且絕大多數為技術人員；判任官 21,699 人中，臺灣人有 3,726 人，占總數的 17%。此外，日人官吏亦依法享受特別加俸，較同職級臺灣人高 50%至 60%。所有的同業組合、公共埤圳、農會、水利組合、街庄長等均為日人擔任。只有下級雇員、事務傭和其他雜役工作，是由臺灣人擔任，如雇員中，臺灣人占 71%、事務員臺灣人占 90%、其他雜役臺灣人占 89%。[16]

州、街、市的協議會會員，也是日人居多數，據 1914 年統計，由官派的上述協議會會員總人數有 286 人，其中臺灣人有 102 人，占 35.7%。[17] 即使 1935 年 11 月舉行首次市議會會員及街庄協議會會員之選舉，另有半數會員則仍由官派，且大都由日人出任。[18]

1937 年「77 事變」後，臺灣總督府藉「皇民化運動」之名義，禁止使用中文及上演中國戲劇、關閉供奉中國神祇的寺廟、壓迫信仰、禁止在公學校使用臺語，並命令各地的警察機關關閉教漢文的私塾。雖然一般家庭內還可使用臺語，但自 1937 年後

---

[14] 黃靜嘉，前引書，頁 231。
[15] 喜安幸夫，前引書，頁 126。
[16] 黃靜嘉，前引書，頁 230。
[17] 山川均著，前引文，頁 69。
[18] 李筱峰，臺灣戰後初期的民意代表，自立晚報印行，臺北，1986 年 2 月出版，頁 11。

禁止以中文發表作品,加強言論控制,文學作品只能以日文發表。[19]

1941年4月18日,成立皇民奉公運動籌備委員會,制定運動要項、規約及實踐綱要,[20]並於19日成立「皇民奉公會」。隨後,臺灣總督府鼓勵臺灣人更改姓名為日本式姓名,繼而對被核定為「國語(日語)家庭」的臺灣人予以特惠,鼓勵穿日本服裝或所謂的「國民服」,學習日本風俗習慣,強制臺灣人奉祀日本神明「大麻天照大神」,破壞各地奉祭中國神明的寺廟,但進行半途,因遭臺灣人反對而作罷。另外也編組「皇民化劇」到全臺各地演出,禁止臺灣歌仔戲及布袋戲演出。[21]

至「皇民化」運動階段,所有主張自治主義的社會運動團體皆已煙消雲散,臺灣總督府推行「日本化」的同化政策已沒有阻力,「皇民化」運動可說是同化運動的最後階段。在戰爭之現實需要下,「皇民化運動」已催迫臺灣人走向一個「成為日本人的悲劇」,如尾崎秀樹所說的:「皇民化的原先計劃,應該是領臺以來,更嚴密地講,是從將差別政策改為同化政策以來,日本的統治者所預定的計劃。日本的統治,若依照以原來所定目標結出日、臺同化的果實,就不需要在『77事變』以後才拼命地去推行『皇民化』運動。這事證明,現實的情況與『皇民化』的理想有段距離。借用當時的流行話:若同化政策是意指成為日本人,則『皇民化』的意思是『成為忠良的日本人』。但日本統治者所企望之『皇民化』的實態,不是臺灣人作為日本人活,而是作為日

---

[19]尾崎秀樹著,蕭拱譯,戰時的臺灣文學,載於王曉波編,前引書,頁185-238。
[20]皇民奉公會運動之實施要綱如下:
　1.為結成皇民奉公運動之推進者,徹底訓練青年男女及知識階級為指導者。
　2.為期徹底擴充生產力,須展開產業奉公運動,以響應國策。
　3.為鞏固後方生活,認識時局,互相敬愛之主旨,運用常會以連繫之。
　參見王詩琅編著,日本殖民地體制下的臺灣,眾文圖書公司,臺北,1980年12月初版,頁58。
[21]王詩琅編著,前引書,頁15和58。鍾孝上編,前引書,頁325。

本人死。因此,『作為忠良的日本人』的意思是指發現『作為日本人死』之道理,並為他奮進。在『皇民化』美名之下,隱藏了特別志願兵制度、徵兵制及為配合臺灣要塞化而實施之戰力動員計劃。在這體制之下,就不容許作家迴避該課題。」[22]

　　日本殖民當局在臺灣實施高壓統治,擴大統治者與被治者之間的疏離感,設立種族間的種種界限,根本欲消滅臺灣華人的民族意識,其所推行的「同化」政策,已脫離「內地延長主義」,因為後者至少使臺灣人立於與日人同等的地位。最後反應這種「同化」與「內地延長主義」之間矛盾情緒的是 Yosaburo Takekoshi 的一段話,他說:「唯有當臺灣人情感傾向日本國及在人民心中充份發展自賴感時,才能施予憲法政治。但臺灣華人對我們日人而言,猶如外國人,日人視之如野蠻人,臺灣華人不愛日本,就如居住東京的外國人不愛日本一樣。若給予臺灣華人我們憲法所規定的特權,則可能教導他們起來反抗我們。」[23]

第三節　對同化問題的四種反應

　　自紀元第 13 世紀以來,中國大陸沿海人民即陸續移徙澎湖和臺灣島,而形成一個以漢民族為中心的島民社群,漢民族文化

---

[22]尾崎秀樹著,前引文,頁 212。

[23] Yosaburo Takekoshi, *Japanese Rule in Formosa*, Longmans, Green, and Co., London, 1907, p. 34.
　　此外,從事臺灣議會設置請願運動者亦提出類似的看法,如:「於此,吾人不得不認為現在之臺灣當局,一面標榜內地延長主義,一面禁止日本人不得移籍於臺灣,又臺灣人亦不得移本籍於日本本土,而日本人則超然於保甲制度之外,不受繁瑣之保甲規約拘束,且日本人官吏給予特別加俸,官舍優待等,皆非使臺灣為日本帝國延長之方針,只供為日本移民之經濟榨取地而已,以此不自然之統治政策,欲期臺灣統治之終局成功,無異緣木求魚。」(參見「臺灣議會設置請願理由補充書」(1922 年 2 月 15 日),載於王曉波編,臺胞抗日文獻選編,帕米爾書店,臺北,1985 年 7 月,頁 90-92。)

逐漸在島上紮根茁長，島民基本上是認同中華文化。1895年，清國因戰敗而割讓臺灣，使島民在內心產生了「被棄感」，有部分知識份子對大陸祖國遂有愛惡相剋的情結。激進者組織武裝力量對抗日軍，溫和者贊同同化，期與日人立於平等地位，另有自治主義者，雖不完全支持同化，但同樣在爭取與日人平等的政治地位。除了武裝抗日者外，同化論者和自治主義者都是溫和的社會運動者；在日本高壓統治下，他們已沒有割臺初期那樣強烈的反日及抗日意識。

　　一般而言，臺灣華人對於日本的同化運動有四種反應，一是完全贊同同化主義者，以周維金、辜顯榮等人為主。二是有保留地支持同化主義者，以林獻堂為主。三是反對同化主義，惟在承認殖民統治之現實下，另主張應在島上成立自治議會，以蔡培火、蔣渭水、林呈祿、陳逢源、楊肇嘉等人為主。四是完全反對同化主義，也反對日本殖民統治，以左傾團體為主，如王敏川、連溫卿領導的臺灣文化協會，劉滌瀛的臺灣民主黨，臺灣農民組合，臺灣機械工會聯合會和臺灣共產黨。

圖16-3：1921年臺灣文化協會第一回理事會紀念合影
資料來源：「臺灣文化協會」，維基百科，
https://zh.wikipedia.org/wiki/%E8%87%BA%E7%81%A3%E6%96

（一）贊同同化主義

　　同化主張先由日人板垣提出，後有少數臺灣知識份子扈從，而形成一股運動。當板垣抵臺鼓吹同化論時，有聽眾大為感勤，乃割破手指，以血寫道：「同化會猶我之慈母也。」隨後，繳納會費而成為正式會員者有4千名之眾。[24]

　　贊同與日本人同化者，講得最露骨者莫如周維金，他於1921年1月29日在臺灣日日新報刊載「同化略言」一文，他說：「……由是觀之，我同胞雖沾太平雨露之恩，奈其制度與母國不同，實有阻礙其同化。況我同胞，乃與母國人，係是同文同種，非與南洋一帶未開之野蠻可比。……而吾同胞，僅以風俗言語不同，有差其階級而已，何難同化。……而昔日元祿四十七義士，日本武士道之光華也。其中有一人曰林唯七，乃其祖父，自支那浙江省武林歸化者也。鄭成功為明末豪傑，志存忠孝，業在興復，其生母乃日本人也。朱舜水亦為明朝遺臣，哀神州陸沈，為被髮左衽之域，遁來我邦，水戶光圀，執弟子禮事之。水府之學，自茲起矣。明治功臣副島種臣之祖先，亦支那人也。其外歷史上載明不可勝數。由是觀之，吾同胞具有可以同化之性質無疑矣。」[25]

　　另有辜顯榮者，渠以統一語言及通婚為同化之先決條件，惟同化宜採緩進方式為之，他認為臺灣人同化日本需先具下述三條件，即國語之普及、忠君愛國之觀念和內、臺人之雜婚。他進而闡述同化之要旨如下：「目前國語為形成全島普通教育之重要部分之一，各公學校當局極為重視，因此，期待國語普及不難，其

---

[24]喜安幸夫，前引書，頁116-117。
[25]高日文，前引文，頁30。

成績亦較為顯著也。忠君愛國之觀念,非以言語外表注入之質性,問題在於養成忠孝仁義之精神,所謂精神之訓育是也。為獎勵臺灣人之忠孝仁義,須尊崇儒教之道理。如果拋棄忠孝仁義之精神,而信奉自由平等,或社會主義思想者,假使服裝似日本,言語似日本,亦難望忠良之帝國臣民也。又內、臺雜婚,使兩者不可分離,勿待論也。上述約之,同化本應重要,如急激為之,困難必多,故同化宜重精神,勿流於形式是也。」[26]

圖16-4:辜顯榮

資料來源:「辜顯榮」,維基百科,https://zh.wikipedia.org/zh-tw/%E8%BE%9C%E9%A1%AF%E6%A6%AE 　2023年2月2日瀏覽。

（二）贊成有保留的同化

代表人物是林獻堂,他對於板垣之同化論及其倡議的「臺灣同化會」均出錢出力,為之附和支持。然而由蔡培火等人著的臺灣民族運動史一書,卻稱林獻堂是始終反同化的人物,書中舉述三點理由:一是林氏從不說日語,一切生活樣式也沒有半點日本化,反而提倡漢文研習。二是當時臺灣人處在日本警察政治的壓迫之下,水深火熱,所以他們聽說日本的開國元勳板垣不吝紆尊

---

[26]引自高日文,前引文,頁30。

降貴來為他們打抱不平，提攜他們，和統治階級的日本人平起平坐，享受同等的待遇，他自然會予以支持。同化會實為一種解懸拯溺的救民運動，同化只不過是一種藉口，他（們）對於「同化」兩字，內心不是沒有抵抗，但當時只能在板垣伯爵的同化政策和總督府的高壓政策之間加以抉擇，說得明白一點，不免有饑不擇食的意味，所以在名義上也就不得不遷就。[27]

　　該書進而替林獻堂解釋道：「總而言之，板垣退助到臺灣組織同化會，是板垣對其國家盡其忠誠之舉動，林獻堂等參加臺灣同化會，是根據當時之政治行情與社會背景，從黑暗絕望中也期以拯救其同胞為己任。即板垣之所期者是一種，而參加同化會者的林某等之所期者，又是另一種，各有各之所期，而所採用的手段相同罷了，從林獻堂等的立場而言，參加臺灣同化會之運動是臺灣人為獲得政治社會地位，做了公開的群眾運動，即是臺灣民族運動。」[28]此外，甘得中亦為之辯說：「是否能同化，因非所知，也未曾加以研究，伯（按指板垣）之同化會趣意書所示，是奉戴天皇一視同仁之旨，欲披德澤於我臺人，同時提高臺人地位，成為帝國臣民之一份子，將來能否實現，亦不敢必，只因我們現在所遭枷鎖重重，且被束得太緊，喘息不得，倘因伯之同化會，為介紹中央，漸得解脫一些，輕鬆一點，則是我們願望的所在，其所以參加活動者，亦即在是。」[29]

　　姑不論林氏是否真心支持同化主義或只是一種爭取臺灣人地位的一種手段，但基本上，同化主義與漢民族主義是不容並存的。若欲一方面保留漢民族意識，而另一方面又欲藉同化運動來

[27]蔡培火等著，臺灣民族運動史，自立晚報叢書編輯委員會出版，臺北，1971年，頁21-22。
[28]蔡培火等著，前引書，頁73。
[29]甘得中，「獻堂先生與同化會」，載於葉榮鐘編，林獻堂先生紀念集，卷三，林獻堂先生追思錄，中臺印刷廠印，臺中，1960年，頁24-40。

進行「民族運勤」，可能有所困難，因為難以預估一旦板垣的同化主義獲得成功時，臺灣華人能否再維持漢民族意識。由於臺灣同化會成立一個月即遭解散，因此關於林獻堂支持同化會的動機及活動，就難以遽作判斷了。倘若同化會存立時間較長而且也作出若干成績，則必定有利於我們對林獻堂的觀察研究。

　　不過，可以肯定的，林獻堂係因臺灣同化會遭到失敗後，轉向支持局部自治主義；此後，同化問題已非其關切的焦點了。

（三）反同化主義，主張局部自治主義

　　臺灣有識之士，鑑於日本殖民當局反對給予臺灣人平等地位的同化主義，乃退而求其次，要求給予局部自治權。自治主義的基本精神是承認臺灣係日本之殖民地之事實，出於便利日本統治之考慮，主張日本殖民當局應給予臺灣人適當的自治權，設立臺灣議會。1921 年 1 月 30 日，由林獻堂等 178 人向第 44 屆日本帝國議會貴族院及眾議院提出請願趣旨書中曾指出設立臺灣議會之目的：「對於臺灣之統治，務要參酌其特殊事情，借鏡世界思潮，洞察民心趨向，速予種族均等之待遇，俾得實踐憲政之常道。是即設置由臺灣民選之議員所組織之臺灣議會，使臺灣民眾仰體一視同仁之至意，均沾立憲政治之恩澤，成為善良之國民以完成其地理上、歷史上特殊之使命，此確信為帝國目下最大之急務。倘若不此之圖，更使存續現在之制度，抑制民權，閉塞民意，則臺灣民眾，對於帝國之統治，難保不懷抱疑慮，此乃請願人等為邦家計，所夙夜憂慮者。」[30]

　　林呈祿甚為反對日本的同化政策，他說：「吾人鑑於臺灣現狀與帝國政體及世界思潮，使臺灣住民發揮特殊使命，首先認有付與特別參政權之必要，同時由於帝國百年之大計，切望臺灣統

---

[30]蔡培火等著，臺灣民族運動史，頁 109。

治方案，不可採用註定失敗而不徹底之同化政策。一面尤望臺灣當局向來所維持之特別立法，切宜適應時勢，依據立憲精神而行，以利臺灣住民之福祉，而促其發達，庶幾可收臺灣統治之終局的成功。」[31]他進而舉述法國對阿爾及利亞之統治、英國對愛爾蘭之統治、德國對亞爾薩斯和洛林之統治、俄羅斯對烏克蘭之統治等來印證強迫性同化政策終必失敗，喪失其屬領，而穩健之自治統治不但成功，且益增強其國運。

林呈祿把殖民統治的方式分為三種：(1)直接統治；(2)設立殖民地議會，但殖民地政府握有立法最後的否決權；(3)自治統治。基本上，他只要求日本在臺實施第二種統治方式。[32]

陳逢源亦從文化和民族的觀點，反對同化主義，他說：「文化有兩種性質：一曰世界的普遍性，二曰民族的特殊性。文化是不能強制的東西。制度的強制，文化的強制，都是有害無益，不但殖民地有所損失，對母國也沒有好處。所以強制只有增加對母國的反抗心而已。如果涵養忠君愛國的精神，非努力施行善政不可，單靠同化主義是不可能的。」[33]又說：「中華民族自五千年來，雖有同化他民族的歷史，但至今尚未被他民族所同化。這是中國歷史上數見不鮮的事實。若要排斥中華的文化，人民必起而反抗，所以若視漢民族如視琉球那般沒有文化和歷史的民族一樣就錯了。……　我現在想把同化主義改做共存共榮的友聯主義，也就是世界主義。以我所想，若要解決臺灣問題，非友聯主義不可。」[34]

蔡培火更以激越的語調批評同化主義，他說：「噫！同化啊！

---

[31]林呈祿，「六三法問題的歸著點」，載於王曉波編，臺胞抗日文獻選編，頁77-78。
[32]林呈祿，前引文。
[33]「違反治安警察法事件之答辯」（1924年8月6日），載於王曉波編，前引書，頁93-105。
[34]同上註。

以汝的名而行的國語中心主義，已將我們的活動能力加以抑制，我們的人材概歸無能化，舉凡政治的、社會的地位，非任令母國人獨佔不可。因此，後藤新平的八十年同化說，可以解釋為使我們永久作奴的秘策。噫！可懼哉，汝所編排的同化啊！」[35]他明白表示反對同化主義，認為同化主義是「使人離開靈魂的做法。」[36]

儘管蔡培火反對同化主義，但在日本高壓統治下，他也不敢主張完全自治，只希望能設立臺灣議會，而日本母國仍握有對該議會之控制權。他說：「諸君（按指臺灣人）自身的政治，尚未能充分達到真正的民權自由的今日，在熱望雙方於圓滿相處的意志之下，我們願將立即要求臺灣自治的事保留，而主張臺灣議會之急速設立。」[37]

楊肇嘉則直言反對同化主義，但仍承認日本的殖民統治，他說：「我對當時的臺灣問題，看得非常清楚，事實擺在眼前，僅憑熱血『流血革命』，絕對是枉送人命，毫無結果。單憑『金錢』而經濟家與政治家不相配合，亦絕難實踐臺灣人的願望。所以我的主張是：本殖民地不同化主義，伺彼法律範圍內有可乘之機，為臺灣同胞脫羈阨、求解放。因此我於 1928 年提出了單一目標向日本政府爭取『臺灣地方自治』的主張。」[38]

從同化主義到自治主義，臺灣華人的民族主義似乎在日本高壓統治下無法充份表現出來，有之，亦極為微弱，蓋無論政治的或文化的民族主義皆應以反同化、反殖民統治為目標，斷無像陳逢源所說：「以我所想，若要解決臺灣問題，非友聯主義不可，以這條路線，不但對解決殖民地問題有所裨益，而且對於東亞民

---

[35]蔡培火，「與日本國民書」，頁 8。
[36] 「蔡培火的答辯」（1924 年 8 月 2 日），載於王曉波編，前引書，頁 105。
[37]蔡培火，「與日本國民書」，頁 27。
[38]楊肇嘉，楊肇嘉回憶錄（二），三民書局，臺北，1978 年 4 月 3 版，頁 241。

族的聯盟，抑或對於日本國家的繁榮，均大有貢獻。」[39]或者如林呈祿認為設置議會運動，乃是替日本統治安定著想。或者如蔡培火亦表示臺灣人民「忠君愛國」不落日人之後，他說：「對於日本皇室的一視同仁崇高的聖德， 33 年來，我們臺灣島民每有機會，盡其忠順的事實，決不讓於住臺的內地人。今上陛下尚是皇太子時行啟臺灣為首，皇族各位曾幾次光臨臺灣，我們舉島民眾於恭敬裡熱誠奉迎。而於平素對國民的二大義務納稅與勞役，亦是我們島民比內地人所盡者尤多。」[40]換言之，他們皆非嚴格的反殖民主義者，也非臺灣獨立主張者，他們是溫和的自治主義者。

（四）完全反同化反殖民統治

　　自 1927 年臺灣文化協會發生左右派分裂後，臺灣始再度出現反日本殖民統治的激烈言論，它是以臺灣文化協會左派份子王敏川和連溫卿為領導人；後來臺灣文化協會為臺共所操縱，而成為臺共的外圍團體。

　　1928 年，臺中師範學校發生學潮，臺灣文化協會發表「全臺灣被壓迫學生諸君檄文」，譴責日本禁用臺語、民族的差別待遇、剝奪言論集會自由，而且還首度提出反殖民統治的口號：「打倒日本帝國主義」。[41]在 1931 年 1 月 5 日舉行的第四次全島代表大會宣言上，臺灣文化協會申明「處於被榨取地位的勤勞大眾，在無產階級之領導下，勇敢地與日本帝國主義對抗，推翻臺灣的帝國主義統治和封建專制，掃蕩封建遺制，打倒反動團體 ⋯⋯。」

---

[39] 「違反治安警察法事件之答辯」(1924 年 8 月 6 日)，前引文，頁 95。

[40] 蔡培火，「與日本國民書」，頁 46。

[41] 山邊健太郎解說，臺灣(1)，現代史資料 21，株式會社 みすず書房，1979 年 4 月 20 日第四刷行，頁 299-300。

[42]在同年 51 勞動節，臺灣文化協會與臺灣農民組合、彰化總工會共同發表聲明，反對總督獨裁政治、打倒日本帝國主義及臺灣解放運動萬歲。[43]

臺灣機械工會聯合會、臺灣塗工會、臺灣工友協助會、臺北印刷工會、臺灣自由勞動者聯盟等左傾團體，亦申言反對總督獨裁統治及要求言論出版和集會的自由權。

以上團體，都是受到臺共之影響而提出激進的反日本殖民統治的口號與政綱，然而卻未看到他們提出臺灣獨立的主張。[44] 無可諱言的，他們是反同化主義的，他們因提出「打倒日本帝國主義」等口號，致在很短時間內即遭到日警的取締。

第四節　社會運動與政治意識之覺醒

從 1914 年以後，因日本採取武力鎮壓統治，臺灣人以武裝抗日者 已愈來愈少，有識之士乃轉而從事社會和政治運動，間接地或直接地表達他們對日本殖民主義和同化政策之不滿。這些運動中最著名的是：由林獻堂等人從 1921 年 1 月到 1934 年止歷經 15 次請願的「臺灣議會設置請願運動」；1921 年 10 月，由林獻堂、蔡培火、蔣渭水、蔡惠如、林呈祿等組成的「臺灣文化協會」；1923 年 2 月，「臺灣文化協會」份子因組織非法的「臺灣議會期成同盟會」而發生遭日警逮捕的事件；1927 年 5 月的「臺灣民黨」；1927 年 7 月，蔡培火、蔣渭水組「臺灣民眾黨」；1930

---

[42]山邊健太郎解說，前引書，頁 320。

[43]山邊健太郎解說，前引書，頁 448-449。

[44]日據時期在臺灣島內主張獨立者，人數很少，楊肇嘉在其回憶錄中只提到蔡惠如和吳麗水二人曾從事臺灣獨立運動，但蔡惠如後來加入自治主義運動。（見楊肇嘉回憶錄（二），第 193-194、239-240 頁。）當時倡議臺灣獨立的，大都是住在中國大陸的臺灣人，他們組織「上海臺灣青年會」、「臺灣同志會」、「臺灣民主黨」、「臺灣獨立革命黨」等做為宣傳和行動的機關。

年,「臺灣民黨」發生分裂,蔡培火、楊肇嘉另組「臺灣地方自
治聯盟」。

圖 16-5:蔣渭水

資料來源:「臺灣民眾黨 (1927 年)」,維基百科,
https://zh.wikipedia.org/wiki/%E8%87%BA%E7%81%A3%E6%B0
%91%E7%9C%BE%E9%BB%A8_(1927%E5%B9%B4) 2023 年
2 月 2 日瀏覽。

圖 16-6:臺灣民眾黨特刊

資料來源:「臺灣民眾黨 (1927 年)」,維基百科,
https://zh.wikipedia.org/wiki/%E8%87%BA%E7%81%A3%E6%B0
%91%E7%9C%BE%E9%BB%A8_(1927%E5%B9%B4) 2023 年
2 月 2 日瀏覽。

這些團體所進行的社會和政治運動,可總稱為自治主義運動,其目標在從政治、經濟、社會和文化等層面來解放臺灣人所受到的束縛,如臺灣民黨在 1927 年 5 月成立大會時曾主張:「臺灣民黨就是應時勢的要求而出現的團體,是要去努力奮鬥求同胞的幸福的總機關,從事於臺灣人全體的政治的、經濟的、社會的解放運動。臺灣同胞啊!趕快覺醒起來,農工商各界齊集於自由平等的旗幟下,集中勢力於臺灣民黨來奮鬥罷!」[45]

臺灣民黨被禁後,臺灣民眾黨繼之組成,在其成立宣言中表明組織政黨之目的 「在提高臺灣人民之政治的地位,安固其經濟的基礎,改善其社會的生活」,「但是如有阻礙我等政治地位之向上,威脅我經濟的生活,阻止我社會之進步,則我等不辭以合法的手段與之周旋到底。」[46] 前期的臺灣民眾黨雖從事政治鬥爭,但並不從事「民族鬥爭」,顯見其民族意識仍很微弱。後期的臺灣民眾黨則具有強烈的民族意識,在 1930 年 12 月 30 日修改的黨則中,明確指出其政治政策為反對總督專制政治、撤廢一切民族的差別待遇、公學校漢文為必修科,教授用語可並用臺語、內、臺人教育機會均等;在經濟政策方面,主張設置臺灣人本位之職業介紹所;在社會政策方面,主張設置臺灣人本位之免費宿泊所,免費診療所及免費醫院。[47]顯見後期的臺灣民眾黨在維護臺灣華人的政治、經濟和社會的平等地位上,曾有積極的貢獻。但是基本上,該黨仍以自治主義為目標,而非像後期的臺灣文化協會那樣主張打倒日本帝國主義。這種差異性可能是因為前者係一合法政黨,必須在臺灣殖民法律體系內活動所致。直至蔣渭水倡議進行農工階級鬥爭後,臺灣民眾黨始為日本殖民當局解散。

在自治主義運動之壓力下,日本終於在 1935 年 4 月 1 日應

---

[45]黃煌雄,革命家-蔣渭水,長橋出版社,臺北,1978 年,頁 112。
[46]蔡培火等著,臺灣民族運動史,頁 366。
[47]蔡培火等著,臺灣民族運動史,頁 434-439。

允給予州、市、街、庄住民選舉權和被選舉權。州會議員、市會議員及街庄協議會員,半數官派,半數民選。1935 年 11 月 22 日,臺灣舉行有史以來第一次選舉,選舉市、街、庄協議會半數議員。1936 年選舉第一屆州議員,全島投票率極高,日人為 93.6%,臺灣人為 96.4%,[48] 顯見臺灣人對政治參與的興趣極高。但隨著中、日戰爭之爆發,日本推行「皇民化運動」,而使此類的政治參與歸於結束。

在保存漢文化方面的社會運動,應以臺灣文化協會和臺灣民眾黨為主幹。臺灣文化協會藉舉辦文化講演、發行公報、在各地設讀報所(從中國購入中文報刊)、舉辦短期講習會等活動,一方面滿足華人文化的需要,另一方面在喚醒漢民族意識。此外,還有一些外圍的民眾團體亦加入這類的文化活動,如臺北的臺北青年會、體育會、讀書會,通霄的通霄青年會,草屯的尖峰青年會,霧峰的一新會,基隆的基隆美麗也會,大甲的大甲日新會,彰化的彰化婦女共勵會,嘉義的諸羅婦女協進會,臺中的中央俱樂部等。[49]

臺灣民眾黨是日本統治期間第一個也是唯一的合法政黨,它的活動方式跟臺灣文化協會一樣,惟對民族的主張更為激進,其領導人且明白推崇漢民族的優越性,如王受祿表示:「我們臺灣人保有數千年歷史的漢民族,且有輝煌的文化,所以我們雖為一時性壓迫而居屈辱地位,但這終不是我們所甘受的,臺灣民族比較大和民族,不但毫無遜色,徵之史實,固是優秀的民族………,我們絕對不為壓迫屈服,壓迫愈強,我們的抵抗愈烈,唯有達成最後目的而後已。」[50]

有孫中山之風範的蔣渭水,亦是從「懸壺濟世」而走入政治

[48]鍾孝上編著,臺灣先民奮鬥史,下冊,1987 年,頁 320。
[49]王詩琅編著,前引書,頁 145。
[50]黃煌雄,前引書,頁 237。

社會運動,他的思想深受孫中山及中國國民黨革命運動之影響,具有濃厚的漢民族意識。[51]他說:「以中華民族做日本國民的臺灣人,這樣的臺灣人不論怎樣豹變自在,做了日本國民,便隨即變成日本民族,臺灣人明白地是中華民族,即漢民族的事,不論什麼人都不能否認的事實。」[52]

但蔣渭水後來受了日本全國大眾黨河野密、河上丈太郎之影響,而有無產階級政治之思想,[53]他在1930年領導臺灣民眾黨走上支持農工的左傾運動,導致溫和派的蔡培火、陳逢源、楊肇嘉、洪元煌退黨,另組「臺灣地方自治聯盟」。在日本統治下,臺灣人的經濟地位極不平等,大商社、大工廠完全掌握在日人手裡,經濟利得為日人所壟斷。左傾的臺灣民眾黨乃積極發動農民和工人運動,意圖以階級鬥爭的手段反對總督府專政及爭取設立自主的政治機構,結果在1931年2月被日本殖民當局以「反對總督政治、宣傳階級鬥爭、妨害日、臺融合、違背本島統治大方針」之罪名而遭到解散之命運。[54]

走溫和路線的「臺灣地方自治聯盟」與過去設立臺灣議會請願運動合流,仍以要求部分自治權為宗旨,因其行動係消極地以陳情、請願為主,遂被譏為「哀怨叩頭的請願、陳情運動」。[55]儘管如此,在該聯盟之運動下,臺灣總督府終於在1935年頒佈「臺灣市制」和「臺灣街庄制」,規定市會議員和街庄協議員之半數由民選產生,此誠為該聯盟之重大貢獻。不幸地,1937年7月中、日戰爭爆發後,該聯盟也自動解散。此後,臺灣未再出現有形或有組織的爭取權益的運動。

---

[51]據稱蔣渭水在家裡常以中國話和家人交談,也延請中國人到家裡教中國話,在各種場合,包括開會和照相,穿著多為中國式長袍。參見黃煌雄,前引書,頁243。
[52]黃煌雄,前引書,頁242。
[53]喜安幸夫,前引書,頁163。
[54]蔡培火等著,臺灣民族運動史,頁442。
[55]喜安幸夫,前引書,頁164。

第五節　結論

　　日本統治臺灣的基本原理是殖民主義,是統治者剝削被統治者的一種統治形態。日本跟西方殖民帝國主義者一樣,在臺灣實施「分而治之」的差別統治方式。臺灣總督府反對板垣的同化論,也反對所謂的「內地延長主義」,而主張以「六三法」授予總督的專制命令權實施獨斷的政治統治,採取歧視臺灣華人的政策。在這種情形下,乃有少數臺灣人欲以支持板垣同化論而取得與日人平等的地位,於失敗後,遂有各形各色的反同化運動,最後演變成要求局部自治的政治社會運動,甚而有些團體還走入了左傾社會主義路線,把自治運動帶入一種潛在的「階級鬥爭」的邊緣。

　　引起我們興趣的,反同化主義是否就是反殖民統治呢?我們幾乎可以肯定的說,反殖民統治必然是反同化主義。惟依臺灣的情況而論,反同化主義並不一定就是反殖民統治或者要推翻外國殖民統治,因為臺灣的反同化主義者是在「體制內改革」的範圍內要求給予部分自治權,以致會出現若日本殖民當局允許臺灣人自治則將有利於日本統治之論調。隨著戰爭腳步之迫臨,這些溫和的自治主義運動遂完全向「皇民化運動」投降了。

　　從而可知,自 1914 年到 1937 年的反同化主義的政治社會運動,臺灣華人的政治意識雖提高了,但程度上還是很微弱。不過,也許就是因為這微弱性,才使其在日本高壓統治的半世紀中能存續 23 年之久,因若出現激烈的民族主義運動或強烈的自治主義意識將立即被日本殖民當局鎮壓。在日據期間,大規模的武裝抗日運動大都發生於 1915 年之前,較著名的如 1898 年的林少貓事件、1900 年的簡水壽事件、1907 年的蔡清淋事件、1911 年的劉乾事件、1912 年的黃朝事件、1913 年的羅福星事件、1914 年的羅嗅頭事件、1915 年的余清芳事件、1915 年的楊臨事件。1915

年後的最大一次武裝抗日事件是 1930 年的霧社事件，但此係山地少數民族（非漢族）的抗日運動。[56]

因此，我們可以瞭解臺灣華人在進行反同化主義時，其民族主義所以會呈現猶豫和不夠堅定的原因了。臺灣華人的民族主義不夠堅強，固然是受到日本武力鎮壓所致，其未能與中國取得聯繫及獲得奧援，可能也是一個重要的因素。在這種情況下，反同化主義的社會運動最後只有尋求在「體制內改革」，承認日本的殖民統治，且只要求部分的自治權。[57]

在日據下的臺灣華人，從反同化主義的社會運動中學習到社會動員與參與政治的經驗，特別是在不流血衝突下從事政治競爭的經驗，此不可謂不是自治主義者的一大貢獻。儘管自治主義者的社會運動後來都遭壓制而瓦解，但他們的民主觀念和民主化運動，已為臺灣的民主運動史寫下一頁光輝的紀錄。

（本文係參加香港中文大學海外華人資料研究室和新加坡南洋學會於 1987 年 9 月聯合主辦的「兩次世界大戰期間在亞洲之海外華人國際研討會」上發表的論文。）

---

[56]鍾孝上編著，臺灣先民奮鬥史，下冊，頁 536-553。

[57]蔡培火認為，依當時臺灣的實際情形來看，不宜公然要求「完全自治」，因為：(1)日本中央政府對朝鮮與臺灣觀感不同；(2)臺灣總督府之壓力迴非朝鮮可比；(3)臺灣民眾的鬥爭力量尚不夠堅強；(4)自田總督赴任以來正在大吹大播宣傳「內地延長主義」，亦即同化主義，此與「自治主義」相反，若起而反對，必生正面衝突，故只要求設置民選議會。(參見蔡培火等著，臺灣民族運動史，頁 107-108。)

第十七章 近二十年中國大陸海外移民潮
之原因與影響

第一節 中國大陸近二十年爆發移民潮之原因

一、前言

近年新一波中國人口外移,被稱為「第三波」移民潮,其實該一說法並不正確。從歷史來觀察,中國大量人口外移已是第五波,前後順序為 1644 年明朝滅亡、清朝中後期、國民黨政府撤離大陸、文化大革命。這新一波移民主要來自於中國的北部和中部地區,有別於以前的中國東南部。移出地除泰國以外,緬甸和寮國的北部地區、柬埔寨、太平洋群島、澳洲、美國、加拿大、俄羅斯遠東以至日本和南韓,也成了中國合法及非法移民的熱門地點。

二、新一波移民之原因

第一,人口過剩和資源匱乏,中國目前失業率高、百萬待業大軍,所以外移以尋找工作機會。

第二,1979 年中、美建交,為爭取美國的最惠國待遇,中國在 1979 年放寬了移民法的限制,於是移民潮隨之出現。

第三,從人民公社到土地私有化的轉變、國有企業的「下崗」改革以及沿海省市快速的工業化進程等因素,導致社會秩序混亂,刺激了移民潮。

第四,安全感的需要。中國近年新富人口增加,他們尋求移民至已發展國家,以獲取更穩定、平靜的生活。

第五,資金保值的需求。新富階層將其資產移轉至外國,以尋求保值。

新浪網進行的一項在綫調查顯示(11,345 人參與)，50.4%的人認為中國富人掀起移民潮的原因，是「轉移財富，避稅藏富」。74.5%的人認為移民潮引發的財富外流情況很嚴重，只有 6.7%的人認為沒影響。有 75.2%的人表示，如果經濟條件許可，會選擇移民。[1]

第六，為了孩子的教育。新富階層將其子女送至外國讀書，以獲取更好的教育以及將來的工作機會。越來越多的中國新富甚至中產家庭，寧願花費幾十萬甚至幾百萬元，送孩子出國接受國外的教育。個中原因在於，他們對中國的教育體制、對中國高考評價體系、甚至對中國的大學失去了信心。[2]

第七，移民接受國爭取中國新富階層移民。金融危機後，許多發達國家為了發展本國經濟，放寬投資移民政策，以吸引中國新富投資定居。

大量的貪污分子企圖通過移民來轉移不法所得。中國頂尖級富豪在國際市場上競購房地產，導致全球華人集中居住的城市房價平均上升 12%左右。鑑於中國新富階層的財富，有越來越多的國家積極爭取中國投資移民。譬如，對外來投資移民要求嚴格的美國，2010 年 7 月在北京宣布：美國將實施一項專門針對中國的新移民計劃，即中國普通公民通過「EB5 投資移民方案」，[3]向

---

[1] 「中國富人大量移民海外 回頭繼續在中國賺大錢」，2010 年 07 月 15 日。
  http://finance.sina.com/bg/chinamkt/sinacn/20100715/172498232.html
[2] 劉巨集，「部分人對中國教育失去信心 引發留學移民潮」，2010 年 07 月 14 日，南方報業網。
  http://edu.qq.com/a/20100714/000251_6.htm
[3] EB-5 投資移民方案是美國移民法中針對海外投資移民所設立的移民簽證類別，簡稱"EB-5"，它是美國所有移民類別中，申請核准時間最短，資格條件限制最少的一條便捷通道。
  根據 EB-5 簽證規則，人們可以依據以下任一項而取得 EB-5 資格：
  a. 在美國任何地方投資一百萬美元並至少雇請十位雇員；
  b. 在國家認可的低就業地區投資五十萬美元並至少雇請十位雇員；
  c. 在經政府批准的"地區中心"投資五十萬美元。

美國中小企業提供個人總投資額達到 50 萬美元，在 3 年左右的時間內將依法獲得美國綠卡，此舉被認為是唯一比與美國公民結婚還快的移民新方式。最重要的，這項投資移民的名額無上限規定，對投資人也無語言、學歷、年齡、户主等要求。該一新移民方案成為中國移民至美國的捷徑。[4]

　　第八，熟悉移民及偷渡路線、各種各樣規避國內外移民法的門道。中國有不少人蛇集團或客頭，熟悉各國的移民法令以及各國免簽證的規定，甚至與偽造護照集團合作，安排出國手續。任何中國公民都可以在泰國獲得落地簽證，可停留 30 天。在帶著合法的中國護照離開泰國之後，他們往往利用偽造的新加坡或日本護照過境東京，再前往歐美，因為這兩個國家公民享有美國免簽證待遇，也可以自由進出歐盟。[5]

三、新移民的情況

　　1. 根據不完全的估計，目前海外華僑華人的總數約為 3,300 萬人（這個數字略多於香港、澳門和臺灣人口的總和），分佈在五大洲的 151 個國家。其中亞洲 34 個國家，華僑華人人數為 2,664 萬，佔全球華僑華人總數的 80%；美洲 39 個國家，502 萬人，佔總數的 15.1%；歐洲 25 個國家，94 萬人，佔 2.8%；大洋洲 17 個國家，56 萬 3,000 人，佔 1.7%；非洲 36 個國家，12 萬 5,650 人，佔 0.4%。若就國家而言，印尼 711 萬 5,000 人；泰國 649 萬 7,000 人；馬來西亞，551 萬 5,400 人；新加坡 243 萬 5,600 人；

---

[4] 顏安生，「移民潮加速中國資本外逃」，2010 年 07 月 24 日，中國窗。
　http://www.hkcd.com.hk/content/2010-07/24/content_2562499.htm
[5] Bertil Lintner，「曼谷作跳板：中國偷渡美歐秘密通道大曝光」，亞洲時報在線，2007/04/21。
　http://www.atchinese.com/index.php?option=com_content&task=view&id=32578&Itemid=47

緬甸 100 萬人；越南 100 萬人；寮國 16 萬人；汶萊 5 萬 3,000 人，上述東南亞 9 國佔了全球華僑華人總數的 74.5%；美國 280 萬人，加上加拿大的 96 萬人，僅佔了總數的 11.6%。

　　從 1978 年開始，中國合法及非法移民將近 200 萬人，每年移居到美國的人數約為 3 到 4 萬人，移居到其它國家的人數總和也大約是這個數字。

　　2.中國社會科學院 2007 年發佈的全球政治與安全報告顯示，中國已成為世界上最大的移民輸出國。2010 年 6 月 16 日，國務院僑辦宣佈，中國海外僑胞的數量已超過 4,500 萬，絕對數量穩居世界第一。

　　3.移民主體不再是勞工，而有不少知識份子或技術工人，甚至是富人。

第二節　中國大陸移民潮所帶來內部政治、經濟與社會影響

一、海外移民不僅可以幫助中國緩解巨大的就業壓力，華人移民每年寄回家鄉的大量匯款對地方經濟和農村發展都會產生積極作用。據世界銀行估算統計，2004 年，全球國際移民匯款達到 2,258 億美元，其中中國收到的海外移民匯款達到了 213 億美元，居世界第二位。這些匯款對改善移民家鄉的面貌，特別是為家庭提供必要的資源、維持生活保障、改進衛生保健和教育，全面提高農村地區移民家庭的生活質量，都有重要的貢獻。

二、大批精英移民可能會使人產生一種錯覺：中國社會容納不了自己的精英。那些沒能力移民的人，看到這樣的現象可能會產生不平衡心理，覺得社會太不公平。很多人移民海外是因為他們自身不能適應中國迅速變化的環境，社會發展太快必

　　然會出現很多問題，一些人覺得自己越來越不適應，但作為
　　個體又不可能改變社會，於是就做出了移民的選擇。

三、資金外流。

　　澳大利亞、紐西蘭、美國、新加坡、加拿大是中國主要移民
輸出國。據估算，1978 年以來大約 106 萬留學海外的人員中，
僅 27.5 萬人回國，僅 2009 年通過投資移民管道從中國流向加拿
大的資金就至少有 23.5 億元人民幣。

四、中國為吸引留學生返國，提出「千人計畫」。

　　為吸引海外人才回國服務，中國在 2008 年提出「千人計劃」
（海外高層次人才引進計劃）。該計劃有一個宏偉目標，那就是
從 2008 年開始，用 5 到 10 年，引進並支持一批能夠突破關鍵技
術、發展高新產業、帶動新興學科的戰略科學家和領軍人才返國
創新創業。[6]中國開始注意外移人口的重要性，並透過政策吸引
他們重回中國服務，此有助於刺激中國社會改變。

第三節　中國大陸海外移民增加對國際之影響

一、高素質的移民彌補了高技術行業的人手空缺；非技術移民從
事無人願意承擔的粗重工作，使移居國的經濟得以正常拓展，農
業、建築業和製造業等關鍵產業的勞動力短缺得到緩解，加快了
經濟建設的步伐。在美國，移民（包括合法移民與非法移民）目
前占勞工總數的 13%，在非技術工種方面，移民勞工占全美的
35%。這些移民幹著土生土長的美國人不願意幹的工作，美國的

---

[6]李靜，「華人精英紛紛湧向富國 移民潮使中國"人財兩失"」，2010 年 07 月 22 日
　09:11 來源：國際在線。http://chinese.people.com.cn/BIG5/12218127.html

一些行業如果沒有外來移民，根本無法存活。中國移民進入美國，帶動了市場發展。

二、非法移民造成社會問題，且影響中國與移民國的雙邊關係。美國聯邦移民與海關執法局（ICE）繼 2004 年首次包機遣返墨西哥非法移民之後，在 2006 年初提出採取同樣形式遣返 288 名中國非法移民。在遣返非法移民問題上對中國實施政治壓力，這給複雜的中、美政治關係增添了一些變數。

2005 年 5 月 11 日，在俄羅斯伊爾庫茨克市，200 餘名中國勞務人員與俄警方發生衝突。公眾對中國移民開始產生疑慮，都會對雙方政治、經貿互利合作關係產生不利影響。

馬來西亞對於來自中國的女性觀光客採取脫衣搜身措施，引起兩國關係出現緊張。之所以發生該類糾紛，乃因為馬國境內有將近 20 幾萬非法中國人居留，其中有 5 千多女子從事賣淫，馬國企圖嚇阻非法居留者。

三、已發展國家紛紛收緊移民政策，加強打擊非法移民的措施。美國在 2005 年年底通過移民法案取消了移民抽簽，凡逾期不歸者可以聯邦刑事罪追究刑事責任，加重對雇用非法移民雇主的民事及刑事處罰。加拿大政府在 2005 年 6 月實行了新的移民審核標準，對移民申請人的語言能力打分大幅度提高。法國在巴黎發生以外來移民和移民後裔為主要參與者的大規模騷亂之後，也訂定新的移民法草案，掌握法語能力成為獲得移民資格的檢驗標準。英國賦予移民官員拒簽各類申請人和拒絕受理申請人上訴的機會，在 2007 年提高留學生入境門檻，實行擔保人制度；發達國家提高移民門檻幾乎成為一項普遍的行動。[7]

---

[7]李小麗，「中國海外移民情況述評」，http://bigfish.blog.hexun.com.tw/21225970_d.html

四、中國政府對於龐大的海外華人，賦予重大的政治角色。中國國務院發表的「關於開展新移民工作的意見」的報導說：「自改革開放以來，離開中國大陸到海外定居的人（簡稱為「新移民」）越來越多。他們正崛起成為海外華僑和華人族群的一支重要力量。將來他們還會成為美國和其它發達西方國家中，親華力量的骨幹。加強新移民工作，對於推動我國的現代化建設、促成祖國統一大業、擴大我國影響力，以及發展我國與移居國家的關係等，都具有重要的現實意義和廣泛深遠的影響。」

五、中國移民潮發揮了鞏固中國影響力的作用，尤其對於中國鄰近國家的影響力。緬甸和寮國都與中國建立了親密的經濟及軍事關係，而泰國與中國在貿易、文化、政治和軍事方面的交流也越發頻繁。中國還是柬埔寨最親近的盟友和援助提供者。大規模的人口外移，與中國崛起相呼應，形成一股擴張勢力。[8]

六、中國新移民有不少在美國大學、研究機構或者在高科技公司工作，此有利於他們竊取高科技或機密資料。

第四節　大陸移民增加對海外僑社之影響

一、近年中國這一波移民潮的主要移民形式是家庭團聚、留學、商業與技術移民，除一般勞動者外，還有相當比例的知識分子和技術人員。遷出地也從沿海幾省擴大到全國各主要城市，而移入地則集中美、加、澳、和西歐各國，遷入東南亞的為數不多。因此，對美、加僑社會有較大的影響，對東南亞的僑社則不會很大。

---

[8]Bertil Lintner，「中國正出現第三波移民潮」，亞洲時報在線，2007/4/27 。http://www.atchinese.com/index.php?option=com_content&task=view&id=32513&Itemid=110　2010/10/16 瀏覽

最主要的影響有幾方面：

第一，新華僑變成華僑的多數，引進了中國的習慣和作法，多少與老僑有差距。

第二，新華僑因為人數多，促使各地華校教授簡體字。使用繁體字的學校日漸減少。

第三，促使原來親臺灣的僑團改變政治立場，改親向中國。

第四，僑居地高中畢業生前往中國讀書者有日漸增加之趨勢。在大學到臺灣升學的僑生，亦有不少改到中國讀博、碩士學位。

第五，美、加老華僑人數不多，較易受到新華僑的影響。東南亞老僑人數多，過去與臺灣關係較密切，受新華僑之影響相對會較少。

二、目前匈牙利境內的華人，約在 2 萬到 4 萬人之間，他們多數是從俄羅斯遠東地區的海參崴市乘坐長途火車去的。不過，這些新移民不會落籍當地，而是當成跳板，將會繼續遷移到美、加地區。

另以南韓為例，新華僑人數激增，見表 17-1[9]。

表 17-1：韓國華人人口變化

年度	老華僑	新華僑
1883 年	209	
1942 年	82661	
1954 年	22090	
1974 年	34913	
1991 年	22000	67
1997 年	23802	23571

---

[9] 「中國移民的歷史與韓國和中國的歷史交織在一起」，*한겨레*，http://www.hani.co.kr/arti/society/area/386552.html　2012 年 7 月 20 日瀏覽。

| 2002 年 | 21782 | 36297 |
| 2009 年 9 月 | 20400 | 178937 |

　　新華僑是指 1992 年韓、中建交以後從中國大陸進入韓國社會的中國人，和傳統的老華僑區別，被稱為新華僑。他們不是定居韓國，而是長期居留（long term sojourn）韓國，同時也在中國和韓國都有自己的生活圈（multiple base）。一般由大企業工作人員、教授和學生構成。擁有高學歷的新華僑在三星、LG、SK 等代表韓國的大企業工作。2002 年韓國政府終於提供給華僑永久簽證（F5）。根據 2005 年統計，韓華的53.1%取得永久居留權。南韓在 2011 年允許雙重國籍。而且有愈來愈多的國家承認雙重國籍，例如菲律賓（2003 年）、印度（2005 年）、印尼（2006 年）、越南（2009 年）。

　　2004 年韓國政府修改的韓國公民投票法，規定取得永久居留權超過 3 年的 19 歲以上外國人可以參與地方選舉。

　　2005 年第 8 屆世界華商大會就在韓國首爾召開了。第 8 屆大會全世界 28 國的 2,500 多名華商和 500 名韓商參加，2005 年 10 月 10 日至 12 日在首爾 COEX 召開。參加人數，大會規模來說，僅次於中國南京召開的第 6 屆大會。韓國通過第 8 屆華商會議，吸引 8 億 3 千萬美元的華僑資本，得到 5 億 8 千萬美元的出口效果。

　　南韓的例子，亦可見到在日本、澳洲、美國和加拿大的新華僑。

三、舊移民擔心，新移民外向高調的民族主義表現，可能會再次激起當地人潛伏的厭華甚至是排華情緒。1999 年 5 月，300 名新華僑聚集在柬埔寨首都金邊的美國大使館外，強烈抗議美國轟炸

中國駐南斯拉夫大使館。隨後，一些已在柬埔寨定居了數十年的華人舉行了反示威遊行。

在緬甸北部城市曼德勒（Mandalay），新來的中國移民出錢購買商舖、餐館、酒店、KTV 吧，也出錢購買護照證件。由於新華僑比當地人更加富有，所以緬甸政府不願意嚴格執行移民法。1990 年第一波中國移民開始遷入曼德勒，當時緬甸著名小說家 Nyi Pu Lay 出版了一本名叫莽蛇（*The Python*）的小說，諷刺中國移民壓榨緬甸人，結果竟然被當局逮捕並判處了 10 年監禁。

四、新移民具有明顯的「中華特性」（Chineseness）特徵，此可能改變移居地國家或地區的人口結構。例如，移居美國的中國人會成為「美籍華人」，而移居澳洲則會成為「澳籍華人」。但是移居到俄羅斯遠東地區的中國人，卻不可能變成「俄籍華人」，因為他們心理上所認同的國籍，是中國而非俄羅斯。同樣地，那些移居到太平洋島國的華人，仍然保持著較強的中華民族意識，而不會效忠於接納他們的國家。這些具有「中華特性」特徵的新移民，將可能成為中國政府拉攏的對象，成為中國與美國、加拿大和澳洲政府雙邊關係的有利籌碼；中國亦可透過新移民拉攏當地舊華人。

在鄧小平的改革開放政策下，海外華人變成其促進經濟發展的重要支柱力量，中國對海外華人之拉攏不再以意識形態為考量，而以能實際有助於中國大陸經貿發展為主。拉攏之對象亦不限於老僑，而更著重於文革後前往西方國家的新僑以及臺僑。將海外華人與臺灣僑胞共同列為統戰對象，「以僑引僑」，「以僑引外」，「以僑引臺，以僑促臺，僑臺港外聯合開發」的方式吸引臺商到中國大陸投資，透過多層次、多管道進行聯繫。

五、僑社態度轉向中國。僑委會委員長吳英毅說，過去 8 年，向中華民國登記的社團從原本的 9,000 多個減少到 4,000 多個，幾

乎流失一半。另外，僑民回臺投資，也從 2002 年的 4,500 萬美元，減少到 2009 年的 890 萬美元。2010 年，回升到 1,288 萬美元，2011 年再升至 5,153 萬美元。

表 17-2：華僑在臺投資件數和金額（2002-2011）

單位：千美元

年代	件數	金額
2002	25	44,958
2003	22	14,917
2004	19	13,739
2005	12	10,318
2006	30	45,264
2007	29	20,949
2008	17	33,680
2009	15	8,898
2010	22	12,886
2011	19	51,533

資料來源：http://www.dois.moea.gov.tw/asp/relation3.asp　2012 年 7 月 20 日瀏覽。

（本文係於 2012 年 7 月 25 日參加由亞太和平基金會主辦的「大陸海外移民潮之問題與影響」學術座談會發表的文章。）

索引

國家圖書館出版品預行編目資料

東南亞政治變遷下的華人社群/陳鴻瑜著. -- 初版. -- 臺北
市：蘭臺出版社, 2024.03
　　面；　　公分. --（東南亞史研究；8）
　　ISBN 978-626-97527-6-8(平裝)

1.CST: 政治制度　2.CST: 政治參與　3.CST: 華僑史　4.CST: 東
南亞

574.38　　　　　　　　　　　　　　　　　112022073

東南亞史研究8

東南亞政治變遷下的華人社群

著　　者：陳鴻瑜
總　　編：張加君
編　　輯：陳鴻瑜
美　　編：陳鴻瑜
封面設計：陳勁宏
出　　版：蘭臺出版社
地　　址：臺北市中正區重慶南路1段121號8樓之14
電　　話：(02) 2331-1675 或 (02) 2331-1691
傳　　真：(02) 2382-6225
E - MAIL：books5w@gmail.com或books5w@yahoo.com.tw
網路書店：http://5w.com.tw/
　　　　　https://www.pcstore.com.tw/yesbooks/
　　　　　https://shopee.tw/books5w
　　　　　博客來網路書店、博客思網路書店
　　　　　三民書局、金石堂書店
經　　銷：聯合發行股份有限公司
電　　話：(02) 2917-8022　　傳真：(02) 2915-7212
劃撥戶名：蘭臺出版社　　　　帳號：18995335
香港代理：香港聯合零售有限公司
電　　話：(852) 2150-2100　　傳真：(852) 2356-0735
出版日期：2024年3月 初版
定　　價：新臺幣880元整（平裝）
ISBN：978-626-97527-6-8